KB162495

어게인
살기 좋은
대한민국

어게인
살기 좋은
대한민국

초판 1쇄 발행 2017년 4월 15일

지은이 | 국민희망포럼 오정근 최준선 외
디자인 | 디자인숲(02 3143 0482)

펴낸곳 | 아름다운 앎
주　소 | 서울시 강남구 테헤란51로 16 지산빌딩 7층
전　화 | 02-553-6551
팩　스 | 02-593-4906
셀　폰 | 010-9177-6597
e-mail | beautiknowledge@gmail.com

ISBN　978-89-959875-5-1　03300

어게인
살기 좋은
대한민국

국민희망포럼
오정근 최준선 외

아름다운 앎

목차

서문

위대한 대한민국, 1962년 경제개발 5개년 계획을 시작한 이래 1991년까지 30년 간 연평균 9.7%라는 세계경제발전사에 전대미문의 경이적인 기록을 세우며 분배도 개선되고 중산층 비율도 증가해 한강의 기적을 넘어 동아시아의 기적으로 칭송받으며 모든 후진국들이 한세대 만에 최빈곤 농업국에서 중진 중화학공업국으로 발전한 한국의 경제발전 모델을 배우고자 했던 위대한 대한민국이 흔들리고 있다.

1987년 정치민주화는 한국을 피식민지 국가로서 전후 산업화와 민주화를 동시에 달성한 위업으로 칭송받게 했지만 아시아의 네 마리 용으로 비약하던 한국경제에는 치명적인 타격을 안겼다. 정치민주화는 권력을 쥔 자의 자의적 권력으로부터의 주인인 국민들이 정치적 자유를 찾는 과정을 의미한다. 보다 구체적으로는 국민들이 천부의 인권을 가진 주체로서 아무런 간섭과 속박 없이 자유롭고 평화로운 민주적 절차에 의해 주인인 국민들을 통치할 정권 담당자를 선출하는 과정이다. 여기서 '국민에 의한, 국민을 위한' 이란 말이 등장하는 것이다.

이런 의미에서 경제적 측면의 민주화, 즉 경제적 자유의 증진은 개인과 기업의 경제활동이 규제나 구속으로부터 자유로워지는 '경제활동의 자유'를 의미하는 것이 당연하다. 경제활동이 자유로워지면서 경제가 활기를 띄게 된다. 근대 유럽 번창했던 상업도시들의 경제활동이 좋은 예다. 베니스 암스테르담 런던 등 주로 국제교역을 통해 근대 유럽의 상업도시들이 부를 축적하면서 산업혁명도 하고 오늘날 유럽 선진국의 토대가 마련되었다.

그러나 사회주의자들은 경제활동의 자유보다 경제적 평등을 주장하면서 경제적 자유는 '궁핍으로 부터의 자유', '경제적 소외로부터의 해방' 이라는 의미로 변질되기 시작했다. 말하자면 궁핍이나 경제적 소외로부터 해방되거나 자유를 향유하기 위해서는 무산노동계급이나 저소득계층이 보다 많은 몫을 나눠가지는 분배가 기본이 되는 경제적 평등 차원에서 경제적 자유를 주장하게 되면서 경제민주화는 기업과 노동의 대결로 인식하게 되었고 급기야 기업의 경제활동의 자유를 규제하는 역설적인 상황까지 이르렀다.

그 결과 1987년 민주화 과정에서 노동자대투쟁이 발생하고 강성 민주노총과 전교조가 등장하면서 임금은 1988년부터 6연간 연평균 20%씩 급등했다. 때마침 원화도 강세를 지속하면서 견디다 못한 한국기업들은 해외로 탈출하기 시작했다. 급기야 1992년을 전환점으로 성장률이 둔화되면서 고용불안이 커지기 시작했다. 자연히 분배구조도 악화되고 중산층도 줄어들기 시작했다. 그 연장선상에서 1997년 외환위기도 겪었다.

고용이 악화되니 생계형자금과 자영업 사업자금 대출 등 가계대출도 급등해 가계의 소비여력을 급속히 소진시키면서 성장을 더욱 제약하고 있다. 불안해 진 경제사회적 배경을 바탕으로 인기영합적인 정치인들은 경제의 반등을 위한 투자활성화는커녕 오히려 무분별한 복지정책과 반기업정책들을 쏟아내면서 한국경제는 이제 가까스로 반등할 것인가, 추락할 것인가의 백척간두에 까지 내몰리고 있다. 이러한 현상은 지난 2012년 대선을 거치면서 경제민주화라는 이름으로 심화되더니 이번 대선을 맞이해서는 상법개정안 등 아예 사회주의를 방불케 하는 정책과 공약들도 쏟아지고 있는 실정이다.

사람은 누구나 열심히 공부하고 일하고 기업하면 보다 잘 살 수 있을 것이며 자손들은 보다 더 잘 살 수 있을 것이라는 꿈과 희망을 가지고 있을 때 열심히 공부하고 일하고 기업하게 된다. 이것이 인간의 본성이다. 이 본성을 지키고 발전시킬 수 있는 제도를 구현해 가는 길이 보수의 길이다. 그러나 지금 한국은 개인과 기업의 경제활동의 자유에 대한 규제가 날로 증가하면서 경제가 추락하고 일자리도 줄어들면서 열심히 공부하고 일하고 기업하면 보다 잘 살 수 있을 것이며 자손들은 보다 더 잘 살 수 있을 것이라는 꿈과 희망이 사리지고 있어 안타까움을 금할 수 없다.

설상가상 이럴수록 전쟁 후 60년대 아무 것도 없는 맨 땅에서 오직 '할 수 있다'는 일념, '근면 자조 자립'해야 한다는 정신 하나로 일어섰듯이 다시 일어설 수 있다, 반드시 일어서야 한다, 사랑하는 아들 딸들을 위해서도 반드시 일어서야 한다는 국가와 국민의 미래를 내다보는 주장보다는 불과 일이십년 후 재정위기가 올 수도 있다는 연이은 경고도 아랑곳 없이 기업활동은 더 규제하고 세금도 더 올리고 복지는 더 퍼주겠으니 일은 더 안해도 된다는 근시안적인 인기영합 주장만 난무하고 있는 실정이다.

도저히 이래서는 안되겠다, 우리의 사랑하는 아이들의 장래를 생각해서도 이래서는 안되겠다는 보수우파 경제학자들이 모였다. 지난 1월 26일 첫 모임을 가진 이래 20여 분의 보수우파 학자들이 두 달여 동안 여섯 차례의 모임을 가지고 한국경제가 반등해서 우리의 후손들이 보다 더 잘 사는 대한민국을 만들기 위해서는 무엇을 어떻게 해야 할 것인가에 대해서 각자 전공 분야별로 작성해 온 초고를 가지고 진지하고 열띤 토론을 이어가면서 내용을 가다듬었다. 최종적으로 열 여섯 분의 학자들이 집필에 참여해 주었다.

여기서 더 추락하면 한국경제는 이제 몰락의 길 밖에 없다. 한국경제는 반등할 수 있을 것인가. 모두 우리가 하기에 달려 있다. 악화되고 있는 대내외 환경을 극복하고 모든 국민이 한 마음으로 노력하면 다시 반등 할 수 있다. 4년간의 전쟁을 겪은 후 생산시설은 고사하고 변변한 자원도 하나 없이 산하마저 헐벗었던 60년대, '쓰레기통에서는 장미는 필 수 없다'는 말 할 수 없는 폄하를 받았던 당시에 경제개발을 시작해서 70년대에는 중화학공업을 일구고 80년대에는 반도체, 90년대에는 모바일 산업을 세계 일등 산업으로 키워온 저력이 있는 국가요 국민이다.

국민 모두가 열심히 하면 잘 살 수 있다는 꿈과 희망을 가지고 활기차게 살아갈 수 있는 희망이 있는 대한민국, 선진국으로 도약하는 대한민국 건설을 위해 일조하는 모임이 되고자 우리는 이 우국충정에 넘치는 학자들의 모임을 '국민희망포럼'이라고 명명했다.

그리고 '국민희망 선진한국 건설' 이라는 비전을 설정하고 이 비전을 달성할 수 있는 목표로, △누구나 열심히 공부하고 일하고 기업하면 잘 살 수 있다는 희망이 있는 자유 혁신 기회의 대한민국 건설, △청년들이 가고 싶어 하는 양질의 청년 일자리 획기적 창출, △노장년 재취업 환경 개선으로 고령화 시대 노인빈곤 문제 개선과 자영업 과당경쟁 해소, △육아여성 시간선택제 정규직 일자리 획기적 확대로 저출산 문제 개선, △취약계층도 같이 갈 수 있는 따뜻한 대한민국 건설, △급변하는 대외환경변화에 능동적으로 대처해 위기 없는 경제의 안정기조 유지를 당면 목표로 잡았다. 이를 요약하면 시장경제를 근간으로 하되 취약계층도 함께 가는 '포용적 시장경제'다. 이 목표를 달성하기 위해 혁신경제, 균형경제, 포용경제의 3대 추진 전략을 설정하고 이 전략을 추진할 20대 추진과제들을 정리해 본 것이 이 책이다.

짧은 기간에 대한민국 경제가 반등하기 위한 정책방향을 정리한 책이라서 부족한 점이 많으리라고 생각된다. 강호제현의 많은 질정과 가르침을 바라는 바이다. 아울러 이 책이 발간되기 까지 아무런 보수도 없이 그야말로 한국경제와 국민들, 특히 후손들이 안정된 국가와 사회에서 살아갈 수 있도록 해야겠다는 열정하나만 가지고 적극적으로 열심히 참여해 준 포럼회원 학자들에게 깊은 감사를 드린다. 이 조그만 책이 한국경제의 반등에 조금이나마 도움이 되기를 간절히 바라는 바이다. 아울러 이 책의 출간을 흔쾌히 허락해 주신, 개인적으로는 은사님이신 '아름다운 앎'의 곽상경 대표님에게도 진심으로 깊은 감사의 인사를 드립니다.

2017년 4월
저자들을 대표하여 여의도 연구실에서 오정근

제1부

한국경제의 비전과 경제정책 목표

제1장
한국경제 현황 [1)]

1. 성장동력 급속 추락

1945년 광복의 기쁨도 잠시 한국은 다시 4년에 걸친 동족상잔으로 국토는 잿더미로 변했다. 얼마 안되던 산업시설들은 완전히 파괴되고 나무 한포기 조차 없는 황폐한 산하만 남겨진 것이 전쟁이 끝난 대한민국의 처참한 모습이었다. 하루 세 끼 끼니도 힘들어 긴급구호 식품인 분유 등 미국의 원조에 힘입어 근근히 연명을 했다. 그렇던 대한민국이 광복 72주년을 맞은 오늘 1인 당 국민소득 3만 달러를 바라보는 선진국으로 우뚝 섰다. 1인 당 국민소득이 국민소득통계를 편제하기 시작한 1953년 66 달러의 세계 최빈국수준에서 2015년 기준으로 27,171 달러, 세계 31위로 비약적인 발전을 한 것이다. 경제규모를 나태내는 국민총소득은 1953년 14억 달러에서 2015년 1조 3,861억 달러로 990배 증가해 세계 11위로 도약했다. 자전거도 귀하던 대한민국이 만든 자동차가 세계 방방곡곡을 누비고 전화기도 귀하던 대한민국이 만든 모바일폰은 전 세계인들이 손에 들고 다닌다. 이를 두고 한강의 기적이라고 하기도 하고 세계은행은 "동아시아의 기적"(1993)이라고 공식 보고서를 발간하기도 했다.

이는 순전히 5개년 경제개발계획을 추진한 1962년부터 1991년 까지 30년 간 연평균 9.7%라는 높은 성장을 지속한 고성장에 힘입은 것

---

1) 오정근, 건국대 금융IT학과 특임교수

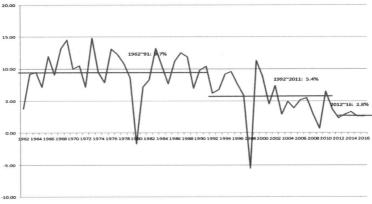

〈한국의 성장률 추이〉

경제성장률(%)

자료: 한국은행

이다. 30년 간 9.7%의 고성장을 지속한 것은 세계경제개발사에 대한 만국이 처음이었다. 이 기간 동안 한국은 세계 최빈 농업국가에서 경공업국가를 거쳐 중화학공업과 첨단기술국가로 발전했다.

정부가 금융 세제 면에서 적극적으로 지원해 주고 그러한 지원에 힘입어 월남의 전선과 중동의 열사를 가리지 않고 전세계를 누비던 기업가들의 왕성한 기업가정신과 가난을 벗어나고자 했던 근로자들의 피땀이 어우러져서 연평균 17.8%라는 높은 투자를 이어가며 세계경제 발전사에 최초로 30년간 9.7%라는 최장 고성장을 달성하면서 한 세대 안에 최빈국에서 선진국 진입을 목전에 두는 수준으로 발전한 것이다. 세계사적인 위업이라고 아니 할 수 없다.

그러던 한국의 경제성장률이 1992년에 들어 갑자기 하락했다. 중성장기에 들어간 것이다. 1992년부터 2011년 20년 간 한국은 연평균 5.4%의 중성장으로 주저앉았다. 앞선 30년간 고성장기 성장수준의 거의 절반수준으로 하락했다. 투자증가율 하락 때문이다. 1992년~2011년 중 연평균 투자증가율은 3.9%로 고성장기 30년 연평균 투자증가율 17.8%에 비해 1/5 수준으로 추락했다. 고성장기 30년 기간 중에는 높은 투자증가율이 성장을 견인해 왔으나 1992년부터 시작된 중성장기에는 투자증가율이 성장률보다 낮아서 더 이상 투자가 성장을 견인하지 못했음을 보여주고 있다.

1990년대 이후 투자증가율이 급속하게 하락하기 시작한데는 1987년 민주화이후 노조 강성화, 임금 급등, 토지가격 급등, 원화가치 절상 등으로 기업 경영여건이 악화되면서 한국기업들의 해외탈출러시가 이어진 반면 국내투자는 활성화되지 못했기 때문이다. 1987년 노동자대투쟁이후 1988년부터 93년까지 6년간 연평균 임금상승률이 20%에 달하고 강성 민주노총이 등장했다. 설상가상으로 1986년에 경상수지가 처음으로 흑자를 기록하면서 미국으로부터 원화절상압력도 증가해 원화절상도 가속화되었다. 임금이 급등하고 원화는 절상되니 수출의존도가 높은 한국기업으로서는 한국에서 생산해서는 도저히 국제경쟁력을 유지할 수 없었다. 탈출구는 해외로의 탈출이었다.

한국기업의 해외투자는 1990년에 처음으로 10억 달러를 돌파한 후 급증하기 시작했다. 한국기업의 해외투자는 엑소더스, 대탈출 수준이다. 2005년 까지는 그런대로 외국인 한국투자와 한국 해외투자가 비슷한 움직임을 보여 왔으나 2006년부터 외국인 한국투자는 크게 위축된 반면 한국 해외투자는 급증하고 있다. 해외투자규모는 2006년에 119억 달러로 올라선 후 2007년 부터는 200억 달러대에 진입하고 2013년 부터는 305억 달러로 300억 달러대로 올라섰다. 2016년에는 350억 달러로 증가하는 등 글로벌 경기에 큰 영향을 받지 않고 대규모 해외투자가 지속되고 있다.

해외투자 신고건별 투자금액도 크게 증가하고 있다. 2005년 까지는 건당 80만 달러 수준이었으나 2008년부터는 200만 달러, 2010년 부터는 300만 달러를 넘어서는 등 건당 규모가 급증하고 있다. 과거에는 노동집약적 중소기업 중심이었다면 이제는 중견기업이상 기업들의 해외투자가 활발하게 이루어지고 있는 것이다. 노동집약기업 뿐만 아니라 2007년 부터는 자본집약기업들 까지 해외로 나가고 있다는 점에서 심각성이 크다. 2007년 이후에는 고임금 강성노조 외에도 각종 규제마저 급증하면서 대기업의 해외투자가 급증해 2007~2016년 중에는 연평균 해외투자가 약 274억 달러, 30조원에 이르렀다. 근년 들어 삼성전자 현대차 기아차 포항제철 등 굵직굵직한 기업들의 해외투자가 줄을 잇고 있다. 2016년 말 기준으로 한국의 해외투자 기업수가 중국에 26000여개 미국에 13000여개 베트남에 3000여개 멕시코에 1000여개 등 날로 증가해 모두 65782개 기업이 해외에서 생산활동을 하고 있다. 이들 중 1/4 정도만 한국으로 돌아와도 한국의 실업난은 해소될 것이다.

흔히 기업 해외진출은 시장접근이 중요한 이유로 설명되고 있다. 이와 더불어 글로벌 경기침체를 불문한 해외투자 증가는 근년 들어 시작된 상생, 동반성장, 경제민주화 등 대기업에 대한 규제 증가, 노조 강성화, 임금 상승, 반대기업정서 확산 등 기업투자환경 악화도 중요한 원인임은 부인할 수 없는 사실이다. 이러한 기업 해외탈출러시는 국내투자위축을 통해 저성장 고실업을 초래한다. 한국경제의 성장동력은 약화되고 잠재성장률은 하락하고 있다. 잠재성장률은 '80년대의 10%에서 '90년대 7%, 2010년대 3%, 2020년대는 2%로 하락할 것으로 전망되고 있다.

더 큰 문제는 이러한 투자 엑소더스 속에서 투자환경 개선이나 성장을 얘기하는 관료나 정치인이 눈에 띄지 않는다는 점이다. 법인세는 더 올리자고 아우성이고 유통법, 상생법, 하도급법, 일감몰아주기법, 프렌차이즈법, 순환출자금지법 등 동반성장과 경제민주화 관련법에 금산분리, 금융기관대주주 적격성 심사강화 등 금융지배구조 관련법과 상법개정안, 대기업임원 연봉공개, 소액주주 권한강화 등 가히 전방위적인 반투자 규제를 경쟁적으로 쏟아내고 있다.

동반성장위는 갖은 중소기업 적합업종을 양산해 내고 평균연봉이 가장 높은 대기업에서도 파업은 끊이지 않고 통상임금 근로시간단축 등 새로운 노동이슈들도 연이어 제기되고 있다. 금융 의료 교육 사

업서비스 등 지식집약 고부가가치 서비스산업 발전을 위한 규제완화
는 퇴직 후 내려갈 자리가 먼저인 관료들에게는 마이동풍이다. 이미 위
험수준을 넘어선 투자 엑소더스를 반전시키지 않고는 한국경제의 미
래는 없다. 설상가상 아베노믹스로 인한 초엔저는 원·엔 환율을 손익분
기점 이하로까지 하락시켜 한국수출기업들의 채산성을 악화시키고 있
다. 수출기업들의 어닝쇼크가 속출하면서 투자를 위협하고 있다.

국내에서는 중견기업과 대기업수는 급속히 줄어들었다. 경제가 발
전하고 성장하면 중소기업이 중견기업이 되고 중견기업은 다시 대기
업으로 성장하여 중견기업과 대기업의 수가 증가해야 함에도 불구하
고 중견기업과 대기업수는 줄어들고 있는 모습을 보이고 있다. 반면
중소기업은 1999년 45706개에서 6만 여개로 급증하고 있다.

그 결과 한국제조업 부가가치가 국민소득에서 차지하는 비중이
1998년 31%를 정점으로 줄곧 하락해 오다 최근 들어 소폭 증가하는
모습을 보이고 있으나 여전히 30% 수준에 머물고 있다. 반면 서비스
업 비중은 증가해 왔으나 대부분 도소매업 음식숙박업 등 영세하고 생
산성이 낮은 서비스업에 치중되어 있어서 한국경제의 전반적인 생산
성 증가를 가로 막으면서 영세 자영업자의 난립으로 폐업하는 자영업
이 속출하는 자영업대란을 유발하고 있는 실정이다. 한마디로 한국경
제는 현재 심각한 실물경제의 위기를 겪고 있다고 말할 수 있다.

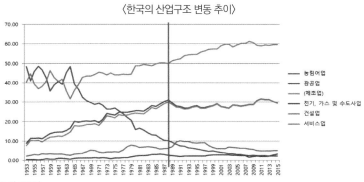

〈한국의 산업구조 변동 추이〉

자료: 한국은행

현재 한국경제는 1970년대 이후 한국경제 성장에 기여해 온 조선 해운 철강 석유화학 등 기존 주력 산업 경쟁력이 급속히 약화되어 구조조정의 위기에 직면해 있는 반면, 급속히 진행 중인 4차 산업 등 신성장 동력 산업 출현은 지연되고 고부가가치서비스 산업의 발전도 지체되면서 경제전반의 생산성이 저하되는 모습을 보이고 있어 구조개혁이 시급한 실정이다.

2. 고용불안과 저소득층 급증

　　이러한 성장률의 하락은 고용악화를 초래하고 있다. 2016년 실업자가 101만 명으로 사상 처음 실업자 100만 명 시대가 도래했다. 이 중 청년실업자(15~29세) 44만 명, 청년실업률은 9.8%을 기록하고 있으나 취업준비생 구직단념자, 그냥 쉬는 청년 등을 포함한 체감 청년실업률은 33%에 육박하고 있다. 15~29세 사이의 청년이 약 950 여 만명인데 이중 재학 군복무 등을 제외한 경제활동인구가 450여 만명이다. 이 중 150여 만명이 일자리가 없는 심각한 문제가 지속되고 있다. 특히 체감실업자 중 구직도 안하고 취업준비도 안하고 그냥 쉬는 청년들이 35여 만명에 이르고 있는 것으로 조사되고 있어 충격적이다. 아무 것도 하지 않고 있는 무기력한 상태의 청년들이 이 정도라는 것은 심각한 사회병리현상이라고 하지 않을 수 없다.

　　청년실업은 학력이 높을수록 심해서 대졸이상 고학력 실업자의 취업시장 진입률은 50%에 머물고 있다. 말하자면 눈높이가 맞지 않는 구인 구직 간의 불일치 현상이 심한 것이다. 그렇다고 대학을 졸업했다고 해서 기업들이 원하는 우수한 인재가 공급되고 있는 것도 아니다. 기업들은 일류대 졸업생들을 채용해도 현장 투입이 어렵다고 아우성이다. 첨단기술 분야는 아예 외국대학 졸업자를 채용하는 기업들도 적지 않다. 이는 한국 교육제도에 심각한 문제가 있다는 얘기다.

학교를 졸업한 후 초기 노동시장 진입에 실패할 경우 사람에 체화되어 있는 노동력이 상실되어 평생 실업자가 될 가능성도 커진다. 이를 노동시장에서는 노동의 이력현상(hysterisis)이라고 해서 국가경쟁력 악화와 사회불안의 원인이 되고 있다.

성장이 둔화되니 일자리가 있어도 고용구조가 불안하다. 2016년 기준 전체 취업자 2624만 명 중 상용근로자는 1297만 명에 불과하다. 657만 명이 임시직 일용직이고 자영업자 557만 명, 무급가족종사자가 112만 명이다. 임시직 일용직의 월평균 수입이 150여 만원인 것으로 조사되고 있고, 자영업자 중 혼자서 하는 영세장영업자도 400만 명에 육박하고 있는데 이들의 월평균 수입이 100만 원 안팎인 것으로 조사되고 있다. 실업자 101만 명을 포함하면 경제활동인구 2745만 명 중 임시직 일용직 657만 명, 영세자영업자 400만 명 등 42%에 달하는 1158만 명이 월평균 수입이 100~150만 원의 어려운 생활에 직면해 있는 것이다.

이처럼 고용상정이 악화되니 취업자와 실업자, 취업자 중에서는 상용근로자와 임시 일용직 근로자, 영세자영업자 간에 소득격차가 벌어지면서 중성장기로 접어든 1992년을 전환점으로 해서 소득분배가 악화되고 중산층비율도 하락했다. 특히 분배구조와 중산층비율은 경제위기와 참여정부 기간 중에 악화되었음을 보여주고 있다. 특이한 것은 반기업 분배중시 정책을 추진했던 참여정부시절 오히려 분배가 악화되고 중산층비율이 하락하고 있는 점이다. 이는 반기업정책으로 투자가 위축되어 고용사정이 악화된데 따른 것이다. 성장이 둔화되면 분배가 악화된다는 것은 이미 많은 실증분석에서도 증명되고 있다.[1]

---

2) 오정근, 경제성장이 소득분배구조 개선에 미치는 영향과 정책방향, 전국경제인엽합회, 2012. 6.

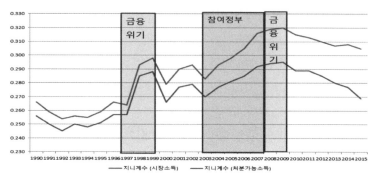

〈한국의 분배구조 추이〉

자료: 통계청
주: 지니계수는 클수록 분배가 악화됨을 의미

〈한국의 중산층비율 추이〉

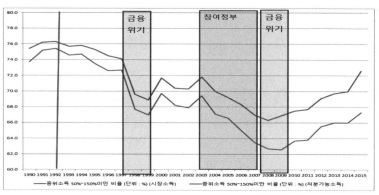

자료: 통계청

3. 가계부채 급증과 만성적 내수부족

이상에서 살펴 본 바와 같은 성장둔화와 고용사정 악화는 자연히 생계비조달 사업자금마련 및 신혼청년들의 전월세자금 마련을 중심으로 한 가계부채의 증가를 가져왔다. 물론 주택구입용 가계대출도 높은 비중을 차지하고 있으나 근년에 들어 주택구입용 가계부채 비중은 종전 60% 수준에서 40% 수준으로 하락하고 있는 반면 경기 불황으로 고용사정이 어려워지고 자영업자가 증가하면서 생계비조달

사업자금마련 대출 비중이 증가하고 전월세자금 대출 비중도 증가하고 있는 모습을 보이고 있다.

2016년 말 가계신용 잔액은 1,344조원으로, 2016년 GDP대비 1637조 원의 82%에 이르고 있다. 이는 OECD 평균 75%를 상회하는 수준이다. 가계부채/가처분소득 비율(OECD 기준)도 2008년 143%에서 2016년 174%로 크게 증가하고 있다. 이는 미국이 2008년 135%였던 가계부채/가처분소득 비율이 2016년 105%까지 하락해 국내총생산(GDP) 중에서 가장 큰 비중을 차지하는 민간소비가 회복되면서 경기가 회복되고 있는 것과는 정반대되는 모습이다. 지난 해 174%였던 동 비율이 경기가 회복되고 있는 미국 수준까지 하락하려면 미국이 전 방위적인 노력에 힘입어 135%에서 105%로 낮추는데 8년이 걸린 점을 고려하면 앞으로 얼마나 걸릴지 가늠하기 힘들 정도다. 한국은 가계부채발 장기불황에 진입한 것이 아닌가 우려될 정도다.

그 결과 가계는 원리금 상환부담 증가로 소비여력이 줄어들어 만성적 내수부족을 초래하고 있다. 가계 평균소비성향은 2010년 77.3%에서 2016년 70.9%로 하락하고 있다. 앞으로 미국금리 인상 등으로 인해 금리가 인상될 경우 가계부실이 확대되면서 금융부실이 금융위기 수준으로 증가할 우려도 있는 실정이다.

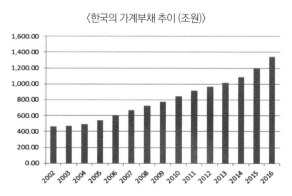

〈한국의 가계부채 추이 (조원)〉

자료: 한국은행

가계소득에 대한 원리금상환 비율(DSR)이 40%이고 총부채가 총자산보다 크거나 두 지표 중 어느 하나가 부실 위험 임계치를 크게 상회하는 '부실위험가구'의 부채규모는 252조원으로 113만가구에 이르고 있는 것으로 조사되고 있다. 만약 금리 1%p 상승은 부실위험부채 비중은 2.2%p, 부실가구를 약 4만 가구 증가시킬 것으로 분석되고 있다. 금리 2%p 상승과 부동산가격 하락 30% 하락이 동시에 발생하는 경우 부도위험이 높은 고위험부채가구는 50만 가구 늘어날 것으로 전망되고 있다 (한국은행 금융안정보고서 2016. 6). 이에 따라 미국 인상으로 국내 금리 인상이 불가피할 경우를 대비해 선제적인 부실위험가구 대책의 강화가 긴요한 실정이다.

4. 저출산 고령화의 급진전

한국은 고령화 저출산도 빠르게 진행되고 있다. 지난 2006년부터 2015년 까지 10년간 정부는 저출산 문제 해소를 위해 80조원을 투입했다. 그러나 효과가 없어 2015년 40만 6300명으로 1년 전 43만 8400명에 비해 3만 2100명 (7.3%)나 감소하고 있다. 합계출산율도 1965년 5.63명에서 2014년 1.2명으로 OECD 국가 중 가장 빠른 출산율 저하를 보이고 있다. 반면 고령화 속도는 OECD 국가 중 가장 빠르다. 65세 이상 노인의 비율이 7% 이상이면 고령화사회, 14% 이상이면 고령사회, 20% 이상이면 초고령사회로 분류하고 있다. 한국은 2000년에 65세 이상 노인의 비율이 7.2%가 되어 고령화사회에 진입했다. 한국은 고령화사회 진입 후 18년 만인 2018년에 고령사회에 진입하고 다시 그 후 9년 만인 2027년에 초고령사회에 진입할 것으로 전망되고 있다.

이는 일본이 각각 25년(1970~1995), 12년 (1995~2007)이 걸렸고, 미국이 각각 69년 (1944~2013) 20년 (2013~2033), 프랑스가 각각 115

년(1865~1980), 42년(1980~2022) 걸릴 것으로 전망되고 있는 것에 비하면 매우 빠른 속도다. 이와 같은 고령화의 급속한 진전은 노인진료비의 급증으로 건강보험재정 악화를 초래한다. 한국의 건강보험은 2018년부터 적자로 돌아서서 2023년에 고갈될 것으로 전망되고 있다 (2016~2020년 8대 사회보험 중기재정추계결과, 기획재정부, 2017년 3월 7일).

저출산 고령화의 영향으로 생산가능인구(15세~64세)는 2016년 3,763만 명을 정점으로 2017년부터 감소해 잠재성장률 하락의 원인으로 작용할 것으로 전망되고 있다. 총인구는 2030년 5,216만 명까지 증가 후 감소할 것으로 전망되고 있다. 이에 따라 생산가능인구 100명이 부양해야 하는 노인부양비율이 2016년 18.0명에서 2060년에는 82.6명으로 급증할 것으로 전망되고 있다 (통계청, 2016년 사회지표).

제2장[3)4)]
한국경제의 비전

I. 비전 2030: 한국경제 1-3-5비전 개요

비전이 없는 나라는 미래가 없다. 한국은 지난 반 세기 동안 산업화와 민주화를 동시에 이룩하여 주목과 부러움을 받았다. 그러나 20세기 말 외환위기 이후 잠재적 성장률이 하락하고, 빈부격차가 커짐으로 인해 사회 갈등이 커져가고 있다. 빈부격차를 줄여 더불어 사는 대한민국을 이룩해야 한다는 주장도 있고, 경제지표 뿐만 아니라 의식수준이나 삶의 질의 측면에서도 선진국이 되어야 한다고 선진화를 주장하는 사람들도 있다.

이러한 주장들을 정리하여 대한민국 1-3-5비전을 제시한다. 1은 삶의 질 기준으로 세계 최고를 지향하며, 3은 1인당 GNI 순위가 인구 3천만 이상 국가 중에 3위를 목표로 하며, 이와 함께 국가경쟁력 세계 3위를 지향한다. 그리고 5는 GNI 규모면에서 세계 5위를 지향한다는 것이다. 이를 통해 21세기 우리나라가 글로벌 최고 수준의 국가경쟁력을 확보해 세계적인 초일류기업들을 많이 배출하여 경제적 번영을 이어나가고, 국민의 자유와 권리가 보장되며 삶의 질이 상승하고 사회 안정성도 높아지는 선진국가가 되기 위한 비전이다.

중국은 2021년까지 전면적인 샤오킹(小康)사회 건설을 제시했고

---

3) 김승욱, 중앙대 경제학부 교수
4) 출처: 김경준, 김승욱 외 6인(2016), <스마트 시장경제>, 제1장.

신중국 성립 100주년이 되는 2049년까지 부강한 사회주의를 완성하는 따통(大同)사회 건설을 비전으로 제시했다. 한국은 이러한 비전을 달성하는데 얼마의 시간이 걸릴지 예측하기 어렵다. 한국이 초고령 사회에 들어서기 전에 이러한 비전이 달성되어야 한다. 이를 위해서 2030년까지는 이러한 비전을 달성하겠다는 목표를 설정할 필요가 있다. 그래서 이를 비전2030이라고 부른다. 그러나 비전을 품고 일관된 목표를 향해서 나가는 것이 중요하다. 고도성장기에 수출 주도적 성장을 일관성 있게 30년간 펼친 결과 한국은 산업화에 성공했고, 이어서 민주화를 일관성 있게 추진했다. 정부가 바뀌더라도 바뀌지 않고 일관되게 추진할 때 비전을 달성할 수 있다.

II. 1–3–5비전

1. G1 = 삶의 질 기준 세계 최고

한국은 경제규모로는 세계 최고 수준이 되기 어렵지만, 질적 수준으로는 세계최고를 달성할 수 있다. 이미 한국은 해방 이후 경제성장 면에서 세계 최고를 기록했다. 질적인 측면에서 볼 때 한국은 교육수준이나 국민들의 자질 등 여러 면에서 이미 세계 최고 수준에 도달해 있다. 그러므로 우리가 목표로 할 비전은 질적인 측면에서 세계 최고를 추구하는 것이다.

삶의 질에 대한 기준은 사회발전지수(Social Progress Index, SPI) 기준으로 핀란드, 덴마크, 스위스 등의 수준을 이룩한다는 것이다. 청정한 환경, 높은 수준의 교육 및 의료서비스와 함께 투명성, 다양성, 수

용성, 개방성을 동시에 추구하고, 자유롭고 상호 신뢰에 기초한 사회 통합을 이룩해서 국민이 행복한 세계 최고의 국가를 지향한다는 것이다.

2015년 기준으로 SPI 지수에서 우리나라는 26위에 머물고 있다. 아직은 선두그룹과 격차가 있지만, 이는 노력 여하에 따라서 충분히 극복할 수 있다. 정치가와 국민이 하나되고, 노사가 하나되면 이룩할 수 있다.

2. G3 = 1인당 GNI인구 3천만 이상 국가 기준 및 국가경쟁력 세계 3위

이 비전은 인구 3천만 이상 국가 중에서 1인당 GNI가 세계3위를 달성하자는 비전이다. 그리고 국가경쟁력 측면에서 세계 3위 수준으로 올라서는 것을 의미한다. 현재 한국은 인구 3천만명 이상의 국가 중에서 1인당 GNI는 9위이다. 우리 앞의 국가들과 격차가 크지 않기 때문에 국민들 사이의 신뢰도를 높이고, 기업이 좀 더 활성화 되면 가능하다. 이를 위해서 경제는 물론 정치사회 전반에 걸친 혁신이 필요하다. 비대하고 비효율적인 공공부문을 가치 있는 서비스를 제공하는 효율적인 21세기 스마트형으로 변화시키고, 정책의 투명성과 일관성을 높이며 노동시장을 개혁해야 한다. 사회적으로는 법치를 확립하고 합리적 절차를 통해 갈등을 해소할 수 있는 제도적 장치를 강화해야 한다.

3. G5 = GNI 규모 세계 5위

세번째 경제규모면에서 세계 5위로 상승한다는 비전이다. 현재 한국의 GNI 규모는 세계 13위이다. 2011년에 11위까지 올라갔으나,

최근 경제성장률이 하락하면서 13위로 떨어졌다. 현재의 20세기형 주력산업을 21세기형 스마트 산업으로 재편해 경쟁력을 높이고, 미래에 부상할 인공지능, 바이오, 로봇, 우주항공 산업에서 글로벌 기업들을 배출하는 등의 노력을 통해서 세계 5위까지 올라설 수 있다.

III. 1-3-5비전의 의의

우리가 제시한 이 비전이 현재 우리의 위치에서 달성하기 어려운 목표라고 생각할 수 있지만, 세계 각국은 한국의 잠재력에 대해서 매우 높은 평가를 하고 있다. 미래학자 자크아탈리는 <미래의 물결(2007)>에서 한국이 2025년 이후 아시아 최대 강국으로 떠오를 것이며, 세계 최강대국 반열에 오를 것이라고 예측했었다. 골드만삭스는 2050년 통일한국의 경제규모는 일본과 독일을 능가하고 1인당 GNI는 남쪽이 9만 6천달러로 미국에 이어서 세계 2위가 될 것으로 예측했다. 예일 대학의 폴 케네디(Paul Kennedy) 교수는 아시아 태평양 시대의 중심국으로 한국이 가장 유력하다고 했다. 이러한 세계의 평가를 보면 우리가 스스로를 저평가하고 있다는 사실을 알 수 있다.

이 비전을 달성하기 위해서 우리는 사회의 기본 단위인 개인의 창의성을 발휘하도록 격려하고, 각자의 재능을 최대한 발휘할 수 있도록 교육과 훈련을 통해 역량을 개발할 수 있도록 자극 하면 충분히 가능한 목표가 될 것이다. 과거 산업화 시대에 무에서 놀라운 한강의 기적을 이룬 저력을 생각하면 지금은 높은 수준의 인적자본을 보유하고 있고, 아시아태평양 시대에 유리한 지경학적 위치를 활용하여 새로운 기술변화의 시대에 능동적으로 대처하면 우리의 비전을 달성할 수 있을 것이다.

 최근 선진 각국들은 저마다 비전을 제시하면서 도약을 모색하고 있다. 미국, 일본, 독일, 영국 등 선진국들의 미래비전 전략을 벤치마킹 하여 한국적 상황에서 재도약을 위해서 모든 국민이 일치단결한다면 불가능한 것은 없다.

제3장
한국경제정책 목표[5]

1962년 경제개발 5개년 계획을 시작한 이래 지난 55년의 한국경제를 돌아보면 1991년 까지 30년 간은 한국경제의 전성기였다. 연평균 성장률이 9.7%로 세계경제발전사에 전대미문의 기록을 세우고 분배구조도 개선되고 중산층 비율도 증가해 세계은행으로부터 동아시아의 기적으로 칭송받기까지 했다. 이는 두말 할 필요도 없이 경제개발 5개년 계획의 성공적인 추진 결과였다. 특히 자원이 없는 농업국가로서 세계은행을 비롯한 국제기구와 많은 국내외 석학들이 한국은 노동력이 풍부하므로 노동집약 산업을 육성하여야 한다고 권고했음에도 불구하고 수입대체정책을 초기에 수출주도정책으로 전환하고 중화학공업정책을 추진한 것이 주효했다. 그 결과는 한국을 세계 최빈국 농업국가에서 당당이 자동차 선박 철강 석유화학제품 등을 수출하는 수출대국으로 우뚝 세게 했다. 80년대 들어서는 반도체 모바일까지 가세하면서 한국은 곧바로 선진국으로 도약하는 듯이 보였다.

그러나 1987년 체제는 도약하던 한국경제에 치명적인 타격을 안겼다. 임금이 급등하고 강성 민주노총이 등장하고 때마침 원화도 강세를 지속하면서 한국기업들은 해외로 탈출하기 시작했다. 급기야 1992년을 전환점으로 성장률이 둔화되고 그 결과 분배구조도 악화되고 증가하던 중산층비율도 하락으로 반전했다. 그 연장선상에서 1997년 외환위기도 겪었다. 한국경제의 성장동력은 급속히 추락해

---

5) 오정근, 건국대 금융IT학과 특임교수

고용불안이 커지기 시작했다. 자연히 분배구조도 악화되고 중산층도 줄어들기 시작했다.

고용이 악화되니 생계형자금과 자영업 사업자금 대출 등 가계대출도 급등해 가계의 소비여력을 급속히 소진시키면서 성장을 제약하고 있다. 불안해 진 경제사회적 배경을 바탕으로 인기영합적인 정치인들이 등장하면서 경제의 반등을 위한 투자활성화는커녕 오히려 무분별한 복지정책과 반기업정책들을 쏟아내면서 경제는 백척간두에 까지 내몰리고 있는 형국이다. 설상가상 급속하게 진행되는 저출산 고령화는 사회보험과 복지비용의 증가는 물론 생산가능인구의 하락으로 성장동력의 추가적인로 하락요인으로 작용하고 있다. 1992년 이후 지난 25년은 한국경제의 추락기였다.

여기서 더 추락하면 한국경제는 이제 몰락의 길 밖에 없다. 한국경제는 반등할 수 있을 것인가. 모두 우리가 하기에 달려 있다. 악화되고 있는 대내외 환경을 극복하고 모든 국민이 60년대 아무 것도 없는 맨 땅에서 오직 '할 수 있다'는 일념, 근면 자조 자립해야 한다는 정신 하나로 일어섰듯이 우리 대한민국은 다시 일어설 수 있다. 반드시 일어서야 한다. 우리가 사랑하는 아들 딸들을 위해서 반드시 일어서야 한다.

국민 모두가 열심히 하면 잘 살 수 있다는 꿈과 희망을 가지고 활기차게 살아갈 수 있는 희망이 있는 대한민국, 선진국으로 도약하는 대한민국 건설을 건설하기 위해 '국민희망 선진한국 건설' 이라는 비전을 가지고 달성해야 할 목표, 그 목표를 달성하기 위한 3대 추진 전략, 20대 추진과제들을 요약해 보았다. 앞 장에서 살펴 본 1-3-5 비전은 이 '국민희망 선진한국 건설' 비전을 수치로 나타낸 것이라고 할 수 있다.

비전	국민희망 선진한국 건설		
목표	• 누구나 열심히 공부하고 일하고 기업하면 잘 살 수 있다는 희망이 있는 자유 혁신 기회의 대한민국 건설 • 청년들이 가고 싶어 하는 양질의 청년 일자리 획기적 창출 • 노장년 재취업 환경 개선으로 고령화 시대 노인빈곤 문제 개선과 자영업 과당경쟁 해소 • 육아여성 시간선택제 정규직 일자리 획기적 확대로 저출산 문제 개선 • 취약계층도 같이 갈 수 있는 따뜻한 대한민국 건설 • 급변하는 대외환경변화에 능동적으로 대처, 경제안정기조 유지 ※ 포용적 시장경제 구축		
3대 추진 전략	혁신경제	균형경제	포용경제
20대 추진 과제	• 기업하기 좋은 국가 건설로 양질의 일자리 창출	• 중소 · 중견기업의 글로벌 강소기업 육성	• 퇴직 노장년 재취업 환경 개선으로 고령화시대 대비, 자영업과당경쟁 해소
	• 창업하기 좋은 창업생태계 '테크 코리아 (Tech Korea)' 구축으로 청년창업 획기적 확대	• 잘사는 6차 산업 농어촌 건설 • 공정거래질서 확립	• 차별 없는 출산 · 육아여성 근로환경 조성으로 저출산 문제 해소
	• 4차 산업혁명 시대 미래 성장동력산업 육성	• 국민에 봉사하는 작고 효율적인 정부 구축	• 청년 공공 민간 임대주택 공급확대로 청년 주거난 완화
	• 4차 산업혁명을 선도할 세계 일류 창의적 인재 양성 위한 교육개혁	• 공공부문 개혁으로 민간창의와 자율성 확대	• 재정지속가능한 근로촉진형 맞춤형 복지 강화
	• 획기적인 고부가가치 서비스산업 육성으로 양질의 일자리 창출 → 세계 일류 관광 문화 전시국제회의 물류산업 육성	• 지속가능한 조세재정 기반 구축 • 가계부채 연착륙과 서민금융 활성화	• 사회통합체제 구축으로 사회갈등 완화
	• 노동유연성 제고와 협력적 노사관계 구축	• 대외환경변화 능동적 대처로 경제안정 기조 유지	• 튼튼한 국방안보로 북핵 위협 대처

〈세부정책과제 요약〉

□ 청년들이 가고 싶어 하는 양질의 일자리 5년 내 150만 개 창출
- 획기적인 규제혁파, 감세, 노동시장유연화로 기업투자유도 30만 개 일자리 창출
  - 연간 설비투자 2% 증가, 성장률 1% 제고, 일자리 6만개 창출
- 창업생태계 테크 코리아 (Tech Korea) 건설로 50만 개 창출
  - 전국에 테크 코리아 클러스터 20개 건설 (현재 대기업주도 17개 창조경제혁신센터를 민간주도 규제프리 창업생태계로 전환) 연간 2만 개 창업, 5년 간 10만 개 창업, 50만 개 일자리 창출
- 고부가가치 서비스업 육성으로 70만 개 일자리 창출
  - 현재 금융 교육 의료 컨설팅 법률 관광 국제회의전시(MICE) 등 고부가가치 서비스 취업자 700만 명, 연간 2% 포인트 씩 5년 내 10% 제고 일자리 70만 명 창출

□ 기업하기 좋은 국가 "투자한국" 건설, (세계경제포럼 기준 2016년 세계 26위→5년 내 10위내 진입) 내외국 기업 투자 활성화, 대기업 30개 더 육성. 30만 개 일자리 창출
- 네그티브 규제제도 전면 시행, 규제개혁위원회 상설기구화 등 획기적인 규제개혁
- 법인세 선진국 수준 (15%)감세, 가업상속세 폐지 등 조세개혁
  - 상증세법과 조특법의 개정
  1단계(3년 내): 가업상속 기초공제한도 금액확대: 최대 500억원 → 한도 없음으로 개정
  2단계(5년 내): 중소기업 또는 매출액 3천억원 미만의 중견기업 → (개정)중소기업 또는 중견기업은 물론 대기업까지 포함(적용대상 확대)

- 주식기부시 세금폭탄 제거로 기부문화 활성화
- 노동시장 유연성 선진국 수준 제고, 협력적 노사관계 구축 등 노동개혁
- 투기자본으로부터 기업경영권 방어제도(차등의결권 등) 도입, 안정경영 기반 구축
- 기업준조세 금지로 정경유착 차단의 제도적 기반 마련
- 외국진출기업 유턴지원제도(법인세 한시적 비과세, 부지무상제공 등) 실효성 제고

획기적인 규제개혁으로 GDP 1%p 제고
- 규제개혁을 통한 GDP성장률 1%p 제고와 일자리창출 5개년 계획 수립 추진
- 시장규제 수준을 OECD평균으로 향상
- 국민 규제개선청구권 도입
- 규제개혁위원회 위상강화
- 규제비용총량제의 법제화
- 우회적 의원발의 규제입법 차단제도 정비
- 갈라파고스 규제정비 및 서비스활성화 규제개선
- 행정규제 합리화
- 납세순응비용 감소

□ **창업하기 좋은 창업생태계 '테크 코리아 (Tech Korea)' 구축, 연간 2만 개 창업, 5년 간 10만 개 창업, 50만 개 청년 일자리 창출**
- 무규제 청년창업 규제프리존인 '테크 코리아' 클러스터 20개 구축으로 5년 간 50만 개 청년 일자리 창출 (2011년 창설 이후 5년 간 150만 개 청년 일자리 창출한 영국 Teck UK 벤치마킹)
- 원스톱 청년창업 지원센터 운영 (중국 중관촌 등 벤치마킹)
- 엔젤 벤처금융 핀테크 등 창조금융 모험자본 활성화로 벤처기업

창업과 죽음의 계곡 극복 시스템 구축 (실리콘밸리 벤처금융제도 벤치마킹)

- 경제구조를 혁신주도(innovation-driven) 성장체계로 재편: 종래 정부주도 플란테이션 형태에서 자율경쟁적인 열대우림 형태의 창업과 성장 생태계로 전환

□ **50년 먹거리 4차 산업혁명 앞당겨 스마트 한국 건설**

- 「제4차 산업혁명 기본법」을 제정, 전문가와 공무원으로 구성된 「제4차 산업혁명 추진 민관협의회」를 대통령 직속으로 설치
- 10,000개의 글로벌 벤처기업을 육성
  - 강력한 세제 금융 인센티브 제공, 인허가 간소화 등 「원스톱 창업 시스템」구축으로 벤처창업 창업 활성화
  - 이 중 10,000개의 글로벌벤처기업 육성. 이를 위해 한미영일중 벤처기업 교류의 장인 「글로벌벤처플랫폼」 구축
- 「제조업혁신 4.0」으로 확대, 5년 내 1만 개 스마트공장 구축
  - 2014년부터 시행 중인 컴퓨터 로봇 중심의 「제조업혁신 3.0」을 인공지능(AI) 발전에 부응해 전면 재검토, 기계와 사람, 인터넷 서비스가 상호 연결된 유연한 생산체계를 구현, 다품종 대량생산이 가능한 「제조업혁신 4.0」으로 확대
- 핀테크(FinTech) 중심으로 금융 결제기능을 고도화와 4차 산업혁명 인프라구축 등 사이버 보안 체제 구축
- 지식정보시대 도래에 부응해 새로운 정보재산에 대응하여 지식재산권제도 조기 구축
- 세계적 수준의 전자정부 서비스 지속 추진
- 규제 주권을 지자체에 이양하는 규제분권화와 규제 네가티브시스템 도입해 신산업분야 규제 획기적 개선
- 4차 산업혁명시대를 선도할 세계 일류 창의적 인재 공급을 위한 교육제도 획기적 개혁

- 프로그래밍(코딩)교육과 프로젝트 기반 학습(PBL)을 통한 문제 해결방식의 중고교학습방식 전환. 이를 위한 교육전문대학원의 설립 육성과 전문교사 양성.
- 대학의 기부금제도를 개선하여 세계 일류 대학을 육성하고 대학 창업교육을 통한 산학협력 강화를 위한 '테크 코리아'를 조성.
- 수능위주의 대학입시제도를 대학자율에 맡기고 학생이 부족한 대학을 평생교육기관으로 전환하여 평생교육을 활성화
- ICT기술이 발전할 수 있도록 이공계 인력의 지속적 양성과 산학 연계를 통한 취업환경 개선
- 신산업분야 전문기술직 외국인력 수요증대에 대비 고도전문 외국인력의 그린카드제 도입

□ **4차 산업혁명을 선도할 세계 일류 창의적 인재 양성 위한 교육개혁**

- 학생의 학습권 교육주권을 학부모에게 돌려주자
  - 현재 학교 의사결정은 정부와 전교조가 결정→학사결정에 학부모 적극 참여
- 획기적인 공교육 정상화로 사교육 수요 축소
  - 우수교원 확보 등 교원 자질 향상
  - 사교육 수요 흡수 공교육 내실화
- 교육개방 확대로 교육경쟁력 제고와 기러기 아빠 현상 및 유학 적자 문제 완화
  - 외국대학 유치, 외국대학과 공동학위제 적극 확대, 2+2 (외국대 2년+국내대 2년 공동학위제) 제도 확대
- 사립 중고등학교 자율성 강화
- 사립학교 퇴출기회 제공
- 전공선택의 자유 확대
- 교육과 취업의 연계성 강화
- 저소득층 등록금 지원 등 교육기회 확대

□ **청년들이 가고 싶어 하는 고부가가치 고소득 양질 일자리 70만 개 창출**
- 금융 교육 의료 물류 관광 국제회의전시(MICE) 법률 컨설팅 등 고부가가치 서비스산업 규제 획기적 혁파, 금융 교육 관광 국제회의전시(MICE) 허브로 1인당 국민소득 한국의 두 배로 성장한 싱가포르 벤치마킹
  - 주력산업의 첨단기술집약화
  - 4차 산업혁명 주력 산업 육성 (정보통신기술(ICT) 기반 융복합산업)
  - 지식기반 고부가가치 서비스 산업 (금융 교육 의료 물류 관광 국제회의전시(MICE) 등) 법률 컨설팅 등)육성

□ **금융산업 세계 20위권 (세계경제포럼; 2016년: 80위)으로 육성**
  5년 내 GDP 중 부가가치 비중 10% (2015년 5%), 고급일자리 100만 개 (2016년 80만 개) 달성
- 금산분리 완화로 주인 있는 은행, 한국판 골드만 삭스 육성
- 낙하산 인사 청산으로 금융산업 활력제고
- 금융감독원 독립으로 관치금융 청산
- 과감한 규제 혁파로 금융혁신 도모
- 정권마다 등장하는 정치금융 완전 청산
- 과도한 정책금융 개혁으로 만성적 좀비기업 정리하고 건전성장 도모
- 금융 IT융합 관련 규제 혁파로 핀테크산업 모바일금융 육성해 IT강국을 기반으로 세계를 선도하는 신금융산업 육성
- 모험자본 육성으로 벤처산업 발전과 4차 산업혁명 도모, 양질의 청년 일자리 창출

□ **고부가 전략 관광산업 육성**
- 규제 완화의 지속적 추진 (리조트 및 호텔 건설 규제, 골프장 특소

세 등)

- 일자리 창출과 전문인력 양성 체계화 내실화
- 관광산업 투자 환경개선 (디즈니, 구겐하임 등 사례 활용).
- 고부가 전략 관광산업 육성
  - 의료관광과 웰니스(wellness) 관광산업 활성화에 대한 국제적 추세 활용.
  - MICE산업 육성
    (국제회의, 포상관광여행, 국제행사 및 전시박람회 산업 - MICE: Meeting, Incentive travel, Convention, Exhibition/Exposition).
  - 크루즈 관광 육성
- 싱가폴형 비즈니스 관광 수요 유치(양적 성장에서 질적 성장으로)
- 국제관광 수용체제 개선

□ **세계 일류 문화산업 육성**

- 문화 발전과 문화산업 진흥을 위한 법체계 개선 및 중장기 기본계획 재검토
- 문화산업 진흥: 문화와 산업의 융합
- 일상생활의 문화화 (문화가 있는 행복한 삶)
- 글로벌 코리아 : 한국문화의 국제화 · 세계화
- 지역문화정책 재점검: 지역발전 기반으로서의 문화/문화산업 개발
- 문화예술교육 강화와 창의적인 인재양성
- 문화관련 정책부서간의 협력 강화

□ **세계 일류 의료산업 육성**

- 의료서비스 지역편차 해소와 공공의료 강화
  - 의료인력 수급 불균형 해소
  - 공공보건의료 기능 강화
  · 감염병 관리 시설 보강에 따른 재정 지원

· 지역거점의료기관 지정 육성
- 효율적인 의료이용체계 구축
  - 의료기관의 특성화 확대
    · 전문병원 활성화
    · 상급종합병원 지정기준 개선 및 기관 수 확대
  - 합리적인 보장성 확대
    · 국민 부담능력, 건강증진 등을 고려한 보장성 확대
- 일자리 창출 및 보건의료산업 육성
  - 미래의료 발전을 위한 지원 및 육성
    · 연구중심병원 지원확대 및 인력양성
    · 의료기관 세제 개선
    · 중소병원육성 특별법 제정
  - 불합리한 규제 개선
    · 수가 결정구조 개선: 수가계약에 관한 독립적인 중재조정기구 설립
    · 부실 의료법인 합리적 퇴출절차 마련 (의료법인 간 인수 · 합병 허용)
    · 의료의 공공성 및 특수성을 감안한 의료기관 신용카드 수수료 부담 완화
- 의료 부대사업 허용 확대
  - 의료기관 경영 개선
  - 의료관광 활성화
- 한양방 협진체제 강화로 국민의료 편의 제고
  - 한의학: 한국고유 의료산업으로 육성 (중국: 중의학 노벨의학상 수상 후 대대적 육성)
  - 첨단의료기기 한방 사용 확대

□ **글로벌 물류 거점 네트워크 구축으로 물류산업 글로벌 수준 육석**

- 국내 항만 배후단지, 국제공항 배후단지 중심으로 글로벌가치사슬 ((Global Value Chains :GVCs) 연계 거점 마련
- 국외 항만배후단지와 국제공항을 중심으로 우리나라 물류기업 진출거점 마련
- 해외 물류항만 네트워크 구축으로 향후 10만 청년 일자리 창출

□ **글로벌 강소기업 육성**

- 중소 중견기업 보호 지원 위주에서 글로벌 경쟁력 있는 강소기업 육성으로 중소 중견기업 정책 전환
- 강소기업의 수출산업화 지원

□ **잘사는 6차 산업 농어촌 건설**

- 지난 10년간 정부 재정 119조원을 투입하였으나 여전히 농업의 영세화로 인한 농산물 수입국으로 전락 (수출: 약 7조원, 수입: 약 27조원)
- 연간 농업수출액 30조원으로 증가시켜, 신규일자리창출에 기여하는 신산업으로 육성
- 현재의 농업진흥은 정부주도로 추진되고 있으나, 민관이 합동하는 신고부가가치산업으로 육성 .
- 영농플랫폼사업자를 콘트롤 타워로 하는 6차 산업육성정책 추진
- 영농플랫폼사업자, 영농인, 영농수출입전문가, 협동조합이 함께하는 전국규모의 영농ICT 클러스트 구축

□ **국민에 봉사하는 작고 효율적인 정부 구축으로 민간 자율성 획기적 확대**

- 정부의 기능 재정립(기본적인 정책 수립·추진, 규제혁파, 대국민 봉사기능 확충) 작고 효율적인 정부 구축

- 원칙적으로 기존 조직체계를 유지하되 다음과 같은 현안사안은
  신속조치
    ▶ 관치금융청산을 위해 금융위원회를 폐지하고 독립된 금융감
      독원의 최고의사결정기관으로 흡수
    ▶ 해양경찰청 복원,
    ▶ 미국 트럼프시대 신보호무역주의 통상전쟁시대에 부응 장관
      급 대표「한국무역대표부」신설
    ▶ 규제개혁기구의 상설 독립위원회화
    ▶ 견제와 균형을 위해 검경 수사권 재조정 및 공직자비리수사처
      신설

- 중장기적 조직개편을 위해 국무총리실 산하에 조직개편안 수립
  을 위한 위원회 신설
    - 정부, 국회에서 추천한 인원 및 국무총리가 임명한 기업가, 소비
      자, 노조 등 주요 이해직능단체 대표를 위원으로 구성
    - 2년간의 기한을 두고 조직개편여부 및 개편안 성안, 성안시 정부
      발의 법률로 국회이송
    - 개편안 작성 원칙으로 전체 공무원수 동결, 민간에 이전 가능한
      모든 기능 이전(공기업 민영화 포함)공약

- 공직 개방 획기적 확대로 민간전문가 등용, 회전문 인사 방지로
  공직의 전문성 제고
    - 비전문적 행정관료 선발하는 행정고시 제도 점진적 축소 폐지

□ **공공부문 개혁으로 민간창의와 자율성 확대**
  - 공공기관 공기업 경영합리화 경영효율화로 공기업부채 축소 적
    극 추진
  - 공공기관 공기업의 주식회사화 상장 추진

- 공공기관 공기업의 경쟁체제 도입과 민간 담당 가능한 부분 민영화

□ **시장친화적 경제체제 구축을 위 공정거래질서 확립**
- 자유롭고 공정한 경쟁과 기업의 창의적인 활동을 제한하고 소비
  자의 선택을 제약하는 각종 규제의 폐지 및 개선
  - 기업 활력과 경제효율성이 제고되고 경쟁이 확대되어 시장친화
    적 경제 체제 구축
- 중소기업이나 소비자의 협상력을 강화시킬 수 있는 제도 도입
  - 대기업 등의 불공정거래 행위로 인한 피해를 신속하고 실효성
    있게 구제하고, 효과적으로 불공정거래 행위의 재발 방지 유도

□ **5년 내 가계부채 연착륙으로 민간소비 회복 기반 마련**
  현재 174%인 가계부채/가처분소득 비율 (OECD 기준)을 5년 내
  소비회복 가능한 110%까지 하락
- 경기회복과 부동산경기 정상화로 일자리를 창출, 가계의 가처분
  소득 증가
- 일자리창출로 생계형대출, 사업자금대출 수요 둔화
- 전월세 임대주택공급 활성화로 전월세자금대출 수요 둔화
- 부채-부동산지분 스왑 정책 도입
- 저소득 취약계층 가계부채 일정부분 채무조정청년일자리 창출
  을 위하여는 노동시장 유연성 확보가 절대적으로 필요

□ **노동시장 유연성 제고와 협력적 노사관계 구축**
- 청년일자리 창출을 위하여는 노동시장 유연성 확보가 절대적으
  로 필요
- 4차산업혁명시대를 맞이하여 그 어느 때보다도 노동시장유연성
  에 대한 글로벌 시장에서의 요구들이 많음.
- 청년실업의 직접적인 원인이 되고 있는 부당파업보호, 파견근무

통제, 기간제 근로자의 정규직 편입 강제, 임금피크제 없는 정년보장, 엄격한 해고요건 의 획기적 완화 개선
- 신산업창출을 통한 조기퇴직자와 고령근로자 일자리 창출방안 모색

□ **퇴직 노장년 재취업환경 개선으로 고령화 시대 대비, 자영업 과당경쟁 해소**
- 퇴직 노장년 중소기업 재취업 위한 근로기준법, 파견법과 최저임금법 탄력 적용
- 어른신 일자리 적극 발굴 확충

□ **차별 없는 출산 · 육아여성 근로 환경 조성으로 저출산 문제 완화**
- 저출산 대책
  1) 맞벌이 부모의 공동 육아를 지원하는 보육정책 강화
  2) 부부출산 휴가 의무제. 부부 육아 휴직 의무할당제.
  3) 부부 출산 휴가 연장 (여성 90일→120일, 남성 10일→30일)
  4) 취업여성의 출산후 일터 복귀보장(경력단절 여성의 발생을 차단)
  5) 육아 기간 동안 근무시간 선택제, 재택 근무 등 다양한 근무형태 선택 기회 제공
  6) 실효성 있는 남성 육아휴직제 적극 추진
  7) 육아휴직 시 1년간 연 급여의 80%까지 지급.

- 노동시장에서의 성평등 환경 조성
  1) 여성 비정규 근로자의 근로조건 개선과 정규직 전환 촉진
  2) 동일가치 노동에 동일 임금 적용 원칙을 준수하는 중소기업에 대한 지원 확대.
  3) 30~40대 기혼여성의 일자리 유지 및 경력단절 여성의 직장복귀 및 재취업 지원 확대
- 일과 가정의 양립

1) 가족친화적 기업문화 조성 및 확산
2) 일 가정 양립형 자유 근무시간제 확산.
3) 재택근무, 스마트워크 등 다양한 근무형태의 확산을 지원.

- 사결정직위(고위직) 여성대표성 확대
1) 행정부 여성 총리/부총리제 및 여성 장/차관 할당제 도입.
2) 고위공무원 균형인사 도입 및 정부위원회 여성참여 확대
3) 여성임원 비율 확대, 여성 비상임 이사 임용목표 설정 등이 포함된 CSR 및 지속가능성 보고서(GRI)를 제출하는 민간/공공기업에 인센티브 제공.
5) 지역구 여성후보 공천의무할당제 등 정치부문의 여성대표성 확대

- 여성과 아동이 폭력으로부터 안전한 사회 만들기
1) 공영방송을 통한 여성혐오 범죄 예방홍보 및 정부 추진점검단 권한 강화
2) 언론 및 형사사법기관에서의 성폭력 2차 피해 방지
3) 가정 폭력 사건에 대한 경찰의 초기 대응강화
4) 등하교길 및 방과후 아동안전 강화

- 여성과 아동이 폭력으로부터 안전한 사회 만들기
1) 공영방송을 통한 여성혐오 범죄 예방홍보 및 정부 추진점검단 권한 강화
2) 언론 및 형사사법기관에서의 성폭력 2차 피해 방지
3) 가정 폭력 사건에 대한 경찰의 초기 대응강화
4) 등하교길 및 방과후 아동안전 강화

- 생활 속에서 공감하는 성평등문화 만들기
1) 초중등학생 양성평등 체험활동 프로그램 보급/운영

2) 성평등한 대학문화 확산 지원

3) 성평등한 직장문화 만들기

4) 대중매체를 통한 성평등문화 조성

- 여성 결혼 이민자와 북한이탈여성의 자립 지원

□ **청년 공공 민간 임대주택 공급확대로 청년 주거난 완화**
- 공공 소형 임대주택 공급 확대
- 민간 소형 임대사업 활성화
- 노령층을 위한 공유주택 활성화소기업에 대한 지원 확대.

□ **근로촉진형 맞춤형 복지 강화**
- 재정적으로 지속가능한 복지체계 구축으로 미래세대 재정위기 사전 예방
- 현금 퍼주는 복지(welfare)가 아닌 일과 복지 연계성 강화된 근로촉진형 복지제도(workfare) 구축으로 성장과 복지 동시 도모
- 4차 산업혁명 시대 진전에 따라 예상되는 실직자의 직업 재훈련 강화

□ **사회통합체제 구축으로 사회갈등 완화**
- 현재 지역, 학력, 계층, 이념으로 분열되어 있는 한국사회를 다양성 인정을 바탕으로 한 화합과 통합으로 위대한 한국인(Great Korean), 하나된 사회(United Society)를 만들기 위해 대통령 직속으로 여야정 『사회경제통합위원회』를 운영
  - 지역 학력 계층 이념 간 갈등 해소 도모

□ **대외환경 변화에 능동적인 대처로 경제안정기조 유지**
- 미국 금리인상과 자본유출에 따라 우려되는 외화유동성 확보

- 글로벌 보호무역주의에 대한 적극적인 대처
- 예상되는 글로벌 환율전쟁에 대한 능동적인 대처
- 중국경제 성장둔화에 따른 적극적인 대처
- 대내 경제정책의 안정적 운용

□ **튼튼한 국방안보로 북핵위협 대처**
- 동북아 신냉전 시대 대비 한미동맹 강화
- 북핵고도화 대비 미국핵우산, 확대억제 강화 및 대북제재 강화
- 북핵 대비 평화적 핵주권론에 의거하여 최후의 선 (NPT 탈퇴 및 핵보유)을 남겨둔 상태에서 핵무장 잠재력 함양
  - 현재 무조건 즉각적 핵무장론, 조건부 단계적 핵무장론, 평화적 핵무장론, 핵무장 반대론(야당)이 대두되고 있음
  - 핵무장은 국제제재, 동맹와해, 중·러 압박, 국론분열 등을 모두 수반하는 안보국익 에 반하는 선택으로 곤란. 핵무장에 앞서 고난도 동맹 외교 필요한 실정
- 행정군대화 및 정치군대화를 막고 전투군대로 변신하기 위한 국방개혁 지속
  - 특히 북한 WMD 대비 위한 편제개편 시급
- 현 안보위협 및 트럼프의 '공정 안보비용 부담' 요구 감안 국방비 GDP대비 3%로 증액
  - 현재 GDP 2.4% 국방비는 안보위협이 없는 서유럽 국가들과 비슷한 수준
- 모병제 (남경필 주장)는 북핵위협, 북한 병력규모, 유사시 총동원체제 필요성, 추가 예산 필요 등 종합적인 고려시 대단히 비현실적인 인기영합적 주장
- 군 복무기간단축 (문재인 주장)도 북한군 복무기간(8~10년) 및 숙련도 감안시, 현 21개월도 부족. 인구감소 감안시 오히려 복무기간 늘여야 할 형편에서 젊은 표 의식한 안보포퓰리즘

제2부

혁신경제

제4장
청년들이 가고 싶어 하는 양질의 일자리 창출[1]

투자는커녕 기업들이 구조조정의 위기로 내몰리고 있는 가운데 기업총수에 대한 전방위적 수사가 이어지면서 고용사정은 악화일로를 걷고 있다. 2017년 2월 실업자가 135만 명으로 금융위기의 여파가 극심했던 1999년 8월의 135만 명 이후 최고치를 기록했다. 구직단념자도 60만 명을 기록해 체감실업자는 195만 명에 이르고 있다.

제조업 부문에서는 구조조정의 여파로 지난 1년 새 16만 개의 일자리가 감소하는 등 일자리 기회가 줄어들고 있는데 서비스부문에서는 서비스산업발전을 위한 개혁법안이 국회를 통과하지 못해 고부가가치 서비스산업 발전이 정체되어 새로운 일자리를 만들어 내지 못한데 따른 것이다. 실업률은 5.0%로 급등해 미국의 4.9% 보다 높아 역전되었다.

이 중 청년실업자(15~29세) 44만 명, 청년실업률은 9.8%을 기록하고 있으나 취업준비생 구직단념자, 그냥 쉬는 청년 등을 포함한 체감청년실업률은 33%에 육박하고 있다. 15~29세 사이의 청년이 약 950여 만명인데 이중 재학 군복무 등을 제외한 경제활동인구가 450여 만명이다. 이 중 150여 만명이 일자리가 없는 심각한 문제가 지속되고 있다. 특히 체감실업자 중 구직도 안하고 취업준비도 안하고 그냥 쉬는 청년들이 35여 만명에 이르고 있는 것으로 조사되고 있어 충격적이다. 아무 것도 하지 않고 있는 무기력한 상태의 청년들이 이 정도라

---

[1] 오정근, 건국대 금융IT학과 특임교수

는 것은 심각한 사회병리현상이라고 하지 않을 수 없다.

청년들만 문제가 아니다. 노년들도 문제다. 60세 이상 실업률은 7.1%, 그 중 65세 이상 실업률은 10.3%, 실업자가 21만 명을 기록하고 있다. 지금의 노인세대는 가난했던 개발연대에 일하면서 오직 가정을 세우고 자녀들을 가르쳐야 한다는 일념으로 일해 왔기 때문에 대부분의 노인들은 자신들의 노후를 준비할 겨를이 없었다. 그러나 직장에서 퇴직을 하고 보니 세태는 바뀌어 자녀들이 부모를 부양하는 시대도 아니고 재취업도 어려워 자연 노인빈곤률이 높을 수 밖에 없다.

성장이 둔화되니 일자리가 있어도 고용구조가 불안하다. 2016년 기준 전체 취업자 2624만 명 중 상용근로자는 1297만 명에 불과하다. 657만 명이 임시직 일용직이고 자영업자 557만 명, 무급가족종사자가 112만 명이다. 임시직 일용직의 월평균 수입이 150여 만원인 것으로 조사되고 있고, 자영업자 중 혼자서 하는 영세장영업자도 400만 명에 육박하고 있는데 이들의 월평균 수입이 100만 원 안팎인 것으로 조사되고 있다. 실업자 101만 명을 포함하면 경제활동인구 2745만 명 중 임시직 일용직 657만 명, 영세자영업자 400만 명 등 42%에 달하는 1158만 명이 월평균 수입이 100~150만 원의 어려운 생활에 직면해 있는 것이다.

청년 일자리 문제가 경제사회적 과제가 되면서 정부는 청년일자리 대책을 박근혜 정부 들어서만도 10 차례나 내어 놓았지만 실효성이 없었다. 지난 3월 내놓은 대책만 하더라도 주로 공공부문 일자리 확충과 중소기업 취업 유도로 되어 있다. 중소기업에 취업할 경우 해당 중소기업에 1000만 원의 세액공제도 한다는 내용도 포함되어 있다. 창업을 할 경우 군입대도 늦추어 준다고도 한다. 이 정도의 대책으로 청년실업이 해소되리라고 기대되지 않는다.

가장 중요한 문제가 청년들이 중소기업에 가려고 하지를 않는다는 점이다. 열심히 일하며 오직 자녀 잘 되기만을 바라며 어렵게 살아온 부모들도 자녀들이 중소기업에서 일하기를 바라지 않는 경우가 대부분이다. 이 때문에 중소기업들은 구인난이다. 대부분의 중소기업들은 사장과 임원들을 제외하고는 외국인 근로자들이 일하고 있는 경우가 많다. 현재 한국의 외국인 근로자는 대략 200만 명 정도다. 결국 청년들이 가고 싶어 하는 일자리를 만드는 것이 첩경이다.

제대로 된 정책만 추진한다면 청년들이 가고 싶어 하는 양질의 일자리 5년 내 150만 개 창출할 수 있을 것으로 전망된다. 첫째, 획기적인 규제혁파와 감세, 노동시장유연화로 기업투자를 활성화하면 30만 개 일자리 창출이 가능하다. 연간 설비투자를 2% 증가시키면 승수효과를 고려하면 성장률이 1% 제고되고 이는 일자리 6만개 창출이 가능한 수준이다. 이를 5년 간 지속하면 30 만개의 일자리 창출이 가능하다. 한국에서는 현재 연간 140조 원 정도의 설비투자가 이루어지고 있는데 90%가 대기업투자다. 따라서 이 30만 개의 일자리는 양질의 대기업일자리가 대부분이 될 전망이다.

둘째, 창업생태계 테크 코리아 (Tech Korea) 건설로 50만 개 창출이 가능할 전망이다. 현재 전국에 대기업주도 17개 창조경제혁신센터가 있다. 정권이 바뀌면 이 창조경제혁신센터의 앞날도 불투명해 질 우려가 있다. 이를 민간주도의 규제프리 창업생태계로 전환하는 것이 바람직하다.

영국의 테크 유케이(Tech UK)가 성공한 좋은 사례다. 테크 유케이는 창업을 신청할 경우 자본금이나 사무실 조건 없이 메일박스만 있으면 24시간 내에 온라인으로 허가해 주고 있다. 필요한 자금은 창업하는 기업의 장래성이나 수익전망을 보고 시장의 엔젤투자자나 벤처캐피탈회사가 한다는 것이다. 완전히 규제프리 창업생태계다. 영국은 2011년 런던테크시티를 출범한 이후 성공적인 창업생태계가 조성되면서 런던테크시티를 본 딴 창업클러스터가 전국에 27개나 만들어져 5년 새 150만 명의 일자리가 만들어졌다.

한국도 전국에 테크 코리아 클러스터 20가 건설되어 연간 2만 개가 창업되는 경우 5년 간 10만 개 창업되고 한 기업당 평균 5명 일하는 경우 50만 개 일자리 창출이 가능하다.

셋째, 고부가가치 서비스업 육성으로 70만 개 일자리 창출이 가능할 전망이다. 현재 금융 교육 의료 컨설팅 법률 관광 국제회의전시(MICE) 등 고부가가치 서비스업종 취업자는 700만 명이다. 연간 2% 포인트씩 5년 내 10% 포인트만 늘리면 일자리 70만 개가 창출된다.

무엇보다 중요한 것은 대기업 양질의 일자리, 벤처창업, 고부가가치서비스업 일자리는 우리 청년들이 가고 싶어 하는 일자리이고 정부의 재정부담이 없는 민간 시장주도 일자리라는 점이다. 정부는 규제혁파만 과감하게 추진해 주면 된다.

제
2
부

제5장
기업하기 좋은 국가 '투자한국' 건설[1]

　양질의 일자리를 만들고 선진국으로 도약하기 위해서는 한국을 기업하기 좋은 국가, 즉 "투자한국"으로 건설하는 일이 중요하다. 세계경제포럼(WEF)은 2016년 한국의 국가경쟁력을 세계 26위로 진단했다. 이를 5년 내 10위내 진입해 내외국 기업들의 투자를 활성화해 약 1만 명을 고용할 수 있는 대기업이 30개 더 육성된다면 그러한 대기업에서 양질의 일자리가 30만 개 창출될 것이다.

　2016년 세계경제포럼(WEF) 국가경쟁력 평가 결과 우리나라는 3년 연속 26위를 기록('16년 총 138개국 대상)하고 있다.

〈한국의 국가경쟁력 추이〉

자료: 세계경제포럼(WEF)

---

1) 오정근, 건국대 금융IT학과 특임교수

국별로는 스위스, 싱가포르, 미국이 각각 작년과 동일한 1, 2, 3위를 기록하는 등 전반적인 순위변동이 크지 않은 모습을 보이고 있다. 아시아 국가 중에서는 싱가포르 2위, 일본 8위, 홍콩 9위, 중국이 28위를 기록하고 있다. 부동의 1위 스위스는 2015년 1인 당 국민소득이 80,603 달러로 102,717달러의 룩셈부르크에 이어 2위를 달리고 있다. 싱가포르는 52,888달러로 8위를 기록하고 있다. 같은 해 한국은 27,171 달러로 31위다.

한 때 아시아의 네 마리 용으로 같은 그룹으로 분류되었던 싱가포르는 이제 한국이 넘볼 수 없는 수준까지 달아났다. 싱가포르를 단순히 작은 도시국가이기 때문에 그렇다고 폄하해서는 안된다. 물론 작은 도시국가라는 점도 1인당 국민소득에서는 중요한 변수이지만 싱가포르는 아시아에서는 보기 드문 규제프리 청렴정부를 가진 국가로 유명하다. 그 때문에 국가경쟁력 즉 기업하기 좋은 환경에서 세계 1, 2위를 다투고 있다는 점을 알아야 한다. 싱가포르는 외국금융기관만 4~500여 개 들어와 있고 대개는 아시아본부다, 큰 아시아본부는 고용 인력만 4~5천 명씩이다. 고액 연봉의 우수한 인력이 계속 필요하니 세계적인 경영대학원들이 줄지어 분교를 내고 있다. 자연 국제회의도 많아져 싱가포르는 금융과 교육, 국회회의전시(MICE) 관광의 허브가 되면서 한국은 도저히 따라갈 수 없는 수준까지 앞서 갔다는 점을 교훈으로 배워야 한다.

자원이 없이 산악이 대부분인 스위스는 자연환경이 한국과 비슷하지만 그 산악지대를 이용한 광광을 비롯해 금융 의약 국제회의전시 정밀기계 등 고부가가치 산업을 발전시키면서 아시아의 싱가포르와 함께 국가경쟁력 즉 기업하기 좋은 환경에서 세계 1, 2위를 다투면서 1인 당 국민소득이 세계 2위로 발돋움 했다.

한국의 국가경쟁력을 12개 부문별로 세분해 보면 거시경제, 도로·통신 인프라 등 경제 기초환경 관련 순위는 높게 나타나고 있다. 가장 문제가 큰 부문이 노동(77위)·금융(80위)이다. 노동 가운데서 고용·해고관행(113), 노사간 협력(135), 임금결정의 유연성(73) 등과 금융부문 가운데서 은행건전성(102), 대출 용이성(92), 벤처자본 이용 가능성(76) 등이 세계 최하위를 기록하고 있는 실정이다, 제도부문도 63위로 낮은 수준에 머물고 있다.

〈국가경쟁력 10위권 국가〉

스위스	싱가포르	미국	네덜란드	독일	스웨덴	영국	일본	홍콩	핀란드
1(1)	2(2)	3(3)	4(5)	5(4)	6(9)	7(10)	8(6)	9(7)	10(8)

주:( )안은 2015년도 순위
자료: 세계경제포럼(WEF)

한국의 국가경쟁력을 12개 부문별로 세분해 보면 거시경제, 도로·통신 인프라 등 경제 기초환경 관련 순위는 높게 나타나고 있다. 가장 문제가 큰 부문이 노동(77위)·금융(80위)이다. 노동 가운데서 고용·해고관행(113), 노사간 협력(135), 임금결정의 유연성(73) 등과 금융부문 가운데서 은행건전성(102), 대출 용이성(92), 벤처자본 이용 가능성(76) 등이 세계 최하위를 기록하고 있는 실정이다, 제도부문도 63위로 낮은 수준에 머물고 있다.

〈3대 분야 12대 부문별 한국의 국제경쟁력 순위〉

연도	기본요인 (18→19위)			효율성 증진 (25→26위)							기업혁신 및 성숙도 (22→22위)	
	제도	인프라	거시경제	보건 및 초등교육	고등교육 및 훈련	상품시장효율	노동시장효율	금융시장성숙	기술수용	시장규모	기업활동	기업혁신
'15	69	69	5	23	23	26	83	87	27	13	26	19
'16	63	10	3	29	25	24	77	80	28	13	23	20

자료: 세계경제포럼(WEF)

이와 같이 낮은 국가경쟁력 즉, 기업하기 좋은 환경을 개선시켜 기업하기 좋은 투자한국으로 환골탈퇴 시키기 위해서는 첫째, 네그티브 규제제도 전면 시행, 규제개혁위원화 상설기구화 등 획기적인 규제개혁정책을 추진하고, 둘째, 법인세를 선진국 수준 (15%)으로 감세하고 가업상속세를 폐지하는 등 조세개혁도 필요하다. 셋째, 노동시장 유연성을 선진국 수준으로 제고하고, 협력적 노사관계를 구축하는 등 노동개혁이 추진되어야 한다.

넷째, 차등의결권 등 투기자본으로부터 기업경영권 방어제도를 도입해 안정경영 기반도 구축하고 다섯째, 기업준조세 금지로 정경유착 차단의 제도적 기반도 마련되어야 한다. 여섯째, 법인세 한시적 비과세, 부지무상제공 등 외국진출기업 유턴지원제도의 실효성도 제고하고 보다 적극적으로 추진해야 한다. 지금 전세계가 고용문제 해결을 위해 외국에 나가 있는 자국기업들의 귀국, 즉 리쇼어링을 위해 다각적인 노력을 하고 있는 실정이다. 2016년 말 기준 외국에 나가 있는 한국기업수가 65,782개에 이르고 있다. 이들의 1/4만 귀국해도 한국의 저성장과 실업문제가 해결된다.

제2부

제6장
규제개혁 [1]

I. 진단

1. 현황

한국의 기업경쟁력은 크게 약화되고 있다. 중소기업뿐 아니라 대기업도 외국에 비해 경쟁력이 약화되고 있다는 것이 최근에 나타나고 있는 성향이다. 한국의 대기업들은 2010년대 초까지 매우 경쟁력이 높았으나 최근 TOP2로 알려진 삼성전자와 현대자동차의 경쟁력도 약화되는 등 한국기업의 경쟁력이 총체적으로 악화되는 위기 상황에 놓여있다. 2012년 이후 한미일 대기업의 수익성과를 비교한 결과, 한국은 중소기업뿐 아니라 대기업의 성과가 낮아지고 있는데서도 위기를 감지할 수 있다.

한편, 한국의 경쟁력 높았던 산업에서 구조조정이 필요한 상황이다. 세계경제 침체와 수요 감소로 인해 과거 경쟁력 높았던 우리의 주력 산업의 성장이 위축됐다. 대표적 세계 1위 산업이었던 조선업의 경우 중국에게 추월당한이후 현재 구조조정이 시급한 상황이지만, 지속적으로 지연되고 있는 것이 현실이다. 주력산업인 석유화학은 개선됐지만, 아직도 단가 인상의 영향과 기저효과가 큰 것으로 판단된다. 기본적으로 한국 산업경쟁력 제고를 위한 제도적 개혁이 절실한 시기이다.

---

1) 김현종, 한국경제연구원 연구위원

2. 기존 규제의 문제점

규제가 도입된 데에는 다양한 이유가 있으나, 시대적으로 낙오되거나 경제활동을 크게 제약하는 경우들이 나타나고 있다. 가장 심각한 것은 기업의 글로벌 경쟁력을 제한하는 낡은 규제이다. 글로벌 스탠드에 어긋나는 금산분리, 중소기업 과보호, 대기업억제 정책은 우리나라에 과도하게 적용되고 있다. 이러한 규제들은 산업의 융합을 제한하고 대기업의 글로벌 경쟁력을 억제하는 법제도가 유지되고 있는 상황이다. 또한 기존 규제중에는 기업의 구조조정을 제약하는 법제도가 문제된다. 세계경제 침체에 따라 경쟁력 높았던 산업내 구조조정이 필요한데, 현행 경쟁제도 및 대기업규제가 기업의 구조조정과 효율성 제고경영을 제약하는 역할을 수행하고 있다.

이렇게 시대적으로 낡고 구조조정을 지연시키는 규제가 존재하고 있음에도 불구하고 구제개혁에 대한 동력은 부족한 상황이다. 현재 규제개혁은 몇몇 건수별로 이뤄지고 있을 뿐, 규제개혁을 위한 시스템적 접근이 원활히 수행되지 못하고 한계에 직면하고 있다. 20대 국회에서 발의된 규제개혁특별법안 및 규제프리존법안은 여전히 계류중에 있다. 정부규제안는 규제개혁위원회의 검토를 거쳐야하기에 엄격한 절차를 통해 개선된 방안으로 발의되고, 수준미달이면 발의가 거부되어진다. 그렇다보니 의원발의를 통한 우회규제입법으로 규제강화가 촉진되고 있어 규제개혁의 효과가 와해되고 있는 실정이다. 또한 부처별 규제개혁 평가에 있어서 개혁성과보다는 절차와 과정을 중시하고 있어 실질적인 개혁성과로 이어지는데 한계가 있다.

II. 비전 및 목표

1. 비전

규제개혁의 비전으로서 두 가지 방향을 고려할 수 있다. 첫째는 산업의 글로벌 경쟁력 제고를 위한 제도개선이다. 국내시장에 국한된 갈라파고스적 규제에서 벗어나 기업의 글로벌 경쟁력을 고려하는 전환적 시각에서의 제도 개선 추진이 필요하다. 두 번째로는 명분보다 경제적 실효성에 중점을 둔 제도 합리화가 필요하다. 법조문의 해석에 초점을 둔 규제와 제도 운영에서 벗어나 제도의 취지에 맞도록 경제적 성과를 창출할 수 있는 실효적 운영이 가능한 방향으로 제도를 개선해야한다.

2. 목표

규제개혁은 세 가지 목표에 맞춰 정책을 설립하고 추진해야할 것이다. 첫째, 기업의 글로벌 경쟁력 제고를 위한 제도개선에 초점을 맞춰야한다. 즉, 글로벌 기업으로 성장할 수 있는 제도적 바탕을 마련하는 개혁방안을 제시해야한다. 둘째로 명분보다 경제적 실효성에 중점을 둔 제도적 합리화가 필요하다. 즉, 규제명분과 대중영합적 사고에 집착한 제도운영보다 경쟁촉진과 경쟁력제고라는 취지에 맞도록 제도를 변화시켜야한다. 셋째로 해당 규제운영의 소요비용 산정을 통해 사회적 부담을 인식하도록 하여 제도개선 유인을 증진시키도록 개선하는데 노력해야한다.

III. 정책과제

1. 배경 및 기대효과

가. 배경

규제개혁을 위한 개선과제를 발굴하는데 있어서 피규제자의 의견 수렴이 매우 중요하다. 그동안 국민입장에서 행정부처의 규제개선을 직접 건의할 수 있는 창구의 부족 및 개혁 실효성 확보가 곤란했다. 박근혜정부의 '규제신문고'는 참신한 아이디어로 시작했으나, 부처별 대응 의무수준이 낮아 실효성이 부족했고 시간이 경과함에 따라 유명무실화됐다. 국민이 고통스러워하는 규제를 개선할 수 있게 직접 건의하는 절차의 확보는 매우 중요하다.

과감한 규제개혁을 위해서는 지원하는 조직의 정비가 중요하다. 현재 규제개혁조직은 크게 규개위와 규제개혁장관회로 대표되며, 두 기구의 산하에 규제조정실(국무조정실 소속), 민관합동규제개선 추진단이 분리되어 존립하고 있다. 먼저, 규제비용총량제의 법제화가 되지 못해 규제의 도입과 강화가 남발되고 있어도 이를 제한하기 어려운 실정이다. 특히 현재 가장 심각한 것은 국회의원의 발의를 통한 규제의 남발이다. 정부제출 법률안 대비 의원 발의-가결 비율의 급증하고 있으며, 이로 인해 정부발의 규제보다 의원입법 규제가 급증하고 있다. 15대 국회 정부대비 의원법안 비율은 발의안이 1.4배, 가결안이 0.7배였으나, 19대 국회의 경우 발의안이 15.3배, 가결안은 6.4배에 이르고 있는 실정이다.

나. 기대효과

세 가지 규제개혁 정책을 추진함으로써 세 가지 효과를 기대할 수 있다. 첫째, 규제비용총량제 도입을 통해 규제개혁을 위한 시스템적 추진체계를 구축할 수 있다. 둘째로 국민 규제개선청구권을 통해 피규제자들이 고통받고 있는 규제에 대해 직접적 개선 과제 발굴을 제안할 수 있고 개혁의 실효성을 확보할 수 있게 된다. 셋째로 의원발의를 통해 우회입법을 차단하고 합리적 규제의 설립을 촉진할 수 있게 된다.

2. 세부추진과제

가. 국민 규제개선 청구권 도입 및 규제개혁위원회 위상강화

규제개혁을 위해 가장 중요한 정책과제는 '국민 규제개선 청구권'의 도입이다. '국민 규제개선 청구권'이란 국민이 규제개선을 청구하면 규제개혁위원회가 청구된 규제에 대해 해당 행정부처로부터 소명을 들어보고 불충분시 개선을 통보하는 제도이다. 이 제도는 국민에게 규제를 직접 개선할수 있는 청구권을 부여함으로서 국민의 참여를 높이고 미파악된 비효율적 규제를 발굴하도록 해준다. 이러한 제도가 도입되면, 규제개혁위원회가 정부발의안만을 검토하는 한정된 역할에서 벗어나 의원발의법률 규제에 대해서도 개입할 수 있도록 역할이 확장된다.

규제개혁 조직의 정비가 필요하며, 이를 위해 규제개혁위원회를 상설적 정부기구화해야한다. 현재 규제개혁위원회는 민간 자문기구로 총리실 규제조정실의 협조를 받는 수준에 있는데, 이러한 규제개혁위원회를 공정거래위원회처럼 사무국을 둔 정식 조직으로 확장해야한다. 마치 영국의 비즈니스혁신-전략부(BIS부)처럼 규제개혁을 전담하는 조직으로 운영할 필요가 있기 때문이다. 이러한 상설기구화를 통해 규제개혁 전담 공무원을 양성하고, 차기정부의 규제개혁 5년 계획을 추진하며, 매년 개선실적을 건수아닌 규재비용으로 발표

업무를 수행토록 한다.

　규제개혁위원회의 위상강화를 위해 현재 이원화된 운영조직을 통합화시키고 규제개혁위원회(이하 규개위)를 독립적 정부기구로 재구성하도록 한다. 현재 규제개혁조직은 크게 규개위와 규제개혁장관회로 대표되며, 두 기구의 산하에 규제조정실(국무조정실 소속), 민관합동규제개선 추진단이 분리되어 존립하고 있다. 분리된 기관들을 규제개혁위원회 산하조직으로 통합하여 공정거래위원회처럼 규제개혁위원회의 사무국으로 설치하도록 한다. 규제개혁위원회의 효율적 운영을 위한 조직개편방안으로서 최종 의결기구인 위원회를 10명으로 구성하도록 한다. 규제개혁위원회 위원장은 대통령이 임명하고, 위원장, 부위원장, 사무처장 및 정무직 공무원 2명이 규제개혁위원회의 상임위원으로 참여하도록 한다. 비상임위원은 5명의 전문가로 구성한다. 사무국은 규제정책국, 경제규제실 사회규제실, 규제심사국(규제비용평가실, 제도평가실) 등으로 구성하며, 사무국장은 규제정책국과 경제규제실을 총괄하도록 한다. 정무직 상임위원 2명은 각각 경제규제실과 사회규제실 담당하도록 한다.

　나. 규제비용총량제의 신속한 도입

　규제비용총량제의 법제화를 통한 전면적 실시가 우선적으로 긴요하다. 규제비용의 분석과 평가가 강제적으로 시행되어야 규제개혁 회피·우회성향을 제한할 수 있다. 규제비용총량제는 영국에서 가장 먼저 도입했으며, 캐나다와 호주에서 도입한 규제비용관리제도이다. 이들 선진국에서 도입한 이후 규제비용의 절감 성과를 획득한 바 있다. 2017년부터는 미국의 트럼프 행정부도 Two for One Rule이라는 규제비용총량제를 도입하고 시행하기 위해 행정명령을 발표했다. 우리나라의 경우 2016년 7월부터 총리 훈령으로 규제비용관리제를 시행하고 있으나 법제화되지 못해 추진력을 상실하고 있다. 따라서 한국의 규제비용관리제를 입법화하여 법률적 강제력으로 행정부처별로 개혁성과를 창출하도록 해야한다.

다. 의원발의를 통한 우회적 규제입법을 차단하도록 제도정비

의원발의 법률안에 대한 사전심사는 입법권에 대한 과잉제한이 될 수 있으므로 의원입법절차에 규제심사제를 도입하여 규제영향분석서를 첨부하도록 개정한다. 이러한 분석서의 첨부는 입법권을 침해하지 않는다. 재정수반 법률안에 대해 비용추계서의 첨부를 의무화하는 국회법 개정이 재정건정성 회복 일조했던 사례를 고려해 볼 수 있다. 재정수반 의원발의법안에 대한 법안 비용추계서 첨부 비율은 시행초기에는 낮았으나 점차 첨부율이 증가했었다. 또한 의원발의안에 대해 규제영향평가서를 첨부하도록 규정하기 위해서는 관련 조직의 정비가 필요하다. 이를 위해 미국의 의회조사처(CRS), 독일의 입법조사연구처, 일본의 의원법제국 등 선진국의 관련 조직에 대한 연구가 필요하다. 이를 통해 한국의 국회입법조사처(NARS) 등 조직 재정비를 비롯한 구체적 추진방향이 제시되어야 한다.

규제개혁과 일자리 창출 5개년 계획
– GDP성장률 1%p 증가 목표 –

1 **시장규제 수준을 OECD평균으로 향상: GDP성장률 0.3%p 증가**
  · (진입규제 폐지) 인가규제 대폭 폐지, 부당경쟁 금지, 시장경쟁촉진
  · (판매유형제한 개선) 영업경계제한, 가격할인통제 개선
  · (경쟁제도 보완) 특허권거래 강화, 공기업 개선
  · (글로벌경쟁 촉진) FDI 유치촉진을 위한 제도개선, 소유제한 완화

2 **갈라파고스 규제정비 및 서비스활성화 규제개선: GDP성장률 0.2%p 증가**
  · (규제의 보편성확보) 글로벌 스탠더드에 위배되는 규제 대폭 폐지
  · (서비스활성화 개혁) 유통규제 · 물류규제 · 핀테크규제 개선,
    의약서비스 · 교육서비스 · 법률서비스 등 관련 장애규제 개혁

3 **국민 규제개선청구권 시행과 핵심규제 개선: GDP성장률 0.2%p 증가**
  · (규제관리의 유효성 확충) 국민 규제개선청구권 시행을 통해 신규규제
    파악 및 고충 규제발굴과 개선
  · (국가 경쟁력강화 핵심규제 선정 및 개혁) 4차산업혁명 관련 규제개선,
    고용규제합리화 등 핵심규제의 발굴과 개혁

4 **행정규제 합리화: GDP성장률 0.2%p 증가**
  · (행정관행 개선)중복적 등록 · 서류요청, 접수거부관행 폐지
  · (행정의 투명성확보 및 예측성 증대) 행정지침 공시 및 과거행정사례
    공개
  · 행정비용 감축: 소요행정비용의 추정 및 감축 계획의 실행점검

5 **납세순응비용 감소: GDP성장률 0.1%p 증가**
  · (납세행정비용 감축) 납세 소요시간 · 절차 · 비용 감소
  · (준조세 부과 금지) 기업에 대한 세금외 다양한 준조세 부과 금지

제7장
한국형 갈라파고스 규제의 개혁 [1][2]

I. 규제 개혁과 작은 정부

정부는 모든 경쟁자들이 동일한 성공 확률을 가진 시장이 아니라 동일한 규칙에 따라 경쟁하는 평평한 마당'level playing field'을 만들어야 한다. 수도권 투자규제, 지역균형발전, 공기업 전국분산, 동반성장, 중소기업 적합업종제도, 대형마트규제, 서비스산업 규제, 단통법 보조금규제 등을 비롯한 우리나라에만 있는 '갈라파고스' 규제들이 평평한 마당을 가로막고 있다.

한국 경제가 재벌에 의해서 지배되고 있다고 하지만, 사실 한국은 대기업 집중도가 높지 않다. 세계 수출시장은 더욱 경쟁이 치열해지면서 규모의 경제를 달성할 수 있는 대기업을 필요로 한다. 그런데 우리는 세계 시장점유율 1위 기업의 숫자가 줄어들고 있다. 세계 수출시장 점유율 1위 품목 수가 가장 많은 국가는 중국이다. 2014년 중국은 세계 시장점유율 1위 품목을 1,610개나 보유하고 있다. 뒤이어 독일 700개, 미국553개, 이탈리아222개, 일본172개 등의 순이고 한국은 64개로 세계 13위다. 따라서 세계 수출시장 점유율 1위 품목 수가 중국은 우리나라의 25.2배이며, 독일은 10.9배, 미국은 8.6배, 그리고 일본은 2.7배나 된다. 1위 품목 수 추이도 중국은 2010년 1,351개에서 2012

---

1) 김승욱, 중앙대 경제학부 교수
2) 출처: 배상근, "글로벌 시대 가로막는 규제 공화국," 김경준, 김승욱 외 6인(2016), <스마트 시장경제>, 제4장.

년 1,475개 그리고 2014년 1,610개로 빠르게 늘어나고 있는 반면, 우리나라는 2010년 71개에서 2014년 64개로 오히려 줄었다. 우리나라의 경우 수출액 규모로는 2015년 세계 8위를 차지하고 있지만 세계 수출시장 점유율 1위 품목 수는 13위를 기록했다. 뿐만 아니라 그 품목 수도 감소하고 있어, 우리나라 수출제품의 경쟁력이 약화되고 있는 실정이다.

우리나라에서 눈에 띄게 큰 대기업도 글로벌 시장에서는 중소기업에 불과하다. 글로벌 대기업 수가 절대적으로 부족하고, 우리 대기업이 포함되지 않은 산업들도 너무나 많다. 더욱이 세계 시장을 주름잡는 우리 제품은 갈수록 줄어들고 있는 반면에 중국 제품이 글로벌 시장을 장악하고 있다는 현실이 우리 경제의 자화상이다.

이러한 현상이 나타나는 이유는 글로벌 스탠다드에 적합하지 않은, 다른 나라에는 없거나 극소수 국가와 우리나라에만 존재하는 7대 갈라파고스 규제가 있기 때문이다. 공장 등 수도권 인구집중 유발시설의 신증설을 규제하는 수도권 규제, 산업자본의 은행 의결권 있는 지분 소유를 4%로 제한하는 금산분리 규제, 특정 업종을 지정해 대기업의 진입 및 확장을 규제하는 중소기업 적합업종 규제, 투자개방형 의료법인 제한 규제, 지주회사 규제, 택배증차 규제, 게임 셧다운제 등이 문제다. 이 7대 갈라파고스 규제를 개혁하면 무려 63.5조 원의 부가가치와 92.3만 개의 일자리가 창출될 수 있으며, 이런 규제들이 엄청난 경제적 효과를 막고 있다. 국가경제 전체 차원에서 글로벌 스탠다드에 걸맞게 우리 경제와 기업의 글로벌 경쟁력을 떨어뜨리는 갈라파고스 규제를 적극적으로 개혁해야 한다.

II. 우리나라에만 있는 수도권 규제

현재 세계에서 인구 유입을 막을 목적으로 기업을 규제하는 나라는 없다. 과거 파리와 런던이 그러한 규제를 했지만 이미 1980년대 초반에 규제정책을 포기했다. 최근까지 규제하던 일본도 2001년에 그만두었다. 이들 나라가 이런 규제를 포기한 첫째 이유는 제조업 입지 규제가 인구유입에 미치는 영향에 미미하기 때문이다. 최근 연구에 의하면 우리나라 수도권에 위치한 공장의 수는 증가했지만 종사자의 수는 줄어든 것으로 나타났다. 경기개발연구원에 의하면 2003년부터 2007년까지 경기도에 있던 기업 141개가 지방으로 이전한 사이, 1만 6,733개의 기업이 해외로 이전했다. 수도권 기업의 6.4%만이 지방으로 이전할 계획이었고 대부분의 기업들은 해외로의 이전을 고려하고 있는 것으로 나타났다. 이는 지식산업화 및 자동화에 따른 것이다. 둘째는 시대와 상황이 바뀌었기 때문이다. 과거에는 수도권 공장 신·증설을 규제하면 비수도권으로 분산될 것으로 기대됐다. 그러나 세계는 20년 전과 판이해 졌다. 중국의 개방화와 세계화 추세로 인해 수도권을 규제하면 기업들이 비수도권 지역으로 가는 것이 아니라 상하이, 홍콩, 싱가포르, 베트남, 인도 등으로 간다. 교육을 규제하면 유학을 떠나고, 수도권을 규제하면 해외로 공장을 이전한다. 수도권 규제 완화 정책은 비단 수도권만을 위한 정책이 아니다. 이 규제를 완화하면 연간 제조업 생산액의 2.8%, 부가가치 생산액의 3.5%, 국내총생산(GDP)의 2. 7%를 더 성장시킬 수 있을 것으로 최근 경기개발연구원은 추정했다. 셋째는 우리가 역점을 두어야 하는 산업이 지식정보산업이기 때문이다. 머리 국가(head nation)가 되기 위해서는 지식정보산업으로 구조조정 해야 한다. 이를 위해 필요한 글로벌기업과 고급인력을 유치하는 데는 글로벌 경쟁력을 갖춘 대도시가 유리하다.

현대 도시의 특징은 거주인구 1천만 명이 넘는 메가시티가 빠르게 늘어나고 있다는 점이다. 산업구조가 지식이나 서비스 등을 중심으로 재편되면서 글로벌 경제에서 메가시티가 차지하는 비중이 확대되고 있다. 따라서 세계 각국은 경쟁적으로 메가시티 육성 방안을 내놓고 있다. 그런데도 세계에서 유일하게 우리나라는 메가시티인 수도권에 인구와 산업의 집중을 억제하는 수도권 규제를 지속하고 있다.

세계경제가 개방경제로 바뀌면서, 대도시권 경쟁력이 곧바로 국가 경쟁력을 좌우한다. 이들 선진국도 수도권 규제를 강화한 적이 있었다. 그러나 이러한 수도권 규제로 수도권의 국제경쟁력만 약화되고, 규제강화를 통해 기대했던 지역격차 해소와 낙후지역 발전 등과 같은 효과가 기대 밖으로 미흡했다. 따라서 영국, 프랑스, 일본 등은 1980년대 이후 수도권 집중 억제 정책을 앞 다투어 폐기했고 오히려 수도권 중심으로 경쟁력을 강화하는 방향으로 정책목표를 전환하게 되었다. 일본은 2000년대 이후 동경을 포함한 수도권을 글로벌 경쟁력이 있는 메가시티로 발전시키기 위해 도시재생 및 산업경쟁력 강화 정책을 추진하고 있다. 영국, 프랑스 등도 세계 주요 대도시를 글로벌 경쟁대상으로 보고 런던과 파리를 메가시티로 육성하기 위해 규제 완화 및 각종 지원책을 시행 중이다. 영국은 런던권 개발에 국가사업의 최우선 순위를 부여하는 '대大런던 플랜'을 수립하는 등 대대적인 투자를 추진하고 있다. 프랑스도 파리와 주변 일드 프랑스를 통합해 대규모 지식기반 집적지를 조성하는 등 거대한 수도권을 만드는 '그랑파리 프로젝트'를 진행하고 있다. 미국 오바마 행정부도 대도시권 정책을 국가발전의 핵심정책으로 추진하고 있다. 미국의 국가번영을 위한 3대 목표를 '생산적 성장, 포괄적 성장, 지속적 성장'으로 설정하고, 대도시권 단위로 R&D 등 혁신산업 육성, 인재 육성, 기반시설 확충, 정주환경 개선 등의 4대 전략을 추진하고 있다. 또한, 미국의 대표적인 메가시티인 뉴욕시는 2007년 'PlaNYC2030'을 계획해 한층 더 청정하고 발전되고 성숙한 세계도시 뉴욕을 지향하는 미래상으로 설정하고 추진하고 있다. 중국은 거점도시 및 성 단위의 광역 지역을

제 2 부

거대광역경제권으로 묶고, 철저한 계획과 기능분담을 통해 집적에 따른 시너지 효과를 극대화한다는 메가시티 육성전략을 추진하고 있다. 3대 메가시티로는 베이징ㆍ톈진ㆍ탕산을 연결한 북경권, 장강 삼각주의 상해권, 주장강 삼각주의 광동권이 있다. 이렇게 선진국이 국가 전략적으로 수도권 경쟁력 강화를 위해 노력하고 있는데도 여전히 우리나라는 갈라파고스 규제인 수도권 규제에 매달리고 있는 실정이다. 수도권 규제를 철폐해야 한다.

III. 우리나라에만 있는 대기업 규제

우리나라에서는 기업이 크면 제재를 받는다. 대표적인 예가 상호출자제한 기업집단 제도다. 기업이 일정 규모보다 커져 상호출자제한 기업집단에 지정되면 '상호ㆍ순환 출자 금지', '채무보증 금지', '금융ㆍ보험사 의결권 제한', '공시 의무', '특수 관계인에 대한 부당한 이익 제공 금지' 등과 같은 차별적인 규제를 받는다. 이러다 보니 우리나라에서는 기업이 커지면 커질수록 불리해 기업이 성장할 이유가 적다. 기업이 작을 때는 정상적인 경영활동으로 인정되던 사항들이 일정 규모 이상으로 기업이 성장하면 불법적인 사항으로 바뀐다. 기업이 글로벌 시장에서 경쟁할 수 있는 규모로 성장하는 시기에 각종 새로운 규제들이 적용되기 때문에 기업의 성장의욕은 위축될 수밖에 없다.

우리 대기업은 글로벌 역차별까지 받고 있다. 다른 외국 기업들은 아무리 클지라도 상호출자제한 기업집단 규제를 받지 않는 반면에, 우리나라 대기업들은 공정거래법 이외에 여타 개별법에서도 다양한 규제들을 받다 보니 글로벌 경쟁에서 크게 불리하다. 그래서인지 1980년대 이후로는 세계적 경쟁력을 갖춘 글로벌 기업집단이 나타나지 못하고 있는 현실이다.

우리나라처럼, 기업이 크다고 무조건 규제하는 나라는 없다. 미국은 독과점 기업의 횡포를 막고 자유로운 시장경쟁질서 확립을 위해 셔먼법Sherman Act이나 클레이턴법Clayton Act 등이 제정되었다. 그러나 상호출자제한 기업집단 규제 등과 같이 단순히 기업의 규모가 크다는 이유로 규제하지 않는다. 미국의 셔먼법은 트러스트, 카르텔 등 일종의 담합행위를 금지하고 있고, 클레이턴법도 가격차별, 배타조건부 거래 등 불공정거래 행위를 금지하고 있을 뿐이다. 독일의 경쟁제한방지법도 마찬가지다. 카르텔 금지, 시장지배력 남용행위 금지, 기업결합 규제 등을 규정하고 있을 뿐이다. 일본도 2002년 독점금지법 개정을 통해 대규모 회사의 주식보유총액제한제도와 지주회사 규제를 완전히 폐지, 대기업을 규제하고 있지 않다. 오히려 우리나라에서는 금지된 상호출자조차도 허용하고 있다.

　우리나라 공정거래위원회는 2016년 7월 대기업집단상호출자제한 기업집단으로 지정하는 대상을 자산 5조 원 이상 기업에서 10조 원 이상 기업으로 8년 만에 기준을 올렸다. 대기업집단 규제 대상이 줄어든 것은 다행이지만, 글로벌 스탠다드에 맞춰 규모에 따른 역차별적인 기업집단 규제는 폐지해야 한다.

　또 다른 유형의 대규모 기업집단에 대한 규제가 지주회사 규제다. 지주회사란 주식 소유를 통해 다른 회사를 지배하는 것이 목적인 회사를 말한다. 법적으로는 회사 자산 총액의 50% 이상이 자회사 주식 가액으로 채워졌을 때, 이 회사를 지주회사로 정의한다. 최근 들어 글로벌 대기업들은 자회사, 손자회사, 증손회사 등 수직적인 출자구조로 지배구조를 단순화할 수 있기 때문에, 지주회사를 지배구조로 삼는 사례가 늘어나고 있다. 그러나 우리나라의 경우에는 지주회사 집단에 부과되는 관련 규제들이 많고 과도해, 지주회사가 되면 오히려 기업경영에 어려움이 커지는 실정이다. 예를 들어 공동출자금지 규제로 대규모 사업 참여가 쉽지 않다. 대규모 M&A의 경우 많은 자금이 필요한데, 자회사 등이 단독으로 출자하는 것은 사실상 불가능한 경우가 많아 신규사업 진출이 어렵다. 이는 국내투자 활력을 떨어뜨려 경제성장과 일자리 창출에도 부정적인 요인으로 작용한다. 공동출자금지 규제뿐만 아니라 증손회사 소유제한 규제, 자·손자회사 최소지분율 규제, 부채비율 규제등 다른 나라에는 없는 지주회사 규제들이 많이 있다.

이처럼 지나치게 과도한 지주회사 규제를 미국, 독일, 영국 등의 선진국에서는 찾아볼 수 없다. 지주회사를 규제하지 않는 것이 글로벌 스탠다드인 셈이다. 미국, 일본, 유럽, 중국, 대만, 싱가폴 등에서는 기업지배구조를 기업이 자율로 결정해야 할 사항으로 인식해, 지주회사의 설립과 운영 등에 대한 특별한 규제가 없다. 지주회사를 별도로 규제하기보다는, 기업결합이 실질적으로 경쟁을 제한하는 경우에만 경쟁법 위반으로 제재한다. 일본의 지주회사 규제도 맥아더 사령부가 일본재벌을 규제하려고 도입했으나 2002년 완전히 폐지해 사라지게 되었다. 기업의 활력을 높이기 위해 우리나라도 기업지배구조를 기업이 자율적으로 결정할 수 있도록 공정거래법상 지주회사 관련 규제를 폐지하고 지배구조의 다양성을 보장해야 한다.

한국은 기업이 작아야 행복한 이상한 나라이다. 국가경제가 튼튼하려면 대기업뿐만 아니라 중소기업의 경쟁력이 중요하다. 우리나라도 중소기업에 대해 지원을 많이 하고 있다. 그런데 중소기업이 성장해 대기업이 되면 그 많던 지원들은 사라지고 수많은 규제만이 부과된다. 이러다 보니 우리나라에서는 대기업은 규제하고 중소기업은 지원하는 이중적인 보호주의 기업 정책에서 비롯된, 기업이 크면 다치니 더 자라지 않겠다는 현상, 이른바 피터팬 증후군이 만연하고 있다. 대기업으로의 성장을 포기하는 중견기업뿐만 아니라 중견기업으로의 성장을 포기하는 중소기업 또한 상당하다. 현행 중소기업법에 따르면, 중소기업은 근로자 수 300명 미만, 3년 평균 연매출 1,500억 원 미만, 자기자본금 80억 원 이하라는 세 가지 조건을 모두 충족하는 기업을 말한다. 세 가지 조건 중 하나라도 넘어서면 자동으로 중견기업에 편입된다. 중소기업에서 중견기업으로 성장하게 되면 그동안 받아오던 혜택이 사라지는 대신 수많은 규제가 추가된다. 이렇게 규제가 확대되니, 국내 중소기업들은 의도적으로 기업의 규모를 줄이고 성장하지 않으려는 폐해가 발생하고 있다. 중소기업에서 벗어나 중견기업으로 올라서는 순간 연구개발R&D 세액공제가 25%투자금액~50%초과비용에서 8~15%로 급감하고, 공공조달시장 참가를 제한받는다. 따라서 중견기업에서 중소기업으로 회귀한 기업 수가2011년 91개, 2012년 50개, 2013년 76개로, 중견·대기업으로의 성장을 회피하면서 중소기업에 안주하려는 현상이 만연하고 있다. 2015년 중소기업청 조사에서 중견기업 10개 중 3개가 중소기업으로의 회귀를 검토했다는 결과가 나타났다. 이처럼 중소기업에서 중견기업이 되면 새로운 규제를 받고, 나아가 대기업으로 성장하면 또 다른 새로운 규제에 치일 수밖에 없는 상황에서는 중소기업, 중견기업, 대기업으로 이어지는 성장 고리가 단절될 수밖에 없다. 기업이 작아야만 행복한 것이 우리의 현실이다.

IV. 우리나라에만 있는 중소기업 적합업종 제도

중소기업 적합업종 제도는 골목상권을 살리고 중소기업의 영역을 보호하려는 목적으로, 합의를 통해 업종을 지정한 후 향후 3년간 대기업이 사업에서 철수나 확장을 제한하는 제도다. 2011년부터 제조업에 대해 실시해 왔는데 2013년부터는 서비스업으로 그 영역을 확대해 적용하고 있다. 제조업에 대한 중소기업 적합업종 제도 시행 자체가 매우 큰 문제이지만, 서비스업 확대 적용에 대한 논란도 크다. 우선 제빵업이 중소기업 적합업종으로 지정되면서 신규출점이 제한된 국내 제빵업체 파리바게트와 뚜레쥬르의 성장이 내리막길이다. 공정거래위원회 정보공개서에 따르면 파리크라상의 2014년 당기순이익은 537억 원으로 2013년 656억 원에 비해 22%나 급감했다. 고용창출에도 비상등이 켜졌다. 2014년 말 기준 4,847명이었던 직원 수는 2016년 2월 기준 4,376명으로 500명 가까이 줄었다. 더 이상 점포를 출점하지 못하게 되자 신규 매장 건설을 위한 상권분석, 매장개발 등과 관련된 일자리가 대폭 축소되었기 때문이다.

중소기업 적합업종 제도는 외국기업 배불리는 제도이다. 우리나라 제도에 적용받지 않는 외국계 대기업에게는 큰 혜택으로 국내시장 진출이 점차 확대되고 있다. 예를 들어 중소기업적합업종에서 제외된 외국계 베이커리 브랜드가 대거 국내시장에 진입했다. 2013년 프랑스 베이커리 '브리오슈도레'를 필두로 2014년에는 '몽상클레르' 등 13개 브랜드가, 2015년에는 '매그놀리아베이커리' 등 5개 브랜드가 신규로 국내시장에 물밀듯이 들어왔다. 최근 3년간 19개의 외국계 베이커리 브랜드가 밀려왔고 매장 수도 65개에 달한다. 이처럼 우리나라 골목상권과 중소기업의 성장을 위한 제도가 오히려 외국계 대기업의 시장점유율만 높여주는 결과를 낳고 말았다. 또한 외식업에도 중소기업 적합업종이 지정됨에 따라, 주요 외식 대기업과 일부 외식전문 중견기업이 출점제한 등 영업에 제한을 받게 됐고 외국계 외식브랜드의 국내시장진출만 늘어났다. 2013년 와타미와 키무카츠가 앞장선 후 지난 3년간 14개 브랜드의 30개 매장이 국내에 진입했다. 이는 중소기업이나 소상공인를 위한 중소기업적합업종 규제가 기대와는 달리 외국계 기업들만 배불리고 있다.

또 다른 예로 발광다이오드LED 조명 산업이 대표적이다. 2011년 중소기업 적합업종으로 지정돼 국내 기업들은 그 분야에서 줄줄이 사업을 철수했다. 그러나 외국계 기업들의 매출규모는 2013년 767억 원으로 중소기업 적합업종 지정 이전인 2010년 100억 원에 비해 약 7.7배나 성장했으며, 시장점유율도 2.6%에서 19.4%로16.8%p나 늘어났다. 이런 문제로 인해 동반성장위원회는 2015년 초 LED조명의중소기업 적합업종 지정을 해제했다. 그러나 이미 시장은 값싼 중국산 조명이 점유하게 된 후였다.

중소기업 적합업종으로 지정되었던 두부산업과 관련한 연구에 따르면, 대기업에 대한 매출액 제한이 포장두부시장의 성장 자체를 제한한 것으로 나타났다. 전체 두부시장의 출하액은 지난 10여 년 동안 비교적 빠른 속도로 증가하다가, 중소기업 적합업종 제도가 도입된 후 2012년에 성장세가 둔화됐고, 2013년에는 급기야 감소세로 돌아섰다. 결국 대기업에 가해진 제한조치가 대기업의 성장만을 억제했을 뿐, 중소기업의 성장으로는 이어지지 않아, 전체 두부시장 자체가 줄어들고 말았다. 미국, 유럽 등 선진국에서는 중소기업 적합업종과 같은 제도를 찾아볼 수 없다. 다만 인도에서 가장 비슷한 정책을 찾아볼 수 있는데, 1967년부터 시행된 소기업보호정책Small-scale Reservation Policy이다. 이 정책은 소기업을 보호해 고용을 창출하고 소득을 재분배하려는 목적으로 추진되었다. 그러나 소기업을 대기업으로부터 보호하려는 정부의 의도와는 달리 효과가 별로 없었다. 더욱이 인도 제조업 부문을 과도하게 규제하는 바람에 제조업의 투자와 비중이 감소하는 역효과만을 낳고 말았다. 이에 인도는 최근 소기업 보호해제 정책을 추진하고 있으며, 소기업 보호정책은 폐지 직전인 단계에 와 있다.

중소기업 '적합업종' 제도 이전에 이와 유사한 중소기업 '고유업종' 제도가 시행된 적이 있었다. 중소기업 고유업종 제도는 중소기업 사업영역을 보호하기 위해 대기업의 시장진입을 금지한 제도였다. 1979년 도입 이래 보호업종 수가 늘어나 1989년에는 237개에 달했다. 그러나 중소기업에 대한 보호가 장기화되면서 중소기업의 자생력 저하, 기술개발 및 품질향상 미흡, 시장자율성 침해, 소비자후생 저하 등의 폐단이 끊임없이 나타났다. 또한 중소기업 고유업종으로 지정된 산업에서 국내 중소기업의 시장점유율과 매출이 줄어들었고 외국계 기업들이 시장을 장악해 매출을 크게 올리는 현상이 나타났다. 문제

제2부

가 많았던 중소기업 고유업종 제도가 2006년 12월 폐지되자 대기업들은 그동안 진출할 수 없었던 사업영역에 뛰어들기 시작했다. 그러자 시장규모가 커지면서 큰 수익을 낼 수 있는 업종들이 부상했다. 대기업에 비해 경쟁력이 약한 중소기업을 보호해야 한다는 잘못된 주장이 공감대를 형성하면서 새로운 중소기업 보호제도가 필요하다는 주장이 힘을 얻었다. 이에 2010년 12월에 발족한 동반성장위원회가 2011년 10월 중소기업 적합업종 제도를 도입했다. 제도의 근본적인 취지는 중소기업의 보호 및 육성으로 과거 고유업종 제도와 동일하다. 다만, 업종선정 주체, 존속기간 설정, 집행 수단 등 제반 운영 측면에서 차이를 보인다. 적합업종 제도는 고유업종 제도에 비해 비강제적인 한시적·차등적 제한을 민간 주도의 합의형식으로 권고하는 제도다. 그러나 권고를 받은 대기업들은 사회 정치적 압력으로부터 근본적으로 자유로울 수 없다. 또한 고유업종 제도와 마찬가지로 국내 대기업만을 규제하고 외국계 기업의 국내시장 잠식에 대해서는 무방비인 상황인데다, 경쟁 저하로 인해 소비자 선택권이 제한되고 말았다. 정책의 취지나 목적이 선善하다고 해서 올바른 정책이 아닐 수 있다는 대표적인사례다. 그런데 같은 실수를 반복하듯, 중소기업 고유업종 제도와 판박이 제도인중소기업 적합업종 제도가 시행되고 있다. 더욱이 최근에는 중소기업 적합업종 제도를 계속 확대, 유지하는 것도 모자라 법제화를 시도하고 있다. 세계적인 추세에 반대되는 시대역행적 조치다.

V. 우리나라에만 있는 금산분리 규제

한국의 금융산업 발전을 가로막는 제도가 바로 금산분리 제도이다. 현재 우리나라에서는 은행의 소유구조에 대한 규제를 고집하고 있다. 은행소유제한을 주장하는 논거는 '금산분리' 또는 '은산분리' 원칙이다. 우리나라의 금산분리 규제는 1982년 대기업 등 산업자본이 금융업을 지배해 사금고화하는 것을 방지하기 위해 도입되었다. 대표적인 예가 산업자본이 은행에 대해 4% 이상의 의결권을 행사할 수 없도록 제한한 은행법 조항이다. 그러나 이같은 산업과 금융의 획일적인 분리규제는 4차 산업혁명시대에 우리 금융업 발전의 발목을 잡고 있다. 우리나라에서 금산분리 원칙을 내세우는 첫 번째 이유는, 기업들이 은행을 통해 경제력 집중을 확대하는 시도를 제한하자는 의미다. 또 다른 이유는 기업이 은행을 사금고화하는 것을 방지하겠다는 뜻이다. 은행을 소유한 대기업집단이 은행자금을 경쟁기업들에게는 대여하지 않고 자신의 계열사에게만 대출하도록 해 은행자금의 독점력을 높일 수 있다는 우려다. 그러나 우리나라에서는 금산결합의 부작용에 대한 사전적인 예방 장치로 이사회 신용공여제한, 대주주의 행위규정 및 사금고화 방지 등에 대한 법적·제도적 장치가 이미 마련되어 있다. 금융기관의 적정자본 유지 요구로 신용공여의 위험이 전이되는 문제 또한 걱정할 만한 수준이 아니다. 오히려 금산분리 정책으로 인해 우리 금융산업의 발전이 저해되고 있다. 1997년 금융위기 이후, 우리나라 16개 시중은행 중에서 7개의 은행만이 생존했다, 당시 은행을 인수할 수 있는 국내자본은 산업자본뿐이었다. 그러나 은행 소유를 제한한 금산분리의 원칙 때문에 우리나라 자본은 은행들의 지배주주가 될 수 없었고, 우리금융지주회사를 제외하고 생존한 시중은행들은 외국자본의 수중으로 넘어가고 말았다. 더욱이 외국자본과 국내자본에 대한 차별적인 규제 탓에, 미국계 사모펀드인 론스타는 국내산업자본이 넘보지 못한 외환은행을 인수하는 동시에 극동건설을 소유해 금융과 산업을 함께 지배하게 됐다.

　해외의 경우 미국을 제외한 대부분의 선진국들은 금산분리 원칙이 없거나, 있더라도 자국의 현실을 감안해 탄력적으로 제도를 운영 중이다. 산업자본의 은행 소유한도를 설정해 제한하는 국가는 극소수다. 극소수 국가 중 하나가 미국으로, 금산분리 원칙이 선진국들과 비교해 상대적으로 강한 수준이다. 그런 미국조차도 지주회사는 물론, 비은행 관련 금산분리 규제는 실시하지 않고 있다. 산업자본의 명시적 은행지분 소유한도도 25%로 국내에 비해 굉장히 높다. 또한 은행지주회사, 보험지주회사 등 각 분야별 지주회사에 대한 규제에도 차별을 두어, 각 금융업별 특성에 따라 맞는 규제를 시행하고 있다. 일본과 중국은 정부의 사전승인을 받으면 산업자본의 은행 보유가 가능하다. 유럽의 EU 회원국들은 EC의 '제2차 은행업 지침'을 기본 모델로, 은행의 건전하고 신중한 경영을 저해하지 않는 차원에서 적절성이 인정되면 산업자본이라도 은행을 소유하도록 허용하고 있다. 해외 선진국의 금융자본과 산업자본의 결합사례를 살펴보면, 영국의 TESCO와 Virgin Group, 프랑스의 Peugeot, L'Oreal과 Carrefour, 미국의 Berkshire-Hathaway, Ford, GM, GE 등과 같이, 금융과 일반산업이 결합한 세계 유수의 기업들이 많다. 우선, 1997년 설립된 Tesco Personal Finance(TPF)는 영국의 TESCO와 Royal Back of Scotland Group(RBS)의 50대 50의 합작을 통해 자본금 3,000만 파운드로 설립되었다. 이후 2008년 TESCO가 RBS가 보유한 지분 50%를 인수해 TPF는 TESCO의 완전한 자회사가 됐다. TPF는 대규모 유통기업인 TESCO 고객에게 예금, 모기지론, 소비자 대출, 신용카드 서비스 등의 다양한 금융상품을 제공하며 현재 약 25조 원 규모의 금융상품을 취급, 약 500만 명 이상의 고정고객을 확보하고 있다. 일본은 1997년 금융산업 위기 당시 비금융 기관이 20% 이상의 은행지분을 소유할 수 있도록 은행법을 개정한 뒤, 산업자본을 포함한 다양한 이해관계자들이 은행산업에 활발히 진출하고 있다. 일본의 대표적인 편의점 브랜드인 7-Eleven을 운영하는 SEVEN & i Holdings의 자회사로 세븐뱅크가 있다. 세븐뱅크는 연중 무휴로 운영되는 편의점의 특성을 최대한 활용하는 차별화된 24시간 금융서비스, ATM 중심의 금융서비스를 성공적으로 제공하고 있다. 이외에도 일본에선 산업자본의 유통망을 바탕으로 한 기존 고객기반을 활용해 인터넷전문은행 사업에 진출한 사례로 Sony Bank, AEON Bank, Rakuten Bank, Jibun Bank, Japan Net Bank 등이 있다. 독일의 BMW, VM, Mercedes-Benz와 같은 자동차 기업들도 자동차 금융에 특화된 인터넷전문은행을 설립해 운영하고 있다. 미국에서는 오프라인 은행에 대해서는 은산분리 규제가 강한 편이지만, 온라인 은산분리 규제는 상당히 완화하고 있기 때문에 GM 등과 같이 산업자본이 인터넷전문은행을 소유하고 있다. 중국마저도 기업들이 MyBank, WeBank, 시왕은행 등과 같은 인터넷 전문은행들을 출범시켜 은행산업의 경쟁을 촉진하면서 혁신적인 금융서비스를 제공하고 있다. 이처럼 세계 주요 기업들이 경쟁적으로 뛰어들면서 최근 핀테크 산업이 급속도로 발전하고 있다. 그런데 국내에서는 인터넷전문은행이 제대로 출범조차 못하고 있다. 은산분리를 규정하고 있는 은행법에 막혀 지연되고 있기 때문이다. 국내에서도 구글이나 알리바바 등과 같이 글로벌 경쟁력을 갖춘 핀테크 기업이 탄생하려면, 산업자본의 금융업 진출을 가로막는 금산분리 규제가 폐지되거나 대폭 완화되어야한다.

제8장
기업경쟁력 제고를 위한 제도개선[1]

I. 진단

산업간 융합촉진을 통해 대비해야할 4차 산업혁명 시대가 도래했음에도 불구하고 우리는 이에 대한 대비가 부족하다. 금융, 의료, 자동차, 가전, 기계, 의류 등 다양한 산업이 정보통신기술(ICT), 화학기술, 바이오기술과의 융합을 통해 산업 경쟁력을 증대시켜야할 위기와 기회에 동시적으로 직면하고 있다. 그러나 우리의 경우 기업의 글로벌 경쟁력을 제한하는 낡은 규제가 상황을 악화시키고 있다. 글로벌 스탠드에 어긋나는 금산분리, 중소기업 과보호, 대기업억제 정책이 과도하게 적용되어져 산업의 융합을 제한하고 대기업의 글로벌 경쟁력을 억제하는 법제도가 유지되고 있는 상황이다.

경쟁력 강화를 위해서는 경쟁 촉진이 중요한데, 경쟁당국의 경제분석력은 부족하기만 하다. 공정거래위원회는 부당공동행위 적발에 있어서 과도하게 리니언시에 의존하고 있는 것이 현실이다. 경제분석 인력이 충분히 확보되지 못한 채 현저하게 부족하다. 더욱이 한국의 경우 실효성있는 경쟁촉진 정책이 확보되지 못하고 있다. 불공정거래에 대한 위법성판단이 산업내부자간 거래의 공정성만으로 결정되고 있어 시장경쟁의 촉진과 거리가 먼 방향으로 정책이 진행되고 있는 것이 현실이다.

---

[1] 김현종, 한국경제연구원 연구위원

II. 비전 및 목표

1. 비전

한국 기업의 경쟁력을 제고시키고 4차 산업을 대비하기 위해서는 산업간 산업간 융합을 촉진시키는 규제와 제도 개혁이 필요하다. 현재 이익집단의 이익보호를 위해 겸업방지식 칸막이규제가 적용되고 있는데, 정책은 칸막이식 규제를 폐지하고 신규기업이 진입하고 산업간 융합을 촉진시킬 수 있도록 정책을 도입하고 제도를 개선해야 한다. 더욱이 한국의 경우 산업의 글로벌 경쟁력 제고를 위한 제도개선이 필요하다. 한국에서는 국내시장에 국한된 갈라파고스적 규제가 강하게 자리잡고 있는데, 이를 폐지하여 기업의 글로벌 경쟁력을 제고시키도록 전환적으로 제도개선을 추진해야 한다.

2. 목표

산업간 융합을 촉진시키는 규제와 제도 개혁이 필요하다. 실효성 없이 명분에 집착하여 산업간 융합을 제한하는 고립규제에 대해 과감하게 개혁하여 경쟁력을 제고시켜야 한다. 특히 한국 기업들의 글로벌 경쟁력을 제고시키기 위해서는 성장장애 제도의 폐지와 시장경쟁의 촉진을 제고시켜야 한다.

III. 정책과제

1. 배경 및 기대효과

가. 배경

시장경쟁을 촉진하기 위해서는 경쟁법의 운영이 뒷받침되어야하는데, 현재 적절하게 운영되지 못하고 있다. 기업결합은 향후 10년 미래를 고려하여 추진되지만 경쟁당국은 과거자료를 검토하고 현재상황을 놓고 판단하고 있어 경쟁력제고 목적의 합병이 제한되고 있는 실정이다. 기업결합을 위한 평가에 있어 선진국의 첨단 경제분석 방식이 적정하게 도입되지 못하고 있다. 또한 부당공동행위를 적발하는데 있어 자진신고에 과도하게 의존하고 있어 경쟁당국의 자체적 분석능력이 저하되어 있는 상황이다. 그리고 시장경쟁과 효율성 증진 행위임에도 불구하고 일률적인 사전적 규제로 인해 불공정거래행위로 취급받는 경우가 많아 합리의 원칙에 따라 위법여부를 판단해야할 필요하다. 한편, 선진국처럼 글로벌 경쟁력을 갖춘 산업자본(비은행주력자)가 금융산업에서 경쟁력을 제고시킬 수 있도록 제도개선할 필요가 있다. 또한 지주회사에 대한 제약을 완화하여 융합산업 및 신규산업으로 진출이 용이하도록 개선해야 한다.

나. 기대효과

공정거래정책의 개선을 통해 세 가지 효과를 기대할 수 있다. 첫째, 효율적 기업결합 촉진을 통해 기업의 경쟁력 강화를 촉진한다. 둘째로 경쟁당국의 분석력 제고를 통해 시장경쟁을 제고시킨다. 세 번째로 위법적 거래행위를 합리의 원칙에 따라 판단함으로써 효율적 시장거래를 촉진시킬 수 있다. 한편, 산업간 융합제고를 통해 기업경쟁력을 강화시키는 효과를 기대한다. 취약한 우리의 금융산업의 경쟁력을 개선시킬 수 있는 계기를 만들고, 지주회사의 사업확장과 신규산업 진출을 통해 산업내 경쟁력 제고 및 고용증대를 기대할 수 있다.

2. 세부추진과제

가. 기업결합심사에 대한 경제분석 강화

한국의 기업결합 심사기준의 중심개념으로 SSNIP검정 및 가상적 독점자(Hypothetical Monopolist)를 고려하도록 개정해야한다. 공정거래법상의 경쟁제한적 기업결합 추정요건(공정거래법 제7조 제4항)은 폐지하고 기업결합 심사기준에 분석방법과 평가기준을 제안하도록 개정하는 것이다. 미국과 EU의 SSNIP검정은 명확히 가상적 독점자(Hypothetical Monopolist)를 고려하도록 하고 있으며, 일본의 기업결합심사 운용지침(企業結合審査に関する独占禁止法の運用指針)도 가상적 독점자를 고려하는 개념을 도입하고 있다.

한편, 기업구조조정과 기업효율성 차원의 심사요건 개선이 필요하다. 기업구조조정 및 기업효율성 차원에서 관련부처의 요구를 기업결합 심사시 효율성항변 요건으로 검토해야한다. 현재의 효율성항변 요건에서는 지방경제발전, 환경오염개선, 고용증대, 전후방 연관산업발전 등 사회적 효율성이 포함되어 있으나, 이는 기업의 효율성과 무관하거나 모호한 규정이 적용하고 있기 때문이다.

나. 부당공동행위 근절을 위한 경제분석력 강화

부당공동행위 적발력 강화를 위한 경쟁당국의 경제적 분석능력의 제고가 필요하다. 담합사건에 대한 정확한 분석을 위해 해당 시장의 수요·공급상의 특성, 규제·진입장벽의 여부, 시장구조, 소유권, 제품별 특성, 동태적 변동성 등 다양한 요인에 대해서 정확히 검토해야 한다. 이를 위해 경쟁정책관련 학제 간 연구를 활성화 필요하다. 현재 경쟁당국의 판단과 실제 사건 후 결과간의 실증적 연계성을 분석하여 조사방식에 대한 검증이 부재하다. 현재 학제 간 연구는 이슈에 대한 정책적 논의에 머물러 있으나 실제 사례를 바탕으로 경쟁당국의 분석력을 검증하는 절차가 필요가 있다. 부당공동행위의 형성과 붕괴에 대한 원인, 요인 등을 고려하는 분석방식의 개발과 전문요원의 충원이 필요한 것이다.

한편, 부당공동행위에 대해 경제전문가, 법률전문가의 증원을 통한 분석력 제고와 조사능력 증진이 필요하다. 미국을 비롯한 경쟁법 선진국은 부처 내에 상당수의 경제학자(In-House Economist)와 법률 전문가를 두고 있는데 비해 한국의 분석인력은 너무도 부족한 것이 현실이므로, 이에 대한 충원이 필요하다.

다. 불공정거래행위 규제의 합리화

한국의 공정거래법 제23조 제1항에 규정된 모든 불공정거래행위들이 합리의 원칙(Rule of Reason)을 따르도록 규정되어 있는데, 본 규정을 법의 내용대로 통일되게 운영되도록 일관성을 훼손하지 않도록 시정해야한다. 시행령에서 공동의 거래거절, 계열회사를 위한 차별, 그리고 부당염매에 대해서 당연위법을 적용하고 있는 바, 원래의 법 취지에 따라 합리성 원칙을 적용할 수 있도록 시행령을 개정할 필요가 있다.

또한 재판매가격유지행위를 일반 불공정 거래행위와 별도로 구별할 사유가 없으므로 재판매가격유지행위에 대한 조항 제29조를 일반 불공정 거래행위 조항인 제23조과 통합해야한다. 자발적인 재판매가격유지행위는 합리의 원칙(Rule of Reason)에 의해 위법성을 판단하도록 법을 개정하도록 한다. 법률에서 재판매가격유지를 규제할 경우 오히려 경쟁을 제한시킬 우려가 있으므로 재판매가격유지 대상상품의 지정규정(공정거래법 제29조 제2항 및 시행령 제44조)도 폐지하도록 한다.

라. 대기업의 금융산업 진출 허용

한국의 인터넷은행 활성화를 위해 상호출자제한기업집단에 대해서도 제도적 보완을 통해 인터넷 전문은행에 대한 소유지분 제한을 완화시킬 필요가 있다. 외국의 산업자본기업인 미국 GM, 일본 소니, 독일 폭스바겐은 손자회사로 인터넷전문은행을 소유하고 경영중이다. 미국 GM의 손자회사인 앨리(Ally)뱅크는 기업대출(46%)과 자동차론(39%)에 주력하고 있으며 계열사간 내부시장을 바탕으로 성장한 미국내 2위 인터넷 전문은행이다. 일본 소니뱅크는 2001년 소니의 계열사인 소니파이낸셜이 80%, 사쿠라은행이 16%투자하여 설립한 총자산 2조엔이상 규모의 전문은행으로서 인터넷전문은행 고객창출 4년 연속 1위 기업에 해당한다.

일반시중은행과 동일한 건전성 규제를 받게되므로 대규모기업집단 소속 계열사로서 시장경쟁력있는 기업만이 주도적으로 설립할 것이다. 따라서 대주주와의 거래규제를 강화하여 사금고화 우려에 대해 강화시키는 보조 방안을 간구할 수 있다.

제9장
해외진출 한국기업 귀국 유도[1]

Ⅰ. 국내 U턴 기업 지원확대

1. 정책방향

해외 진출기업 지원확대로 20% U-Turn시 일자리 100만개를 창출한다

2. 현황

현재 대기업들은 국내의 강력한 규제에 묶여 공장설립이나 사업확장에 애로를 느껴왔으며, 특히 강성노조와의 힘든 투쟁으로 결국 해외에 대규모 공장을 증설하고 국내에는 일절 투자를 하지 않는 현상이 지속되고 있다. 그 결과 국내기업이라도 해외부문에서 발생하는 수익이 대부분이고 국내생산비중과 수익비중이 급격하게 위축되고 있다. 그럼에도 한국의 정부와 근로자들은 과도한 세금과 고임금을 요구하고 있다. 국내생산비중과 수익력이 매우 낮음에도 불구하고 지속적으로 부당한 요구를 하고 있는 실정이다.

---

1) 최준선, 성균관대 법학전문대학원 교수

3. 해외 사례

이와 같은 사정은 외국에서도 비슷하다. 그러나 미국은 대통령의 강력한 업무추진으로 수많은 해외 체류 기업들의 생산 공장을 미국 내로 옮길 것을 요구하였고, 많은 기업들이 이에 호응하여 미국 본토로 공장을 옮길 것(Re-shoring)을 약속하였거나 약속할 움직임이 있다. 이미 애플, 포드 등이 적극적으로 호응하였다. 트럼프는 미국으로 돌아오는 유턴(U-turn, 회귀)기업에 관련 세율을 현행 26%에서 10~15% 절감시켜 주겠다고 제시한 바 있다. 일본의 경우도 해외진출기업의 철수가 1997년 249건에서 2010년 608건으로 증가 추세를 보였다. 소니는 중국 캠코더 공장을 폐쇄하고 일본으로 이동했으며 켄우드는 말레이시아 MD플레이어 공장을 일본으로 옮겼다.

4. 구체적인 실행방안

유턴 중소·중견기업에 세제지원을 확대한다. 설비 수입에 대한 관세 감면한도 2배로 확대한다. 그리고 2~3년 무상임대 계약방식으로 유턴기업들의 공장입지도 지원한다.

나아가 강한 인센티브를 제공한다. 인센티브 적용대상은 철수방식(현지 철수 또는 일부 복귀)에 상관없이 중소기업에서 중견기업까지 세제지원 확대한다. 중견기업의 경우에도 철수 방식에 상관없이 법인세 감면, 설비수입 관세 감면 확대 허용한다.

5. 정책 효과

해외기업 유턴으로 고용효과가 제고되고 경제활성화에 기여한다.

II. 경제특구 설치로 일자리 100만개 창출(20% 유턴시)

1. 정책방향

경제특구 설치로 해외 유턴기업에 대하여 국내에서 안착할 수 있는 여건을 조성하고 지원함으로써 일자리 창출에 기여한다.

2. 현황

해외 기업이 국내로 유턴하지 못하는 이유는 국내에만 시행되고 있는 각종의 과도한 규제와 인건비 상승, 원료조달의 곤란성 등이다. 이들 장애요인을 제거하여 해외기업이 마음놓고 현지보다 더 나은 조건으로 유턴할 수 있도록 해야 한다.

3. 해외 사례

일본정부는 2011년 3월 11일 대지진으로 피해를 본 동일본지역을 부흥특구로 지정하고 여기에 들어오는 U턴 기업에 특혜를 주겠다고 발표했다.

4. 구체적인 실행방안

전국 주요 산업단지 내 외국에서 유턴하는 중소 · 중견기업들을 위한 경제특구를 설치한다. 공장입지를 적극적으로 지원하여, 예컨대 2~3년 무상임대 계약 방식 등을 활용하도록 한다.

유턴경제구역을 한시적으로 최저규제지역으로 운영한다. 유턴기업 안정화 기간 동안 기간제 근로자 사용기간을 연장하고, 파견근로를 허용하여야 한다.

또한 경제구 내에 취업 희망자 직업훈련 및 재직자 기술 교육을 지원하는 고급인력양성센터를 설치하여 인력수급에 차질이 없도록 지원한다.

5. 정책 효과

해외 진출기업 지원확대로 20% U-Turn시 일자리 100만개를 창출하는 효과가 기대된다.

제10장
투자활성화를 위한 조세개혁[1]

I. 법인세 인하

1. 정책방향

기존 연구에 따르면 법인세 인하 정책이 투자 및 성장에 효과가 있는 것으로 나타나고 있다. 과감한 투자와 높은 경제성장으로 일자리 창출을 위해서는 현재 23%로 되어 있는 법인세율은 20%로 낮추어야 하며, 3~5년의 간격을 두고 순차적으로 17%, 최종적으로 15%로 하향 조정하여야 한다.

2. 현황

우리나라 명목 법인세 최고세율 (지방세 포함)은 24.2%로서 2016년 2월 현재 OECD 34개 회원국 가운데 19째이며, 회원국 평균은 24.99%로 우리나라의 세율이 약 0.79%p낮다. 2014년 말 기준 한국의 법인세 실효세율은 15.05%로서 2008년 최고치인 17.86%보다 2.81%p 낮아졌으나, 최근 5년간은 다소 상승추세를 보여주고 있다. 그러나 법

---

1) 최준선, 성균관대 법학전문대학원 교수

인세의 글로벌 비교에 있어서는 단순히 특정세목과 세율수준을 비교하기 보다는 각 국가의 조세체계 및 복지수준 등을 감안한 종합적 접근방법으로 이루어져야 한다. 예컨대 신고소득금액 대비 징수액의 비율은 미국과 영국보다 높고 일본보다는 낮은 수준이다.

3. 해외 사례

법인세 인하는 1980년대 중반부터 영국 및 미국을 선두로 주요 선진국들이 넓은 세원 -낮은 세율을 목표로 법인세율을 인하하기 시작하였으며, 2000년 이후에도 경쟁적으로 법인세율 인하를 지속하고 있다. 특히 미국 트럼프 대통령은 15%까지 인하를 약속했으며, 영국도 같다. 다른 나라들도 경쟁적으로 법인세 인하에 나서고 있다. 주요 선진국과 비교할 때, 현재 우리나라는 법인세율이 주요 선진국들에 비해 높은 수준으로, 이를 보다 낮춤으로써 경기를 활성화하고 경제가 성장함으로써 세원이 넓어지고 이 경우 낮은 세율에도 불구하고 부족한 세수를 충분히 보완할 수 있다.

4. 구체적인 실행방안

중소기업과 대기업의 법인세율 수준과 격차 등에 따른 조세형평성을 정밀하게 조정하여야 하고, 서비스산업 활성화를 위한 과감한 조세정책이 필요하다. 고용 없는 성장을 극복하고 서비스산업 활성화를 통한 일자리창출을 위해 조세정책을 보다 과감한 정책을 구사할 필요가 있다. 벤처기업 등의 기반을 강고하게 하기 위해서는 벤처기업의 활성화를 위한 조세정책도 보다 적극적으로 구사해야 한다. '넓은 세원-낮은 세율'의 관점에서 볼 때 세율인하를 포함한 세제 개편을 통해 기업의 세부담을 완화시킬 필요가 있다.

주요 선진국의 법인세제 개편 사례를 보면 법인세율 인하 및 그에 따른 세수보전을 위해 해당 공제나 감면을 축소하거나 여타 세제를 개편하는 방향으로 조세체계를 개혁하고 있다.

5. 정책 효과

법인세율 인하에 따른 귀착효과는 일차적으로 법인세수 비중이 높은 대기업에게 돌아가나 일정 부분 중소기업에게도 돌아갈 것으로 추정되며, 다양한 계층에 전달될 것으로 예상된다.

II. 가업상속세 폐지

1. 정책방향

상증세법과 조특법의 개정으로 제1단계(3년 내)에서 가업상속 기초공제한도 금액을 확대하여 최대 500억원에서 "한도 없음"으로 개정하여야 한다. 제2단계(5년 내)에서 상증법상 가업상속공제제도를 개정하여 현재 중소기업 또는 매출액 3천억원 미만의 중견기업에게 적용하고 있는 공제제도를 중소기업 또는 중견기업은 물론 대기업까지 포함하는 방향으로 적용대상을 확대한다. 또한 위의 공제를 받으려면 상속받은 이후 10년간 가업에 종사해야 하고 직원 수를 줄일 수 없다.

2. 현황

상당수 중견기업들의 1세대 소유주들이 퇴임을 해야 되는 시점 (2014년 기준 60대 이상 CEO의 44%)이 다가옴에 따라 중견기업들의 핵심의제로 가업상속문제 크게 대두되고 있다. 가업상속은 모든 기업의 엄청난 걱정거리로 부상하였다. 상속세는 일명 사망세라 불린다. 인간의 사망에 대한 과세로서, 반윤리적이고 비도덕적인 세금이다. 또한 지금까지 재산세 등의 명목으로 열심히 세금을 납부했는데, 사망을 계기로 다시 고액의 세율을 부담시키는 부당한 2중과세이다. 사망세는 경제성장을 저해하고, 이는 국가경쟁력을 저해한다. 상속세를 납부하기 위해 재산을 처분하는 과정에서 자원의 비효율적인 배분이 이루어지므로 국가경제에 해악을 미친다. 모든 기업인에게 사랑하는 자식에게 유산을 물려줄 수 있는 기쁨을 만끽하게 해 주어야 한다. 그래야만 더욱 열심히 일 할 동기가 부여된다. 현재 한국은 극소수만 해당되도록 어려운 자격과 의무 조건을 붙여 상속재산의 40%를 과세공제 해 주고 있다.

물론 가업상속에 대한 부정적인 의견도 있다. 능력이 부족한 상속자에게 기업을 승계함으로써 기업의 혁신이 지체되고 부의 대물림으로 분배 문제가 발생하여 양극화가 극심해진다는 것이다. 그러나 가업상속에 대한 긍정적인 의견에 귀를 기울일 필요가 있다. 기업을 승계하지 않고 제3자에게 매각할 때 발생하는 거래비용을 줄일 수 있다. 자식에게 보다 성장된 기업을 물려주기 위하여 더 많은 투자를 유발한다. 가업상속에 과세를 하면 투자가 줄어드는 대신 면세를 하면 투자가 오히려 늘어나므로 상속세 폐지를 대신할 증세방안은 불필요하고, 이 점은 많은 선진국 학자들이 증명했다.

3. 해외 사례

상속세가 없는 나라는 멕시코, 중국, 인도, 캐나다, 호주, 이스라엘, 스웨덴, 중국, 러시아, 뉴질랜드, 이탈리아, 포르투갈, 슬로바키아 등 2015년 OECD 34개국 중 15개국에 상속세가 없다. 캐나다, 호주, 뉴질랜드 등은 상속세를 없애는 대신 자본이득세를 도입하고 있다. 상속세를 부과하지만 최고 세율이 20% 미만인 나라는 홍콩, 싱가포르, 덴마크 등이다. 다른 유럽 국가들은 최고세율이 30% 안팎이다. 최고세율이 50% 수준인 나라로는 미국, 일본, 한국 뿐(다만, 미국은 상속세를 폐지 추진 중)이다. 독일은 최고 상속세율은 40%지만 가업 승계 당시 임금 지급액의 700% 이상을 7년 내에 임금으로 지급하면 상속세 전액을 면제한다.

일본 정부도 2016년 경영승계원활화법을 통해 친족 이외 후계자도 회사 주식을 시가보다 싸게 인수할 수 있도록 했으며, 상속세 공제를 받기 위해 상속·증여 후 5년간 고용을 '매년 80% 이상' 유지해야 하는 의무조항을 5년간 '평균 80% 이상' 유지하면 되도록 완화하여 가업 상속이 쉽게 이루어지도록 했다.

4. 구체적인 실행방안

(1) 가업상속 문제를 기업소유주의 개인 문제로 접근하지 말고 국가경제 전체적 관점에서 체계적이고 과학적으로 접근하여 현행 가업상속 과세특례제도를 정비할 필요가 있다.

(2) 피상속인이 10년 이상 계속하여 경영한 기업을 상속할 경우 상속세를 면제해 주어야 한다. 상속 후 5년 내 대표이사 취임, 7년 이상 경영, 최대주주로 피상속인과 특수관계인 일정지분 유지(상장기업 30% 이상, 비상장기업 50% 이상) 등은 현행(기초공제) 기조를 유지한다.

(3) 상증법 제18조를 개정(궁극적으로는 폐지)한다. 현재 중소기업 또는 매출액 3천억원 미만의 중견기업에 적용되는 가업상속공제제도를 개정하여 중소기업 또는 중견기업은 물론 대기업까지 포함시켜 적용대상을 확대한다. 독일 및 영국의 사례를 보면, 개별심사를 통해서 기업재산을 투입하지 않고 상속세를 납부할 수 있는 대기업은 가업상속공제제도의 적용대상에서 제외하고 있다.

(4) 조특법 제30조의6를 개정하여 가업상속공제 한도금액을 지속적으로 확대한다. 최대 500억원 한도에서 한도 없음으로 개정한다. 독일, 영국에서도 한도가 없다.

(5) 공제를 받으려면 상속받은 이후 10년간 가업에 종사해야 하고 직원 수를 줄일 수 없다는 규정을 개정하여 상속세 공제를 받기 위해 상속·증여 후 5년간 가업에 종사하여야 하고 고용을 '평균 80% 이상' 유지하면 되도록 완화한다(일본의 예).

5. 정책 효과

가업상속세의 점진적 폐지로 기업가의 투자의욕과 기업을 키우려는 의지를 높이고 이는 결국 투자활성화와 경제성장의 결과를 가져오며 대규모 일자리 창출로 이어지게 된다. 법인세율 인하에 따른 귀착효과는 다양한 계층의 국민에게 전달될 것으로 예상되며, 결국에는 국가 전체가 부유해진다.

[상속세법 및 증여세법]

제5절 상속공제
제18조(기초공제) 제2항 제1호
1. 가업[대통령령으로 정하는 중소기업 또는 대통령령으로 정하는 중견기업(상속이 개시되는 소득세 과세기간 또는 법인세 사업연도의 직전 3개 소득세 과세기간 또는 법인세 사업연도의 매출액의 평균금액이 **3천억원 이상인 기업은 제외**한다. 이하 이 조에서 같다)으로서 피상속인이 10년 이상 계속하여 경영한 기업을 말한다. 이하 같다]의 상속(이하 "가업상속"이라 한다): 가업상속 재산가액에 상당하는 금액. 다만, 그 금액이 **200억원**을 초과하는 경우에는 **200억원**을 한도로 하되, 피상속인이 15년 이상 계속하여 경영한 경우에는 **300억원**, 피상속인이 20년 이상 계속하여 경영한 경우에는 **500억원**을 한도로 한다.

[조세특례제한법]

제5절 기업구조조정을 위한 조세특례
제30조의6(가업의 승계에 대한 증여세 과세특례) ① 18세 이상인 거주자가 60세 이상의 부모(증여 당시 아버지나 어머니가 사망한 경우에는 그 사망한 아버지나 어머니의 부모를 포함한다. 이하 이 조에서 같다)로부터「상속세 및 증여세법」**제18조제2항제1호에 따른 가업**(이 경우 "피상속인"은 "부모"로, "상속인"은 "거주자"로 본다. 이하 이 조에서 같다)의 승계를 목적으로 해당 가업의 주식 또는 출자지분(이하 이 조에서 "주식등"이라 한다)을 증여받고 대통령령으로 정하는 바에 따라 가업을 승계한 경우에는「상속세 및 증여세법」제53조 및 제56조에도 불구하고 그 주식등의 가액 중 대통령령으로 정하는 가업자산상당액에 대한 증여세 과세가액(**100억원을 한도로 한다**)에서 5억원을 공제하고 세율을 100분의 10(과세표준이 30억원을 초과하는 경우 그 초과금액에 대해서는 100분의 20)으로 하여 증여세를 부과한다. 다만, 가업의 승계 후 가업의 승계 당시 해당 주식등의 증여자 및「상속세 및 증여세법」제22조제2항에 따른 최대주주 또는 최대출자자에 해당하는 자(가업의 승계 당시 해당 주식등을 증여받는 자는 제외한다)로부터 증여받는 경우에는 그러하지 아니하다. <개정 2010.12.27., 2011.12.31., 2014.1.1., 2014.12.23.>

제11장
기부문화 활성화를 위한 제도개선[1)]

Ⅰ. 주식기부시 증여세 면제

1. 정책방향

주식을 기부할 때 세금폭탄을 제거하여 기부문화를 활성화한다.

2. 현황

주식 219억원어치를 기부했다가 세금 225억원을 납부해야 했던 황필상 전 수원교차로 대표의 사례가 대표적이다. 황필상씨는 1심 원고 승소, 2심 원고 패소, 대법원에 5년째 계류 중이다. 이 사태의 원인은 상속증여세법상 5% 이상의 주식을 기부할 경우 증여세를 부과하도록 한 것이다. 이 문제는 진적에 터졌으나 2016년 12월 20일 상속세 및 증여세법이 일부 개정되었음에도 불구하고 이 부분은 아직 개정되지 아니하고 있다. 오히려 2016년 개정법률에서 "성실공익법인등에 해당하는 경우에는 100분의 10" 부분이 "상호출자제한기업집단과

---

1) 최준선, 성균관대 법학전문대학원 교수

특수관계에 있지 아니한 성실공익법인등에 해당하는 경우에는 100분의 10"으로 요건이 오히려 더 강화되었다.

　법의 취지는 재벌과 대기업 오너가 공익 재단을 활용해 변칙 경영하는 것을 막기 위한 것(20여년 전인 1994년에 마련된 규정)이다.

※ 참고: 상속세 및 증여세법

[2016. 12. 20. 개정전] 제48조
(공익법인등이 출연받은 재산에 대한 과세가액 불산입등)

① 공익법인등이 출연받은 재산의 가액은 증여세 과세가액에 산입하지 아니한다. 다만, 공익법인등이 내국법인의 주식등을 출연받은 경우로서 출연받은 주식등과 다음 각 호의 어느 하나의 주식등을 합한 것이 그 내국법인의 의결권 있는 발행주식총수등의 100분의 5(성실공익법인등에 해당하는 경우에는 100분의 10)를 초과하는 경우(제16조제2항 각 호 외의 부분 단서에 해당하는 경우는 제외한다)에는 대통령령으로 정하는 방법으로 계산한 초과부분을 증여세 과세가액에 산입한다.

[2016. 12. 20. 개정후] 제48조
(공익법인등이 출연받은 재산에 대한 과세가액 불산입등)

① 공익법인등이 출연받은 재산의 가액은 증여세 과세가액에 산입하지 아니한다. 다만, 공익법인등이 내국법인의 의결권 있는 주식 또는 출자지분(이하 이 조에서 "주식등"이라 한다)을 출연받은 경우로서 출연받은 주식등과 다음 각 호의 주식등을 합한 것이 그 내국법인의 의결권 있는 발행주식총수 또는 출자총액(자기주식과 자기출자지분은 제외한다. 이하 이 조에서 "발행주식총수등"이라 한다)의 100분의 5(상호출자제한기업집단과 특수관계에 있지 아니한 성실공익법인등에 해당하는 경우에는 100분의 10)를 초과하는 경우(제16조제3항 각 호에 해당하는 경우는 제외한다)에는 그 초과하는 가액을 증여세 과세가액에 산입한다.

---

3. 해외 사례

빌게이트, 마크 저크버그, 워렌버핏 등 세계적인 기부가들은 의결권 없거나 의결권 수가 매우 낮은 주식을 기부함으로써 경영권을 안정적으로 유지하면서도 매우 자유롭고 통큰 기부를 하고 있다.

4. 구체적인 실행방안

대기업에 대한 감시와 견제 장치가 과도해서 이 규정은 존재 이유를 상실하였으므로, "100분의 5(상호출자제한기업집단과 특수관계에 있지 아니한 성실공익법인등에 해당하는 경우에는 100분의 10" 부분을 폐지하거나, "100분의 30(상호출자제한기업집단과 특수관계에 있지 아니한 성실공익법인등에 해당하는 경우에는 100분의 50"으로 개정한다.

5. 정책 효과

기부행위를 주식으로써 하는 경우에도 면세하는 방향으로 법률을 개정하여 자유롭게 기부할 수 있는 문화를 정착시킨다.

II. 차등의결권제도 도입

1. 정책방향

상법에 차등의결권주식을 도입하여 기부를 하더라도 경영권은 안정을 유지할 수 있도록 한다.

2. 현황

한국은 1주1의결권원칙을 매우 충실하게 지키는 나라이다. 기업의 대주주나 주요주주가 주식으로써 기부하면 의결권을 상실하게 되어 경영권을 유지할 수 없는 경우가 발생할 수 있다. 이 문제는 차등의결권제도로써 해결하여야 한다. 즉, 의결권이 200개인 주식과 의결권이 하나뿐이거나 아예 의결권이 없는 주식을 발행할 수 있게 하여 기부는 의결권이 하나뿐이거나 아예 의결권이 없는 주식으로써 하게 하면 경영권은 유지되면서 기부문화를 활성화시킬 수 있다.

3. 해외 사례

빌게이트, 마크 저크버그, 워렌버핏 등 세계적인 기부가들은 의결권 없거나 의결권 수가 매우 낮은 주식을 기부함으로써 경영권을 안정적으로 유지하면서도 매우 자유롭고 통큰 기부를 하고 있다. Berkshire Hathaway의 차등의결권보통주는 Class A 1주당 시장가격은 $250,000이다. 그러나 Warren Buffett이 소유한 Class B 주식은 보통주의 200배 의결권을 가지고 있으나 매매를 하지 않는다. 이를 통하여

Warren Buffett은 황제경영을 한다. 이에 대하여 누구도 이의를 제기하지 않는다. 이 외에도 New York Times, Washington Post, Facebook, 베조스의 Amazon, Google, Ford, 영국의 British Petroleum, Machester United (뉴욕증시 상장), 프랑스의 Sanofi, Tota S.A.에 이은 Florange Law에 따른 2배 의결권의 인정한다. 스웨덴의 Wallenberg 가문이 소유한 A형 주식은 일반주주가 보유하는 C,형 보다 1,000배의 의결권을 보유한다.

4. 구체적인 실행방안

상법을 개정하여 차등의결권주식을 발행할 수 있도록 하여 경영권 유지에 필요한 다수의결권이 부여된 주식은 대주주가 보유하게 하고, 의결권이 없거나 적은 주식은 활발하게 기부할 수 있도록 하며, 기부한 주식에 대하여는 면세하는 하는 방향으로 법률을 개정한다.

5. 정책 효과

상법에 차등의결권제도를 도입하여 기부를 하더라도 경영권은 유지될 수 있도록 한다.

제12장
기업 준조세의 현황과 정경유착 근절[1]

Ⅰ. 준조세의 개념 및 포괄범위[2]

1. 준조세의 개념

준조세(quasi-tax)란 기업이 지게 되는 조세 이외의 부담과 관련된 개념으로 학문적 근거 또는 실정법에 기초하여 사용되는 용어는 아니다. 기업이 생산 활동을 하기 위해서는 순수한 생산비용 이외에 조세나 조세를 제외한 여러 가지 부담을 지게 되는데, 만약 조세를 제외한 여러 가지 부담이 △ 강제성을 띠는지 여부와 △ 직접적 반대급부의 성격을 띠는지의 여부가 준조세에 해당하는지를 판단하는 중요한 기준이 된다.

준조세의 정의에 있어서 핵심 요건이 되는 강제성에는 법령에서 명백히 정해지는 금전적 부담처럼 강제성의 정도가 매우 큰 경우도 있으나 기부금과 같이 법령에서 정해지지는 않으나 어느 정도의 강제성을 띠는 경우도 있는 등 기업이 체감하는 강제성의 정도를 판단하기 어려운 측면이 있다.

---

1) 오정근, 건국대 금융·IT학과 특임교수
2) 손원익, 우리나라 준조세 실태 및 정책방향, 한국조세재정연구원, 2010 참조하여 재정리

2. 준조세의 포괄범위

기업의 부담에 초점을 맞추어 준조세를 정의할 경우 준조세는 기업이 순수한 생산비용 이외에 ◇ 비자발적으로 지게 되는 금전적 부담에서 △직접적인 반대급부의 성격으로 부담하는 것과 △ 과태료 성격의 부담을 제외한 모든 부담으로 정의된다. 부담금관리기본법에 의한 각종 부담금 (부담금, 분담금, 부과금, 부가금, 예치금, 기금출연금, 기여금 등), 사회보험료(국민연금, 고용보험료, 산재보험료, 의료보험료) 그리고 강제성을 띠는 기부금·성금 등이 있다. 사용료와 수수료는 재화나 용역의 공급이라는 직접적인 이득에 대한 보상에 해당되므로 준조세에 포함되지 않는다. 각종 공과금 중 과태료, 벌금·과료, 범칙금, 가산금, 과징금, 이행강제금 등은 직접적인 피해에 대한 보상이므로 준조세 범위에 포함되지 않는다. 기부금의 경우 어느 정도의 강제성을 띠어야 준조세의 범위에 포함된다.

〈준조세의 포괄범위〉

준조세의 종류	세부내용
부담금관리기본법에 의한 부담금	각종 부담금, 분담금, 부과금, 부가금, 예치금, 기여금, 기금출연금
사회보험료	국민연금, 고용보험료, 산재보험료, 의료보험료
강제적 기부금·성금	법정기부금, 지정기부금, 강제성을 띤 정치자금

자료: 손원익, 우리나라 준조세 실태 및 정책방향, 한국조세재정연구원, 2010.

부담금은 특정의 공익사업과 특별한 관계에 있는 자에 대하여 그 사업에 필요한 경비를 부담시키기 위하여 비용의 전부 또는 일부를 부담시키는 공법상의 금전지급의무라고 정의된다. 「부담금관리기본법」은 부담금을 중앙행정기관의 장, 지방자치단체의 장, 행정권한을 위탁받은 공공단체 또는 법인의 장 등 법률에 따라 금전적 부담의 부과권한을 부여받은 자 (이하 "부과권자"라 한다)가 분담금, 부과금, 기

제2부

여금, 그 밖의 명칭에도 불구하고 재화 또는 용역의 제공과 관계없이 특정 공익사업과 관련해 법률에서 정하는 바에 따라 부과하는 조세 이외의 금전지급 의무로 정의하고 있다.

부담금은 중앙행정기관의 장, 지방자치단체의 장, 행정권한을 위탁받은 공공단체 또는 법인의 장 등 법률에 의하여 금전적 부담의 부과권한이 부여된 자가 부과한다는 특징을 가지며, 따라서 부담금은 강제성을 띠게 되며 정부가 시행하는 사업에 필요한 자금의 조달을 강제적으로 한다는 면에서는 조세와 유사한 성격을 띤다. 부담금은 특정 공익사업과 특별한 관계에 있는 자에게 부과한다는 특징을 가지므로 특별히 정해지지 않은 일반적인 정부사업을 위하여 일반인에게 부과되는 조세와는 차별성을 가진다.

개별 경제주체가 부담하게 되는 부담금의 규모는 사업에 필요한 경비나 사업과의 관계 등을 기준으로 부과되는 데 비하여, 조세는 담세 능력을 바탕 으로 부과된다는 점에서 서로 다르다. 특정사업에 필요한 경비를 충당하기 위하여 부과되는 목적세의 경우에도 특별한 사업관계에 있는 자가 아니라 불특정 다수에게 부과된다는 점에서 부담금과는 구분된다. 부담금은 재화 또는 용역의 제공과 관계없이 특정 공익사업과 관련된 금전적 부담이라는 특징을 가지고 있어 재화 또는 용역의 제공에 대한 반대급부에 해당되는 금전적 부담은 부담금에 포함되지 않는다.

부담금과 비슷한 의미로 사용되거나 부담금에 포함되는 용어로는 분담금, 부과금, 부가금, 예치금, 기금출연금, 기여금 등이 있다. 분담금은「부담금관리기본법」에 따르면 부담금은 분담금, 부과금, 예치금, 기여금 등 그 명칭과 관계없이 재화 또는 용역의 제공과 관계없는 조세 외의 금전적 지급의무로 규정된다. 그러므로 분담금은 부담금과 같은 의미를 가진 개념으로 취급될 수 있으며, 분담금을 이와 같이 정의할 경우 분담금은 부담금에 포함되는 개념이 된다.[1]

부과금은 부담금에 포함되는 것으로서, 재화 또는 용역의 제공과 관계없이 특정 공익사업과 관련하여 법률이 정하는 바에 따라 부과하는 일정액의 금전적 부담을 의미하며, 이때 부과되는 금전적 부담은 거래의 총량을 기준으로 하는 것이 보통이다.[2] 부가금은 부과금과 거의 흡사한 성격을 가진 금전적 부담임. 다만, 부담의 기준이 거래액을 기준으로 한다는 점에서 부과금과 다르다.[3]

부담금에 포함되는 또 다른 금전적 부담으로는 정부가 특정 행동을 강제하기 위하여 금전적 부담을 지게 한 다음 정부가 의도한 행동을 하게 될 경우 금전적 부담을 해지시켜 주는 예치금이 있다. 소하천 소요공사비예치금, 소하천원상회복예치금, 원상회복예치금, 복구예치금 등이 대표적 예치금에 해당된다.

여러 가지 기금출연금도 부담금의 성격을 가지므로 부담금의 한 종류로 취급 할 수 있다. 기금출연금으로는 주택금융신용보증기금 출연금, 부실채권정리기금 출연금, 농림수산업자신용보증기금 출연금, 신용보증기금 출연금, 기술신용보증기금 출연금, 한국화재보험협회 출연금, 공적자금 상환기금 출연 금 등이 있다. 기여금도 기금출연금과 비슷한 성격을 가지며, 예금보험기금채권상환 특 별기여금이 이에 해당된다.

사회보험료 (국민연금, 고용보험료, 산재보험료, 의료보험료 등)도 보험수혜자의 입장에서 볼 때에는 보험의 공급이라는 직접적인 이득에 대한 보상이므로 협의의 준조세에 해당되지 않는다. 사회보험료 중에서 기업이 부담하는 부분은 기업이 얻게 되는 이득에 대한 보상이 아니므로 기업의 입장에서는 준조세에 해당된다.

제2부

---

1) 대표적 분담금으로는 관광지 등 지원시설 이용자분담금, 관광지 등 지원시설 원인자 분담금, 손해 배상보장사업 분담금, 한국해양오염방제조합 분담금 등이 있다. 부과금은 부담금에 포함되는 것으로서, 재화 또는 용역의 제공과 관계없이 특정 공익사업과 관련하여 법률이 정하는 바에 따라 부과하는 일정액의 금전적 부담을 의미하며, 이때 부과되는 금전적 부담은 거래의 총량을 기준으로 하는 것이 보통이다.
2) 부과금의 예로는 석유의 수입·판매부과금, 대기배출부과금, 수질배출부과금, 축산폐수등배출부과금, 재활용부과금 등을 들 수 있다.
3) 부가금의 대표적 예로는 회원제골프장 시설입장료에 대한 부가금을 들 수 있다.

기부금은 기업 등이 사업과 직접적인 관계없이 타인에게 금전이나 기타 자산 또는 경제적인 이익을 무상으로 공여하거나 증여한 경우에 그 금전이나 기타 자산의 가액 또는 경제적 이익을 말한다 (손원익, 1998). 기부금은 헌금, 성금, 찬조금, 후원금 등으로도 표현되며, 이러한 명칭이 시사하는 바와 같이 형식적으로는 자발적인 것으로 취급된다. 그러나 실질적으로는 기부금의 납부에 있어서 공권력이 직접적 또는 간접적으로 개입되어 의뢰·권유 등의 방법에 의해 강제성을 띠는 경우도 상당히 있다.

II. 준조세 부담 현황

부담금 개수가 다소 감소하고 있으나 여전히 금년 중 94개로 많은 편이며 부담금과 증가율도 2010년 이후 꾸준히 증가하는 추세다. 2015년 총부담금은 19.1조원, 손비인정을 조정한 부담금은 15.0조원을 기록했다.

⟨부담금수 추이⟩

	2000	2001	2002	2003	2004	2005	2006	2007	2008
부담금 수(개)	98	101	102	100	102	102	100	102	101
	2009	2010	2011	2012	2013	2014	2015	2016	2017 (계획)
부담금 수(개)	99	94	97	97	96	95	94	94	89

자료: 손원익, 우리나라 준조세 실태 및 정책방향, 한국조세재정연구원, 2010.

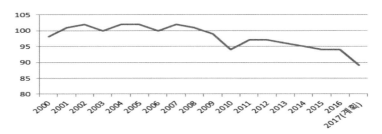

〈부담금수(개)〉

자료: 기획재정부. 부담금운용종합보고서, 매년호

〈부담금 추이〉

	부담금징수액 (억원)	부담금 증가율(%)	손비인정조정부담 금징수액(억원)	손비인정조정부담 금증가율(%)
2001	67,683		52,793	
2002	79,102	16.9	61,700	16.9
2003	93,005	17.6	72,544	17.6
2004	101,508	9.1	79,176	9.1
2005	112,647	11.0	87,865	11.0
2006	121,132	7.5	94,483	7.5
2007	145,882	20.4	113,788	20.4
2008	152,707	4.7	119,111	4.7
2009	148,047	- 3.1	115,477	-3.1
2010	144,629	- 2.3	112,811	-2.3
2011	148,094	2.4	115,513	2.4
2012	156,690	5.8	122,218	5.8
2013	165,757	5.8	129,290	5.8
2014	171,797	3.6	134,002	3.6
2015	191,076	11.2	149,039	11.2
2016	203,323	6.4	158,592	6.4
2017 (계획)	204,140	0.4	159,229	0.4

주: 손비인정은 세법상 최대손비 인정비율 22%로 가정
자료: 기획재정부. 부담금운용종합보고서, 매년호

손비인정 조정 후 부담금/GDP 비율과 부담금/법인세 비율은 2012년부터 증가세로 2015년 부담금/GDP 비율과 부담금/법인세 비율이 각각 33.1% 1.0%를 기록했다.

〈부담금 추이〉

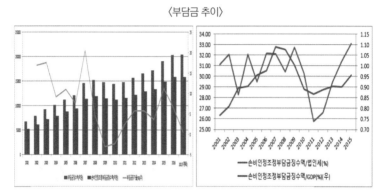

주: 손비인정은 세법상 최대손비 인정비율 22%로 가정
자료: 기획재정부. 부담금운용종합보고서, 매년호

2015년 부처별로는 산업자원부 5.1조원, 금융위원회 3.6조원, 환경부 2.8조원, 보건복지부 2.5조원 등 4개 부처가 2조원 이상을 징수했다.

부처별 부담금 징수실적(억원)(2015)

산업자원부	51,278	미래창조과학부	3,751
금융위원회	36,494	중소기업청	2,423
환경부	27,649	기획재정부	1,930
보건복지부	24,757	산림청	1,195
농림축산식품부	12,726	외교부	748
국토교통부	8,128	원자력안전위원회	674
고용노동부	7,791	해양수산부	500
문화체육관광부	6,278	행정자치부	156
교육부	4,574	식품의약품안전처	25
계			**191,076**

자료: 기획재정부. 2015년도 부담금운용종합보고서, 2016

귀속주체별 부담금 사용내역(2015)

	중앙정부		특별회계	지방자치단체		공공기관등	계
	기금			광역	기초		
금액(억원)	131,513		33,652	10,255	8,416	7,739	191,076
비중(%)	68.8		17.6	5.4	4.4	3.8	100

자료: 기획재정부. 2015년도 부담금운용종합보고서, 2016

2015년 중앙정부기금 가운데서는 국민건강증진기금 2.5조원, 전력산업기반기금 2.1조원, 예금보험기금채권상환기금 1.4조원, 농지관리기금 1.1조원으로 4대 기금이 1조원이 넘는 부담금을 사용했다.

중앙정부기금 부담금 사용내역(억원)(2015)

국민건강증진기금	24,757
전력산업기반기금	21,466
예금보험기금채권상환기금	14,068
농지관리기금	11,000
신용보증기금	8,364
방사성폐기물관리기금	7,272
주택금융신용보증기금	7,093
관광진흥개발기금	5,154
기술신용보증기금	4,773
한강수계관리기금	4,577
기타	22,989
계	**131,513**

자료: 기획재정부. 2015년도 부담금운용종합보고서, 2016

2015년 중앙정부 특별회계 가운데서는 에너지 및 자원산업 특별회계가 2조원의 부담금을 사용했다.

중앙정부 특별회계 부담금 사용내역 (억원)(2015)

에너지 및 자원사업 특별회계	20,022
환경개선 특별회계	9,393
광역지역발전 특별회계	2,951
농어촌구조개선 특별회계	1,195
교통시설특별회계	91
계	**33,652**

자료: 기획재정부. 2015년도 부담금운용종합보고서, 2016

광역지방자치단체 부담금 사용내역(억원)(2015)

학교용지부담금 특별회계	3,580
지방도시교통사업 특별회계	1,850
하수도 특별회계	1,680
상수도 특별회계	826
기타	2,319
계	**10,255**

자료: 기획재정부. 2015년도 부담금운용종합보고서, 2016

기초지방자치단체 부담금 사용내역(억원)(2015)

하수도 특별회계	4,051
상수도 특별회계	2,589
기타	1,776
계	**8,416**

자료: 기획재정부. 2015년도 부담금운용종합보고서, 2016

   2015년 분야별로는 산업에너지, 금융, 환경, 보건의료가 각각 2조 원이 넘는 부담금을 사용했다.

分야별 부담금 사용내역(2015)

분야	금액(백만원)	비중(%)
산업에너지	5,127,820	26.8
금융	3,828,798	20.0
환경	2,764,860	14.5
보건의료	2,478,183	13.0
건설교통	812,788	4.3
기타	4,095,119	21.4
계	19,107,568	100.0

자료: 기획재정부. 2015년도 부담금운용종합보고서, 2016

2015년 사업주 부담분 사회보험료는 43.5조원을 기록했다.

〈사회보험료 사업주 부담분 추이〉

	2003	2004	2005	2006	2007	2008	2009	2015
사회보험료 사업주 부담분 (억 원)	140,640	160,971	179,042	201,274	227,245	253,330	265,598	435,000

주: 사회보험료: 국민연금, 건강 고용 산재 장기요양보험,
자료: 2003~2009: 한국조세연구원(2010), 2015: 한국경제신문 2016.11.11.

기부금도 꾸준히 증가해 2015년 6.8조원을 기록하고 있다.

〈기부금 추이〉

	2009	2012	2013	2014	2015
기부금(억원)	10,457	48,000	58,000	64,000	68,518

자료: 2009: 한국조세연구원(2010),
2012~2014: 국세청통계연보, 한국경제신문, 2016. 11. 11
2015: 매일경제신문, 2016.10. 6

2009년 서베이 결과 기부금 중 비자발적 기부금의 비율은 19.0%로 나타났음. 이를 적용한 2015년 비자발적 기부금액은 1조 3022억 원으로 추정된다.

〈기부금과 비자발적 기부금 (2009년)〉

	기부금액(억원)	비자발성비율(%)	비자발적 기부금액(억원)
법정기부금	6,533	19.24	1,257
특례기부금	2,033	19.89	404
지정기부금	1,892	17.32	328
계	**10,457**	**19.02**	**1,989**

주: 한국조세연구원(2010)의 기부금 비자발성 서베이 결과 사용
자료: 손원익, 기업의 준조세 실태와 정책방향, 한국조세연구원, 2010

〈주요 기부금 성금 (억원)〉

기부금 성금	금액		출처
방위성금	480		매일경제 11. 1
일해재단	598		매일경제 10. 6
북한현물지원	45,000	40억 5700만 달러, 10년간 쌀 비료 경 공업제품 등	조선일보 10.7
삼성고른기회장학재단	8000		《월간조선》 2009년 8월호
미소금융재단	15,055	10년간	매일경제 10. 6
동반성장기금	7184		매일경제 10. 7
천안함성금	395		조선일보 10.9
세월호성금	1,287	개인모금 포함	매일경제 10. 6
청년희망펀드	880		중앙일보 11 19
창조경제혁신센터	7227	투자 3487 융자 3480 보증 260 시설투자, 운영비는 제외	중앙일보 11 22
미르재단	486		매일경제 10. 6
K스포츠재단	288		매일경제 10. 6
지능정보기술연구원(AIRI)	210		매일경제 10. 6
불우이웃성금(2015)	3,446	개인모금 포함	매일경제 10. 6
한국인터넷광고재단	200		매일경제 11. 2
중소상공인희망재단	100		매일경제 11. 3
농어촌상생기금	10,000	10년간 연 1000억 한중FTA 후속조치 국회농축해수통과	매일경제 11. 1
사회투자민간기금		국회 발의된 사회 적경제기본법	

주: 주로 언론에서 재인용하여 정확하지 않을 수도 있음. 대북송금, 정치비자금은 기부금 성금이 아니므로 제외했음

기부금 손비인정조정 부담금, 비자발적 기부금, 강제성 채권매입
을 합한 2015년 16.4조원, 사회보험료까지 합하면 59.9조원으로 추산
된다.

〈준조세 부담 추이(억원)〉

	부담금 징수액	손비인정 조정부담 금징수액 (A)	기부금	비자발적 기부금 (B)	강제성 채권 매입 (C)	사회 보험료제외 준조세 (D=A+B+C)	증가율 (%)	사회 보험료 (E)	사회 보험료 포함 준조세 (D+E)
2009	148047	115476	10457	1989		117,466		265,598	383,064
2012	156690	122218	48000	9129		131,348	11.8		
2013	165757	129290	58000	11031		140,322	6.8		
2014	171797	134001	64000	12172		146,174	4.2		
2015	191076	149039	68518	13032	2000	164,071	12.2	435,000	599,071

주: 강제성채권매입: 등기·인허가시 강제 매입하는 국민주택채권 도시철도 지역개발채권 등.
자료: 강제성채권매입: 한국경제신문, 2016. 11. 11
나머지: 위 자료를 이용하여 계산.

2015년 사회보험료 제외 준조세는 16.4조원을 기록해 법인세대비
비율과 GDP대비 비율이 각각 36.4% 1.1%를 기록했다. 사회보험료 제
외 준조세의 법인세대비 비율과 GDP대비 비율이 2013년부터 증가세
를 지속하고 있다.

〈준조세/법인세 준조세/GDP 비율〉

	사회보험료제외 준조세(억원)	법인세(억원)	준조세/법인세(%)	준조세/GDP(%)
2009	117,466	352,514	33.3	1.02
2012	131,348	459,318	28.6	0.95
2013	140,322	438,548	32.0	0.98
2014	146,174	426,503	34.3	0.98
2015	164,071	450,295	36.4	1.05

자료: 준조세: 위 자료, 법인세: 한국은행 통계시스템

〈준조세/법인세 준조세/GDP 비율〉

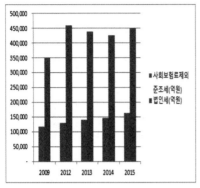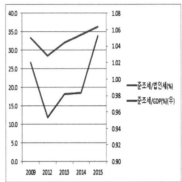

III. 문제점

2015년 사회보험료 제외 준조세는 16.4조원을 기록해 법인세대비 비율과 GDP대비 비율이 각각 36.4% 1.1%를 기록하는 등 기업의 준조세 부담이 과중하다. 세계 주요국들이 자국 기업의 글로벌경쟁력 제고와 기업투자 유치를 통해 일자리를 창출하기 위해 법인세 인하, 규제혁파 등을 과감하게 추진하고 있는 가운데 한국의 과도한 준조세가 기업의 글로벌경쟁력과 투자의욕을 저하시키고 궁극적으로는 투자위축을 통해 일자리 감소로 연결될 우려가 크다.

법정 준조세는 국가재정의 충당수단이며 국가에 금전지급의무를 진다는 면에서 조세와 다름없지만 부과대상이 공익사업과 관계가 있는 특정집단에 한정되어 있다는 점이 조세와 다를 뿐인데 투명하지

않거나 법률적 근거도 없는 징수로 조세법률주의와 조세민주주의
퇴색되고 있다. 부과요건과 산정기준 등을 시행령 등 하위법령에 위
임하거나 부과요건이나 사용내역이 공개되지 않는 준조세도 많은 등
투명하지 않는 법정 준조세의 징수로 조세법률주의가 퇴색되고 국민
의 재산권 침해 소지도 있다. 2013년 96개 부담금 중 부과요율이 법
률에 명시된 경우는 10개에 불과하고 하위법령에도 구체적으로 명시
되지 않은 부담금도 다수 존재하고 있다. 헌법재판소는 교통안전분
담금, 택지초과소유상한부담금, 문예진흥기금 등을 위헌으로 결정한
바 있다 (2009). 감사원은 공정거래위원회 과징금 개선요구(2003), 법
제처는 13개 법령 개선 요구(2005), 국회도 하위법령 위임 개선 요구
(2005)를 한 바 있다.

국민건강증진기금은 국민건강증진사업 외에도 건강보험재정 지
원에 절반 정도 사용되는 등 부담금의 설치목적과 사업내용 간의 연
관성이 약해 부과 및 관리 운용의 개선이 필요하다. 환경개선부담금
은 부담금의 취지가 구체적이지 않고 부과대상이 경유자동차사용이
아니고 소유에 부과하는 등 적절하지 않은 경우도 있다. 2010~13년 4
년간 조사결과 부과요율이 법률에 명시된 경우에는 연평균 부과액
증가율이 1.43%에 그친 반면 고시에 있는 경우 연평균 부과액 증가율
이 9.24%에 이르렀다. [1]

법률적 근거도 없이 법정 준조세 징수로 조세민주주의가 퇴색되고
국민의 재산권 침해 소지도 있다. 지방자치단체의 경우 법률 근거도
없이 조례나 지침을 제정해 부담금 징수하는 사례 다수 있는 실정이
다. 감사원은 2002~2004.5. 중 77개 지자체, 법률 근거도 없이 조례나
지침으로 2484억 원 준조세 부과한 것으로 지적하고 있다.

중앙 및 지방정부 외에도 감독기관 공단 등 정부산하기관과 협회
조합 등 민법에 의해 설립된 사업자 임의단체나 특별법이나 개별법
에 의해 설립된 법정단체 등도 사업자단체회비, 수수료 등으로 상당

---

3) 권순현 차현숙, 부담금관리기본법에 대한 사후적 평가, 한국법제연구원, 2014, p. 95~96

한 규모의 준조세 징수하고 있다. 임의단체의 회비는 준조세에도 불포함된다. 정부 위탁사업, 회원사 보수교육 등을 독점해 공정경쟁을 저해하고 서비스의 질과 사업의 효율성이 낮고 낙하산 인사로 감독 소홀 문제 소지가 있다.

부담금이 사용되는 기금 특별회계 공공기관은 한 번 설치되면 준조세라는 안정적이면서 저항이 적은 재원이 있어 폐지가 쉽지 않아 유사중복사업이 많은 등 방만하게 운용되는 사례 많다. 2015년 현재 중앙정부에만 특별회계 18개 (13개 기타특별회계, 5개 기업특별회계)와 기금 63개가 운용되고 있고 500여 개가 넘는 공공기관이 설립되어 있으며 지방정부도 지방정부마다 많은 특별회계와 기금 및 공공기관이 운용되고 있다. 기금 특별회계 간에 칸막이가 존재해 자금이 남아도는 기금과 특별회계가 있는 반면 부족한 기금과 특별회계도 존재해 기업의 부담을 증가시키고 있다. 이들 기금 특별회계 공공기관의 방만한 운영은 준조세 증가의 원인이 되어 기업부담을 증가시켜 기업의 글로벌 경쟁력을 저하시키는 요인이 되고 있다. 공공부문 비대화, 민간활력 위축, 자유경쟁 제한 등의 부작용도 야기하고 정부의 공공부문 개혁정책에도 역행하고 있다.

헌금, 성금, 찬조금, 후원금 등 기부금은 형식적으로는 자발적인 것으로 취급되지만 실질적으로는 직접적 또는 간접적으로 공권력이 개입되어 의뢰 · 권유 등의 방법에 의해 강제성을 띠는 경우도 상당한 실정이다. 규제가 많을수록 기업의 입장에서는 공권력의 강제에 거부하기 힘든 상황이다.

기부금의 용도전용, 기부금으로 운영되는 사업이권의 부당한 수취, 기부금의 불투명한 운용, 심지어 유용 횡령하는 사례, 기부금으로부터 발생한 이자수익을 성금에 포함시켜 다시 등록해야 함에도 자체 운영비 등 예산으로 사용하는 사례도 다수 적발되고 있다. 기부금으로 조성된 재단 기금 성금을 운영하는 이사진 운영위원회 등이 공개되지 않아서 어떤 목적으로 어디에 어떻게 사용되고 있는지 불투명하고 심지어 특정 정치적 목적에 악용될 가능성도 상존하고 있는 실정이다. 2010년 기부자들의 기부금으로 복지사업을 하는 사회복지 공동모금회의 장부 조작, 성금 유용 등 각종 비리가 드러나기도 했다.

Ⅳ. 개선방향

2015년 사회보험료 제외 준조세가 16.4조원을 기록해 법인세대비 비율과 GDP대비 비율이 각각 36.4% 1.1%를 기록하는 등 과중한 기업의 준조세 부담 경감이 가장 중요한 과제다. 각종 부담금, 기부금 획기적 축소 대책을 추진해야 한다. 기금과 특별회계를 상시 평가하고 통폐합 단순화해 준조세를 원천적으로 줄일 수 있는 제도적 기반을 개선해야 한다. 적게 거두어 효율적으로 사용한다는 원칙으로 작고 효율적인 정부 구현과 국민의 재산권 보호에도 기여해야 한다. 부담금 부과요율을 하위 시행령이 아닌 법률에 명시하는 등 부과요건을 명확하게 규정해 자의적 부과를 배제하고 국민의 재산권 침해 소지 제거해야 한다.

법정준조세의 징수내역 사용내역과 효과를 국회에 보고하고 국민에게 투명하게 공개하는 등 투명성 제고해 불필요한 준조세 징수 근절해야 한다. 여유자금이 과다한 기금들에 귀속되는 부담금은 부과요율을 하향조정하고 개별부담금 뿐만 아니라 부담금 총액이 일정 수준이상을 넘지 않도록 조세 사회보장기여금 부담금을 포함한 '국민부담률 총량제' 도입할 필요도 있다.

법정사업자 단체 등 정부 산하기관도 상시평가해 민간이 담당할 수 있는 부분은 민영화하면 준조세 부담과 행정규제도 축소되고 경쟁체제도 구축돼 서비스산업발전에도 기여하게 된다. 2003년 제정된 정부산하기관관리기본법의 적용대상을 확대하고 법적용을 강화해야 한다. 정부 해당 부처가 산하기관을 실효성 있게 상시평가하기 위해서는 우선 해당 부처의 산하기관에 대한 낙하산 인사 근절이 선행되어야 한다.

가능하면 법정 부담금을 조세화하여 투명성을 높이고 엄격하게 관리하자거나 준조세를 낮추고 법인세를 올리자는 주장은 다른 나라의 경우에는 합리적인 주장이 될 수도 있겠으나 한국에서는 신중할 필요가 있다. 한국에서는 법정 부담금이 건강 환경 에너지 금융 등 분야에 주로 사용되고 있고 이러한 사업과 특별한 관계를 갖고 있는 특정 그룹에 부과하고 있는데 이를 일반회계로 전환할 경우 근년 들어 급증하고 있는 복지예산을 고려해 볼 때 복지지출만 증가하고 경제발전에 필요한 이들 분야에 대한 투자가 위축될 우려가 있고 일반기업들의 세금부담 증가 우려가 있다. 대신 법령에 의해 징수하고, 징수내역 사용내역과 효과를 국회에 보고하고 국민에게 투명하게 공개하고, 기금 특별회계 공공기관의 상시평가, 유사중복사업의 통폐합 등 법정 부담금 부과와 운용의 투명성을 높이고 엄격하게 관리해야 한다.

한국사회에 만연한 정치적 음성적 기부금 청탁을 근절하기 위해 「준조세청탁금지법」(가칭)을 제정할 필요가 있다. 다만 기부금의 전면 금지는 순수 공익 목적의 학술단체 등의 활동마저 위축시키고 메세나운동 등 순수한 사회공헌차원의 문화산업 지원도 위축시킬 우려가 있으므로 사회적으로 받아들여 질 수 있는 합리적 기준 마련해 예외적으로 허용할 필요가 있다. 이 경우에도 기부금으로 조성되는 재단 기금 성금의 목적과 운영하는 이사진 운영위원을 투명하게 공개해 위장된 불순한 정치적 목적이나 의도로 기부금이 갹출되거나 운용되지 않도록 제도화해야 한다.

정부는 기부금 강제성을 최소화하기 위해 규제를 과감하게 혁파하고 정부가 육성하고자 하는 분야에 대한 기업의 기부에 직접 개입하기 보다는 자발적인 기부를 유도하기 위한 세제혜택 등 동기부여 대책을 추진하는 것이 바람직하다. 기부금의 용도전용, 유용을 방지하기 위해서는 기부금 사용목적과 집행을 투명하게 하고 사용내역도 투명하게 공개하고 합당한 사후 감독을 강화하고 엄격한 회계감사를 법제화해야 한다.

제2부

제13장
노동유연성 제고와 협력적 노사관계 구축[1]

Ⅰ. 머리말

중국경제 성장이 둔화되면서 한국수출이 급락하면서 국내기업들의 부실이 폭증할 것으로 예상된다. 지난 2016년 1월 19일 중국 국가통계국이 2015년 중국의 국내총생산(GDP)이 전년 대비 6.9% 성장했다고 발표하였는데, 이는 1990년 이후 25년 만에 처음으로 7% 이하 성장을 한 것을 보더라도 국내기업들의 경영환경이 매우 어두운 것은 사실이다.

또한 전문가들은 2015년 미국금리를 인상한 후 국내에서 중국자금이 대거 유출되어 일년 새 외환보유액이 5000억 달러 넘게 감소하였다고 평가한 바 있다. 이는 국내 기업들이 신속히 사전에 사업재편 또는 구조조정을 단행하지 않으면 제2의 외환위기가 올 수 있다는 것을 의미하기도 한다.

문제는 이미 1997년 외환위기 당시 경험하였듯이 노조들의 반대로 국내기업들이 신속한 사전 구조조정을 실행하기 어렵다는 점이다.

특히, 노동법상 정리해고와 해고, 파견제의 통제, 비정규직의 정규직 전환 등을 내용으로 하는 현행 노동관계법상 법적으로 엄격히 근로자를 보호하는 노동시장의 경직화 때문에 청연실업 등이 급증하고

1) 전삼현, 숭실대학교 법학과 교수

있는 점을 감안하여 볼 때에 노동시장의 유연화가 시급하다고 할 수 있다.

지난 박근혜 정부는 이러한 관점에서 노동개혁을 시도하였으나 결국 실패하고 말았다. 이하에서는 이러한 관점에서 차기 정부에서 실시하여야 할 노동시장유연성 방안을 제시하여 보고가 한다.

II. 해고제도 개선방안

1. 해고제도의 문제점

해고는 근로자의 삶의 질을 극도로 위협한다는 점에서 신중한 접근이 필요하며, 동시에 법적으로 보호해야 할 필요가 있다. 그러나 생산성이 낮아서 다른 근로자에게 부담을 전가시키는 근로자와 사업재편을 위하여 불가피하게 정리해야 하는 사업부문에 속한 근로자에 대한 해고가 대를 위하여 소를 희생토록 결정하고 실행이 가능한 경영판단의 영역으로 어느 정도는 보장되어야 사전 구조조정이 가능하다.

그러나 현행 근로기준법은 해고의 일반적 제한으로서 사용자는 근로자에 대하여 정당한 이유 없이 해고하지 못한다고 규정하고 있다 (27조 1항). 무엇이 '정당한 이유'인가에 관하여는 동법(同法)에 구체적 규정이 없으나, 그 일반적 내용은 해당 근로자와의 근로관계의 유지를 사용자에게 기대할 수 없을 정도의 이유를 말한다. 정당한 이유가 없는 해고는 당연무효이며, 동시에 사용자는 5년 이하의 징역 또는 3천만원 이하의 벌금에 처해진다 (107조)이 적용된다. 그리고 사용자가 근로자를 해고하고자 할 때에는 적어도 30일 전에 예고를 하거나 30일분 이상의 통상임금을 지급하도록 하고 있는데, 이에 대한 개선이 필요하다고 본다.

그리고 정리해고, 즉 우리나라의 경우 경영상의 이유에 의한 해고는 근로자 대표 또는 노조에 50일 이전에 통보하여야 한다.

그러나 일본의 경우 서면 및 구두통보 모두 쓰이지만 법적인 조항은 없으며 노조에 통보하는 것은 관례 수준이다. 그리고 해고통보에 앞서 필요한 기간에 있어서도 우리나라 정규직 노동시장이 경직적인 것으로 평가되는데, 이에 따르면 우리나라의 경우 개인적인 사유로 해고할 경우 1일, 경영상의 이유인 경우 40일이 필요하나 일본의 경우 양자 모두 1일만이 필요하다. 이러한 점들을 고려하여 볼 때에 기업들이 새로운 먹거리 창출 또는 신성장동력을 찾기 위하여 사전 구조조정이 가능하도록 하기 위하여는 해고요건을 완화하는 입법적 노력이 전제되어야 한다고 본다.

참고로 독일 경제부흥의 기폭제가 되었던 슈뢰더 전 독일총리의 '하르츠(Hartz) 개혁'도 결국 노동시장 유연성 제고의 결과라고 할 수 있다. 특히, 10인 이하의 소기업들이 해고를 쉽게 할 수 있게 하여 신규채용의 부담을 감소시킨 것은 일자리창출에 특 효과를 본 것으로 평가되고 있다. 즉, 슈뢰더 총리 당시인 2005년 실업률은 11.3% 였지만 2014년에는 5.0%로 낮아졌으며, 실업률도 이 기간 동안 6.3%포인트나 감소했다. 뿐만 아니라 독일 고용률은 2005년에 65.5%였는데 2013년에는 73.3%로, 8년 동안에 7.8%포인트나 증가했다고 한다.[2]

2. 청년실업현황

통계청이 2015년 3월 18일 발표한 자료에 따르면 15~29세 청년 실

---

2) 자세한 내용은 박영곤(2003. 10), 「독일 '구조개혁안(Agenda 2010)'의 주요 내용과 향후 전망」, KIEP.

업률이 2월보다 1.9% 포인트 상승한 11.1%를 기록했으며, 이는 외환 위기 여파가 한창이던 1999년 7월(11.5%) 이후 최고치라고 한다.

더욱이 15세부터 25세까지는 대부분이 학생인 점을 감안하면, 실제 노동가능인구 26세부터 29세까지의 청년실업률은 통계보다 3-4배 높은 30%내지 40%에 달할 것으로 생각한다.

즉, 우리 경제의 가장 큰 현안 문제는 청년실업이라고 할 수 있다. 이처럼 청년실업문제가 심각한 이유에 대하여 우리나라 노동시장이 정규직 근로자를 과도하게 보호하는 경직성에 기인하다고 개인적으로 생각한다.

3. 독일 '하르츠(Hartz) 개혁'의 시사점

독일에서는 사민당의 슈뢰더 총리가 마련한 '어젠다 2010'에 포함된 노동개혁을 '하르츠(Hartz) 개혁'으로 부르고 있다. 그리고 이 노동개혁 내용은 핵심은 하르츠 개혁은 정규직 고용보호 장치를 완화하고 시간제·한시적 일자리를 대거 도입하는 등 노동시장을 유연하게 만든 정책이었다. 그리고 현재까지 이 노동정책을 현 기민당의 메르켈 총리를 통하여 실천해 오고 있다. 그 결과 실업률은 2005년에 11.3%에서 2014년에는 5.0%로 낮아졌으며, 실업률도 이 기간 동안 6.3%포인트나 감소했다고 한다. 뿐만 아니라 독일 고용률은 2005년에 65.5%였는데 2013년에는 73.3%로, 8년 동안에 7.8%포인트나 증가했다고 한다.

이는 2003년 하르츠개혁이 슈뢰더 전 총리와 사민당의 정치적 패배를 밑거름으로 하여 독일이 과거 '유럽의 환자'에서 오늘날의 '유럽의 엔진'으로 빠르게 성장할 수 있었다는 것을 의미한다.

이러한 점에서 보면, 비정규직법 및 해고에 관한 근로기준법 제24조의 규정을 개정하여 노동시장의 유연성을 제고하는 것이 일자리창출은 물론이고 대한민국의 경제활성화를 위한 가장 급한 사안이라고 본다.

4. 개선방안

대한민국은 저성장국면에 접어들면서 노동시장에 신규진입하기가 점차 어려워지고 있다. 이러한 측면에서 보면, 기간제법 제4조는 노동시장을 정규직으로 일원화하는 결과를 가져왔고, 이는 노동시장의 경직화로 이어지면서 신규노동력의 시장진입을 차단하는 결과를 가져 왔다. 더욱이 비정규직 입장에서는 자신을 삶을 영위하기 위하여 비록 정규직과 비교하여 볼 때에 불안정하고 열악한 근로 환경이지만 동일한 직장에서 장기간에 걸쳐 안정적으로 근로를 제공하고 싶은 자유의지를 기간제법 제4조가 침해하였다고 판단한 경우도 있다.

이를 종합적으로 보건대 기간제법 제4조는 헌법 제32조 제1항 (근로권), 제11조 제1항 (평등권), 제10조 (행복추구권), 제15조 (직업선택의 자유), 제37조 제2항 (과잉금지의 원칙) 등에 위반된다고 판단된다. 그리고 해고와 관련하여서도 우리나라의 경우 경영상의 이유에 의한 해고는 근로자 대표 또는 노조에 50일 이전에 통보하여야 한다. 그러나 일본의 경우처럼 부당해고와 관련하여 조항은 삭제하는 것이 필요하다고 본다. 그리고 해고통보에 앞서 필요한 기간에 있어서도 우리나라 정규직 노동시장이 경직적인 것으로 평가되는데, 이에 따르면 우리나라의 경우 개인적인 사유로 해고할 경우 1일, 경영상의 이유인 경우 40일이 필요하지만 일본의 경우 양자 모두 1일만이 필요하다. 따라서 우리나라 근로기준법도 해고와 관련하여 해고통보제도의 개선이 필요하다고 본다.

그리고 이러한 법제도적 개선노력 외에도 정치적 책임의식이 널리 확산될 필요도 있다. 2003년 독일 슈뢰더 총리가 정치적 실패를 각오하고서라도 노동개혁을 통해 오늘날의 독일을 만들었듯이 우리 정치지도자들도 한 알의 썩은 밀알이 되는 심정으로 노동시장유연성 제고에 헌신하는 모습을 보여줄 수 있기를 기대한다.

III. 파견제도 개선방안

1. 파견제도의 문제점

박근혜 전 대통령이 2016년 1월 25일 박대통령이 5대 노동개혁과 관련하여 기간제법은 포기하더라도 파견법 (파견근로자보호 등에 관한 법률)은 반드시 개정되어야 청년일자리가 창출된다는 대국민 호소를 한 후 파견법에 관심이 집중된 바 있다.

파견법은 파견기간을 1년 내로 원칙적으로 정하고 1년만 연장가능하도록 하는 등 총 2년만 허용하고 초과고용시 직접고용하도록 규정하고 있다.

1998년 7월 1일부터 시행된 이 파견법은 전 세계적으로 유례가 없을 정도로 파견대상과 파견기간을 제한하고 있어 우리나라 노동시장의 경직화의 대표적인 법률이라고 할 수 있다.

최근 통계청이 공개한 '고용동향'에 따르면 2015년 청년층(15~29세) 실업률이 9.2%로 1999년 관련 통계 집계 이래 사상 최고치를 기록했다고 한다. 이는 비록 비정규직을 양산할 우려가 있더라도 청년들이 어떠한 형태로든 일자리를 얻을 수 있도록 어떠한 노력이라도 시도해 보아야 한다는 것을 의미한다.

이와 관련하여 2015년 9월 새누리당은 현재 32개로 돼 있는 파견허용 업무를 만 55세 이상의 고령자·고소득 상위 25% 전문직 등 파견 허용업무 확대와 주조·금형·용접·소성가공·표면처리·열처리 등 '6개 뿌리산업'에도 파견근로자를 허용하는 개정안을 국회에 제출함으로써 조금이나마 청년들이 노동시장에 진입할 수 있도록 법제도를 개선하고자 하는 노력으로 이해된다.

그러나 더불어민주당은 여당의 안대로 파견법이 개정되면 오히려 비정규직 근로자를 양산할 수 있다며 이에 대해 반대하고 있다. 물론, 이해가 되는 면이 없지는 않지만 결국 야당의 주장은 경제성장률이 둔화되어도 국민 모두는 정규직 일자리를 가질 수 있다는 모순을 안고 있다.

이는 국민의 대의기관이 대한민국 헌법 제10조 인격권 및 행복추구권, 제15조 직업선택의 자유, 제32조 제1항에서 보장하고 있는 국민의 기본권을 침해하는 것은 아닌지 의문이 든다. 이하에서는 이러한 관점에서 파견법 개정에 대한 반대의견들의 위헌성을 검토해 보고자 한다.

2. 파견법 개정 반대의견에 대한 헌법적 검토

가. 국가의 근로자고용증진의무
대한민국 헌법 제32조 제1항에서는 "국가는 사회적·경제적 방법으로 근로자의 고용의 증진과 적정임금의 보장에 노력하여야 하며..."라고 규정함으로써 국가에게 근로자고용증진의무를 부과하고 있다.

이는 현재 노동시장에 진입한 근로자들의 노동안정성 보장보다는 노동시장에 진입하지 못한 청년들에게 비정규직 또는 파견직이라도 일자리를 보장하도록 노력하여야 한다는 것을 의미한다.

이러한 관점에서 본다면 어느 국가에서도 존재하지 않는 파견법을 통하여 엄격히 파견근로시장의 진입을 차단하는 입법은 헌법 제23조 제1항에 위반될 여지가 크다고 본다. 즉, 파견법 개정을 반대하는 것은 근로조건이 정규직보다 열악하기는 하지만 다양한 직종에서 파견근로의 형태라도 근로를 하고 싶어 하는 실업자들의 근로기회를 박탈하는 위헌적 입법권 행사라고 할 수 있다.

지금부터라도 더불어민주당의원들은 헌법 제23조 제1항에서 규정하고 있는 국가의 근로자고용증진의무는 국가가 적극적으로 나서서 법률을 통해 정규직 일자리를 만드는 적극적 의무가 아니라 파견근로자들이 스스로 자신의 의사와 능력에 따라 근로관계를 형성·유지하도록 보장해야 할 의무라는 것을 인정해야 할 필요가 있다.

나. 국민의 행복추구권

헌법 제10조는 모든 국민은 인간으로서의 존엄과 가치를 가지며, 행복을 추구할 권리를 가진다고 규정하고 있다.

즉, 국민은 각자의 행복을 추구하기 위하여 국가권력의 간섭 없이 자유롭게 근로계약을 체결하고 자기 삶을 영위할 수 있는 자기결정권이 있다고 본다. 또한 국가는 이러한 국민들의 행복추구를 보장하여야 할 의무를 진다고 본다.

비록 파견근로의 경우 근로조건이 정규직보다 열악하지만 파견계약기간을 연장하면서라도 지속적으로 근로를 유지할 수 있도록 보장하는 것이 국민의 행복추구를 보장하는 입법정책이 될 수 있다고 본다.

이러한 점에서 본다면 더불어민주당의 파견법 개정 반대는 파견근로자 자신의 행복추구를 위한 자기결정권을 침해하는 위헌적 입법권 행사라고 할 수 있다.

다. 국민의 직업선택의 자유

헌법 제15조에서는 모든 국민은 직업선택의 자유를 가진다고 규정하고 있다. 이러한 직업선택의 자유란 개인이 바라는 바에 따라 어떠한 직업이라도 자유롭게 선택할 수 있는 자유라고 해석된다.

물론, 이 자유는 국가안전보장·질서유지·공공복리를 위하여 필요한 경우에 법률로써 제한할 수 있으나, 이 경우에도 자유와 권리의 본질적 내용을 침해할 수는 없다(헌법 제37조 2항)고 해석된다.

즉, 이러한 제한이 입법목적이 정당하고 (정당성), 그 방법이 적절하고 (방법의 적절성), 제한으로 인한 국민의 피해가 최소이어야 하며 (피해 최소성), 이로 인해 얻는 공익이 침해당하는 사익보다 최소한 동일하거나 커야 한다 (법익균형성)는 요건을 충족시켜야 한다.

그러나 파견대상과 파견기간을 제한하는 현행 파견법은 전 세계적으로 유례가 없다는 점에서 보면 입법목적도 정당하지 못할 뿐만 아니라 방법의 적절성, 피해 최소성, 법익균형성 모두를 침해하는 과잉금지원칙 위반의 여지를 안고 있다고 본다.

그럼에도 이러한 파견법의 제한을 완화하는 입법안에 대하여 정규직보호라는 인기영합적 용어를 사용하면서 개정에 반대하는 것은 위헌적 입법행위라고 할 수 있다.

3. 개선방안

파견법 개정안이 마치 비정규직을 양산하는 법개정인 것처럼 호도하는 것은 무책임한 입법권 남용인 것은 물론이고, 대한민국의 헌법적 가치를 부정하는 위헌적 행위라고 할 수 있다.

해외선진국들은 오래전부터 파견제도의 긍정적인 효과들을 활용하여 왔으며, 지난 20여 년간 노동시장의 경직화로 경제적 어려움에 직면하였던 독일과 일본도 파견근로제도를 확대하여 수십만 개의 일자리가 창출하면서 경제적 위기를 탈출했던 경험들이 이번 파견법 개정과 관련하여 우리에게 시사하는 바가 크다. 그럼에도 청년실업

문제가 대한민국의 가장 난제임을 인정해야 할 사람들이 이를 부정하고 오히려 노동시장을 더욱 경직화 시키려는 정치적 행동들에 대하여는 안타까운 마음 금할 길 없다.

이번 기회를 통하여 노동정책, 특히 노동시장 유연성 문제는 정치적 타협의 대상이 될 수 없으며, 되어서도 안된다는 인식들이 널리 확산되기를 기대해 본다.

결론적으로 일본과 독일처럼 네거티브 리스트 방식을 사용하여 대부분의 업무에 파견근로를 허용하는 것이 청년실업문제를 해결하는 데 큰 실마리를 제공할 수 있을 것으로 생각한다.

구체적으로는 파견근로자보호 등에 관한 법률 (약칭: 파견법)에서 규정하고 있는 파견기간 1년 원칙, 1년 연장가능, 총 2년 초과시 직접고용하도록 하고 있는 규정을 개정하여 외국처럼 완전폐지하는 방안을 모색할 필요가 있다. 그리고 근로자파견 허용범위와 관련하여 파견법은 포지티브 시스템(Positive System)을 네거티브 시스템(Negative System)으로 전환할 필요가 있다. 이는 세계적인 추세가 노동시장 유연성을 고려하여 허용범위와 관련하여 네거티브 시스템을 기본으로 하고 파견제한을 폐지하는 입법 경향을 보이고 있다. 이는 파견고용을 원칙적으로 금지시켰던 독일, 일본 등이 영국, 미국 등을 본 받아 제조업 포함 모든 업종에 파견 근로 가능하도록 하고 사용기간제한을 폐지한 것으로 보더라도 분명해 진다.

IV. 비정규직(기간제근로자) 제도 개선방안

1. 비정규직 제도의 문제점

최근, <한겨레21>의 '2015년 비정규직 심층 실태조사'[3]에 따르면 비정규직 근로자 1024명 가운데 51.4%(526명)는 한 번도 정규직으로 일한 경험이 없었다고 한다.

2014년 OECD가 내놓은 '비정규직 이동성 국가별 비교'(2013) 자료에서도 한국은 비정규직 근로자 가운데 1년 후 정규직 근로자로 전환된 근로자 비중이 11.1%에 불과했으며, 69.4%는 1년 뒤에도 여전히 비정규직에 머물렀다고 한다.

이러한 비율은 프랑스·영국·독일·일본 등 비교 대상 16개국 가운데 비정규직이 정규직으로 이동한 비율이 가장 낮다고 한다.

이와 관련하여 그 법제도적 관점에서 현행 노동관련법의 문제점 및 해결방안을 모색해 볼 필요가 있다고 본다. 특히, 노동시장유연성을 악화시키는 법제도로 비정규직법이라고 할 수 있다.

2. 비정규직법(기간제법)의 내용 및 입법적 문제

대한민국의 비정규직근로자에서 정규직근로자로 이동이 낮은 이유 중의 하나는 2006년 12월 제정된 "기간제 및 단시간근로자 보호 등에 관한 법률", 즉 일명 비정규직법 또는 기간제법이라고 약칭하고 있는 것 때문이라고 할 수 있다.

이 법 제4조[4]는 사용자가 기간제근로자를 2년을 초과하여 사용하

---

3) 한겨레21, 1052호, 2015.03.13. 기사.

는 경우에는 당해 기간제근로자는 정규직근로자로 의제하는 것을 내용으로 한 규정이라고 할 수 있다.

이 규정은 기간제근로자, 단시간근로자 등 비정규직 근로자가 급격히 증가하고 이들 근로자에 대한 차별적 처우와 남용행위가 사회적 문제로 대두됨에 따라, 기간제근로자 및 단시간근로자에 대한 불합리한 차별을 시정하고 사용자의 남용행위를 규제함으로써 이들 근로자의 근로조건을 보호하고 노동시장의 건전한 발전을 도모할 목적으로 도입되었다.

그러나 기간제법 제4조가 비정규직근로자를 정규직으로 전환되도록 하는 순기능을 하기 보다는 오히려 기간제근로자들이 2년마다 새로운 직장을 구하기 위해 노동시장을 전전해야 하는 부작용이 발생한 바 있다. 참고로 일본의 경우 기간제 근로의 계약기간에 제한은 없으나 일반적으로 3년 – 15년 미만이며 초과 시 정규직 강제전환 규정이 없다.

3. 개선방안

대한민국은 저성장국면에 접어들면서 노동시장에 신규진입하기가 점차 어려워지고 있습니다.

이러한 측면에서 보면, 기간제법 제4조는 노동시장을 정규직으로

---

4) 한제4조(기간제근로자의 사용) ① 사용자는 2년을 초과하지 아니하는 범위 안에서(기간제 근로계약의 반복갱신 등의 경우에는 그 계속근로한 총기간이 2년을 초과하지 아니하는 범위 안에서) 기간제근로자를 사용할 수 있다. 다만, 다음 각 호의 어느 하나에 해당하는 경우에는 2년을 초과하여 기간제근로자로 사용할 수 있다.
1. 사업의 완료 또는 특정한 업무의 완성에 필요한 기간을 정한 경우
2. 휴직·파견 등으로 결원이 발생하여 당해 근로자가 복귀할 때까지 그 업무를 대신할 필요가 있는 경우
3. 근로자가 학업, 직업훈련 등을 이수함에 따라 그 이수에 필요한 기간을 정한 경우
4. 「고령자고용촉진법」 제2조제1호의 고령자와 근로계약을 체결하는 경우
5. 전문적 지식·기술의 활용이 필요한 경우와 정부의 복지정책·실업대책 등에 따라 일자리를 제공하는 경우로서 대통령령이 정하는 경우
6. 그 밖에 제1호 내지 제5호에 준하는 합리적인 사유가 있는 경우로서 대통령령이 정하는 경우
② 사용자가 제1항 단서의 사유가 없거나 소멸되었음에도 불구하고 2년을 초과하여 기간제근로자로 사용하는 경우에는 그 기간제근로자는 기간의 정함이 없는 근로계약을 체결한 근로자로 본다.

일원화하는 결과를 가져왔고, 이는 노동시장의 경직화로 이어지면서 신규노동력의 시장진입을 차단하는 결과를 가져 왔습니다.

더욱이 청구인처럼 자신을 삶을 영위하기 위하여 비록 정규직과 비교하여 볼 때에 불안정하고 열악한 근로 환경이지만 동일한 직장에서 장기간에 걸쳐 안정적으로 근로를 제공하고 싶은 자유의지를 기간제법 제4조가 침해하였다고 판단됩니다.

이를 종합적으로 보건대 기간제법 제4조는 헌법 제32조 제1항 (근로권), 제11조 제1항 (평등권), 제10조 (행복추구권), 제15조 (직업선택의 자유), 제37조 제2항 (과잉금지의 원칙) 등에 위반된다고 판단됩니다.

이러한 문제를 해결하기 위하여는 최소한 기간제 근로자, 즉 비정규직 근로자의 근로기간을 최소한 5년으로 보장하고, 이를 사후에 갱신할 수 있도록 기간제법을 개정하는 것이 시급하다고 할 수 있다.

V. 결어

지난 2013년 5월 일명 "60세 정년법"으로 불리는 "고용상 연령 차별금지 및 고령자 고용 촉진에 관한 법"을 개정하여 당장 내년부터는 근로자 300명 이상 사업장이, 그리고 후년부터는 300명 미만 사업장이 근로자 정년을 60세까지 보장하여야 한다 (법 제19조). 물론, 정년 60세 보장 시 임금체계개편 등 필요한 조치를 취하도록 요구하고 있지만, 구체적으로 임금피크제의 시행을 명시하지 않고 있다 (법 제19조의2). 이는 임금피크제 적용여부는 전적으로 각 사업장의 임금협상 여부에 달려 있다는 것을 의미한다.

이와 관련하여 박근혜 정부는 노동개혁이라는 이름으로 2015년 4월 노사정위원회의 협상을 시도하였으나 노동계의 반대로 실패한 바 있다.

사실, 노사정위원회에 노동개혁의 주체가 되기를 기대한 것 자체가 무리수였다. 노사정위원회는 1997년 말 경제위기를 해결하기 위하여 1999년 노사정위원회의 설치 및 운영 등에 관한 법률에 의거하여 공식적이고 제도적인 기구가 되었으나, 현재의 노사정위원회는 2006년 4월 〈경제사회발전노사정위원회〉로 이름을 바꾸고 공익대표성을 감소시키고 시민단체대표성을 강화한 바 있다.

즉, 현재는 법제도상 시민단체가 노동개혁의 주체가 되어야 하는 상황이 된 것이다. 이는 이번 노동개혁을 노사정위원회가 주도하도록 정책을 수립하는 한 개혁은 어불성설이 된다는 것을 의미한다.

이런점을 고려하여 볼 때에 차기 정부는 노사정위원회에 노동개혁을 맡기지 말고, 국회가 법개정을 통하여 노동개혁을 실현하겠다는 정면돌파 식의 개혁방안을 모색하여야 한다고 본다.

이를 위하여는 무엇보다도 비정규직 근로자의 근로기간을 2년에서 5년으로 연장하여 점차적으로 비정규직의 일자리가 증가하고 정규직의 일자리가 자연적으로 감소하도록 유도하는 등 정규직과 비정규직간 격차를 줄이는 방안이 필요하다고 본다.

또한 파견법을 개정하여 현행 파견기간 1년 원칙, 1년 연장가능, 총2년 초과시 직접고용하도록 하고 있는 규정을 개정하여 외국처럼 완전폐지하는 방안을 모색할 필요가 있다. 그리고 근로자파견 허용범위와 관련하여 파견법은 포지티브 시스템(Positive System)을 네거티브 시스템(Negative System)으로 전환할 필요가 있다.

그리고 근로기준법을 개정하여 해고 요건도 일본 수준으로 완화하여 청년들이 노동시장에 진입할 수 있도록 노동시장의 유연성을 제고해야 청년실업문제가 해결될 수 있다고 본다.

제14장
창업생태계 '테크 코리아 (Tech Korea)' 구축[1]

I. 창업하기 좋은 창업생태계 "테크 코리아" 클러스터 20개 건설

우리나라는 창업 관련하여 각종 정부지원이 이루어지고 있으나, 협소한 시장크기, 인력의 수요와 공급의 괴리, 자본조달의 어려움, 과도한 규제 및 혁신을 저해하는 관행 등으로 인해 신산업 창출과 혁신경제로의 이전이 지체되고 주요국과의 격차가 점점 벌어지고 있다. 각국 정부는 신기술과 새로운 비즈니스 모델을 기반으로 창업하는 창업초기기업(스타트업: start-up)들을 장려하고 지원하기 위해 다양한 지원책과 제도 및 창업하기 좋은 토양을 제공한다. 예를 들어, 영국은 규제프리존(regulatory sandbox)을 도입하고, 규제 없이 온라인으로 24시간 내 창업이 가능하도록 허가하며, 신산업을 육성하는 Tech UK의 일환으로 창업생태계 클러스터 27개를 건설하였다. 많은 일자리 정책들이 실패하는 가운데, 시장주도형 창업생태계인 Tech UK는 2011년 이후 5년간 150만 개의 일자리를 창출해 각광을 받고 있다.

빠르게 변화하는 4차 산업혁명에서는 새로운 인력 수요를 창출하는 창업 및 중소벤처기업을 육성해야 하는 바, 인력의 수요와 공급을 맞추기 위한 정부 역할의 중요성이 증대되고 있다. 최근 통계에 따르면, 우리나라의 디지털 산업 내의 중소기업 역할이 매우 축소되고 있

---

1) 최경규, 동국대 경영학과 교수

다. 그간 디지털 부문이 통신서비스, 부품, 통신기기 등 제조업 중심의 대기업을 필두로 성장하여 실제로 큰 가능성을 보유한 소프트웨어 등 디지털 산업 분야에서의 창업 및 벤처기업 성장이 균형을 이루지 못했음을 나타낸다. 국내 디지털 분야의 임금수준은 선진국의 그것에 비해 낮으며, 특히 중소규모 소프트웨어 분야는 상대임금의 수준 격차가 매우 크다. 이러한 상황에서는 스타트업과 벤처기업들의 창업이 제대로 이뤄지지 못하고, 성장에 필요한 인력 수급이 어려워, 다음 단계로 도약하지 못하는 침체의 악순환에 빠진다.

반대로, 디지털 중소 벤처기업이 육성되면 청년실업을 해결할 수 있는 일자리가 창출된다. 일자리 창출의 주체는 궁극적으로 민간 부문이며, 정부는 4차 산업혁명으로 빠르게 성장하는 디지털 산업 활성화로 시장을 통한 고용 창출에 힘써야한다. 단순히 인력 공급을 늘리는 방식으로 해결하기보다, 벤처기업의 경쟁력 강화를 위한 시장 중심의 제도적 지원을 통해 벤처기업이 성장하고 고급인력에 알맞은 임금 및 근로환경 수준을 갖출 수 있도록 도와야한다.

제14장에서는 창업하기 좋은 생태계, "테크 코리아 (Tech Korea)" 구축을 위한 정부의 정책에 초점을 맞추어 디지털 기업을 위한 정부의 단계별/영역별 지원, 엔젤 및 벤처캐피탈 육성, 코넥스시장 활성화, 디지털 기업을 위한 20개의 클러스터 생태계의 구축 및 각종 지원 프로그램을 제안한다.

제2부

[영국의 창업생태계와 디지털 고용]

영국은 디지털 고용으로 156만개의 일자리를 창출하고 있다. 타 분야보다 32%나 빠르게 성장하는 디지털 산업이 경기불황에도 많은 일자리를 만드는 것은 당연하다. 특히 영국의 디지털 산업은 기업가정신 분야에서 세계 2위로 창업생태계가 잘 구축되어있음을 알 수 있다. 그러한 환경이기에 2017년에는 런던에서만 4만 6천개의 디지털 일자리가 창출될 전망이고, 5년 내에 25만개가 넘는 고용창출이 기대되고 있다.

디지털 산업 특성상 기존의 기술범위를 넘어서는 다양한 기술과 비즈니스 모델이 개발되고 있는데, 금융산업에 강점을 보유한 런던은 이제 핀테크의 중심지로 발돋움하여, 관련 일자리를 뉴욕보다 많이 창출하고 있다. 이는 런던이 금융 산업 인프라와 더불어 디지털 산업인 빅데이터의 허브로서 역할을 하기에 가능했다. 런던의 25마일 내에 54,000개의 빅데이터 관련 인력이 있는 것으로 집계되어, 지역 전체에 57,000개가 있는 뉴욕과 비교하면, 런던이 핀테크의 중심지로 부상할 수 있었던 이유를 짐작케 한다.

창업초기기업(Start-up)을 육성하는 엑셀러레이터 또한 36개가 존재하고 있고, 70개가 넘는 협업 공간(co-working spaces)이 있는 런던은 준비된 창업 생태계로서 역할을 하고 있다. 그 중 Level 39는 유럽에서 가장 큰 규모의 핀테크 전문 엑셀러레이터로서 협업 공간을 제공하여, 최근 100여 개의 기업이 입주하는 등 핀테크의 주인공 기업들을 적극적으로 육성중이다. 창업기업이 성장하기 위해서는 자금 또한 필수적이다. 25개 이상의 벤처캐피탈 회사들이 영국에서 활동 중으로, 기술회사들이 이들에게 보증을 받고 있다. 이러한 환경을 고려하면 10억 달러 이상의 가치를 평가받는 유럽의 유니콘 기업들 중 43%는 UK-17 또는 UK-8에서 시작했다는 사실이 놀랍지 않다.

II. 디지털 기업을 위한 정부의 단계별/영역별 지원

창업초기기업(스타트업: start-up)은 특성상 사업단계별(창업, 성장, 확장)로 필요한 자원과 전략이 다르기에 맞춤 지원이 필요하다. 창업 단계에서는 실현시키고자 하는 아이디어만 갖춘 경우가 많기에 각 기업들의 니즈가 무엇인지 파악하고 외부 멘토를 연결하여 자문 및 계획을 제공하는 것이 필요하다. 성장/확장 단계에서는 실제 기업

운영과 성장을 위한 전략에 대해 가이드를 제공하기 위해, 기업의 현상황 진단과 그에 따른 외부 조언자(growth accelerator)를 연결해주고, 무료 기업진단의 제공과 평가 및 실행 계획을 위한 전 사이클에 걸친 자문을 제공해야한다.

나아가 네트워크를 이루어 사업할 수 있는 협업 공간(co-working spaces)을 마련하고, 이를 기반으로 악셀러레이터와 엔젤 투자 및 컨설팅이 유기적으로 이루어질 수 있도록 하여야 한다. 사업 별로 해외시장 확장에 대한 의지가 있는 창업기업에는 그에 맞는 기초적 지원을 제공해주어야 한다. 예로는 수출 서비스, 각 국 문서작성 및 검토, 수출대상국 정보 및 총체적 자문 제공 등이 있다. 우리나라의 대표적 협업 공간으로는 한국엔젤투자협회에서 운영하는 팁스타운(TIPS Town), 아산나눔재단에서 운영하는 마루180, 은행권청년창업재단에서 운영하는 디캠프(Dream Camp: D.Camp), 구글에서 운영하는 캠퍼스 서울(Google Campus Seoul)이 있으며, 이스라엘식 인큐베이션 시스템을 도입한 요즈마 펀드의 요즈마 캠퍼스(Yozma Campus)가 있다.

인력난도 스타트업이 자주 겪는 문제 중 하나이다. 인턴십 프로그램을 통해 견습기간을 활용하여 스타트업에 인력을 제공하고 인력의 기술능력을 향상시켜야한다. 또한 중소기업 리쿠르팅 서비스를 통해 인력 고용을 원활히 할 수 있도록 임금 인센티브, 청년 고용과 직업 선택 프로그램을 제공한다. 리더십 프로그램을 제공하여 경영능력 향상을 돕고, 최신의 고용법과 규제 정보 업데이트 또한 제공해주어야 한다.

자금 조달 등 금융 관련 이슈도 난관이다. 우선 스타트업에게는 관련 정보가 매우 부족하므로, 이용가능한 민간 및 정부 금융 옵션에 대한 정보와 가이드를 제공한다. 정부에 의해 제공되는 다양한 금융 지원 서비스가 존재함에도 이용하지 못하는 기업이나 사람들이 많다. 따라서 각 기업마다 알맞은 금융 지원 유형에 대해 정보를 제공하는 것이 중요하다. 정부가 창업자금 투자펀드를 마련하여 스타트업에 제공하는 것이 필요하다. 모금된 투자펀드로 창업자금 대출금에 대해 (예시적으로) 75%까지 보증해주어 스타트업들이 원활하게 자금조달을 할 수 있도록 하고, 이와 관련하여 대형 금융기관들이 제휴하여 private funding을 제공하도록 한다.

조세 관련 부분도 지원되어야 한다. 자금난을 겪는 창업기업들의 빠른 성장을 위해 조세 혜택을 제공해야한다. 특히, 특허개발 및 출원 등 연구개발 진작을 위해 R&D 관련하여 정부에서 세금지원책을 마련해야한다. 유망한 스타트업 기업에 투자한 자금에 대해 50%까지 세금 감면을 제공하면 투자 활성화를 이끌어낼 수 있다. 개인투자자(private investors)에게는 30%까지 세금감면 혜택을 제공할 수 있다.

우리나라에서 성장한 토종 기업을 넘어서, 해외 유망 디지털 기업에 대한 적극적 유치가 필요하다. 우리나라로 디지털 기업을 유치하기 위한 다양한 혜택을 제공하고 한국에서 출원된 특허 등 지적자산에 대해 세금 감면을 제공하는 등의 인센티브를 부여해야 한다. 낮은 법인세, 신속한 기업설립과 등록 프로세스를 마련하여 기업하기 좋은 환경을 만들어야 하며, 노동시장의 유연성을 위한 방안 마련도 필수적이다.

기업들에게 중요한 정부조달 시장도 개혁해야한다. 정부조달을 위한 입찰 시스템을 혁신적으로 바꾸고, 구매조건부 R&D 연구 등을 통해 공공기관과의 계약에 의해 중소기업(SMEs)의 상품과 서비스 구매를 확대해야한다. 중소기업에 대한 정부의 보완적인 지원정책 및 공공기관, 대기업의 동반성장 정책도 적극적으로 뒷받침되어야 한다.

[한국의 협업 공간(co-working spaces)]

한국의 대표적 협업 공간으로는 한국엔젤투자협회에서 운영하는 팁스 타운(TIPS Town), 아산나눔재단에서 운영하는 마루180, 은행권청년창업재단에서 운영하는 디캠프(D.Camp), 구글에서 운영하는 캠퍼스 서울(Google Campus Seoul), 요즈마 펀드의 요즈마 캠퍼스(Yozma Startup Campus) 등이 있다.

강남구 역삼동에 소재한 팁스 타운은 대표적인 민관 협동으로 조성된 협업공간으로, 주로 중기청이나 창업진흥원 등 유관 정부부처가 진행하는 정책들이 많이 이루어진다. 입주 공간 제공은 물론, 창업지원금, 교육 세미나, 네트워킹 등 창업과 관련하여 국내에서 가장 활발한 곳이라 할 수 있겠다. 중기청의 지원사업 중 가장 인기있는 것이 팁스타운 연계 지원사업이다. 역으로, 이는 그만큼 우리나라 창업 생태계가 창업자 – VC – 엑셀러레이터 간 네트워킹이 약하고, 정부 지원사업으로 연계하지 않으면 그 관계가 끈끈히 유지되기 힘들다는 것을 의미하기도 한다.

역삼동 팁스 타운 바로 길 건너편에 소재한 아산나눔재단의 마루180은 주로 아산나눔재단에서 직접 투자할 창업초기기업을 선별하여 육성하는 데에 초점이 맞춰져 있다. 그래서 VC나 엔젤투자자와의 교류 공간이라기보다, 아산재단이라는 대형 엑셀러레이터의 인큐베이팅 공간으로 인식하는 것이 적절하다.

은행권청년창업재단의 디캠프(D.Camp)는 은행연합회 산하 재단이 운영하는 협업 공간이다. 2012년 강남구 역삼동에 개원하였고, 2017년에는 개포동에 센터를 개소하였다. 10개 펀드에 506억원을 출자했고, 성장사다리펀드에 3500억원의 간접투자를 진행하고 있다. 선발한 스타트업을 대상으로 직접투자도 하는 바, 국내 최초 비트코인거래소를 설립한 코빗과 P2P기업 8퍼센트 등 84개 스타트업에 82억원을 투자했다. 워크샵 등 다양한 교육프로그램이 이루어지지만, 디캠프의 가장 큰 행사는 매달 마지막 금요일의 디데이(D.day)로서, 사전 선발 된 초기단계 창업팀들이 10-15분 프레젠테이션으로 경쟁하는데, 심사위원은 실제 VC 투자자들로 이루어져있다. 디데이 우승팀은 은행권청년창업재단의 투자를 받는다. 우승팀이 아니더라도, 국내 최고 VC들에게 피칭(pitching)을 하게 되므로, 혁신적 아이디어라면 그 자리에서 투자를 약속받는 경우도 종종 있다. 그만큼 디캠프 프로그램이 투자에 초점이 맞춰져 있다는 것을 의미한다.

구글에서 직접 설립하고 운영하는 캠퍼스 서울(Google Campus Seoul)은 아시아 최초의 구글 캠퍼스로, 강남구 대치동에 실리콘밸리의 협업 공간을 그대로 재현시켰다고 할 수 있다. 구글 뿐 아니라 국내외 유명 VC과 엑셀러레이터를 비롯하여 엔젤투자자 등 다양한 투자자들과 기발한 아이디어를 갖고 있는 창업자들로 붐빈다. 캠퍼스 서울은 창업만을 위해 존재하는 공간이 아니다. 여성을 위한 기업가정신 아카데미, 프로그래밍 수업, 빅데이터 워크샵 등 창업에 관심이 없더라도 공통된 주제 아래 여러 사람들이 모여 교류를 한다. 그러나 모든 것은 민간 주도로 이뤄지고 있어서 정부 기관의 지원사업과는 거리가 멀기 때문에 정부정책자금이 중요한 우리나라 창업생태계 특성상 실제로 많은 창업자들에게 매력있는 공간은 아니다.

또한 요즈마 스타트업 캠퍼스(Yozma Startup Campus)는 이스라엘식 인큐베이션 시스템과 글로벌 유대인 네트워크를 기반으로 한국의 스타트업을 지원하고 그것을 발판으로 한국 스타트업들이 세계 시장에 진출할 기회를 제공하기 위해 판교캠퍼스와 대구캠퍼스를 운영한다. 요즈마 캠퍼스의 모토가 '시작부터 글로벌'이듯이, 글로벌 진출을 위한 스타트업들을 발굴하고 그 기업들을 해외에 안착시키기 위한 다양한 지원 방안들과 해외 네트워크들을 활용하여 지원하고 있으며, 단순히 재무적 투자에 머무르는 것이 아니라 실제로 그 기업들이 절실히 필요로 하는 것들을 같이 고민하며 해결 방안을 찾기 위해 노력한다.

Ⅲ. 스타트업 기업을 위한 자본시장 육성

1. 엔젤 및 벤처캐피탈 육성

창업에 있어 가장 큰 장애물은 자본이다. 따라서 첫 투자(Series A)를 받기 전의 창업초기기업(start-up)에 투자 하는 개인 혹은 집단을 뜻하는 엔젤투자자는 창업 유도의 마중물이라 할 수 있다. 창업 활성화를 위해 이와 같은 모험자본의 획기적 육성은 필수적이다. 한국 창업생태계의 모험자본 육성을 위해서는 현 정부주도형에서 시장주도형으로 이양되어야 한다. 그러나 아직 우리 창업 기업들은 민간 벤처캐피탈(venture capital: VC)로부터 투자를 받는 것보다, 정부의 정책자금을 지원 받는 것에 더 집중된다.

현재 정부의 모태펀드 조성액은 약 2조5천억으로 이 자금으로 정부는 창업을 지원하고 있다. 반면, 초기 창업기업을 대상으로 투자하는 민간 엔젤투자는 현재 약 1000~1500억 수준에 머물고 있다. 엔젤투자 수준의 자본이 창업보다는 수익률이 더 높은 대부업이나 부동산에 투자되고 있는 실정인데, 이는 창업 생태계 자체가 정부 공공자본 위주로 운영되고 있으며 마땅히 투자할 만한 스타트업을 찾기 힘들다는 데에서 그 원인을 찾을 수 있다. 미국의 경우, 엔젤투자와 VC투자의 비율이 5:5를 유지하여 Series A 이전 단계의 시드머니(seed money) 투자가 크다. 우리나라에서는 정부 정책자금이 그 역할을 하고 있는데, 미국과 우리의 차이는 좋은 투자처로서의 초기창업기업이 부족하다는 데에 있다. 따라서 초기창업기업을 위해 엔젤투자자들을 육성하려면, 역으로, 유망한 스타트업들을 키워 투자의 매력을 높여야한다.

창업생태계 선순환을 위해서는 엔젤투자를 활성화해야하고, 활발한 투자를 위해서는 스타트업에게 정부가 새로운 시장을 열어 기업과 엔젤투자자의 win-win이 될 수 있도록 해야한다. 우리나라 공공조달 시장은 참여기업의 요건으로 이전 납품실적과 재무상태가 중요한 선정변수로 작용하여, 스타트업들에게는 너무 높은 진입장벽으로 작용한다. 미국은 2008년 금융위기 당시 공공부문이 스타트업들의 시장수요자 역할을 자처해 그들의 생존율을 높여 엔젤투자자가 감당해야하는 리스크를 낮추었다. 미국은 공공기관과 연구기관들이 창업초기기업의 품질보장 및 개선기능을 지원하여 품질준수미흡에 관한 위험을 해결한다.

정부가 직접 지원하는 형식보다는 미국과 같이 시장기능이 작동할 수 있는 환경을 조성하는 방식이 더 합리적이다. 이는 직접 지원 방식을 취한 유럽의 지원책보다 시장조성형 정책을 시행한 영미의 창업

정책의 성과가 압도적으로 높다는 실례로 확실하게 입증이 되었다. 특히 영국은 좋은 창업 생태계를 조성한 후, 시장의 크기를 키우기 위해 유망 스타트업 및 투자자들을 위한 속지주의형 창업 비자를 별도로 운영하여, 인구 6500만 명에 연간 60만 개 신설 법인 설립을 달성했다. 이에 비해 한국은 5000만 인구로 영국과 비슷하지만, 연간 10만개 법인이 새로 설립되어 차이를 보인다.

또한 대기업이 유망 창업기업의 우수 기술과 인력을 가져가는 것도 문제다. 불공정한 방법으로 이뤄지는 경우가 많으나, 대부분 법에 저촉되지 않아 이렇다 할 대응을 할 수 없어 초기기업이 성장하기가 매우 어렵다. 미국은 이러한 문제를 징벌적 손해배상제도의 도입으로 해결했다. 불공정하게 우수 기술 또는 인력을 탈취하는 경우, 8-10배의 손해배상금을 부과함으로써, 대기업들로서는 M&A를 통해 우수 인력과 기술을 취득하는 것이 더 합리적인 방법이 되도록 인센티브를 만들었다. 금산분리 문제로 사내VC를 운영하지 못하는 우리나라 대기업과 달리 미국의 글로벌 기업들은 사내VC를 통해 적극적으로 M&A를 한다. 미국에서는 대형 기업이 창업초기기업을 M&A하는 사례를 쉽게 볼 수 있지만, 우리나라에서는 그렇지 않다. M&A를 통한 엑시트(exit)가 쉽지 않다보니, 한국에서는 창업에 도전하는 우수 인력을 찾기 어렵고, 유망기업이 나타나지 않아, 투자매력도를 낮추는 악순환의 원인으로 다시 돌아온다.

따라서 정부가 공공조달시장을 스타트업에게 적극적으로 개방하여 생태계가 조성될 수 있도록 시장을 만들어 주는 것이 우선되어야 한다. 미국과 같이 스타트업을 위해 문턱을 낮추고, 공공기관 혹은 연구기관을 활용하여 지원해야한다. 새로운 시장이 열려 늘어나는 초기기업의 투자수요에 정책자금 보다는 적극적으로 민간 투자자본을 유치해 선순환을 만들어야한다. 국내 투자자본 뿐 아니라, 해외 투자자본에도 문을 열어 글로벌한 VC 및 엑셀러레이터가 쉽게 유망기업을 발굴하고, 키울 수 있도록 해야한다. 이는 투자수요인 창업기업도 마찬가지다. 유망한 창업기업이라면 얼마든지 한국에서 활동할 수 있도록, 별도의 비자 프로그램을 운영하여 시장의 크기를 키워야 한다. 징벌적 손해배상제 도입으로 창업초기기업의 기술 및 인력 유출을 막는 것 또한 필요하다. 그와 함께, 대기업이 사내VC를 통해 창업 초기기업에 적극 투자 및 M&A를 할 수 있게 하자. 대기업 – 창업기업 간 M&A가 이뤄질 수 있는 환경을 조성하여, 쉬운 출구전략으로 우수 인력이 창업에 도전할 수 있도록 유도해야한다.

〈그림 1〉 스타트업 기업의 성장단계에 따른 자본조달 구조

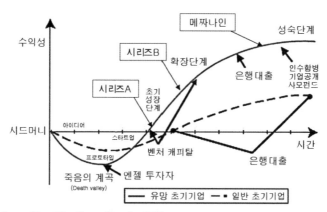

Source: Adapted from Venture-Financing, 2005.

앞서 언급된 바와 같이 정부주도의 과도한 정책자금은 지양해야 한다. 정부의 벤처기업 육성정책으로 정책자금이 과도하게 집행되어 모태펀드는 수익성 낮은 벤처캐피탈 조합 지분을 늘리고, 벤처기업 지분의 초기 매입가를 과도하게 상승시켜 회수 수익률 저하라는 악순환을 초래한다. 따라서 정부는 정책자금 집행액 자체를 늘리기보다, 시장인프라 조성과 참여자들의 유인구조와 같은 간접적인 지원 방안으로 정책 방향을 수정해야한다.

회수시장(secondary market)의 주요 참가자가 될 전문브로커 또는 유동화펀드 운용사(GP)의 자생적 출현을 유도하는 것이 좋은 방법이다. 전문브로커, 유동화펀드 운용자의 수익창출이 가능한 보수구조가 설계되고, 이들과 투자자들 간의 이해상충 문제도 완화되어야 한다. 투자자들은 상대적으로 정보접근성 측면에서 불리하므로, 벤처기업 및 VC 펀드지분에 대한 정보생산에 필요한 비용을 부담하며 관련정보를 생산하는 브로커에게 적절한 보상을 하는 유인구조 설계가 필요하다. 이와 같은 유인합치적 구조는 전문성 등으로 인하여 정부 플랫폼으로는 원활하게 작동하기 어려운 경향이 있어 민간주도 운영방식이 적절하다. 정부가 주도했지만 현재 활성화되지 않은 중소기업특화증권사제도, 중소·벤처기업 지분거래시장인 K-OTC, K-OTC BB 등이 그 사례이다.

하지만 유인합치적 보상구조 구축을 위해 중소벤처기업 지분가치에 대한 정보를 일반 투자자에게 모두 공개하는 것은 다른 부작용을 초래할 수 있다. 따라서 일정정도 폐쇄된 범위에서 기밀을 유지시키는 가운데 유통시키는 방식이 합리적이다. 미국에서는 벤처기업 지분의 회수시장 참가자를 전문투자자, 적격투자자(QIB: Accredited investor)로 한정하고 정보공시수준 또한 거래소보다는 낮은 정도를 요구한다. 중간회수시장 형성 초기에는 브로커보다는 유동화 운용사(GP)가 자기책임하에 중소벤처기업을 선정하고 투자를 담당하면서 정보생산자 역할을 담당하는 것이 유인합치적이다. 아울러, 우선주 등 지분증권의 구조화, 유연화를 통해 가치평가를 둘러싼 매수-매도자 간의 이해충돌을 회피하는 기법을 고려해야한다. 불완전계약이론에 따르면, 미래수익이 불확실한 경우 매도-매수 당사자가 가격만으로 협상하기 보다는 가격이외의 조건을 전제로 거래를 성사시킨 후 수익이 확정될 경우 당사자 간에 배분하도록 하는 것이 효율적이다.

사회의 변화에 제도 개혁이 속도를 맞추지 못하다 보니, 민간투자

규제로 자본이 보족했던 부분은 민간투자 규제 완화로 투자는 수월해지는 반면, 정작 투자처는 부족한 엇박자 현상이 발생하고 있다. 지난 2015년 7월, 벤처투자 활성화의 일환으로 민간자금 참여 제약요인 해소를 위해 사모펀드(PEF)에게 VC와 유사한 수준의 세제혜택을 부여하여 사실상 벤처투자의 길을 열었다. 핀테크 등 앞으로 육성시켜야하는 산업은 규제 테스트베드(Regulatory Sandbox)를 적극 도입해 오랜 시간이 걸리는 제도 개정 절차와 관계없이 새로운 비즈니스 모델을 시험할 수 있도록 해야 한다. 공급과 수요가 균형을 이뤄야 건전한 생태계가 성장할 수 있다. 규제 테스트베드로 과감하게 아이디어를 실현해 유망한 투자처를 적극 양성하면, 늘어난 투자자금이 투입되는 창업 생태계의 선순환이 이뤄질 수 있다.

2. 코넥스 시장 활성화 방안

창업초기 중소·벤처 기업들의 원활한 자금조달 창구의 역할 및 성장가능 기업에 대한 투자 기회 마련을 위하여 지난 2013년 7월 코넥스 시장이 개설되었다. 자금조달을 은행대출에 의존하는 대다수 중소기업 및 벤처기업들이 상장을 통해 새로운 활로를 모색할 수 있도록 절차와 규제를 완화한 시장이다. 더욱이 일정 기간과 조건을 충족하면 직접적 상장보다 더 용이하게 코스닥 시장으로의 이전 상장을 지원해주고 있다. 정부의 '코넥스시장 활성화 방안'에 따라 세제지원과 규제완화로 시장규모가 지속적으로 성장했다. 도입 당시보다 약 120개 상장사가 늘었으며, 시가 총액 또한 5,000억원(2013년 7월)에서 3.9조원(2017년 3월)으로 대폭 증가했다. 또한 코스닥 상장 지원제도인 패스트트랙 제도 도입으로 2016년 6월 기준 총 14개 기업이 코스닥시장으로 이전했다.

그러나 이러한 외형 성장에도 불구하고 설립 목적이었던 안정적

자금조달 통로로서의 역할은 제한적이다. 대부분 사모유상증자 방식을 취했기 때문인데, 실적 또한 상장사 중 일부 기업 및 업종에만 편중되어있다. 시가총액 회전율과 상장주식 회전율을 지난 2016년 5월 기준 각 1.08%, 0.79%로, 시장 내 거래 또한 활발하지 못한 것으로 나타났다. 코넥스 시장에서 코스닥 시장으로 이전 상장한 기업의 평균 주가 변동성과 수익률 편차가 코스닥 시장에 직접 상장한 기업보다 크고, 월평균 거래량 및 거래대금은 작아 코넥스 시장이 상장기업에 대한 충분한 정보를 제공하지 못했음이 시사된다.

〈표 1〉 2015년간 일평균 시장별 회전율 및 유통주식 비율

(단위 : %, 조원)

	코넥스	코스닥소형주	코스닥
일평균 시가총액대비매매회전율	0.06	3.02	1.90
일평균 상장주식회전율	0.04	3.36	2.56
일평균 유통주식비율	0.71	2.60	10.38
일평균 시가총액	2.98	35.72	185.52
일평균 거래대금	0.002	1.08	3.52

주 : 1) 시가총액대비매매회전율은 시가총액대비 거래대금, 상장주식회전율은 상장주식수 대비 거래주식수, 유통주식비율은 발행주식 중 최대주주 및 자기주식수 등을 뺀 주식수의 비율임.
2) 코스닥소형주(KOSDAQ Small)는 코스닥 시가총액 기준 301위 이하 종목으로 구성됨.
자료 : WiseFN, 한국금융연구원 계산

따라서 지속적 규모 성장 뿐 아니라, 시장 내 주식거래 활성화를 위한 보완대책이 필요하다. 실질적인 기능을 하지 못하는 문제 해결을 위해서는 투자자의 시장참여율 제고를 위해 규제완화에 더불어 상장기업에 대한 정보공급이 필수적이다. 상장사 유치를 위한 부담 경감의 일환으로 분기 및 반기보고서 제출의무를 면제한 것이 대표적이다. 규제완화를 통해 많은 중소 및 벤처기업들이 참여할 수 있도록 유도하였고 성과를 거두었으나, 투자자가 접할 수 있는 정보 범위를 제한시켜 시장이 본연의 기능을 하는데 어려움이 발생했다.

이와 같은 문제인식을 한 한국거래소는 2015년부터 지정자문인 분

석보고서 발간지원 사업을 추진하고 있으나, 본래 취지와는 달리 시세 조종의 수단이 되고 있다는 지적이 많다. 유동성 공급자(LP)의 역할을 하는 지정자문인이 제대로 된 호가를 제시하지 않아 코넥스 시장에 버블이 형성됐다는 것이다. 실제로 코넥스 상장에서 폐지된 웹솔루스는 2013년 7월부터 2014년 11월까지 가족들을 동원해110여 차례 고가허수 주문을 낸 수법으로 약 180억원의 시세차익을 얻었다. 코넥스 시장 자체의 거래량이 많지 않다보니 소수의 사람들의 가격 조작이 가능해진 것이다. 시장 건전성을 유지하면서 투자자에게 원활한 정보제공을 할 수 있도록 조치가 필요한 시점이다. 따라서 지정자문인 역할을 하는 자문기업에 대한 모니터링 제도를 적극적으로 도입해야한다.

IV. 창업 생태계 클러스터 "테크 코리아 (Tech Korea)" 건설

1. 클러스터 생태계 육성을 위한 다양한 지원 프로그램

창업 생태계 클러스터를 건설하여 디지털 기업이 클 수 있는 최적의 환경을 만들어야 한다. 단순히 직접적으로 정부의 자금을 지원하는 것보다는 창업기업들이 자생할 수 있도록 인프라를 구축해야 한다. 디지털 기업은 기술의 융합으로 인해 그 경계가 불분명해 여러 영역에 걸쳐서 기업활동이 이루어진다. 이로 인해 정부는 현장의 애로사항을 파악하기 어려우며 필요한 것과는 괴리가 있는 정책을 만들기 쉽다. 디지털 기업이 창업하고 성장하기 위해서는 미국의 실리콘밸리와 같이 기술, 정보, 투자가 모이고 집적된 지역의 발생이 필요하다. 자연적인 발생이 어렵다면 지역거점을 정책적으로 육성해서라도 혁신토양을 마련하여야 한다. 따라서 정부는 디지털 기업의 창업을 장려하고 육성하기 위한 다양한 프로그램을 제공하여 디지털 사업의 라이프 사이클과 시장 사이의 괴리를 매우는 역할을 해주어야 한다. 이를 위해 20개의 지역 거점을 중심으로 하는 디지털 생태계 클러스터, "테크 코리아 (Tech Korea)"를 제안한다.

테크 코리아를 통해 초기 투자단계 기술기업 설립을 지원하는 프로그램을 위한 생태계 네트워크를 구축하고, 파일럿 프로그램을 만들어 벤처의 창업과 성장지원을 위해 코치, 기업가, 기업운영자들이 성장할 수 있도록 한다. 다양한 분야별로 특화 프로그램을 지원해야 한다. 전자상거래와 같은 비교적 오래된 분야부터, 핀테크, 데이터마이닝, 교육기술, IoT, 헬스케어와 바이오 등 영역을 넘나드는 많은 분야들이 있다. 모두 디지털 기업들인 것은 같으나 각 분야별로 애로사항은 매우 상이하다.

클러스터 생태계 구축을 위해서는 다방면의 니즈를 충족시키는 다양한 지원프로그램을 통해 생태계 자원의 전사적 지원이 필요하다. 금융, 회계, 리크루팅, 사무실 등에 이르기까지 많은 자원을 지원하여 클러스터 생태계 발전을 지원하되, 다양한 주체들의 성장촉진과 협력을 위한 네트워크 구축과 유용한 정보의 공유, 교육 및 관련 직업 육성, 재정적 지원 및 클라우드 펀딩, 관련 규제기관 등이 일차적인 생태계 자원이 된다.

유망 기업들의 성장을 위해서는 성장단계별로 전문성 있는 프로그램의 지원이 필요하다. 또한 디지털 기업 간 성장과 기여의 선순환을 이루기 위하여 영국 런던의 테크시티(Tech City)의 "Future Fifty"와 기업가 자문패널(entrepreneur advisory panel) 같은 프로그램들의 형성이 필요하다. 이를 통해 정부지원을 받고 성장한 스타트업이 지원받는 단계를 졸업하여 확장단계가 되면, 그 기업인들은 다시 자신들의 경영노하우, 기술적 자문 등을 환류하는 선순환 구조의 생태계가 이루어져야 한다. 또한 디지털 비즈니스 아카데미를 설립하여 디지털 비즈니스를 창업하고 운영하기 위한 스킬을 배우도록 해, 수강 후 스타트업 기업의 인턴십이나 기업가와 멘토링 프로그램으로 이어지도록 한다. 이러한 아카데미에서 일반 국민들도 대상으로 전문 디지털 비즈니스 교육 프로그램을 제공하여 저변 확대를 도모해야 한다.

[런던 테크시티(Tech City)의 "Future Fifty"와 기업가 자문패널 (Entrepreneur Advisory Panel)]

디지털 고용 선진국인 영국은 성장단계에 있는 유망 기업들을 선택, 성장의 가속화를 돕는 "Future Fifty"라는 성장단계별로 특화된 지원 프로그램이 있다. 이를 통해 디지털 기업들이 정부의 지원을 받고, 런던의 기관투자자, 자본시장과 연결되어 지속적으로 성장할 수 있는 환경에서 성장한다. Future Fifty 프로그램의 구성원은 Member Company - Partner Company - Future Alumni로 구성되어 있다.

기업가 자문패널(Entrepreneur Advisory Panel)은 정부의 지원으로 성장한 스타트업의 CEO들로 구성된 선순환 생태계의 핵심프로그램이다. 그 기업인들은 자신의 경영노하우, 기술적 자문을 다음 세대 스타트업들을 위해 환류하는데, 이세돌과 알파고의 대국으로 유명한 딥마인드의 CEO 데미스 하사비스도 포함되어 있다.

Alex Chesterman
CEO of Zoopla &
Entrepreneur Advisor

David Buttress
CEO of Just-Eat &
Entrepreneur Advisor

Lesley Eccles
Co-Founder of FanDuel
& Entrepreneur Advisor

Demis Hassabis
Co-Founder of
Deep Mind &
Entrepreneur
Advisor

Riccardo Zacconi
CEO of King.com
& Entrepreneur
Advisor

Sarah Wood
Co-CEO of Unruly
Media &
Entrepreneur
Advisor

Taavet Hinrikus
CEO of
Transferwise &
Entrepreneur
Advisor

2. 테크 코리아 클러스터 제휴 (cluster alliance) 프로그램

우리의 뇌는 여러 부분 간 소통을 통해 수많은 기능을 수행한다. 한국을 하나의 뇌로 생각하고, 클러스터들이 뇌의 각 부분들처럼 교류하고 혁신해야한다. 디지털 혁신과 관련된 개별 클러스터의 거점도시들이 각 특성을 갖도록 하되, 제휴 네트워크로 그들을 연결하여 클러스터들이 정보와 모범사례를 공유한다면, 거점 도시의 디지털 비즈니스 성장을 촉진하고 디지털 기업들의 성장가능성을 높이게 된다. 궁극적으로는 다른 나라의 클러스터와의 긴밀한 협조를 통해 글로벌 플랫폼을 위한 기술능력과 인프라를 구축하여 허브로써 역할을 할수 있다.

나아가 "디지털 허브와 스포크" (Digital Hub & Spoke, 가칭)도 인재발굴 및 기업 육성에 있어 중요한 역할을 수행한다. "디지털 허브"는 디지털 비즈니스를 위해 지정된 지역으로서, 교육된 인재들을 활용하여 한국의 디지털 인프라, 선도정책 등을 역동적으로 이끌어 나갈 디지털 수도(거점)를 조성함으로써 디지털 기업의 혁신과 성장, 발전을 촉진한다. 그러나 지역별로 디지털 기술 수준이 상이한 것도 고려해야한다. 디지털 허브는 아직 디지털 기술이 발전하지 않은 지역을 "디지털 스포크"로 연결하여 디지털 기술을 전파, 기업가 정신을 고취하고 지원함으로써 디지털 경제를 활성화한다.

이러한 구조는 영국의 Tech City(런던)와 Tech Nation에서 벤치마킹할 수 있다. 영국의 Tech Nation은 디지털 경제를 뒷받침하는 클러스터에 대한 구조에 대해 가장 포괄적인 정보와 데이터를 제공한다. 이러한 데이터를 활용하여 디지털 기술산업이 어떻게 경제적 성장, 고용, 지역발전에 기여하는지를 분석하고 있다.

3. 대-중소기업 협력을 통해 글로벌 비즈니스 플랫폼 구축

산업의 융복합 추세와 기술의 복잡성 확대 등으로 기업 간 경쟁이 단일 기업에서 기업 네트워크 경쟁으로 진화되고 있다. 향후 글로벌 시장에서 지속가능한 기업의 경쟁력 확보를 위해서는 대-중소기업간 동반성장 전략이 필요하며, 이는 '기회균등, 공정한 경쟁, 노력에 따른 성과공유, 중소기업 일자리 창출 등'을 이루어 건전한 선순환 경제구조 기반을 제공하는 기틀이 될 것이다. 특히 대기업에 비해 중소기업은 네트워크 구축이 어려운 측면이 있으므로, 중소기업 비즈니스를 위한 전방위 네트워크 플랫폼 구축을 정부가 지원해야 한다. 대-중소기업 간의 네트워크를 형성하고, 협업 비즈니스 플랫폼을 통해 기업 금융 지원, 마케팅 지원, 교육 지원, R&D 지원, 지식공유 등을 제공해야 한다.

중소기업들의 지속적인 성장을 위해 다양한 종류의 프로젝트를 제공, 시장다변화 및 교육훈련 강화를 위해 글로벌 기업과 협력하여 글로벌 시장에서 경쟁력을 갖춘 중소기업을 발굴해야한다. 아울러, 다국적 연계를 통해 대규모 플랫폼 생태계를 구축하여, 국내 중소기업들에 상품 및 서비스 판로를 제공하고 다국가 연계 사업 노하우를 제공하는 방안도 고려되어야 한다. 이와 관련하여 ConnectAsia(가칭)를 설립하여 중소기업들이 해외사업에 진출하기 위해 필요한 정보부터 국제 무역제도 및 절차, 금융지원제도 등의 교육 콘텐츠를 제공할 수 있다.

중소기업청 및 관련 기관들과의 협력을 통해 플랫폼 개발사업의 기술적 지원 뿐 만 아니라, 각국 정부 및 글로벌 기업과의 협의를 통해 기반 네트워크 형성 및 동 사업의 확장운영을 지원할 수 있도록 한다. 이를 통해 한국의 디지털 분야를 세계적 수준으로 향상시켜 국제적 허브 역할 수행을 도모해야한다. 중소기업들이 유니콘이 되기 위해서는 글로벌 시장으로의 진출은 필수적이다.

제2부

대기업은 기술지원 및 투자를 통해 플랫폼을 구축/운영하고 중소기업의 역량강화를 지원하고 플랫폼을 통해 시장확대 및 서비스 기회를 확대할 수 있다. 국내 기술로 해외 비즈니스 네트워크 구축을 통해 지배력을 확보하는 것도 중요하다. 정부와 국내 대-중소기업 매칭펀드를 통해 플랫폼을 구축하여 글로벌 네트워크 플랫폼을 선점하고, 국내 비즈니스 협업 플랫폼 및 결제 서비스, 핀테크, 마케팅 툴 등 비즈니스 인프라의 글로벌 확산을 도모하여, 국내 중소기업의 해외진출 기반을 마련하고, 더 나아가 대기업의 CSR 연계진출을 통해 우호적 국가-기업 이미지를 구축할 수 있다. 이는 궁극적으로 국내 중소기업 비즈니스의 글로벌 확산을 통해 일자리 창출에 기여한다. 일자리 창출 효과가 큰 중소기업의 글로벌 시장 진출 및 확대로 양질의 일자리를 양산한다. 중소기업 인력의 글로벌 경쟁력 확보로 해외진출 가능성을 높여 한국시장을 넘어 고용시장을 확장시킨다.

[유니콘(Unicorn) 기업]

유니콘(Unicorn)은 비상장 스타트업 중 기업가치가 10억달러(1조2천억원 가량) 이상인 기업들을 일컫는다. 이러한 유니콘 중 기업가치가 100억달러 이상이면 데카콘(Decacorn), 1000억달러 이상이면 헥토콘(Hectocorn)이라고 불리기도 한다. 이러한 유니콘은 2014년 45개에서, 2015년 99개, 2016년 174개, 2017년 3월 기준 223개로서 가장 큰 5대 유니콘은 우버(Uber), ANT 금융(ANT Financial), 샤오미(Xiaomi), 디디츄싱(Didi Chusing), 에어비앤비(Airbnb) 들이다.

과거에는 금융투자자 위주로 기술집약적인 벤처기업에 투자했으나, 현재는 세계적 기업들이 공고한 연합군의 체제로 사업을 하며, 이러한 연합군 체제는 확장성, 편리성이 있으며 글로벌화가 그 특징이다. 최근 공유경제의 바람이 거센데, 사회, 문화, 제도적으로 뿌리내리는데 시간이 걸림에도 불구하고 세계적인 회사들이 연합하여 화학적 결합을 하며 확장적인 비즈니스 모델을 유지하고 있다.

스타트업의 목표가 엑시트(exit; 창업을 한 후 크게 성장하여 IPO 또는 M&A를 하는 것)이기 때문에 대부분의 유니콘 기업들은 상장이 되거나 대기업에 합병이 된다. 2016년 엑시트 당시의 유니콘 기업들의 평균 가치는 약 4조 7천억 정도이다. 평균적인 유니콘이 코스닥에 상장된다면 1100개 중 약 15위 정도, 코스피에 상장된다면 700개 중 약 150위 정도의 규모인 것을 감안하면 그 기업가치가 대단함을 알 수 있다. (참고로 삼성전자가 시가총액 1위로 약 200조 정도이다.)

국가별 유니콘 기업의 분포는 어느 국가에 창업생태계가 잘 갖춰져 있는가를 알 수 있는 척도이기도 하다. 2016년 기준, 174개의 유니콘 중, 미국이 독보적으로 많은 유니콘 기업을 보유하고 있다. 그 중에서도 실리콘밸리에 60여개의 유니콘이 집적해 있으며, 실리콘밸리 외 지역, 특히 전 세계의 투자자금이 모이는 뉴욕의 맨하탄이 "실리콘 앨리"로 46개의 유니콘을 보유하며 동부의 실리콘밸리로서 역할을 하고 있는 것은 특기할 사항이다. 불과 2년 전인 2014년만 해도 미국은 실리콘밸리에 30개의 유니콘이 있었던 것을 고려하면, 벤처업계의 우량기업 등장 속도가 놀라울 정도로 빠름을 알 수 있다.

중국은 36개로 상당히 많은 유니콘 기업이 있는데, 2017년에 2배 이상의 기업이 유니콘 기업으로 성장할 것으로 예측되고 있다. 한국은 쿠팡과 옐로모바일 등 3개 사를 보유하고 있다. 유럽에는 영국의 핀테크 회사들과 독일의 벤처기업들이 약진하여 18개의 유니콘이 포진하고 있다. 그러나 일본은 단 한 개의 유니콘 기업도 없는데, 1억 달러 이상으로 기준을 낮추어도 10개 이하의 벤처기업만 보유하고 있는 점이 눈길을 끈다.

제15장
4차 산업혁명시대 미래 성장동력 산업육성[1]

I. 4차 산업혁명시대 현황 및 문제점

1. 우리나라의 현주소

4차 산업혁명은 디지털(ICT)기술의 공통기반기술인 ICBMs(IoT, Cloud, Big Data, Mobile, Security)와 다른 산업과의 융복화를 통한 신산업창출과 혁신중심의 경제로의 이전을 의미한다.

그러나 우리나라는 과도한 서비스 분야의 규제로 인하여 이러한 혁신 경쟁에서 철저하게 낙후되고 있으며, 공유경제, mobile 등 원격진료, FinTech 등의 기술발전이 심각하게 저해되고 있다. 특히 우리나라 ICT 수준 점점 주요국과 격차 벌어지고 있는 상황이다.

우리나라는 ICT인프라는 앞섰으나 글로벌 소프트웨어경쟁에서 큰 폭으로 뒤쳐지고 있는데, 이는 ICT관련 컨트롤타워(예산, 기획, 관리) 역할이 미진한 것이 큰 원인이 되고 있다. 미국이 ICT의 도약기라면 우리나라는 도입기로 평가되어 대체적으로 미국과는 15년 차이가 발생하고 있는 것으로 분석된다. 미국은 대규모 프로젝트 중심으로 투자하고 있으며, 대학과 정부의 결합을 통한 원천기술 확보 노력을 하는 점이 차이점이다. 실제로 음성인식 기술인 아마존의 Alexa, 구글

[1] 이영세 전대구사이버대 총장, 이병태 KAIST 경영학부 교수, 조영임 가천대 컴퓨터공학과 교수

의 알파고는 30년정도 연구한 결과이다.

또한 중국은 소프트웨어시장에 과감한 투자를 하고 있으며 무서운 성장세를 보이고 있고, 유럽도 ICT 중심으로 투자하고 있는데, 특히 프랑스는 IT와 예술결합으로 혁명의 모범적 사례들을 많이 보여주고 있다.

이렇듯 4차 산업을 중심으로 전 세계는 새로운 전략과 기술을 개발하고 있어서 우리나라의 현주소에 대한 점검과 향후 발전방향에 대한 조망이 무엇보다도 필요한 시점이다.

2. 4차 산업혁명 돌풍에 대한 대처 시급

가. 4차 산업혁명의 특징

1차 산업혁명은 기계화, 2차 산업혁명은 전기화(대량화), 3차 산업혁명은 정보화(자동화)라면 4차 산업혁명은 초연결 인공지능화(O2O)라 할 수 있다. 4차 산업혁명의 키워드는 융합•공유•네트워크로 볼 수 있다.

클라우스 슈밥 세계경제포럼 회장은 '물리적 시스템, 전자적 시스템, 생물적 시스템이 대융합한 인류 역사 최대의 혁명'이라고 하여 융합을 강조하였다. 또한 소유보다 공유가 그 중요성이 더해 가는 경제가 등장하면서 자연스레 Uber, AirBnB 등이 출현하는 공유경제가 등장한 것도 중요한 특징이다.

4차 산업을 직접적으로 보여줄 기술로서, IoT와 인공지능을 기반으로 사이버 세계와 물리적 세계가 연결되는 지능형 CPS(Cyber-physical system)와 온라인과 오프라인이 네트워크로 연결되어 하나의 통합 시스템을 구축하는 O2O(online 2 offline) 기술의 등장도 4차 산업의 중요한 특징 중의 하나이다. 4차 산업의 핵심기술은 인공지능과 로봇으로 특징지어질 수 있는데, 앞으로는 이러한 분야의 융복합화가 새로운 50년 먹거리가 될 것으로 보인다. 또한 FinTech, 자율주행 자동차, 3D프린터, 빅데이터 무인진단법, Bio-Infomatics와 결합한 바이오의약과 에너지, 생산현장 위험조기탐지시스템 등 다양한 기술혁신과 신상품 서비스 출현도 중요한 특징이다.

나. 4차 산업혁명으로 인한 취업구조의 심각한 변화

4차 산업은 등장 초기부터 우리에게 일자리의 대변동을 예고하였다. 종래의 기술혁신이 단순노동을 대체하였다면 4차 산업혁명은 전문직 노동을 대체하는 개념으로, 2020년까지 로봇과 AI가 인간 일자리 510만개 대체(2016.1 WEF)하여 2015년부터 2020년까지 총 710만개 일자리 사라지고 200만개가 창출된다고 미래고용보고서는 발표하였다.

더불어 2020년까지 일자리가 감소될 산업군으로는 사무·행정(475만), 제조·생산(160만), 건설·채굴(49만), 디자인·스포츠·미디어(15만), 법률(10만), 시설·정비(40만)을 예측하였다. 반면, 2020년까지 일자리가 늘어날 산업군으로는 비즈니스·금융(49만), 경영(41만), 컴퓨터·수학(40만), 건축·엔지니어링(33만), 영업·관리(30만), 교육·훈련(6만) 등을 예측하여 관련 분야의 종사자들은 물론 관심 있는 젊은 층에게 까지 일종의 위기감을 제공하고 있다.

우리나라에도 일자리 변동이 일어날 전망인데, 700개 업종 중 47%가 자동화로 대체될 확률이 높다. 실제로 IMF위기 시 한국에서 없어진 일자리는 전체취업자 중 60%인 127만개였다고 하니, 이러한 경험을 바탕으로 한국은 5년내 25만개 일자리가 사라질 전망이라고 보는 견해도 설득력이 있다.

실제적으로 4차 혁명의 주요 기술키워드인 인공지능, 로봇의 출현으로 새로운 비즈니스 트렌드가 창출되는 업무, 인공지능 및 로봇과 함께 하는 업무, 인공지능 및 로봇과 역할 분담하는 업무, 인공지능 및 로봇에 대체될 업무가 존재하게 될 것이며, 이러한 변화에 능동적으로 대응해야만 살아남게 될 것이다.

　4차 산업혁명에서는 무엇보다도 고용환경이 현저히 변화되는 시대이다. 정규직이나 상시직보다 비정규직과 임시직의 비율이 높아지고, 노동시장이 유연화 됨에 따라 기업의 인건비 지출에서의 불확실성은 줄어드나 근로자 수입의 불확실성은 증대하는 시대이기 때문이다.

II. 비전

1. 스마트 라이프 선도국가 실현 : Digilog

　4차 산업의 핵심기술은 앞서 설명한 바와 같이 인공지능과 로봇으로 제시할 수 있는데, AI는 IoT(Internet Of Things)와 같은 센싱기술로 수집된 많은 데이터에 기반하여 그 지능능력을 최대한 발휘할 수 있는 기술이며 철학이다. 따라서 4차 산업혁명에 따라 IoT 모델국가로 자리매김할 수 있도록 인공지능의 기술개발을 통해 전 국민 스마트 라이프를 실현하는 것을 제시한다.

　스마트 라이프란 무엇인가? 이는 인간과 파트너 십을 통한 기계와 인간이 소통할 수 있는 생활이라고 정의할 수 있는데, 이를 통해 인간의 삶에 대한 만족도를 높일 수 있도록 실현하는 것이다.

　실제로 인공지능기술개발로 인간이 하던 단순한 일은 인공지능에게 대신하게 함으로써 인간은 보다 여유로운 삶을 누릴 수 있고 창의적이고 전문적인 활동에 집중할 수 있을 것이다. 인간은 인공지능에게 많은 지식을 학습할 수 있도록 하는 일과 관리감독업무, 그리고 인공지능이라는 철학을 실천할 수 있게 하는 패러다임 실현이 인간이 해야 하는 중요한 일이 될 것이다.

한편 스마트 라이프에는 정보격차가 얼마만큼 존재할 것인가? 스마트 라이프는 스마트 홈, 스마트 팩토리, 스마트 시티, 스마트 사회, 스마트 정부 등 IoT 중심의 사회를 모두 의미하는데, 기술발달을 통해 그동안 늘 발생해왔던 정보격차(장애인, 농어민, 신소외계층, 노인층)가 인공지능 기술을 통해 해결됨으로써 기술발달로 인한 소외계층이 발생하지 않을 것으로 예측한다.

예를 들면, 일일이 스마트폰의 앱을 찾아서 눌러야 되는 대신 아마존의 알렉사를 통해 음성으로 지시하고 생활하는 '신 아날로그사회'로의 복귀(?)가 가능하게 되어 오히려 정보격차가 없어질 것이라는 것이 전문가들의 의견이다. 이는 디지털 사회로 진입하면서 갖게 되는 거부감을 '음성'이라는 인터페이스를 통해 해결될 수가 있어서 신 아날로그 사회를 의미하는 'Digilog(Digital + Analog)'의 등장을 전망할 수 있게 한다. Digilog는 인공지능과 로봇 등 4차혁명의 핵심기술의 등장과 개발을 통해 우리 삶의 편리함과 안전함, 그리고 행복감을 전달하는 경험하지 못한 새로운 스마트 라이프 패러다임이다.

우리나라는 OECD 국가 중 자살율 1위로 계속 증가추세에 있고, 특히 노년층의 자살율이 압도적으로 높으나, 반면 OCED 국가 중 항우울증 치료 비율은 최하위 또는 최하위에서 두번째로 높은 나라로 기록되고 있다.

이에 모바일 또는 웨어러블 기술에 의한 항우울증 진단, 소외된 노인들의 스마트 솔루션을 통한 사회적 관계회복, 원격진료를 통한 치료 및 상담 등의 해법으로 사회적 문제 해결을 시도하는 프로젝트를 통해 원격진료에 대한 의료계의 반발을 무마하며 신산업 창출과 사회적 병리현상의 해결을 범 국가적 프로젝트로 추진하는 것이 스마트 라이프를 실현하는 한 방법이 될 것이다.

자동차 사고율 또한 OECD 국가 중 매우 높은 사회적 병리현상이 되고 있으므로 자율주행 자동차와 스마트 도로망을 구축하여 교통사고 예방 및 긴급처치를 중심으로 해결하는 것도 스마트 라이프의 한 면이 된다.

최근 창의적 디지털 국가란 용어들이 쓰기도 하는데, 새로운 용어를 만들기 보다는 스마트 라이프를 실현하는 근본적인 길이 창의적 디지털 국가를 실현하는 길이라 여겨진다. 새로운 용어나 캐치프레이즈 보다는 쉬우면서 보편적인 진정성이 필요하기 때문이다.

2. 4차 산업혁명으로의 패러다임 전환

4차 산업혁명으로의 패러다임 전환을 하려면 먼저, 민간생태계 조성이 필요하다. 즉, 민간개발주도의 정부지원체제를 구축하고 규제 네가티브 시스템을 시행해야 한다.

다음으로는 4차 산업혁명이 사회 전 분야에 확산되기 위한 문화·제도·의식의 전환이 필요하다. 사회 전 분야에 걸쳐 수직적 권위주의적 문화·제도·의식에서 수평적 평등주의적 문화·제도·의식으로의 전환을 유도하고, 정치·경제를 비롯한 사회 전 분야에 협치·협업 문화와 제도 개혁을 해야 할 것이다.

3. 4차 산업혁명 선도유망분야 지속적 추진

다음 <표 1>은 국가과학기술자문회의와 신산업 민관협의회로부터 도출된 4차 산업혁명의 선도유망분야를 정리한 것이다.

<표 1> 4차 산업혁명 선도유망 분야

9대 전략분야	• 인공지능, 가상증강현실, 자율주행차 • 경량소재, 스마트시티, 정밀의료 • 바이오신약, 탄소자원화, (초)미세먼지
12대 신산업육성분야	• 시스템: 전기자율차, 스마트친환경선박, IoT가전, 로봇, 바이오헬스, 항공 · 드론, 프리미엄소비재 • 에너지: 에너지신산업 • 소재 · 부품: 첨단신소재, AR/VR, 차세대디스플레이, 차세대반도체

(출처: 9대 전략분야: 국가과학기술자문회의, 12대 신산업육성분야: 신산업 민관협의회)

우리나라는 정권의 교체와 더불어 기술까지도 교체되는 경향이 있어왔는데, 4차 산업혁명의 이슈는 글로벌 트랜드이며 정권과는 무관하게 추진되어야 영속성과 기술의 성과를 기대할 수 있는 분야이다. 따라서 위의 분야들에 대한 지속적이면서 개발지향적인 투자와 추진이 추진되는 것이 무엇보다도 필요하다.

III. 정책과제

1. 정책, 행정 및 거버넌스

가. 산업구조와 취업구조의 원활한 전환

산업구조와 취업구조의 원활한 전환을 위해서는 먼저 「제4차 산업혁명 추진 기본법」 제정이 필요하다. 기본법에 의해 전문가와 공무원으로 구성된 최고의사결정기구인 가칭 「제4차 산업혁명 전략위원회」

(대통령직속)를 설치하여 제4차 산업혁명관련 진행, 계획, 예산을 아우르는 총괄 진두지휘를 해야 한다.

기본법에서는 또한 4차 산업혁명을 가능케 하기 위한 산업 및 취업구조 전환 지원, 4차 산업혁명을 위한 기술전략 수립, 추진 및 개발 지원, 4차 산업혁명을 위한 인력개발 지원, 4차 산업혁명을 위한 거점중심 테크노밸리 조성, 펀드 조성 등 4차 산업혁명을 위한 금융지원 및 금융환경 조성, 국민경제 2모작을 위한 제도·환경 구축 등이 가능하도록 제도적으로 마련되어야 한다.

나. 실업대책 마련

앞서 설명한대로 4차 산업혁명에서 가장 우려되는 부분은 일자리가 없어진다는 부분인데, 이를 위해서는 직업군의 재편성이 가장 우선시 되어야 한다. 즉, 인간이 할 수 있는 일과 기계가 할 수 있는 일을 구분하여 재편성할 수 있도록 사회적으로 환경을 마련해야 한다.

구체적으로 설명하면, 연수 및 재훈련 촉진 고용보험 실시, 개인정보와 일자리를 잘 매치시켜주는 smart matching tools를 개발하여 민간 및 공공 고용서비스 고용의 질 향상, 이를 위한 개인정보활용에 관한 규제 완화 등이 해당될 수 있다.

4차 산업혁명은 그동안 전기, 컴퓨터, 산업혁명이 갖는 개념과는 완전히 구분되는 것인데, 그동안의 혁명들이 인간생활을 위한 인프라 요소라면, 4차 산업혁명은 인간과 공유되는 또다른 인간의 탄생을 의미하는 혁명이다. 따라서 일자리가 인간과 인공지능이 공유하는 것은 당연한 논리이며, 이를 위해서 국가는 공유할 수 있도록 기반을 마련하여 민간과 국가가 협력하여 자연스럽게 공유되는 사회를 이루어나가도록 해야 할 것이다.

다. 글로벌 소프트웨어 파워 개발

과거 정보통신부는 우리나라 인프라의 혁신과 성장을 이루어왔다.

그러나 정보통신을 인프라 요소로만 생각하는 한계성으로 인해 정보통신부는 사라지게 되었고 각 부처에서 인프라 요소로 추진되도록 정부부처가 개편되어 추진되어 왔다.

그러나 이렇게 개편된 이후의 성적은 어떠한가? 정보통신은 과거 인프라에서 이제는 인간을 넘나드는 초인류 기술로 진화되고 있다. 정보통신부의 부재는 이러한 국제적 급격한 기술변화에 대응하지 못하는 결과를 초래하게 되었다. 이러한 이유로 잘나가는 ICT 선진국에서 이제는 중간정도의 ICT 국가로 강등되면서 우리나라 위상에도 심각한 영향을 미치게 되었을 뿐 만 아니라 수출, 국내외 취업 등에서 크게 환영받지 못하는 국가로 강등되기 시작하였다.

이제 다시 정보통신 전담부서의 신설을 통해 4차 산업혁명의 주요 기술들에 대한 원천기술을 확보하고 관련된 인프라, 플랫폼, 표준기술, 융합기술 등의 소프트웨어 파워 개발을 통해 우리나라의 명성을 되찾고 이너그룹으로 부상해야 할 것이다. 이는 향후 수출, 국내외 취업, 인력양성 등에서 연쇄적인 영향력을 발휘하게 될 것이기 때문이다.

그러나 정보통신부의 신설이 과거로의 회귀가 아니라 다른 개념으로 접근해야 할 것이다. 즉, 정보통신부는 4차 산업혁명과 관련된 기술개발에 집중하고 다른 부처에서는 각 영역에 응용하여 현실화 및 구체적 실현을 할 수 있는 구조로 개편되어야 한다.

예를 들면, 농업, 산업 등 각 부처들은 원천기술들을 새로 개발할 것이 아니라 정보통신부의 원천기술과 전략에 따라 해당분야의 응용과 확산 및 산업화에 앞장서면 될 것이며 이러한 모델로의 전환추진이 필요하다.

라. 지식경제와 산업경제를 통합 · 융합하여 시너지 창출

중소기업과 지역에 IoT 등 도입과 활용기반 구축, 중소기업 제조현장의 스마트 공장화, 클라우드 기반 공동활용 플랫폼 구축, 스마트공장 제품과 IT공급기업의 스마트공장 솔루션 해외수출 등은 정권교체와 무관하게 지속적으로 추진되어야 하며, 현장자동화를 지원할 로봇 도입 적극 추진 및 이를 위한 국제표준화 지원체제 정비 및 세계와 지역을 연계하는 벤처글로벌화 지원체제 강화로 micro multinational(소규모 글로벌기업)을 육성을 전략적으로 체계화하여 강조되어야 한다.

4차 산업혁명에서는 인공지능의 원천이 될 지식이 필요하다. 지식의 풍부함과 다양함이 4차 산업혁명의 원동력이 되고 성장 발판이 될 것이다. 이러한 지식은 시간을 두고 쌓여야 하는데, 많은 사람이나 기관들이 활용함으로써 지식은 점점 쌓이게 된다. 어떻게 활용하게 할 것인가가 문제가 되는데, 하나의 방법은 국제표준화 규정의 마련이 이러한 활동을 지원하는 방법이 될 것이다. 따라서 4차 산업혁명시대에는 표준화 활동과 선점이 시너지 창출의 중요한 지침이 될 것이다.

마. 신뢰사회구축과 경제효율화를 위한 전자정부 구현

정부 및 공공기관 발행 모든 증명서의 block chain화를 통해 위조방지를 실현하여 사회의 공문서 위조 등의 부정을 원천 차단하여 신뢰사회 기반을 구축하고, 세계적 수준의 전자정부 서비스 지속적 추진 및 해외수출강화를 마련하는 것이 필요하다.

우리나라 전자정부는 2015년에 수출 5.4억불을 달성하였고 현재도 국제표준으로서 세계적으로 인정받는 분야이다. 이렇게 세계 탑에 랭킹되어 있는 분야나 기술은 지속적으로 추진하여 질적 완성도를 향상시켜야 할 것이다.

또한 소득세 연말정산을 eTax기능을 Upgrade하여 정부가 담당하고, 거래 즉시 부가세 납부를 하여 기업의 분기별 부가세 신고 업무의 폐지하여 기업에게 부당하게 전가하는 정부의 행정업무를 제거하는 것이 필요하다.

특히 4차 산업혁명에서는 기업의 자율적 활동과 창의력이 강조되기 때문이다.

2. 규제개혁

가. 신산업분야 규제 혁신

4차 산업혁명에는 매우 다양하고 예상치 못한 분야들이 신산업이 생성되어 이들 분야에서 새로운 규제의 틀이 마련이 필요하다. 가상 현실을 이용한 새로운 게임, 드론을 활용한 피자배달, 알파고와 인간의 대결, 3D프린팅을 활용한 새로운 의료기기 등 신기술을 활용하는 새로운 제품·서비스로 이루어진 신산업은 새로운 규제의 틀이 필요하다.

이를 위해 기존 규제의 틀을 과감히 혁파하는 규제혁신이 필요하며, 기본적으로 규제 네가티브 시스템 도입이 필요하다. 기존 규제로서는 기술개발을 할 수 없는 분야들이 있는데 대표적으로 자율주행 자동차와 드론이 될 것이다.

따라서 총리실에 "민관규제개혁위원회"를 두고 그 산하에 「스마트위원회」(가칭)를 두어 신산업에 대한 투자활성화를 목표로 운영하는 것도 좋은 방법일 것이다.

나. 규제 Sandbox법 실시

규제개혁의 방안으로는 지금까지 대통령 중심의 규제개혁의 실천은 실패하고 있어 경제 규제의 주권을 지자체로 이양하는 경제분권화를 통해 경제정책의 실험과 경쟁을 유도해야 한다.

다. 디지털 경제의 사회적 인프라의 글로벌화 추진

현재 우리나라의 전자상거래나 금융 등의 제도와 기술채택이 한국의 디지털 경제를 갈라파고스화하고 있어서 경제의 글로벌화와 효율성에 장애가 되고 있다. 예를 들어 전자금융의 과도한 보안 및 규제로 인해 해외에서 국내금융의 사용이 불가능하다.

OPT, 보안카드, 인증서 등의 한국 고유의 보안 솔루션은 전 세계에 없는 실시간 현금 이체라는 제도적 문제에서 출발하고 있다. 이로 인해 국내의 쇼핑에서도 알리바바의 지불결제 시스템이 활용되고 있는 실정이다.

구글지도의 불허로 인해 글로벌 위치기반 서비스의 발전과 실험이 국내에서는 불가능하기도 하며, 정부가 공문서를 모두 특정 국내 문서작성기 업체를 강요하고 있어서 해외에서 정보 검색이나 활용능력을 저해하고 있고 국민들에게 두 개의 office products를 강요하고 있는 준조세의 성격을 띄고 있는 문제점이 있다. 사실 공인인증서도 준조세적 성격의 강매에 해당된다.

3. 금융개혁

가. 벤처창업투자 활성화를 위한 금융 활성화

기업/금융권의 벤처창업 투자에 대한 강력한 인센티브 (세제감면 또는 정부의 매칭 펀드 등)를 제공하여 창업 활성화를 위한 금융을 확대하는 것이 필요하다.

나. Financing 기능강화

리스크 머니 공급을 향한 Equity Finance기능강화가 필요하다. 벤처의 이노베이션 활성화를 위해 Private Equity Finance나 벤처캐피탈 (VC)등에 의한 신주발행 자금조달 기능 강화하고, 기업과 기관투자가가 벤처캐피탈에 대한 자금공급을 확충할 수 있도록 벤처캐피털산업 육성 및 제도정비하고, 민관펀드의 조성과 전략적 정책투자를 위한 지원 강화하며, 설비와 실험기자재 투자를 위해 자금력이 관건인 기술계 벤처에 대한 M&A투자 지원이 강화되어야 한다.

4차 산업혁명을 향한 무형자산투자 활성화가 필요하다. 인공지능 등 혁신적 기술을 구사하여 새로운 이노베이션을 창출하기 위해 정보자산, 지적재산권, 인적자산 등 무형자산 투자를 대담하게 확충할 필요가 있다. 이를 위해 이노베이션기반이 될 무형자산투자와 중장기적인 연구개발투자를 위한 인센티브를 강화해야 하며, 지속적인 기업가치를 창출하기 위한 무형자산투자의 양태, 평가방법을 검토하여 실효성 있는 무형자산투자 확대를 유도해야 한다. 또한 한국 전체의 무형자산축적 확대를 통해 기업이노베이션 활성화를 도모할 수 있는 정책적 지원 강화가 필요하다.

FinTech를 중심으로 금융 결제기능 고도화가 필요하다. FinTech는 금융서비스 혁신뿐만 아니라 중소기업의 자금조달 원활화와 생산성 향상 그리고 가계의 자산형성에도 기여함으로 FinTech의 활력을 도모할 수 있는 FinTech Eco-system을 구축할 필요가 있다. 이를 위해 금융그룹에 의한 금융관련 IT기업에 대한 출자관련 규제완화, 결제대행자에 대한 임의 등록제 도입 등 제도정비 필요하다. 크레디트 결제단말의 100% IC 대응추진 등 금융결제인프라 개혁, 이용자보호 및 시스템의 안전성 확보가 필요하다.

4. 교육 및 인적개발

가. 4차 산업혁명에 필요한 융합인재양성을 위한 교육개혁과 혁신

4차 산업혁명은 융합과 네트워크를 강조하고 있으므로 세계적 수준의 인재양성을 위해서는 교육의 A to Z가 매우 정교하게 마련되어야 한다.

하나의 방법으로 미래창조기획부와 산업통상부, 교육부를 통합하여 '혁신전략기획부'로 신설하여, 유치원 교육에서부터 대학 창업교육까지를 아우르는 스펙트럼으로 교육계획을 마련한다면, 보다 정밀도 높은 교육이 가능할 것이다. 창업이나 취업이후는 또 다른 generation으로 구분하여 다른 전략수립을 해야 할 것이다.

유치원 초중고 대학교육의 4차 산업혁명에 부응할 수 있는 창의인재 육성체계로 획기적 개편하는 교육개혁이 필요하며, 대학연구 기부금제도 개선으로 세계 일류 대학 육성 (미국 영국 대학 기부연구제도 벤치마킹)이 시급하다.

대학의 창업교육 활성화로 '테크 코리아 (Tech Korea)' 구축, '창업국가' 건설 기반 구축 (실리콘밸리 스탠포드대 창업교육 시스템 벤치마킹)도 좋은 방안이 될 것이다.

교육은 일관성있게 집중력있게 추진되어야 하며 특히 4차 산업혁명에서 강조하는 융합인재양성을 위해서는 다양한 교육방식과 산학연을 연계하는 전략과 계획마련이 필요하다.

먼저, 최근 다양한 교육방식 중에는 프로젝트 학습(PBL)이나 플립러닝(flipped learning)이 많이 개발되고 있으며 좋은 효과를 거두고 있다. 이러한 교육방식을 통한 문제해결방식의 심층학습으로 중고교학습방식 전환이 필요하며, 학생들의 soft skill 즉 창의성, 비판적 사고, 소통능력 그리고 협업능력을 제고토록 교육하는 것이 필요하고, 프로젝트 학습을 할 수 있는 능력있는 교사들의 교육과 연수도 마련되어야 한다. 또한 2년 석사과정의 교육전문대학원을 점진적으로 확대하여 교사임용에 활용하는 것도 필요할 것이다.

다음으로 경쟁력을 갖추기 위해서는 대학에 대한 규제를 최소화하여 대학운영에서의 자율성 확보하는 것이 필요한데 이를 위해서는 수능위주의 대학입시제도를 대학자율에 의한 학생선발하게 하고, 정부출연연구원과 대학을 통합하여 혁신 생태계를 조성하며, 혁신바우처(voucher)와 중소기업 연구지원제도를 통해 산업계에 대한 지원이 궁극적으로 대학으로 흘러갈 수 있도록 지원하는 것이 필요하다.

마지막으로 경쟁력을 갖추기 위해서는 평생교육의 활성화가 필요하다. 학생이 부족한 대학의 평생교육기관으로의 전환을 유도하고, 직능교육과 평생교육의 통합 및 평생교육에 대한 예산지원을 대폭 강화하는 방안마련도 필요하다.

우리나라는 OCED국가 중에서 디지털 기술면에서 청년층은 가장 디지털 기술능력이 뛰어나나 55세 이상의 중장년층에서는 가장 기술이 낮은 국가이다. 이들에게 디지털 기술을 교육하여 세대 간 격차를 줄이고, 이동성이 떨어지는 노년층의 스마트 워크를 통한 디지털 경제에 참여하게 하여 곧 닥칠 경제인구 감소에 대비하고 노인빈곤 등의 대책의 기반을 마련해야 하는데 이를 위해서라도 평생교육은 필요하다.

나. ICT 인력양성을 취업과 연계하고 제도화를 통한 전문가 양성

고용노동부의 자료에 의하면, <그림 1>에서와 같이 ICT 이공대 인력양성과 관련분야 취업이 매우 낮은 것으로 조사되었다.

〈그림 1〉 대학전공별 인력수급 전망

교육부의 자료에 의하면, <그림 2>에서와 같이 대입이 의대, 법대 위주로 치우치는 경향이 있고, 특히 과학고와 영재고 학생들의 의대진학이 증가되는 추세로 심각하다. 이는 ICT 전문인력 부족으로 인한 발전저해요소로 지적되는 부분이기도 하다.

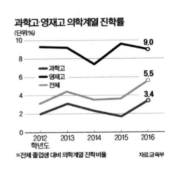

〈그림 2〉 과학고와 영재고의 의학계열 진학률

또한 대졸 후 똑똑한 학생들이 의전, 법전 등으로 전향하는 경향도 ICT 전문인력의 양적 부족을 초래하는 주요요인으로 꼽히고 있다.

4차산업의 중심역할을 해야 할 ICT 이공계인력이 졸업 후 해당분야에 취업하는 비율이 20대 36.4%에서 잠시 증가하는 듯 하다가 50대 이후로 감소하는 경향을 보이는데, 그 이유는 의약학 종사자는 졸업 후 해당분야에 나이가 들수록 오래 종사할 수 있어서 장기적으로 ICT 이공계 인력이 의약학 분야로 전향하게 하는 동기가 되고 있다.

ICT 이공계 인력이 나이가 들어서도 고용불안에 있지 않게 하려면 4차 산업으로 인한 직업의 재편성, 재분배 등이 필요하고 매력적인 요소로 작용할 수 있도록 하는 전략마련이 필요하다. 즉, 빠르고 숙련된 일은 인공지능 로봇이 하도록 하고 인간은 그동안 쌓은 노하우와 경험을 바탕으로 창의적인 업무를 하도록 함으로써 Digilog의 혜택을 누리게 하거나 이와 관련되어서 일자리 창출과 창업, 취업을 지원하는 전국적 조직 신설도 마련되는 것도 좋을 것이다.

전 세계적으로 ICT 이공계 인력이 4차산업과 인공지능개발을 위해 전문인력이 필요한 상황이다. 실제로 우리나라 ICT 인력은 외국에서 현재 큰 환영을 받지 못하고 있는데 그 이유는 우리나라 ICT 전문인력의 질적 수준에 인한 요인이 높다. 따라서 전문인력의 질적양성을 통해 4차 산업의 핵심국으로 부상하도록 하는 것 또한 매우 중요한 일이다.

이를 위해서 ICT 기술이 발전할 수 있도록 이공계 인력의 지속적 양성과 안정적 직업 보장하는 방안 도입 필요하다. 즉, 무언가 매력적인 요인이 있어야 우수한 ICT 인력의 다른 분야로의 전향을 다소 완화시킬 수 있을 것이다.

예를 들면, 남학생인 경우 군대문제가 심각한데, 6개월 석사장교제도 또는 석박사 과정동안 군입대를 면제할 수 있는 시험 제도를 추진하며 단기에 마칠 수 있도록 하거나 군대에서 ICT 전문직에 종사하면 그 실적에 의해 대학으로 편입시 학점을 인정하는 제도 등을 도입하여 군입대후 시간이 낭비되는 일이 없도록 제도화 하는 것도 심각하게 고려해봐야 할 것이다.

다. 인력양성, 고용시스템의 유연성 향상

새로운 수요에 대비한 교육시스템 구축은 아무리 강조해도 지나치지 않을 것이다. ICT를 효과적으로 활용하기 위해 초중등교육에서 프로그래밍교육을 필수화하고, 프로그래밍을 비롯한 창의교육을 담당할 교사의 연수 및 채용을 대폭 확대하며, 글로벌 인재 확보에 주력하고, 신산업분야 전문기술직의 외국인력 수요 증대에 대비 고도의 전문 외국인력 그린카드제 도입(영주권신청허가기간 단축 등) 등을 추진하는 것도 유연성 향상에 필요한 일이다.

노동시장 및 고용제도의 유연성 제고를 위해서는 「동일노동·동일임금」으로 정규직·비정규직 통합, 노동시장의 유연화에 따른 근로자의 노동시간의 불확실성 증대를 임금으로 보상하는 방안 마련도 필요하다.

5. 인프라 혁신

가. 데이터 활용 촉진을 위한 인프라 구축

공공데이터 확산과 정보공개는 4차 산업혁명이 대두되기 이전부터 전조적 현상으로 추진되어 왔으며 긍정적 효과를 보여주고 있다. 더구나 4차 산업혁명은 공유경제를 내세우고 있으므로 공공 및 민간데이터의 정보공개를 통한 확산은 더욱더 추진되어야 하는 분야이다.

데이터 개방과 확산은 데이터 플렛폼을 통해 원활하게 운영되고 유통될 수 있다. 스마트 팩토리, 스마트 시티, 스마트 헬스케어 등 대부분의 스마트 라이프를 구성하는 분야에서 데이터 개방과 확산을 필요로 하고 있다. 따라서 정부에서는 SOC 개념으로 데이터 개방과 확산을 위한 플랫폼 마련을 지속적으로 추진해야 할 것이다.

4차 산업혁명은 클라우드를 통한 서비스 시스템 구축을 기본으로 하는데, 클라우드는 SaaS(Software as a Service), Iaas(Infra as a Service), PaaS(Platform as a Service)로 구분될 수 있다. 각 서비스 분야별로 목적하는 바와 기술이 다르나 공통적으로는 사이버 보안기술이 필요하다.

한 예로, 사이버 공격이 정보누설에만 그치지 않고 주요 사회인프라나 IoT, 그리고 평창올림픽 등 주요 행사를 표적으로 할 가능성이 높음으로 실제의 사건에 대응, 공격정보의 수집, 분석과 실전연습을 통한 방어체계를 구축할 필요가 있다.

사이버 보안강화를 위해 정부가 산업계와 연대하여 보안의 산업화를 도모할 수 있는 에코시스템을 구축해야 한다. 이를 위해서 보안대책 강화에 직결되는 기술개발과 인재육성 지원, 중요 인프라 기업의 보안대책 강화, 보안대책의 명확화, 시장에서의 평가시스템 도입, 4차 산업혁명의 지적재산권정책 방향, 인공지능에 의한 창작물이나 센서 등으로부터 집적된 DB등 새로운 정보재산에 대응한 지적재산권제도를 조기 구축, 인공지능 창작물, DB등 새로운 정보재산과 관련기술에 관한 지적재산 보호의 기본방향 제시, 인공지능 창작물 등 지적재산 관리지침을 명확하게 마련하는 것 또한 필요하다.

나. Innovation기술개발 가속화

4차 산업혁명의 openness를 구현하기 위해서는 Open Innovation 시스템을 구축해야 한다. 이를 위해서는 대기업과 벤처기업과의 오픈이노베이션 촉진을 위한 지원 및 환경정비, 기존 과학기술개발 관련 연구기관 및 지원기관 통폐합 추진, 지적재산권 관리 및 국제표준화 전략적 추진, 국립연구개발법인에 의한 국제표준화 활동 강화, 대학에서 표준화 교육 확충, 표준에 관한 자격제도 창설 등의 활동이 추진되어야 한다.

제3부

균형경제

제16장
고소득 고부가가치 서비스산업 육성[1]

I. 4차 산업혁명시대 현황 및 문제점

한국의 산업구조가 급격한 변화에 직면하고 있다. 한국은 1970년
대에 육성한 조선 철강 자동차 기계 석유화학 등 중화학공업과 1980
년대에 육성한 반도체 산업, 1990년대 구축된 초고속통신망 산업에
의해 지탱되고 있다. 이미 1970년대 저임금 시절에 육성해서 아직 까
지도 한국의 주력산업으로 경제를 지탱하고 있는 중후장대형 중화학

〈한국 산업구조 변동 추이〉

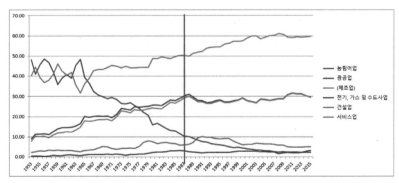

주: GDP구성의 변동 추이임
자료: 한국은행

1) 오정근, 건국대 금융IT학과 특임교수

공업은 한국의 임금급등과 저임금 중국 등 후발국의 추격으로 구조조정의 어려움에 직면해 있다. 그나마 1987년 체제 이후 임금이 6년 동안 연평균 20% 씩 급등하면서 가격경쟁력을 상실해 제조업의 비중은 30% 수준에 머물고 있다.

반면 서비스산업은 발전하지 못해 도소매 음식점 숙박업 보동산과 임대업 등 저생산성 서비스업이 큰 비중을 차지하고 있다. 반면 정작 청년들이 가고 싶어 하는 금융 교육 의료 컨설팅 법률 관광 국제회의전시(MICE) 등 고부가가치 서비스산업은 발전하지 못하고 있다. 이는 GDP 구성으로 보나 취업자 구성으로 보나 같은 모습을 보이고 있다.

이는 도소매 음식점 숙박업 보동산과 임대업과는 달리 이들 고부가가치 서비스업에 낙하산으로 내려오고자 하는 정부와 기득권을 유지하려고 하는 기득권층의 반발로 규제가 완화되지 않고 있는데 따른 것이다. 이 밖에도 의료 교육 등 일부 산업은 공공성이 지나치게 강조된 나머지 민영화나 영리화가 되지 않고 있는 점도 이들 고부가가치 서비스산업의 발전을 가로 막고 있다.

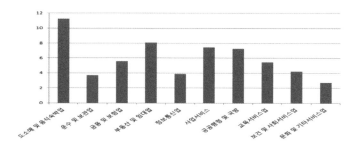

〈서비스산업의 업종별 대GDP 비중(2016년, %)〉

주: GDP구성의 변동 추이임
자료: 한국은행

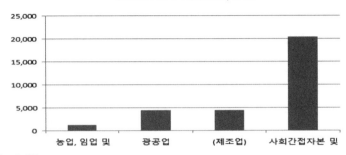

〈산업별 취업자 구성 (2016년, 천 명)

자료: 통계청

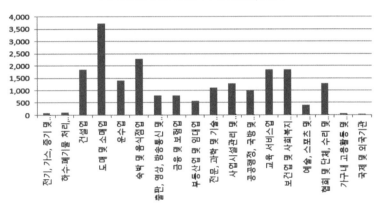

〈서비스산업 부문별 취업자 구성 (2016년, 천 명)

자료: 통계청

　　원래 산업구조는 임금이 상승하면서 변화하게 된다. 임금이 상승하면서 저임금에 의존하던 종전의 노동집약산업은 후발국으로 이전되고 새로운 고부가가치 산업으로 이동하면서 발전하는 것이다. 임금은 상승하는데 종전의 노동집약 산업에 머물러 있으면 저임금 후발개도국에 추격을 당해 산업경쟁력을 상실하게 된다. 따라서 임금이 상승할수록 점차 기술집약 첨단기술산업으로 이전하고 더 임금이 상승하면 지식기반 고부가가치 서비스산업으로 산업구조가 변화하게 되는 것이다. 만약 임금은 상승하는데 규제 등으로 인해 이러한 산업구조의 변화가 원활하게 이루어지지 않으면 후발개도국은 추격하는데 앞으로 나아가지 못함으로써 경제는 추락하게 되는 것이다. 지금 한국이 바로 이런 문제에 직면하고 있다. 하루빨리 지식기반 고부가가치 서비스업을 규제하고 있는 모든 규제를 혁파해서 고부가가치 서비스산업으로 나아가야 한다.

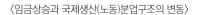

〈임금상승과 국제생산(노동)분업구조의 변동〉

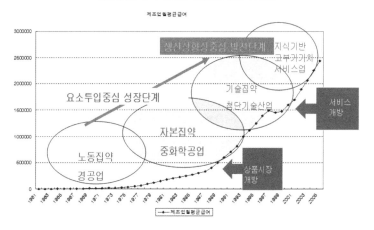

금융 교육 의료 컨설팅 법률 관광 국제회의전시(MICE) 등 고부가가치 서비스산업 규제를 획기적으로 혁파해서 금융 교육 관광 국제회의전시(MICE) 산업의 허브로 1인당 국민소득 한국의 두 배로 성장한 싱가포르를 벤치마킹할 필요도 있다.

제17장
세계 20위권 금융산업 육성[1]

I. 한국의 금융산업 현황

세계경제포럼이 평가한 2016년 한국 금융산업 세계경쟁력은 138 개국 중 80위로 낙후되어 있다.

〈금융산업경쟁력세계순위〉

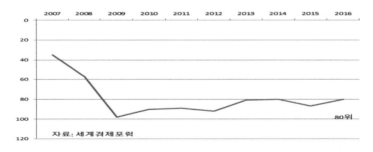

그에 따라 한국 전체 GDP 중 금융산업 부가가치의 비중이 급속히 하락해 2015년 기준 5.0%로 추락하고 있다. 금융산업 취업자의 전산업 취업자에 대한 비중도 급락해 2016년 기준으로 전체 취업자의 3%에 불과한 80만 명이 금융보험업에 종사하고 있다.

---

1) 오정근, 건국대 금융IT학과 특임교수, 오정근 저, 금융산업 낙후의 원인과 대안, 시대정신 2014년 12월호와 금융산업의 현황과 발전방향, 아시아금융포럼_2016 8월호를 일부 수정 보완한 것임

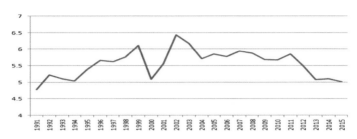

〈금융보험업부가가치/GDP 비중(%)〉

자료: 한국은행

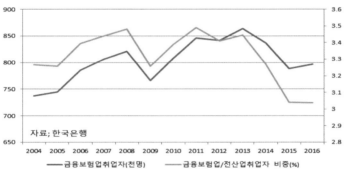

〈금융보험업 취업자 추이〉

자료; 한국은행

━━ 금융보험업취업자(천명)   ━━ 금융보험업/전산업취업자 비중(%)

자료: 통계청

II. 한국 금융산업 낙후 원인

한국금융산업이 이처럼 추락하고 있는 데는 △ 주인 없는 은행 경영진의 심각한 대리인 문제 △ 낙하산 인사와 취약한 지배구조 △ 금융혁신을 저해하는 과도한 규제 △ 독립성 약한 금융감독체계 △ 예대마진에만 과도하게 의존하는 수익구조 △ 정권마다 등장하는 정치금융 △ 리스크관리 미비에 따른 사고빈발과 부실증가 △ 고비용 저효율 구조 심화와 표류하는 구조조정 △ 수익기반 취약한 해외진출 △ 금융 IT융합 저해하는 규제 등 여러 가지 요인들이 복합적으로 작용하고 있다.

첫째, 한국의 은행들은 주인이 없다는 점이 문제의 출발점이다. 흔히 한국에서 왜 금융의 삼성전자는 나오지 않는가라고 지적하기도 한다. 전자 자동차 등 제조업과 금융업의 가장 큰 차이점은 제조업은 주인이 있는 반면 금융업, 특히 은행에는 주인이 없다는 점이다. 이 문제를 두고는 한국에서 금융의 삼성전자는 요원하다.

주인인 주주와 경영진인 대리인 간의 문제를 주인 대리인 문제라고 해서 주인의 이익보다는 대리인인 경영진 본인들의 이익을 위하고자 하는 유혹에 빠지는 도덕해이 문제를 지적하고 있다. 그런데 주인이 아예 없거나 주인이 권한을 행사하지 않는 은행의 경우에 경영진들이 도덕해이에 빠지는 것은 두 말할 필요조차 없다. 주인이 없는 은행은 결국 정부가 경영진 선임에 직간접으로 개입하는 등 주인 역할을 하게 된다. 그러한 과정에서 경영진이 정권에 의해 낙하산으로 내려온 경우에는 금융기관의 이익보다는 임명권자의 의중을 먼저 살필 수 밖에 없다. 한국에서 정권이 바뀔 때 마다 새롭게 등장하는 각종 정치성 금융들을 은행수익성은 불문하고 은행들이 앞장서서 도입하느라고 열심인 경우가 그런 예 중의 하나다. 정부가 은행의 주인역할을 하는 국가들의 금융산업경쟁력이 후진을 면치 못하는 이유다.

한국에서는 산업자본은 금융을 소유할 수 없다는 금산분리제도가 엄격하고 선진국에 비해 은행법상의 동일인 소유한도 규제가 법률로 엄격히 제한되고 있다. 많은 선진국에서 제조업이 판매증대를 위해 금융업을 함께 하고 있고 최근에는 모바일폰 제조업체, 전자상거래업체, 포탈, SNS업체들이 정보통신기술의 발달에 힘입어 지급결제, 예금 대출, 금융상품판매, 증권거래 등 금융업에 속속 진출하고 있는 금융IT 융복합시대다. 그러나 한국에서는 여전히 금산분리가 위세를 떨치고 있어 금융산업 발전을 가로 막는 요인이 되고 있다.

한국의 은행들은 대부분 주인이 없는 은행이라고 해도 과언이 아니다. 2016년 5월 현재 한국에는 특수은행 5개, 시중은행 6개, 지방은행 6개 총 17개의 은행이 있다. 특수은행 5개 중 KDB산업은행, 한국수출입은행은 대한민국 정부가 100% 소유하고 있고 IBK기업은행은 대한민국 정부가 최대주주다. NH농협은행은 NH농협은행금융지주, 수협은 수협중앙회가 각각 100% 소유하고 있다. 외국계 시티은행과 SC은행을 제외한 4개 시중은행 중 아직 민영화하지 않은 우리은행은 예금보험공사가 최대주주이며 나머지 신한 KB국민 KEB하나 3개 은행은 각각 해당 금융지주회사가 100% 소유하고 있다. 지방은행의 경우에는 대구은행은 DGB금융지주회사, 부산 경남은행은 BS금융지주, 제주은행은 신한금융지주, 전북 광주은행은 JB금융지주회사가 100% 소유하고 있다.

7개 금융지주회사 중 NH농협금융지주는 농협중앙회가 100% 소유하고 있으며 신한 KB 하나금융지주회사는 국민연금이 최대주주이며 지방의 BS, JB금융지주는 국민연금이 2대 주주이며 DGB금융지주회사는 Aberdeen이 최대주주다. 결국 외국계 2개 은행과 외국계가 최대주주인 대구은행을 제외한 14개 은행이 정부나 예금보험공사 국민연금이 사실상 소유하고 있어 정부나 금융당국의 영향력이 절대적일 수 밖에 없는 소유구조다.

둘째, 낙하산 인사와 취약한 지배구조 문제는 주인 없는 소유구조와 더불어 금융산업 낙후의 가장 중요한 요인이다. 한국 금융산업의 낙하산 인사문제는 이미 모든 국민이 잘 알 정도로 고질적인 적폐이지만 KB금융사태를 계기로 다시 한번 한국 금융회사의 낙하산 인사와 지배구조 문제가 중요한 이슈로 대두되고 있다. KB금융사태가 근본적으로는 주인 없는 은행체제에서 취약한 지배구조문제가 중요한 원인이었기 때문이다.

한국금융회사 지배구조의 문제점을 보면 △ 지주회사 회장과 자회사 은행장 간의 역할 책임 불분명과 지주회사 회장의 자회사 은행상 통할 불능에 따른 분쟁 소지 상존, △ 이사회의 경영진과의 긴밀한 관계 유지로 장기 연임 권력화 등 경영진 견제 감시기능 미작동, △ 각종 전문위원회 기능 미작동, 특히 여신심사위원회, 리스크관리위원회, 보상위원회, 기존 이사로 구성된 회장추천위원회에서 회장 추천에 따른 경로의존문제, △ 감사/감사위원회 기능 실종, △ 이사회의 주주 이익 대변기능 미작동 등 주인 대리인 문제 심화, △ CEO 승계구도 전무에 따른 CEO 리스크 대두, △ 지배구조에 대한 지속적인 점검체계 미비 등이 지적될 수 있다.

셋째, 한국에서는 등록된 규제만 1107건에 이르고 창구지도나 자율기관 내규 등 유사행정규제도 534건이나 되는 등 과도한 규제로 인해 새로운 금융상품을 적시에 개발하지 못해 경쟁력을 상실하는 등 금융혁신을 저해하고 있다. 근년에는 수수료 가산금리 등 금융상품의 가격까지 정부가 개입해 시장구조를 왜곡시킬 수도 있다는 우려도 제기되고 있는 실정이다.

넷째, 한국의 금융감독체계는 금융정책을 수립 집행하는 정부조직인 금융위원회가 상부조직으로서 하부조직인 금융감독원을 지도 통할하는 체계다. 자연 상부조직인 금융정책 당국의 금융정책을 제대로 감독하는데 한계가 있게 되는 등 금융감독의 독립성이 약할 수 밖에 없다. 그 결과는 2001~03년 중에 발생한 신용카드 대란, 2011에 발생한 저축은행 사태, 근년의 동양증권사테, KB금융사태, 최근 산업은행 수출입은행 농협금융지주 등의 조선 해양 부실여신 등 연이은 금융사고로 나타나고 있다. 이처럼 연이은 금융사고는 금융감독의 독립성 확보와 금융정책과 감독정책 분리의 필요성을 환기시켜 주었을 뿐만 아니라 전문성 부족과 감독사각지대 가능성 등 통합감독의 문제점도 드러내었다.

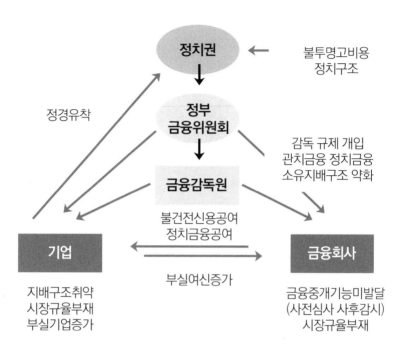

〈한국의 관치금융구조〉

정치권 ← 불투명고비용
정치구조

정경유착

정부
금융위원회

감독 규제 개입
관치금융 정치금융
소유지배구조 약화

금융감독원

불건전신용공여
정치금융공여

기업 ←→ 금융회사

부실여신증가

지배구조취약
시장규율부재
부실기업증가

금융중개기능미발달
(사전심사 사후감시)
시장규율부재

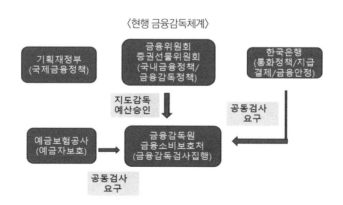

〈현행 금융감독체계〉

기획재정부
(국제금융정책)

금융위원회
증권선물위원회
(국내금융정책/
금융감독정책)

한국은행
(통화정책/지급
결제/금융안정)

지도감독
예산승인

공동검사
요구

예금보험공사
(예금자보호)

금융감독원
금융소비보호처
(금융감독검사집행)

공동검사
요구

다섯째, 새 수익모델 없이 예대마진 의존도가 높은 가운데 순이자마진(NIM)마저 하락을 지속하고 있다. 국내은행들은 금년 2분기 중 당기순이익 중 이자수입이 84.5%로 절대적인 비중을 차지하고 수수료 등 비이자수익은 15.5%에 머물고 있는 것으로 나타났다. 수익구조 다각화가 제대로 추진되지 않고 있다는 얘기다. 이런 가운데 설상가상으로 순이자마진(NIM)은 갈수록 악화되어 2008년 4분기에 2.46%였던 순이자마진(NIM)이 2015년 말 1.58%로 낮아지고 있다.

여섯째, 정권마다 등장하는 정치금융도 금융산업의 경쟁력을 약화시키고 있다. 예를 들어 이명박정부는 국가 비전으로 저탄소 녹색성장정책을 제시했고 대통령 직속 녹색성장위원회가 출범하면서 '녹색금융'을 추진했다. 2009년 은행·증권·보험 등 금융사는 녹색금융협의회를 만들었고 2013년 말 기준 녹색성장 관련 펀드만 총 86개가 출시됐지만 수익률은 기대에 미치지 못하고 있다. 동반성장 관련 기금 출연에도 참여했다. 박근혜 정부는 창조금융 기술금융을 내세우고 있다. 실적달성을 위해서 은행들에 대출이 강요되다시피 하고 있는 창조금융 기술금융은 장기적으로는 리스크가 돼 금융권에 큰 부담으로 돌아올 우려가 제기되고 있다. 이 밖에도 각종 관치 금융상품과 낮은 신용도에도 불구하고 저금리 대출을 강요당하는 서민 중소기업 관련 각종 금융들이 금융시장을 왜곡시키고 금융기관 수익을 악화시키고 있다.

일곱째, 금융의 기본이라고 할 수 있는 리스크관리가 안 돼 사고가 빈발하고 그 결과 부실이 증가하고 있다. 여신심사가 제대로 안 돼 수천억 원~수조 원 대 부실대출, 심지어는 위조매출채권 대출, 위조수출채권 대출 등이 연이어 일어나고 이러한 부실 불법대출을 크로스체크해야 할 리스크관리체제가 제대로 작동되지 않아서 은행부실을 키우고 자본을 잠식하고 있다. 부실대출 규모도 급증하고 있다. 여신심사위원회 리스크관리위원회 등이 있고 관련 임원급 최고책임자(CRO)들이 있지만 모두 무용지물이다. 광범위하게 발생한 개인정보유출도 리스크관리가 안 돼 발생한 사고다. 도무지 금융의 기본이 제대로 되어 있는지 의구심이 들 정도다.

여덟째, 고비용 고임금 저효율 구조가 심화되고 구조조정은 표류하고 있다. 지난 5년간 국내 6개 시중은행의 1인당 자산 증가율이 연봉 증가율을 못 따라가고 있는 것으로 나타났다. 국민 우리 신한 하나 외환 기업 등 6개 시중은행의 1인당 연봉 및 자산액 증가 추이를 분석한 결과, 1인당 자산규모는 지난 2009년 131억 원에서 올해 상반기 158억 원으로 20.4% 증가했으나 같은 기간 동안 은행 직원들의 평균 연봉은 5700만원에서 7600만원으로 32.72% 늘어나는 등 고비용 저효율 구조가 지속되고 있는 것으로 조사되고 있다. 순이익 기준으로 생산성을 측정할 경우에는 1인당 생산성은 거의 반토막이 나고 있다. 그럼에도 불구하고 점포나 인력구조조정은 만만치 않은 실정이다. 합병은행의 경우에도 인력구조조정이 순조롭지 못해 합병의 시너지 효과를 반감시키고 있다.

아홉째, 국내시장이 포화상태이므로 해외진출이 권장되고 있으나 대부분의 해외 진출 금융기관들은 수익성이 악화되고 있다. 2013년 말 해외에 진출한 한국의 은행 점포수는 152개로 1년 동안 10개가 증가했다. 그러나 이는 외환위기 때인 1997년 257개의 절반수준이다. 해외 점포의 총자산 규모는 전년(690억 2,000만 달러) 대비 12.8% 늘어난 778억 4,000만 달러를 기록했다. 해외점포 증가가 한 몫 했다. 그러나 수익성은 나빠졌다. 2013년 해외 점포의 당기순이익은 4억 5,000만 달러로 2012년 대비 1억 8,000만 달러 감소했다. 총자산수익률(ROA)도 0.64%로 2012년(0.96%)보다 0.32%포인트 하락했다. 정부는 2016년부터 해외진출 금융회사에 대해 초기 3년간은 경영평가를 면제하고 은행 증권 겸업도 허용하는 등 금융한류 확산을 위해 여러 대책들을 내놓고 있지만 금융한류의 전망이 만만치 않음을 보여주고 있다고 하겠다.

열째, 중국의 알리바바 열풍에서 보듯이 전 세계가 금융과 IT의 융복합 시대로 나아가면서 금융혁신을 일으키고 있지만 한국은 과도하게 엄격한 금산분리 규제, 인터넷전문은행 대기업진출 불허 등 각종 규제로 걸음마 단계에서 벗어나지 못하고 있는 실정이다. 앞선 지적들은 현재 한국금융의 낙후원인이라면 금융 IT의 융복합 관련 규제는 미래 금융혁명 대열에서도 한국금융의 미래가 밝지 못할 것이라는 점을 예고해 주고 있어 심각하다고 할 수 있다.

II. 금융산업 선진화 방안

이처럼 낙후된 금융산업을 일신하여 미래 한국경제 성장을 선도하는 고부가가치서비스 산업으로 육성하기 위해 정부는 2013년 11월 진입 영업 규제 대폭 완화, 금융사 외국진출 지원, 100세 시대 새 먹거리 창출 등을 포함한 '금융산업 경쟁력 강화방안'을 발표했다. 동 방안의 구현으로 현재 GDP대비 7% 수준인 금융산업의 부가가치를 10년 후 10%대로 올린다는 '10-10' 비전을 달성한다는 구상이다. 이어 2015년에는 신임 금융위원장의 취임을 계기로 정부의 4대 부문 개혁정책에 부응해 1단계 금융개혁을 추진하고 2016년에는 2단계 개혁을 추진하고 있다. 그러나 인터넷전문은행 출범 등 일부 혁신적인 개혁을 제외하고는 대부분 곁가지 개혁에 치중하고 있고 앞에서 살펴 본 금융산업 경쟁력 강화를 위한 본질적인 개혁과는 거리가 먼 안타까움이 있다.

한국금융산업이 선진 금융으로 도약하기 위한 생태계 육성을 위해서는 위에서 지적한 문제점들을 극복하는 일이 가장 긴요하다. 즉 △ 금산분리 완화와 주인 찾아주기, △ 낙하산 인사 청산과 지배구조 개선, △ 규제 혁파로 금융혁신 도모 △ 금융감독 독립성 강화 △ 새로운 수익모델 개발 △ 정치금융 지양 △ 리스크관리 강화, △ 고비용 저효율 구조 개선과 구조조정 추진 △ 해외진출 수익 모델 개발 △ 금융 IT융합 관련 규제 혁파 등의 정책이 추진되어야 한다.

금산분리 완화와 주인 찾아주기는 금융산업의 경쟁력을 제고하기 위해 가장 중요한 과제라고 할 수 있다. 이를 위하여는 은행법상의 은행주식 동일인소유한도를 상향조정할 필요가 있다. 그리고 금융지주회사법상 은행지주회사의 소유한도도 상향조정해야 한다.

낙하산 인사 청산과 인사개입 근절 및 지배구조 개선을 위해서는 △ 지주회사 회장과 자회사 은행장 간의 역할 책임 명확화 △ 이사회의 경영진 감시기능 강화 △ 각종 전문위원회 기능 강화 △ 감사/감사위원회 기능 강화 △ 이사회의 주주이익 대변기능 강화 △ CEO 승계구도 도입 △ 지배구조에 대한 지속적인 점검체계 구축 등이 추진되어야 한다. 무엇보다 중요한 것은 이 모든 문제의 근원이 되고 있는 주인 없는 은행체제에서의 낙하산 인사와 같은 관치금융이 청산되어야 한다.

금융안정과 건전성 관련 규제는 강화하되 여타 규제는 과감하게 혁파해 금융혁신을 도모하는 동시에 금융감독 독립성을 강화해 관치금융의 연결고리를 차단하고 금융감독이 제대로 이루어지도록 해야 한다. 2008년 발생한 글로벌 금융위기는 글로벌 차원에서 금융감독 제도에 일대 전환기가 되었다. 즉 시스템위기의 사전예방을 위한 거시건전성 규제의 중요성이 대두되고 위기의 사전예방이나 추가 확산을 방지하기 위해 최종대부자기능을 수행하는 중앙은행의 금융안정 기능이 다시 재조명받는 계기가 되었다. 이에 따라 1998년 통합감독 체제를 구축했던 영국은 감독제도를 영란은행으로 다시 이관하고 미국도 FRB의 감독기능을 강화하는가 하면 최근 유럽연합은 유럽중앙은행 산하에 유럽통합감독기구를 설치하는데 합의하는 등 중앙은행의 금융감독기능이 속속 강화되는 추세에 있다. 이 밖에 파생상품 등 소비자가 그 위험도를 이해하기 어려운 금융상품들로 금융소비자들이 피해를 보는 사례가 속출하면서 금융소비자보호가 강조되는 추세다.

이러한 추세에 부응하여 금융감독의 독립성 확보, 금융정책과 금

제3부

융감독의 분리, 국내외 금융정책 조화도모, 감독의 분권화와 전문화, 건전성규제 강화, 중앙은행 금융안정기능 강화, 소비자보호 강화, 감독당국의 책임성 투명성 제고, 감독당국간 유기적 협조체제 구축, 감독제도의 국제적 정합성 제고 등을 추진하는 방향으로 금융감독제도가 개편되어야 한다.

이러한 개편방향에 따라 현행 금융감독원 기능을 시스템리스크와 관련성이 큰 은행과 제2금융권 감독을 담당하는 금융건전성감독원과 증권 보험 파생상품 등 금융상품거래 감독을 담당하는 금융시장감독원으로 나누고 영국 미국 프랑스 독일 유로존의 경우처럼 금융건전성감독원은 중앙은행인 한국은행에 두는 방안도 검토할 필요성이 있을 것으로 보인다. 금융건전성감독원을 따로 둘 경우에는 중앙은행의 원활한 최종대부자기능 수행을 위하여 금융기관의 부실징후시에는 한국은행에 단독감사권을 부여하는 것도 바람직할 것으로 보인다. 다음 그림은 바람직한 금융생태계 구상도와 이를 위한 바람직한 금융감독체계도이다.

자산관리 인수합병 구조조정 등 새로운 수익모델을 개발해 과도한 예대의존도를 줄여야 한다. 더 이상 정치금융이 정권이 바뀔 때 마다 등장해 금융시장 질서를 왜곡하고 금융산업의 경쟁력을 저하시켜서는 안된다. 리스크관리체계를 구축하고 제대로 작동해야 함은 금융의 기본이다. 고비용 고임금 저효율 구조 개선하고 구조조정도 추진해야 한다. 무조건 국내시장이 포화이니 해외로 나가야 한다는 식의 해외진출은 곤란하다. 한국 금융산업의 입장에서 이익을 창출할 수 있는 해외진출 수익 모델을 개발해야 한다. 마자막으로 혁명적이라고 할 수 있을 정도로 역동적으로 변모해 가는 금융 IT 융복합 시대에 부응하여 관련 규제를 혁파해 미래 금융산업의 발전에도 대비해야 한다.

금융산업을 세계 20위권으로 육성하여 5년 내 부가가치 비중 10%, 고급일자리 100만 개 달성하기 위해서는 △ 금산분리 완화로 주인 있는 은행, 한국판 골드만 삭스 육성, △ 낙하산 인사 청산으로 금융산업

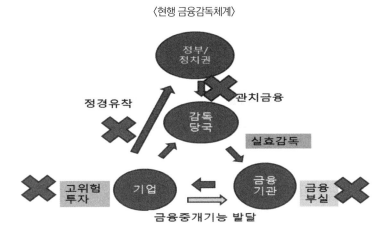

〈현행 금융감독체계〉

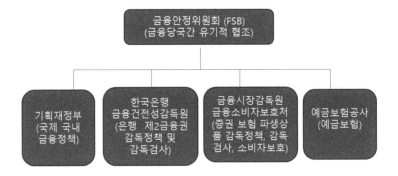

〈바람직한 금융감독체계〉

활력제고, △ 금융감독원 독립으로 관치금융 청산, △ 과감한 규제 혁파로 금융혁신 도모, △ 정권마다 등장하는 정치금융 완전 청산, △ 과도한 정책금융 개혁으로 만성적 좀비기업 정리하고 건전성장 도모, △ 금융 IT융합 관련 규제 혁파로 핀테크산업 모바일금융 육성해 IT 강국을 기반으로 세계를 선도하는 신금융산업 육성, △ 모험자본 육성으로 벤처산업 발전과 4차 산업혁명을 도모하고 양질의 청년 일자리 창출에 기여할 수 있도록 해야 할 것이다.

제18장
창의인재 양성 위한 세계 일류 교육제도 구축[1]

I. 한국 교육의 현황과 문제점

1. 가장 비효율적인 교육 부문

한국은 세계 최고의 교육열과 교육비 지출을 자랑하고 있지만, 그 효과는 가장 낮다. 세계에서 영어 교육에 이렇게 많은 시간과 비용을 들이는 나라들은 별로 없다. 그럼에도 불구하고 국내에서만 교육을 받은 한국의 젊은이들이 아직도 세계 무대에서 영어에 자신감을 보이지 못하고 있다. 일류대를 졸업해도 외국인을 만나면 두려움에 피하려고 한다.

그리고 가장 형평성을 추구하는 분야가 교육분야이다. 기부금 입학은 한국의 문화에서 상상도 못한다. 전국이 정해진 날짜에 비행기 이륙도 통제하면서 획일적으로 수학능력시험을 치르고, 그 성적에 따라 대학교에 진학한다. 사립 학교도 정부가 모두 커리큘럼부터 등록금에 이르기까지 획일적으로 규제한다. 사립학교도 등록금을 자율적으로 결정못하고 상한을 정해 놓았기 때문에 정부의 지원금에 의존할 수 밖에 없고, 따라서 공립학교와 동일하게 규제를 받는다. 자율고와 특목고 등 일부 변화를 시도하지만, 대학입시로 모든 목표가 모여지는 것은 마찬가지이다. 이렇게 사실상의 사립학교는 거의 없으며 공립이든 사람이

---

[1] 김승욱, 중앙대 경제학부 교수

든 모두 공교육의 틀 안에서 교육이 이루어진다.

획일적인 공교육을 신뢰하지 않기 때문에 사교육 시장이 매우 활성화 되며, 가계부담의 가장 중요한 원천이 바로 이 사교육 시장이다. 과외금지를 법으로 금지하기도 했고, 사교육 없는 세상을 만들겠다는 시민단체도 등장했지만 역부족이다. 형평성을 추구하기 위해서 시험을 쉽게 출제하고 EBS 교육방송을 통해서 저소득층도 좋은 점수를 받을 수 있는 방안을 간구했지만, 사교육 시장은 줄어들지 않고 있다. 한국에서의 공교육에 만족을 못하는 계층은 해외로 자녀를 조기유학을 시킨다. 국내에서는 국제언어가 된 영어를 모국어처럼 구사하지 못하기 때문에 조기유학을 보내고, 그로 인해서 기러기 아빠 등 여러가지 가정 파탄의 원인이 되고 있다. 이제는 조기유학이 부유층의 전유물이 아니고 상당히 많은 중산층에서도 무리해서 자녀를 유학보내고 있다.

그 결과 부유층 자녀들은 해외에서 영어를 유창하게 구사할 수 있게 되고, 세계적인 명문 대학에도 많이 진출하여 다시 국내의 대기업에 유리한 조건으로 돌아온다. 그 결과 결국 형평성은 더욱 멀어지게 되었다.

글로벌 시대에 부모의 해외 근무나 파견근무 또는 연구년 등의 이유로 해외 거주한 자녀들이 늘어나면서, 영어 교사의 어학 수준이 해외로부터 귀국한 자녀들을 효과적으로 가르치지 못하는 수준까지 되었다. 이로 인해서 영어수업의 경우 관사 하나도 빼지 않고 교과서를 그대로 외우지 못하면 좋은 점수를 받을 수 없는 교육환경이 되었다. 자유와 창의를 바탕으로 글로벌 인재를 육성해야 할 21세기 교육의 현실은 다시 교과서를 처음부터 끝까지 암기해야 하는 수준으로 후퇴했다.

2. 새로운 신분을 추구하는 한국 사회

한국은 자원이라고는 인적자원 밖에 없는 나라이다. 지금까지 한강의 기적을 이룩한 것도 결국은 높은 교육열과 우수한 인적자원, 그리고 젊은 생산가능 인구 덕분이었다. 그런데 이제 한국은 세계에서 가장 빨리 고령화되어 가는 나라이고 10년 후면 초고령사회에 진입하게 된다. 더 이상 늙은 사회가 되기 전에 한국은 잠재생산능력을 높여야 한다. 그런데 유일한 인적자본이 효율성을 발휘하지 못하고 있다.

인적자원이 효율성을 발휘하려면 각자가 지닌 자질과 재능을 최대한 발휘할 수 있어야 하며, 이들이 사회 각 적재적소에서 마음껏 자신의 능력을 발휘할 수 있는 여건을 사회가 제공해야 한다. 그런데 미래에 대한 불안으로 인해서 젊은이들이 각자의 재능과 관계없이 안전한 직업만을 추구하고 있다. 이과 고등학생의 경우 평생 직업이 보장되는 의사 등 의료분야에만 몰리고, 전국의 의대 정원이 다 채워져야 그 다음 순위 성적의 학생이 명문대 다른 이과계열로 진학하는 것이 한국의 현실이다. 문과의 경우, 전공에 관계없이 명문대학일수록 사법고시, 행정고시, 5급공무원 시험 등으로 신입생 시절부터 시험준비에 들어간다. 여기에도 안되는 학생들은 더 낮은 직급이라도 정년이 보장되는 공무원 시험준비를 한다. 이렇게 공시족과 고시족이 추구하는 것은 결국은 정년이 보장되는 신분을 얻기 위한 것이다. 과거에는 2년제 대학이었던 교대에 성적 우수한 학생들이 몰리는 이유도 역시 평생직의 신분을 얻기 위한 것이다. 노량진 학원가는 이 불황에도 늘 문전성시를 이룬다. 취업 재수를 해서라도 대기업이나 금융권 진입을 꿈꾸는 이유는 정규직 신분을 얻어서 정년을 보장받기 위해서이다. 정규직 해고를 힘들게 만들어 달라고 노조가 그렇게 요구하는 것도 노력에 따른 보상을 받기 위해서가 아니라, 해고 안 당하는 안정적 직업, 정년 보장을 원하기 때문이다.

결국 한국은 엘리트들이 모두 정년보장이 되는 직업군에만 몰리고, 과학자나 벤처기업 등에 우수한 인력이 몰리지 않고 있다. 이래서는 한국의 미래가 암울하기만 하다. 스텐포드 대학 옆에는 실리콘 벨리가 있고, 서울대 옆에는 고시촌이 있다는 자조석인 이 말이 한국의 현실을 가장 잘 말해주고 있다.

진정한 공정사회란 능력에 따라 보상을 받는 것이 공정사회이다. 그렇다면 고시나 입학 시험 등을 잘 봐서 얻은 직장에서 능력과 노력에 관계없이 연공에 따라 호봉이 올라가고 월급을 보장받을 수 있는 그런 사회가 공정한 사회가 아니라, 능력이 있는 자나 노력하는 자가 승진하는 사회가 공정한 사회이다. 가장 능력에 따라 대우 받는 곳은 프로 스포츠의 세계이고, 연예인들의 세계이다. 아무리 많은 연봉에 프로야구팀에 스카우트되어 가도 실적이 나쁘면 바로 방출된다. 여기에 대해서는 아무도 이의를 달지 않는다. 그런데 유독 기업의 세계에서는 고용안정을 보장해 달라고 한다. 그리고 그것도 모자라 모든 고용을 보장을 하라고 한다. 물론 고용이 안정되는 것은 피용자 입장에서는 더할 나위 없이 좋은 것이다. 그러나 사회 전체를 생각하고, 불평등을 생각하고, 신규 진입을 시도하는 청년층을 생각하면 모든 사람의 고용안정은 모순이다. 이러한 문제를 풀기 위해서 어떠한 교육 개혁이 필요한가?

제3부

II. 교육 개혁의 기본 방향

한국이 지향할 교육 개혁의 기본 방향은 개인의 재능이 최대한 발휘될 수 있는 교육환경을 만들어주는 것이다. 그리고 소득에 관계없이 누구나 타고 태어난 재능을 마음껏 발휘할 수 있도록 기회를 제공하는 것이다.

1. 초중등 교육의 개선할 점

가. 사립학교의 자율성 강화
한국의 경우 다른 나라에 비해서 사립학교의 비중이 매우 높다. 이승

만 정부의 농지개혁 당시에 학교 부지는 대상에서 제외되었기 때문에 많은 사람들이 학교를 설립했다. 그리고 종교적 이유나 민족 교육의 이유 등으로 과거에 많은 사립학교가 세워졌다. 우리나라는 사립학교가 사실은 국공립이나 큰 차이가 없이 운영되고 있다. 저소득층에게 동일한 교육 기회를 부여하여 형평성을 달성하기 위해서 엄격하게 사립학교의 등록금을 규제하고, 그 대신 부족한 학교 운영비를 정부가 보조한다. 그리고 그 대가로 사립학교의 커리큘럼을 비롯해서 모든 것을 통제한다.

그런데 이제 부유층들은 많은 경우에 해외에 자녀를 유학을 보낸다. 뿐만 아니라 중산층에서도 상당히 많은 가정에서 자녀를 유학보낼 정도로 한국의 경제력이 향상이 되었는데, 이 제도를 그대로 유지한다는 것은 시대적으로 적절하지 않다.

공립고등학교는 정부의 지원에 따라 저렴하게 다닐 수 있도록 하고, 사립학교에게 등록금 규제와 각종 규제를 해제해야 한다. 삼성그룹이 1994년부터 약 800억 원을 지원해 서울중동중·고등학교를 명문으로 바꿔놨지만 최근 손을 뗐다. 학생 선발이나 교육과정에 사실상 지율권이 없어 투자대비 실익이 없다는 판단 때문이다.[2] 한국 사회에 교육의 의지가 있는 자들에게 과감하게 교육을 맡기고, 정부는 그 예산을 대학의 연구개발비로 돌려야 한다.

한국 사회는 지난 십수년간 대안교육의 열풍이 불었다. 홈스쿨링도 크게 늘어나고 해외 유학도 많이 간다. 이것을 국내에서 민간부문을 활성화해서 얼마든지 할 수 있는 일을 교육부에서는 형평성의 확보라는 명분으로 지나치게 간섭하고 있다.

나. 중국어 이중 언어 학교를 세우자

---

2) 매일경제 분노의 시대 특별취재팀(2012), 『나는 분노한다』, 매일경제신문사, 229.

교육을 통한 기회균등 제공이라는 사회적 목표를 달성해야 한다. 잠재력을 지닌 저소득계층의 젊은이들에게 기회균등을 제공하는 것도 개인적으로나 사회통합적 차원으로나 매우 중요하다. 조기유학 등의 기회가 부족해 발생하는 빈곤의 대물림 현상 발생 가능성을 해소하기 위해서 고시에도 해외 유학파 청년들이 진출할 수 있는 길을 열어주는 반면, 저 소득층 자녀들도 해외유학파 못지않은 외국어 능력을 키울 수 있도록 국내 교육기관을 통해 기회를 만들어 주어야 한다, 이를 위해서 국내에 이중언어학교를 대폭 늘릴 필요가 있다. 그런데 현재 이중언어로 수업을 하는 국제학교의 경우 숫자가 매우 제한되어 있다. 초등학교의 경우 대부분 외국인만 들어갈 수 있고, 내국인이 들어갈 수 있는 이중언어학교는 영훈초등학교 외에는 거의 없다. 중등학교도 영훈중학교 등 서울에 2개 밖에 허용되지 않고 있다. 영어권 교사의 높은 급여 문제 등으로 인해서 영어를 사용하는 이중언어학교는 등록긍도 비싸서 저소득층에게는 그림의 떡이다. 저소득층 자녀들에게도 국제 어 능력을 키워주기 위해서 국가의 예산으로 지원하는 국제학교를 세워야하는데 이는 예산의 문제로 인해서 쉽지 않다. 그러나 방법이 전혀 없는 것이 아니다. 중국어 국제 학교를 만들면 예산부족문제를 해결할 수 있다 외국인 영어교사는 내국인 교사에 비해서 비용이 많이 소요되지만, 중국어 교사는 내국인 교사와 비슷한 임금 수준으로 채용이 가능하므로 중국어 국제학교는 예산의 범위 내에서 가능하다. 중국어 원어민 교사를 더 많이 확보하여 저소득층이 어학연수나 조기유학을 가지 않고 국내에서 학교를 다녀도 중국어를 유창하게 할 수 있으면 저소득층 자녀에게 상당한 기서 회를 제공해 줄 수 있을 것이다.

이 5세 이하 영유아에 대한 보육지원은 의무교육의 시작을 낮추어 아이들의 잠재력을 개발시키고, 사회적 지위의 격차를 해소하는데 기여하여 성장과 분배의 두 가지 목표를 동시에 달성하는데 기여하며, 인구감소를 막는데도 효과가 있는 세 마리 토끼를 잡는 일이다. 이 뿐만 아니라 초등학교에 원어민 교사를 더 많이 확보하여 어학연수나 조기유학을 갈 수 없는 저소득층의 어학교육을 강화해야 한다.

2. 고등교육의 개선할 점

가. 사립대학교에 퇴출의 기회를

현재 청년 실업 문제의 많은 부분이 대졸자의 수와 기업의 노동 수요가 큰 격차가 발생하기 때문이다. 이는 대학 정원이 너무 크게 늘어나 고등학교 졸업자의 80%가 대학으로 진학하는데서 발생했다. 그리하여 교육부에서도 대학통폐합을 추진하고 정원을 줄이도록 노력하고 있다. 정원을 줄이는 대학에 지원을 확대하는 식으로 조정을 하고 있는데, 아직도 사회에 배출되는 대졸자의 숫자가 너무 많다. 일부 사립대들이 중국 유학생들을 유치해서 명맥을 유지하고 있는데, 이는 교육부실로 이어지고, 장기적으로 한국의 이미지를 실추 시키는 등 부작용이 예상된다. 따라서 사립학교 소유자들이 학교를 폐쇄할 수 있는 인센티브를 마련해 주어야 한다. 교육에 투자된 재산을 회수 할 수 없기 때문에 끝까지 대학 운영권을 놓지 않고 있는 사립대학 재단의 실소유주들이 대학을 폐쇄할 수 있는 파격적인 제도 개선이 필요하다.

나. 사립 대학교 전공 선택의 자유

대졸자들 중에 특히 문과 졸업자들의 취업문이 좁다. 그 중에도 인문계가 대졸자 수요에 비해서 약 10배 정도 배출이 된다. 그런데 대학에 진학할 때 성적에 따라 진학을 하고, 한번 그 학과에 들어가면 다른 전공으로 바꿀 수 있는 방법이 좁다. 복수전공이나 전과, 또는 전학 등의 방법이 있지만 쉽지 않다. 성격과 적성에 따라 전공을 선택해야 한다는 사실은 잘 알지만 현실적으로 그런 것을 고려해서 대학진학하지 않는 경우가 더 많다. 성적에 따라 대학에 진학해서 적성에 맞지 않아서 방황하고, 결국 각종 자격증 공부로 또 시간을 보내는 것이 현실이다.

학생들의 학과 선택은 마치 조금만 기울여도 한쪽으로 쏠리는 쟁반의 물과 같아서 장래성이 있어 보이는 전공으로 적성과 능력에 관계없이 쏠리는 경향이 있다. 그래서 어느 정도는 학과의 장벽이 필요하다. 그리고 사회의 수요에 따라서 비인기 영역도 인재를 육성해야 한다. 그러나 꼭 필요한 인재는 국공립 대학에서 확보하는 것이 바람직하다. 사립대학들은 기업과 사회가 수요하는 인력을 제공하는 것이 효과적이다.

그런데 우리는 지나치게 사립대학에 대해서도 규제가 많다. 공정성이라는 이름으로 선발에서부터 학과 정원과 교적관리에 이르기까지 광범위한 규제가 이루어지고 있다.

제4차 산업혁명이 진행되고 있는 이 시대에 대학에서 자율적으로 필요한 인력을 교육시킬 수 있는 자율성을 확보해 주어야 한다. 기술이 부족해서 취업에 어려움을 겪고 있는 계층이 대학에서 재교육 받아 능력을 개발 할 수 있는 기회를 제공할 수 있어야 한다. 그런데 각종 규제에 묶여서 이러한 활동이 원활하게 수행되지 못하고 있는 것이 현실이다.

제 3 부

3. 저소득층에 대한 교육 지원

가. 저소득층 자녀 대학 등록금 지원

대학의 숫자를 줄이고 경쟁력이 있는 대학에 대해서는 과감한 지원이 필요하다. 연구개발비 뿐만이 아니라, 저소득층의 등록금에 대해서도 공립이나 사립을 가리지 말고, 이것은 과감하게 지원해서 능력 있는 젊은이들이 학자금 때문에 받는 고통을 덜어주어야 한다. 불

필요한 지역구 예산이나 선심성 공사 예산을 삭감하고 장기적으로 생산성을 높일 수 있는 대학에 투자를 확대해야 한다. 지금처럼 많은 고교졸업자가 대학으로 진학하는 상황에서 모두 지원할 수는 없다. 경쟁력이 있는 대학만 유지시켜야 한다. 이런 주장을 하면 지방대학은 다 죽으라는 말이냐고 반대가 많다. 지방에는 국공립 대학을 중심으로 더 많은 지원을 해서 명문 국공립대학이 유지될 수 있도록 해야 한다. 그리고 각종 특성화된 대학이 존립할 수 있도록 규제를 풀어주어야 한다. 과기대나 포항공대 또는 한동대 등이 지방에 있지만 가장 경쟁력이 있는 대학이듯이 지방에 있어도 운영 방식에 따라 얼마든지 경쟁력 있는 대학으로 발전할 수 있다.

나. 저소득층에 대한 상담 지원 필요
루비페인(Ruby K. Payne)은『계층이동의 사다리-빈곤층에서 부유층까지, 숨겨진 계층의 법칙(A Framework for Understanding Poverty)』에서 가난을 '한 개인이 자원 없이 지내는 정도'로 정의하고, 자원의 범주를 다음의 8가지로 나누었다. 빈곤층은 재정적인 도움이 필요할 뿐만 아니라, 정서적으로도 부정적인 상황에 맞닥뜨렸을 때 자기 파괴적인 행동에 빠지지 않도록 용기를 주고 도움을 주어야 한다. 중산층은 주변에 그런 도움을 줄 건강한 가족이나 친지, 또는 친구가 있지만, 저소득층일수록 그런 사람이 부족하다. 이에 대한 도움을 줄 수 있도록 지방자치단체나 정부가 노력을 해야 한다.

다. 중국어 이중 언어 학교를 세우자
교육을 통한 기회균등 제공이라는 사회적 목표를 달성해야 한다. 잠재력을 지닌 저소득계층의 젊은이들에게 기회균등을 제공하는 것도 개인적으로나 사회통합적 차원으로나 매우 중요하다. 조기유학 등의 기회가 부족해 발생하는 빈곤의 대물림 현상 발생 가능성을 해소하기 위해서 고시에도 해외 유학파 청년들이 진출할 수 있는 길을 열어주는 반면, 저 소득층 자녀들도 해외유학파 못지않은 외국어 능력을 키울 수 있도록 국내 교육기관을 통해 기회를 만들어 주어야 한다, 이를 위해서 국내에 이중언어학교를 대폭 늘릴 필요가 있다. 그런데 현재 이중언어로 수업을 하는 국제학교의 경우 숫자가 매우 제한되어 있다. 초등학교의 경우 대부분 외국인만 들어갈 수 있고, 내국인이 들어갈 수 있는 이중언어학교는 영훈초등학교 외에는 거의 없다. 중등학교도 영훈중학교 등 서울에 2개 밖에 허용되지 않고 있다. 영어권 교사의 높은 급여 문제 등으로 인해서 영어를 사용하는 이중언어학교는 등록금도 비싸서 저소득층에게는 그림의 떡이다. 저소득층 자녀들에게도 국제 어 능력을 키워주기 위해서 국가의 예산으로 지원하는 국제학교를 세워야 하는데 이는 예산의 문제로 인해서 쉽지 않다. 그러나 방법이 전혀 없는 것이 아니다. 중국어 국제 학교를 만들면 예산부족문제를 해결할 수 있다 외국인 영어교사는 내국인 교사에 비해서 비용이 많이 소요되지만, 중국어 교사는 내국인 교사와 비슷한 임금 수준으로 채용이 가능하므로 중국어 국제학교는 예산의 범위 내에서 가능하다. 중국어 원어민 교사를 더 많이 확보하여 저소득층이 어학연수나 조기유학을 가지 않고 국내에서 학교를 다녀도 중국어를 유창하게 할 수 있으면 저소득층 자녀에게 상당한 기서 회를 제공해 줄 수 있을 것이다.

특히 5세이하 영유아에 대한 보육지원은 의무교육의 시작을 낮추어 아이들의 잠재력을 개발시키고, 사회적 지위의 격차를 해소하는데 기여하여 성장과 분배의 두 가지 목표를 동시에 달성하는데 기여하며, 인구감소를 막는데도 효과가 있는 세 마리 토끼를 잡는 일이다. 이 뿐만 아니라 초등학교에 원어민 교사를 더 많이 확보하여 어학연수나 조기유학을 갈 수 없는 저소득층의 어학교육을 강화해야 한다.

4. 교육과 노동의 연계

지금 역대 최고인 12.5%의 청년실업률을 기록하고 있다. 이뿐만이 아니다. 이 청년실업자 56만 명에 취업준비자(57만9천명)와 구직단념자(47만4천명)를 합치면 무려 세 배에 달하는 161만 여명의 청년들이 (2016년 2월 기준) 일자리를 찾고 있다. 일자리 부족은 세계적인 현상이다. 저성장 시대를 맞아 일자리가 생겨나지 않을 뿐만 아니라, 자동화로 일자리가 사라져가고 있다. 산업혁명 이후에도 일자리를 빼앗는다고 기계파괴운동을 벌였지만, 그때는 새로운 산업에서 일자리가 생겼다. 그런데 이제는 AI의 등장과 확산으로 인해 새로운 일자리가 생길 가능성도 낮아지고 있고, 서비스업 일자리마저도 위협하고 있어서 이제 정말 인간이 할 수 있는 일은 별로 없을 것으로 예상이 되고 있다. 고용 없는 성장이 일어나고 있다는 것은 통계적으로도 확인이 된다. 1980년대에는 매년 약 1.9%씩 일자리가 늘어났지만, 2000년 이후에는 일자리 증가세가 1.2%로 낮아졌다. 우리나라의 경우 외환위기 이전에는 경제가 1% 성장하면 취업률이 0.44% 상승했었지만, 그 이후에는 0.36%밖에 성장하지 않는다.

좋은 기업, 착한 기업은 무엇인가? 이윤을 안 가져가는 기업이 착하고 좋은 기업이 아니라 일자리를 많이 만드는 기업이 착하고 좋은 기업이다. 국민의 세금으로 연명하는 좀비기업이 좋은 기업이 아니라, 세금 많이 내고 일자리 많이 만드는 기업이 좋은 기업이고, 사회에 착한 일을 많이 하는 이다. 중국에서 덩샤오핑은 흑묘백묘론으로 경제 중심의 지도이념을 주장해 경제개혁을 이룩했다. 마찬가지로 대기업이든 중소기업이든 일자리를 만드는 기업이 좋은 기업이라는 근본 원리로 돌아가야 한다. 일자리를 창출하면 선이고, 일자리를 없애는 것이 악이라는 기준을 가지고 정치를 하고 정책을 결정해야 한다.

일자리를 만드는데 찬밥 더운밥 가릴 때가 아니다. 이왕이면 정규직이 좋겠지만, 기간제니 임시직이니 가릴 처지가 아니다. 우리나라의 전체 임금근로자 약 1900만 명 중에 대기업 정규직(136만 명), 공무원(101만 명), 중앙 및 지방 공기업 정규직(34만 명), 사립학교 교직원(28만 명) 등 300만 명을 제외한 1,600만 명은 대부분 노조의 보호도 못 받거나 임시 일용직이나 기간제 근로자 등 소위 비정규직이다. 어차피 모든 노동자들을 번듯한 상용직 일자리를 보장할 수 있는 것도 아니니 기간제이든, 파견제든 어떤 형태이든지 일자리를 제공하는 것이 좋은 것이다. 노동시장이 유연한 미국이 가장 비정규직이 가장 적다. 결국 정규직 노동자 보호를 높이면 비정규직이 많아지고, 비정규직을 낮추려면 정규직 노동자 보호를 낮추는 수밖에 없다. 두 가지를 동시에 다 얻을 수는 없다.

일자리를 늘리려면 파업 중 대체근로를 허용하고, 파견 근로를 자유화 하는 등 경영의 자유도를 높여야 한다. 그리고 노동의 질보다 먼저 양적으로 일자리를 늘리는데 역점을 두어야 한다. 이러한 문제에 사회적 합의를 할 수 있도록 총력을 기울여야 한다. 대기업 정규직으로 주로 구성된 노동계에 끌려가 일자리를 만들지 못해서는 안 된다. 노조와의 합의를 통해서는 절대 노동개혁을 못하고 그러면 일자리 창출은 요원하다. 물론 싱가포르처럼 카지노도 좋고, 북한처럼 마약이라도 재배해서 일자리를 만들자는 말은 아니다. 한계기업들을 정부 세금으로라도 연명시키면서 고용을 유지하자는 것도 아니다. 어떤 경제정책이 좋은가? 일자리를 만드는 정책이 좋은 정책이고, 일자리를 없애는 정책은 나쁜 정책이라는 단순한 원리로 돌아가자는 것이다. 지나친 단순화라고 생각할 수도 있지만, 정책은 단순한 것이 좋다.

제19장
문화선진국 도약을 위한 세계 일류 문화산업 육성[1]

I. 문화, 문화산업 및 문화정책

1. 문화, 문화산업 및 문화정책

　문화산업 육성을 위해 우선적으로 문화의 개념과 문화산업의 기반 패러다임 및 문화정책의 함의에 대해 살펴보기로 한다. 문화란 사회와 사회집단을 특징짓는 뚜렷한 정신적, 물질적, 지적, 정서적 특성의 총체라고, 1982 멕시코시티에서 개최 된 유네스코 세계 문화정책 회의에서 개념 정의한 바 있다. 문화의 영역개념으로 문화란 문화예술, 생활양식, 공동체적 삶의 방식, 가치 체계, 전통 및 신념 등을 포함하는 사회나 사회 구성원의 고유한 정신적·물질적·지적·감성적 특성의 총체라고 표현한다. 구체적으로 언어, 문학, 미술, 음악, 연극, 사진, 건축, 공예, 문화재, 전통예술, 패션, 축제, 애니메이션, 게임, 광고, 여가 소프트웨어, 출판, 저작권, 컴퓨터 서비스, 텔레비전 · 라디오 프로그램 등을 포함하게 된다.

　문화산업은 지식기반 사회가 되면서, 사회의 가치 패러다임이 산업생산에서 문화산업과 창의산업으로 급격하게 변화하게 되었다. 문화산업은 문화와 예술을 산업과 연결하여 국가사회의 경제적 부와 부가

---

[1] 김병헌, 한림국제대학원대학교 겸임교수

가치를 창출한다. 창조성과 문화적 감성이 가치 창출의 원천이 되며, 문화산업은 새로운 성장 동력으로 부상하였고, 문화 콘텐츠의 중요성이 부각되고 있다.

문화정책은 문화와 문화산업이 육성 발전할 수 있도록 정부가 선택한 행동이다. 정책은 목표, 수단 및 대상을 구성요소로 한다. 문화의 경제적 부가가치로 인한 국가적인 정책적인 개입은 문화가 가지는 중요한 가치인 창의성과 다양성을 저해할 여지가 발생할 수 있음에 유의할 필요가 있다.

2. 왜 문화산업인가?

높은 경제적 부가가치로 국가와 지역경제 발전에 크게 기여하는 지식 기반사회 및 정보화 사회의 신 성장 동력 산업으로 국가적인 전략 산업의 하나가 문화산업이다. 문화는 보존된 유물로서의 문화가 아닌 현재에 활력을 주고 미래를 열어가는 삶의 총체적 에너지로서의 가치로 국민행복의 기반이 된다. 다음에서 외국의 문화 및 문화인, 문화산업이 국가경제에 미친 파급효과의 사례를 살펴보기로 한다.

가.외국 사례

문화산업에서 우선적으로 문화의 가치를 언급할 때, 영국의 해리포터 시리즈를 사례로 든다. 1명의 작가의 창의적인 머리에서 추산하기 어려운 경제적 가치를 창출하였기 때문이다. 국내외적으로 많은 사례가 있겠으나, 다음의 7가지 사례를 소개한다. 영국의 런던테크시티의 성공 사례, 미국이 낳은 창조적 인물인 빌 게이츠와 스티브 잡스 스토리는 인간의 창의적 사고의 무한한 가능성을 보여 주는 좋은 사례이다. 스페인 빌바오, 일본 나오시마는 문화를 입힌 도시재생프로그램의 사례이며, 일본 모쿠모쿠 팜은 6차 산업의 사례이다.

1)영국 해리포터:

1997년 영국에서 처음 출간된 해리포터 시리즈는 4억 부 이상의 판매고를 올려 300조원의 매출 기록하였다. 우리나라 지난 10년간 판매한 반도체 수출 총액 230조원보다 많다.

2) 영국 런던테크시티:

2011년 건설한 후 5년 동안 영국 전역에 27개 클러스터가 형성되었고, 150만 명의 일자리가 창출되었다.

3)미국 빌 게이츠:

마이크로소프트 창업 CEO재임 말 영업이익 110억 달러, 2014년 시가총액 4100억 달러를 기록하였다.

4)미국 스티브 잡스:

애플 창업 CEO재임 말 영업이익 340억 달러, 2014년 시가총액 6880억 달러를 기록하였다.

5)스페인 북부도시 빌바오:

철광과 조선업 쇠퇴로 낙후된 도시에서 미국 구겐하임 박물관 유치로 인구 40만 명 도시에 년 관광객 100만 명, 수십억 달러의 관광수입 등 도시 재생 프로그램이 성공하였다.

6)일본 시고쿠현 나오시마:

해운업과 제련업 쇠퇴로 낙후된 섬에서 다다오 미술관과 베네세 하우스로 탈바꿈하여 인구 4천명 섬이 세계 7대 관광명소가 되었다.

7)일본 미에현 모쿠모쿠 팜:

농업 체험 학습, 숙박, 레스토랑, 농원, 목장 등 농업과 휴양을 하나의 테마로 엮은 종합 시설로 연간 방문객 50만 명을 유치하고 있다.

나.문화산업 가치의 다양성(문화예술의 창조적 활용가치)

문화산업은 국가차원, 사회차원, 기업차원, 개인차원 등 다양한 수준에서 영향을 미치고 있다. 그러므로 문화산업은 현대 주요국가의 중요한 정책영역이 되고 있다. 국가차원에서는 국가브랜드 이미지, 국제교류, 경제적 부가가치 효과, 부처 간 협력 등이 관계가 된다. 사회차원에서는 문화적 다양성, 사회적 갈등 해소 문제, 문화적 복지 등이 관계가 있다. 기업차원에서는 문화 브랜딩, 기업의 사회적 책임, 고객 커뮤니케이션 등이 관계된다. 개인차원에서는 개인의 행복감, 웰빙과 웰니스(wellness), 재미와 감성욕구 충족, 자존감 등이 관계가 된다.

제
3
부

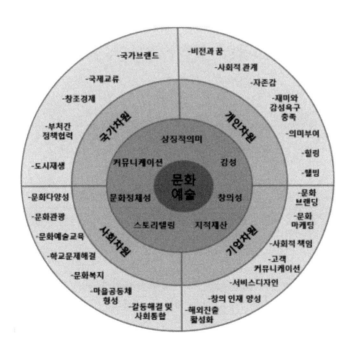

(자료원: 임학순 · 채경진, 새 정부의 문화정책 이념과 발전방안, 2013)

3. 우리나라 문화산업 현황

문화체육관광부 콘텐츠산업 통계 조사에 의하면, 문화산업 현황은
다음과 같다. 다음 지표는 출판, 만화, 음악, 게임, 영화, 애니메이션, 방
송, 광고, 캐릭터, 지식정보, 콘텐츠솔루션 등 국내문화콘텐츠산업 11
개 분야별 총 매출액, 수출액, 고용현황을 나타내는 것이다. 문화콘텐
츠산업 매출규모는 소비자 시장규모가 포함되지 않은 것이며, 문화
콘텐츠산업 성장 척도로 활용 가능하다.

수출액 수치는 문화콘텐츠의 해외 진출 성장척도로 활용가능하며,
수출액이 클수록 해외진출이 활발하다고 볼 수 있으며, 증감폭이 클
수록 성장/부진의 폭도 크다고 할 수 있다. 각 문화콘텐츠산업 분야별
고용현황을 통해 문화콘텐츠산업 종사자 증감추이, 1인당 매출액 등
산업별, 연도별 비교가 가능하며 종사자수가 취약한 문화콘텐츠산업
분야에 대한 인력보완 자료로 활용가능하다.

문화산업 현황 [단위 : 매출액(조원),수출액(천달러),명]

	2012			2013			2014		
	매출액	수출액	고용현황	매출액	수출액	고용현황	매출액	수출액	고용현황
계	87.27	4,611,505	611,437	91.21	4,923,110	619,438	94.95	5,273,519	616,459
출판	21.1	245,154	198,262	20.8	291,863	193,613	20.59	247,268	191,033
만화	0.76	17,105	10,161	0.8	20,982	10,077	0.85	25,562	10,066
음악	3.99	235,097	78,402	4.28	277,328	77,456	4.61	335,650	77,637
게임	9.75	2,638,916	95,051	9.72	2,715,400	91,893	9.97	2,973,834	87,281
영화	4	20,175.00	30,857.00	5	37,071.00	30,238.00	5	26,380.00	29,646.00
애니메이션	0.52	112,542	4,503	0.52	109,845	4,502	0.56	115,652	4,505

자료원 : 문화체육관광부 <콘텐츠산업 통계조사>
* 영화산업 매출액은 애니메이션 극장 매출액 제외* 애니메이션 산업은 애니메이션 극장 매출액 및 방송사
수출액 포함* 방송산업 매출액은 방송사업 수익만을 포함

Ⅱ.우리나라 중장기 문화정책 현황과 문제점

우리나라는 1972년에 문화기본법이 태동하고, 지난 반세기 동안 장기간에 걸쳐서 정부의 문화정책 당국은 시대적인 국가 전략에 따라 다양한 문화정책을 추진해 왔다. 각 시대별 환경에 따라 추진되어 온 문화정책의 주요 방향과 내용을 살펴보고 향후의 문화정책을 위한 시사점을 모색할 필요가 있다.

1. 우리나라 문화정책의 발전 과정

가.문화기본법: 문화예술진흥법(1972)

1972년 시행된 문화기본법은 국민의 문화권보장을 위해 국가와 지방자치단체의 역할을 규정하고 있으며, 5년 주기의 계획수립과 추진 및 문화영향평가를 반영하도록 하고 있다. 이후, 1999년에는 문화산업진흥기본법이 제정되었고, 2010년 콘텐츠산업진흥법 제정하였다(전부개정). 2000년대에는 산업별 진흥법; 영화, 게임, 음악산업 진흥에 관한 법률이 정비되었다. 2010년대에는 신규/특화 법령; 만화, e스포츠(전자스포츠), 대중문화예술산업 분야가 제정되었다.

나. 우리나라 중장기 문화정책 흐름

우리나라 문화정책의 중장기적 흐름을 정리하면, 다음과 같다. 김영삼 정부의 세계화 추진 및 문화창달 5개년 계획을 필두로 후속 정부의 문화예술·콘텐츠산업 진흥을 위한 시대적 비전 제시와 문화산업 진흥 노력의 중점을 살펴본다.

구분	시기	정책	내용
김영삼 정부	1993~1997	신한국 문화창달 5개년 계획 문화비전 2000	문화산업자문단 구성, 영상진흥법 제정, 문화예술 지원, 문화산업 육성,
김대중 정부	1999 2000, 2001	문화산업발전 5개년 계획 문화산업비전21, 콘텐츠코리아비전21	문화산업 인프라 구축, 문화산업 유통 현대화, 콘텐츠 창작 활성화
노무현 정부	2004 2005	창의한국-21세기 문화 새비전 문화강국(C-Korea)2010 비전	창의성 제고와 문화관광산업 육성 문화 콘텐츠 육성, 한류 세계화
이명박 정부	2011~2013	제1차 콘텐츠산업 진흥 기본계획	콘텐츠산업 투자재원 확충과 육성 체계 수립, 콘텐츠분야 인재양성
박근혜 정부	2014~2016	제2차 콘텐츠산업 진흥 기본계획	민간투자 확대와 콘텐츠제작 지원, 콘텐츠 산업경쟁력 강화

2. 2017년 시점의 정부 문화정책 분석

가. 2017년도 문화체육관광부 예산규모

2017년도의 관련예산 규모는 총 5조 7천 억 원 수준으로 전년비 3.7%가 증가하였다. 예산 2조 9천 억 원과 기금 2조 8천 억 원 규모이다. 이를 분야별로 살펴보면, 문화예술 28.2%, 콘텐츠 12.8%, 관광 27.3%, 체육 26.4%, 문화행정 5.3%로 구성되어 있다.

(자료원: 문화체육관광부 홈페이지)

나. 문화정책 목표와 한계점

문화체육관광부는 2017년 문화체육관광의 생활화를 통한 국민행복 실현이라는 정책추진의 비전으로 설정하고 다음 표와 같이 정책추진 목표를 설정하고 있다.

목표	문화가 있는 날 참여율	문화기반시설 수	생활체육 참여율
	40%('16) ⇒ 45%('17)	2,595개('16) ⇒ 2,675개('17)	59.5%('16) ⇒ 61.0%('17)
	콘텐츠산업 규모	**국내관광 지출**	**외래관광객 수**
	105조 2천억 원('16) ⇒ 111조 4천억 원('17)	25조 원('15) ⇒ 28조 원('17)	1,722만 명('16) ⇒ 1,800만 명('17)

2017년도 정책 추진상의 한계점으로 제시한 내용은 첫째로, 문화격차의 해소문제와 소극적 수준에 그치고 있는 여가활동 문제를 들고 있다. 문화예술행사 관람률은 증가('12년 69.6% → '16년 78.3%)하였으나, 지역별·연령별·소득수준별 격차는 여전한 것으로 분석하고 있다. '16년 문화향수 실태조사에 의하면 지역별로는 대도시 81.2%, 읍면지역 65.7%이며, 연령별로 보면, 20대 95.9%, 30대 89.6%와 대비하여 60대 55.7%, 70세 이상 39.4%이다. 소득수준별 격차는 월평균 소득 100만원 미만 30.9% 대비 월 600만원 이상의 경우 89.5%로 나타나고 있다. 다음으로 TV시청, 인터넷 검색 등 소극적 여가활동 비중이 높으며, 여가시간도 소폭 감소하고 있어, 문화예술활동에 대한 기반이 취약하다고 분석되고 있다. 개별 여가 활동에서 TV시청(46.4%), 인터넷 검색(14.4%), 게임(4.9%) 등으로 조사되었다. 평일 여가시간은 '12년 3.3시간, '14년 3.6시간, '16년 3.1시간으로 분석되었다.

둘째, 콘텐츠산업 지속 성장을 위한 신 성장동력 발굴이 필요함을 제시하고 있다. 국내외적인 경제 저상장 기조가 지속될 것으로 예상되며, 영세 콘텐츠기업에 대한 유동성 축소, 투자 위축 등 악순환의 우려가 있는 것으로 전망하고 있다. 최근 5년간 콘텐츠산업 성장률 둔화 추세가 지속될 것으로 예상하고 있다. 콘텐츠 매출 성장률이 '11년 13.2%, '13년 4.5%, '15년 4.8%로 성장성 둔화가 지속되고 있다.

다. 문화정책 전략 방향

문화는 미래 성장을 견인하는 성장동력이다. 저상장 시대에는 문화에 대한 높은 가치 인식에도 불구하고, 체계적인 문화공급 시스템의 미정착으로 한계성이 나타나고 있다. 예술은 공공지원에 대한 높은 의존도와 취약한 산업기반으로 예술인의 창작활동에 전념하기 어려운 실정이다. 콘텐츠는 기업의 영세성과 사업체수의 감소로 산업의 성과가 미흡하다. 매출액 10억 미만 업체가 '13년 9.9만개에서 '16년도에도 9.2만개로 추산되고 있다. 정책의 방향성은 일회적이고 관행적인 지원이 아닌 분야별 체계화된 지원체계를 수립하여 자생력 강화와 지속가능한 수급체계의 조성으로 귀결된다. 창작자는 창작에 전념하고, 문화의 창작과 소비간의 연계체제 마련이 필요하다. 콘텐츠는 장르와 성장단계별 차별화된 고부가가치화 전략이 필요한 것으로 분석된다.

3. 우리나라 문화정책의 문제점과 정책 시사점

역대 정부에서 추진해온 그간의 문화정책의 문제점과 정책 시사점을 살펴보기로 한다. 시대별 환경에 따라 중점적인 추진 사업이 다른 것은 당연하다. 정책의 범위와 내용에 대한 분류 방법은 다양한 관점에서 접근할 수 있을 것이나, 대체로 다음의 주제로 논의하는 것이 일반적이다.

주요한 내용으로는 문화자원에 대한 가치 인식 문제, 인적자원 양성, 투자지원, 문화산업의 생태계, 지역문화산업 육성, 문화콘텐츠 한계성, 문화의 국제교류 등에 대한 것이 향후 정책의 방향성에 참고가 되는 과제이다.

가. 문화자원에 대한 가치 인식

문화자원에 대한 산업적 가치가 중요함을 인식하나 이에 대한 사회적 가치 기준이 없어 정책 주체간의 교류와 소통이 필요하다. 문화자원정책평가에 있어서 경제적 수치에 크게 의존하게 되는 문제점이 있다.

나. 인적자원 양성

ICT 및 콘텐츠산업 발전에 따른 고급인력 확보가 중요한 과제가 된다. 문화 및 서비스산업의 특성 상 인력 역량 수준의 양극화 개선을 위한 노력이 필요하다.

다. 투자재원과 지원

문화산업특성과 환경 상 민간 투자가 활성화되지 못하고 있다. 펀드 등을 통한 자금조달 형식이 주가 되고 있으며, 영화산업의 경우 등 클라우드 펀딩이 이루어지고 있다. 정책적 지원의 경우 평가 체계 개선이 필요하며, 다양한 자금조달 방식이 가능하도록 하는 환경조성이 필요하다.

라. 문화산업의 생태계

산업의 구조적 특성에 따른 거래 환경 불균형 문제가 있다. 중소기업과 대기업(그룹)간의 협력체계가 필요하다.

마. 지역문화산업 육성

지역 간 문화산업의 불균형 해소가 필요하다. 문화산업을 통한 지역민의 문화소비와 지역경제발전에 기여할 수 있는 정책적 고려가 필요하다. 지역의 역량이 제고되고, 지역경제 활성화와 고용창출효과를 기대할 수 있도록 추진해야 한다. 지역의 특화된 문화산업과 문화상품이 필수적인 과제이다.

바. 문화콘텐츠 한계성

콘텐츠 생산자 중심 지원정책으로 산업적 성장을 도모해 왔으나 만족 수준이 되지 못하고 있다. 게임산업에 대한 인식문제, 규제적인 환경으로 인한 발전 지체, 콘텐츠 사용자들에 대한 관심도도 미약하다.

사. 문화의 국제교류 – 한류

한류의 국제화에 대한 정책적인 성과의 한계가 있다. 문화산업의 개별 기업적 노력이 중심이 되어 왔으며, 문화산업의 다양한 영역별 체계적이고 조직적인 노력이 필요하다.

(참고: 문화관광연구원, 문화산업정책 20년 평가와 전망, 2015)

Ⅲ.문화정책 방향

이상에서 살펴본 바와 같이 문화산업은 중요한 국가적 산업으로 그 파급효과가 크며, 경제적, 사회적 가치가 큰 전략산업의 하나이다. 이에 대하여 우리나라의 과거와 현재 정부들의 문화산업정책 내용의 한계점과 현재의 환경변화를 기반으로 하여 다음과 같이 제안한다.

1. 문화 발전과 문화산업 진흥을 위한 환경조성: 법체계 개선 및 중장기 기본계획 재검토

제4차 산업혁명으로 명명되는 인공지능, IoT, 클라우드, 빅데이터 등 기술혁명으로 문화생태계가 급변하고 있다. 산업 규모가 커지고 정책 담당 조직과 산하기관 및 유관기관이 양적인 확대와 질적인 성장을 함께 해왔으며, 문화와 문화산업 관련 법 체계도 입안 · 정비되어 왔으나 환경변화에 대응력이 저하되고 있다. 문화산업 전반에 대한 법체계 개선 및 중장기 기본계획의 새로운 점검이 필요하다.

2. 문화산업 진흥: 문화와 산업의 융합

문화, 예술, 문학, 축제 및 창조산업과 ICT의 융합에 의한 신 성장 동력 발굴. 각기 달라 보이는 분야에 있어서 전문성을 갖되 공통분모를 찾고 효율성을 높이는 새로운 성장동력 모색 필요하다(우산효과 Umbrella Effects 기대).

3. 다양한 문화상품과 서비스 창조/생산/배급/접근에 대한 지원 강화

유네스코(글로벌 협약 2005)의 2015년 보고서 참고할 필요가 있다. 전세계 문화상품 수출 가치 2,128억 달러이다(2013년 기준). 문화의 다양성 증진 사업, 문화산업 고용복지 활성화를 위한 노력이 필요하다.

4. 일상생활의 문화화(문화가 있는 행복한 삶)

고령화 사회 진입으로 문화소비층의 확장, 여가시간 증대 및 일과 여가의 구분이 모호하여 일상에서 문화수요와 관광수요 확대되고 있다. 다양한 문화 · 복지 · 체육 프로그램 및 사회적 공동체 문화가치를 제공하여, 급격하게 증가하는 국민의 문화적 수요증대에 적극적으로 대응하는 정책이 필요하다.

5. 문화의 국제교류와 다문화 사회에 대한 대응

　　문화의 유통환경의 급속한 변화에 선제적인 대응 전략이 필요하다. 제4차 산업혁명으로 소개되는 정보화 사회의 다양한 유통채널(유튜브, 페이스북, 다양한 앱 등)을 활용하는 문화산업의 기반구축이 필요하다. 또한 국내 상주 외국인 100만 명을 상회한 현재 다문화 사회에 대한 조직적이고 체계적인 국가사회의 대응이 필요하다. 거주 외국인에 대한 제도적 지원은 한국과 해당국에 대한 우호적인 관계 형성으로 국가 마케팅의 중요한 수단이 된다. 국내 문화에 기여하는 다양성을 제공하는 기회가 될 수 있다.

6. 글로벌 코리아 : 한국문화의 국제화 · 세계화

　　전통문화 가치 발굴(가장 한국적인 것이 세계화)이 중요하다. 문화 콘텐츠 산업의 전략적 육성과 유네스코 등재 문화유산 활용한 다양한 콘텐츠 개발지원 육성이 필요하다. 한국적인 이미지(김치, 태권도, 씨름, 양궁, 골프 등)를 활용한 산업의 문화화 및 문화 콘텐츠의 산업화 전략을 추구해야 한다. 평창동계올림픽 등 국제적인 스포츠 행사를 활용한 문화관광산업의 지원과 육성이 필요하다. 문화유산의 가치 발굴 사업의 체계적 추진이 필요한 시점이다..

7. 지역발전 기반으로서의 문화/문화산업 개발

도시계획, 도시재개발산업에 문화적 개념을 도입해야 한다. 해외의 다양한 지역재생·도시재생 사례를 활용한 지역사회 발전 도모. 지역별 특화된 문화소재를 발굴 개발하고, 이의 확산에 따른 지역민의 생활과 경제적인 수혜를 기대할 수 있게 된다. 자연적, 역사적, 문화적 풍물과 인물 발굴과 콘텐츠 개발 내용의 ICT를 활용한 국내외 문화소비자에 대한 정보를 제공하는 생태계 기반 조성이 필요하다.

8. 문화예술의 발전과 문화인에 대한 사회적 가치

문화예술의 발전을 위한 인적자원 육성과 지원 강화가 필요하다. 문화예술인 복지정책으로 프랑스의 경우 공연예술 비정규직 실업보험제도를 운용함을 참고할 수 있다.

9. 문화예술교육 강화와 창의적인 인재양성

문화예술의 우수성과 접근성은 문화에 대한 양대 관점이다. 학생은 물론 일반인들이 다양한 문화예술교육을 받을 수 있는 환경 조성이 필요하다. 영국의 해리포터 창작에 의한 개인, 지역, 국가 경제적 수혜를 참고할 필요가 있다. 1명의 창의적 인간(빌 게이츠, 스티브 잡스 등)이 창출하는 경제적 효과는 대단하다.

10. 지역문화정책 재점검

프랑스의 경우 문화정책의 3대 미션으로 문화민주화, 문화다양성 및 지역분권을 들고 있다. 지방자치체 구조하에서 문화를 지방자치체의 전시적,과시홍보적 사업을 추진할 가능성이 크기 때문에 프랑스는 "지역문화활동국(DRAC)"를 활용하고 있다. DARC는 문화적 관점에서의 국토개선, 문화예술교육(교육청 협력 하 문화예술교육 장려), 문화경제 관련 업무를 담당하고 있다. 우리나라의 경우 광역지방자치단체의 지역문화재단의 운영에서 문화산업과 지역의 특성에 맞는 역할과 기능을 할 수 있는 구조인지를 검토할 필요가 있다. 지역 간의 문화소비의 불균형 문제에 대한 적극적인 해소책이 필요하다.

11. 문화관련 정책부서간의 협력 강화

　　문화의 주요 정책영역인 다문화, 문화교류, 관광, 문화예술교육, 도서관 · 출판, 국어, 디자인 · 공간문화, 일자리 등의 영역에서 많은 중앙부처가 개입되고 있다. 문화 관련한 중앙부서로는 담당 및 중복 영역이 많은 순서로 문화체육관광부, 교육부, 농림축산식품부, 보건복지부, 안전행정부, 고용노동부, 법무부 등의 부서간의 협업이 필수적이다.

제20장
고부가가치 관광산업 육성[1]

제 3 부

　관광산업은 성장성과 경제성 측면에서 중요한 산업의 하나이며, 이의 발전과 성장을 위해 대부분의 국가에서 전략적인 산업으로 육성하고 있다. 관광산업은 높은 부가가치성과 고용 확대 측면에서 중요할 뿐만 아니라, 국민의 삶의 질 향상 차원에서도 다루어지고 있다. 세계 최대 산업의 하나인 관광의 직접적인 1억 개 일자리의 경제적 파급효과는 세계 GDP(2014년 $78조 규모)의 9%를 점유하고 있다(2012년 기준, $6.6조: WTTC,2013).

　세계적인 추세의 하나인 중산층의 증가는 현대사회에서 휴식의 필요성과 스트레스 해소 및 타문화에 대한 경험 등의 기본적인 욕구 충족을 추구하는 현상으로 나타나 관광산업의 성장성은 전통적인 산업인 제조업, 금융업, 소매유통업을 초과하였다(SRI international,2013).

---

[1] 김병헌, 한림국제대학원대학교 겸임교수

Ⅰ. 세계 및 한국의 관광 주요지표

1. 세계 관광시장 현황과 전망

21세기 전략산업인 관광산업은 지속적인 성장이 기대되고 있다. 국제관광기구(UNWTO)의 통계자료에 의하면, 세계의 국제관광객은 2010년부터 2030년까지 평균 3.3%씩 증가해 연간 약 4,300만 명 규모로 증가할 것으로 전망하고 있다. 국제관광객수는 2014년 11억명 규모에서 2020년에는 14억 명, 2030년에는 18억 명으로 예상하고 있다. 2030년에는 신흥시장에 57%, 선진시장에는 43%의 국제관광객이 방문할 것으로 예상하고 있다. 1980년에는 신흥시장 30%, 선진시장 70% 수준이었던 것을 고려할 때 신흥시장의 성장 속도가 크게 증가하고 있음을 알 수 있다(UNWTO, 2014).

〈세계 국제관광객 동향〉

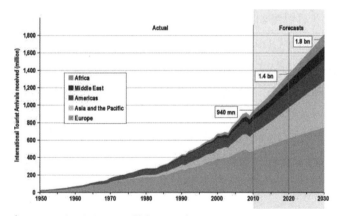

자료 : UNWTO(2014). Tourism Highlights, 2014 Edition, p.14

2.한국의 관광 주요지표 현황

우리나라의 국제관광객도 다음 표에서 보는 바와 같이 2016년 기준으로 내국인 해외 출국자가 2,238만 명, 외국인 입국자 1,724만 명으로 집계되었다. 관광수지는 2016년에 60억 불 규모로 다소 확대되었고, 국내관광 규모는 3,831만 명, 국내관광 지출액은 25조 4천억 원 (2015년)으로 추산되고 있다.

가. 관광진흥 5개년 계획과 계량적 목표

제1차 관광진흥 5개년 계획이 1998년 9월부터 1999년 4월까지 수립하였으며, 그 계획년도는 1999년부터 2003년 까지 시행계획이었다. 이후 제2차는 수립기간(2003년 8월부터 2004년 3월), 계획년도(2004년부터 2008년)이었으며, 제3차는 수립기간(2008.1-2009.11), 계획년도(2009년-2013년)이었다. 제4차는 수립기간(2013.6-2013.12), 계획년도(2014년-2018년)으로 되었으며, 제5차는 2017년 중 수립되고, 계획년도는 2018년부터 2022년이 된다.

제4차 관광진흥 5개년 계획의 목표연도는 2018년이며, 2012년 관광지표의 계량적 수치와 비교하면 다음과 같다.

〈 제4차 관광진흥 5개년 계획 계량적 목표〉

구분	2012년	2018년(목표)
외래관광객수	1,114만 명	2,200만 명
관광수입	134억 불	330억 불
국민국내관광 참여일수	8.4일	15일
국민국내관광소비액	24조원	32조원
관광산업 일자리 창출	85만 개	150만 개

자료원: 문화체육관광부(2013b). 제4차 관광진흥 5개년 계획

나. 우리나라 관광 주요 지표

우리나라를 방문하는 외국인 관광객 수와 관광수입은 지속적인 증가를 보여 왔으나, 2015년의 경우 메르스 바이러스 사태로 인한 일시적 후퇴를 기록하였다. 2016년도에는 외래 방한객 1724만 명, 관광수입 171만 불을 기록하였다. 다음은 연도별 외래객 및 관광수입의 추이를 보여주는 그래프이다.

〈 연도별 외래객 방한객 및 관광수입〉

자료 : 관광지식정보시스템(http://www.tour.go.kr)

다음은 2014년 및 2016년도의 연간 내국인 출국자 수와 외래객 입국자 수 및 관광수지 규모, 국내관광 규모와 지출액에 대한 현황 자료이다.

〈표 : 한국 관광 주요 지표〉

구분	2014년	2016년
연간 내국인 출국	1608만 명	2238만 명
연간 외국인 입국	1420만 명 (중국인 613만 명, 일본인 228만 명) (1인당 평균 1,606불 지출)	1724만 명 (중국인 807만 명, 일본인 230만 명)
관광수지	− 18억 불 (수입 177억 불, 지출 195억 불)	− 60억 불 (수입 171억 불, 지출 231억 불)
국내관광 규모	3803 만 명	(15년, 3831만 명)
국내관광 지출액	24조 8천억원	(15년, 25조 4천억원)

1) 자료원: UNWTO, 관광정보시스템
2) 참고: OECD국가 관광산업 규모: GDP 4.1%, 고용 5.9%, 서비스 수출 21.3% 점유(자료원: OECD Tourism Trends and Policies 2016).

II. 관광산업의 중요성

관광산업은 국가경제 및 고용 창출에 기여하고, 지역의 균형 발전 및 국민의 삶의 질 향상에 기여하는 국가적 전략산업으로 인식되고 있다. 대부분의 국가들은 국내관광 활성화를 통하여 내국인이 가급적이면 국내에서 관광을 즐기고, 외국인 관광객은 최대한 국내로 유치하려는 전략을 추진하고 있다. 관광산업은 고용창출과 경제 활성화에 기여하는 경제적 효과뿐만 아니라, 관광활동을 통해 즐거움과 여유로운 행복심리를 제고하는 사회적인 기능을 수행하는 국민복지적 산업이다. 그러므로 관광산업은 국가의 정책적 지원과 육성이 필요한 21세기형 고부가가치산업이다.

1. 세계 관광산업 규모

SRI[Stanford Research Institute]의 2013년 자료에 의하면, 2000년대에 들어와 세계관광산업의 직접적인 규모는 3.2조 달러 수준으로 추산하고 있다. 경제적인 파급효과로는 2012년 기준으로 6.6조 달러 규모이며, 세계 GDP의 9%로 추산하고 있다(WTTC, 2013). 다음 그림에서 보는 바와 같이 전통적인 관광산업에서 문화관광과 음식관광 등이 주류였으나, 관광의 새로운 조류인 웰니스 관광과 환경/지속성 관광이 급속하게 신장하고 있다.

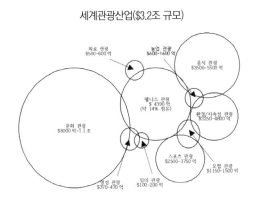

세계관광산업($3.2조 규모)

Source: SRI International, The Global Wellness Tourism Economy (2013)

2.국가 경제적 전략산업

관광산업은 경제성장의 동력이다(UNWTO, 2000). 관광산업의 경제적 비중도 선진국을 중심으로 높다. 관광산업의 세계 GDP 비중은 2018년도에 10.5%인 10.9조 불 규모로 추정하고 있으며, 동 산업의 세계고용비중은 2018년도 추정으로 9.2%인 3억 명으로 예상되고 있다.

또한, 관광산업은 고부가가치 산업이다. 관광산업의 부가가치 유발계수는 관광(0.855)이 산업평균(0.787)과 비교하여 높으며, 외화가득률도 관광(88%), 자동차(71%), 휴대폰(52%) 순으로 관광산업이 압도적이다. 일자리 창출효과로는 10억을 투자했을 때, 관광(52명), 일반제조업(25명), IT산업(10명) 순으로 관광의 일자리 창출효과가 매우 크다.

3. 국민복지적 융합산업

관광산업은 국민복지적 융합산업이다. 관광을 통해 국민 복지를 증진할 수 있다. 관광은 국민의 삶의 질의 개선 효과가 클 뿐만 아니라 IT, BT 시대 융합 산업으로 급속적인 신장이 기대되는 중요한 산업이다. 관광지 정보, 숙박, 음식, 교통, 기념품 등 관련하여 다양한 관광정보를 제공하는 어플리케이션의 개발과 활용이 필요하다.

Ⅲ. 관광산업 정책 방향

관광산업의 성장 육성을 통해 국가의 경제적·사회적 효과를 창출하기 위하여 추진할 수 있는 정책과 방향성은 다양하다. 관광정책을 크게 3부분으로 구분하여 기술하고자 한다. 첫째, 관광산업을 육성하기 위한 기반 조성 정책이 필요하다. 이를 위해 관광추진체계를 개선하고, 외국의 사례를 참고하여 관광산업 진흥정책을 추진한다. 둘째, 관광 개발의 전략적 추진이 필요하다. 이를 위한 전략으로 관광목적지 개발과 지역발전, 관광상품개발, 고부가 전략관광 산업 육성 등의 추진이 필요하다. 셋째, 국민 복지 증진과 관광 수용 환경 개선이 필요하다. 이를 위한 세부 전략으로는 국민 복지 관광전략 확대, 국제관광 수용체제 개선, 관광객 친화적인 사회 시스템 형성 등을 제안한다.

〈 관광산업 육성 기반 조성 〉
관광산업을 육성하기 위한 기반 조성 정책으로는 다음과 같이 관광추진체계의 개선과 관광산업 진흥 정책을 제안하고자 한다.

1. 관광추진체계 개선

관광추진체계에 대한 전면적 점검과 개선이 필요하다. 관광 산업은 다양한 정부 부처와 중앙 및 지방의 관광 관련 조직과 다양한 관광 관련 산업이 관계하고 있다. 그러므로, 관광 거버넌스의 재 점검과 관광관계 법규의 재정비가 필요한 시점이다.

첫째, 관광 거버넌스를 재점검하여야 한다. 구체적으로는 관광정책 추진 체계 재검토하여, 부처 간 관광 정책 조정력 강화를 위해 범부처 간 정책 조정을 위한 기구 운영을 내실화 할 필요가 있다. 현재 시행 중인 회의체의 운영 및 정책 입안 아젠더의 일관성이 부족하다. 관광추진체(KTO, RTO)및 중앙과 지방의 역할과 책임의 명확화가 요구된다.

둘째, 관광관계 법규 개선이 필요하다. 관광진흥법 상의 관광진흥 계획수립(중장기, 단기), 관광산업 추진관련 국가 및 지방 행정조직 역할 등 명확화가 요구된다. 아울러 관광 재정 확충과 지원체계(관광 재정 비중 문제)에 대한 전면적인 점검과 조정이 필요하다.

2. 관광산업 진흥 정책 추진

관광산업 진흥 정책의 방향성은 관광산업의 발전과 관광산업을 통한 고용 창출과 산업의 경쟁력 강화를 위한 제도 개선 노력이 중요한 과제이다. 관광산업을 육성하기 위해 국가별 사례를 일본과 싱가폴 및 영국의 경우를 참고할만하다. 관광산업의 진흥 정책의 방향성도 같은 관점에서 도출할 수 있다.

국가별 사례로 첫째, 일본 사례를 살펴본다. 일본은 '관광입국추진기본법'(2007 시행)을 통한 관광입국추진기본계획 작성하고, 체계적인 추진 전략으로 성과를 보이고 있다. 관광입국추진기본법의 전문에서 관광산업을 저출산 고령화 시대 주요 과제로 선언하고, 관광입국추진기본법의 목적으로 관광입국에 대한 종합적 계획적 추진, 국민경제 발전과 국민생활 안정 향상 및 국제이해증진과 "살아서 좋고, 찾아와서 좋은 나라"로 규정하였다. 동법의 관광 관계자 책무로 국가, 지방공공단체, 주민, 관광사업자의 역할과 기능을 명확히 하였다. 동법은 관광입국추진기본계획 작성, 2009년 국토교통성 주관 성장전략회의 개설, 관광입국추진본부 설립 등의 특색을 보이고 있다.

둘째, 싱가폴 사례를 소개한다. 싱가폴은 '싱가폴관광2015'(2005년 발표)을 발표하여 관광산업의 발전전략을 양적 성장에서 질적인 성장으로 전환하고 있다. '싱가폴관광2015'에서 관광개발기금 20억 달러(싱가폴)를 조성하고, 관광의 목표 설정(2015년)을 하였다. 목표는 외래관광객 유치목표(1700만명), 관광수지(300억달러 흑자), 관광분야 일자리 창출(10 만개)이 주요한 정책 목표가 되었다. 이와 함께 복합리조트 건설, 의료관광, 크루즈 관광 발전을 위한 전략을 동시에 추진하였다. 그런데 근래에 와서, 추진 정책 방향을 양적 성장에서 질적 성장으로 전환하였다. 국토 면적과 관광인프라 확충의 제약성으로 외국인 수용규모 신장은 한계성이 있다고 보고, 고가의 양질 관광객을 선별 유치하는 질적 성장 전략으로 전환하고 있다.

셋째, 영국 사례를 살펴본다. 영국은 2012년 런던 올림픽을 계기로 하여 관광산업 중장기 발전계획을 영국 관광청(VisitEngland) 주관으로 추진하고 있다. 계획 년도는 2010~2020이며, 발전계획의 비전으로 관광산업이 국가 경제, 고용, 국민의 삶의 질에 미치는 영향을 극대화하는 것으로 제시하였다. 계획의 특징은 4대 핵심 목표 및 추진 전략, 10개 실행 계획으로 구성하였다. 아울러, 2012년 런던 올림픽을 관광산업 마케팅에 활용하였으며, 이에 관광산업체의 참여 유도, 국제 이미지 개선, 방문객 서비스 전략, 관광 종사원 서비스 개선, 숙박 시설의 질 개선, 이윤의 효율적 분배, 지속 가능성 향상 등의 전략이 함께 추진되고 있다.

여기에서 관광산업진흥을 위한 정책 방향을 다음과 같이 요약하고자 한다.

　(1) 규제 완화의 지속적 추진(리조트 및 호텔 건설 규제,
　　　골프장 특소세 등)
　(2) 관광산업의 성장 단계별 지원체계(양적, 질적 성장 추진)
　　　일자리 창출과 전문인력 양성 체계화 내실화
　(3) 관광산업 투자 환경개선(디즈니, 구겐하임 등 사례 활용).

< 관광 개발의 전략적 추진 >

관광개발을 위해서는 관광목적지 개발과 지역 발전 목표의 전략적 추진이 필수적이다. 관광개발은 지역경제 활성화와 지역주민의 경제적·사회적 복지에도 기여할 수 있게 하는 것이 중요한 과제가 되고 있다. 또한 관광상품 개발, 고부가 전략 관광산업인 의료관광과 웰니스관광, MICE산업 육성도 국가적인 과제로 선정할 필요가 있다.

관광개발의 권역별 개발은 지역경제 활성화에 기여한다. 문화체육관광부의 2017년도 업무계획에 의하면 지역의 역사·문화·생태자원을 다음 그림에서 보는 바와 같이 8개 권역으로 연계개발을 추진하고 있다. 경쟁력 있는 관광자원 확충을 위해 2017년 2,251억 원을 투입하고 있다.

사업명	권역	사업기간	총사업비 (국비)	기지원액 (국비)	17년 예산 (사업수)
지리산권 광역관광 개발	전북, 전남 경남	08-17	2,367억원 (1,049억)	752억원	91억원 (38개)
서해안권 광역관광 개발	경기, 충남 전북, 전남	08-17	2조 547억원 (2,483억)	647억원	47억원 (5개)
동해안권 광역관광 개발	부산, 울산 강원, 경북	09-18	2,551억원 (781억)	456억원	41억원 (3개)
남해안 관광 클러스터	부산, 전남 경남	10-17	3,904억원 (1,444억)	1128억원	26억원 (3개)
3대문화권 문화생태관광 기반 조성	대구, 경북	10-21	2조 3283억원 (1조 3268억)	6706억원	1696억원 (31개)
중부내륙권 광역관광 개발	강원, 충북 경북	13-22	3,970억원 (1,594억)	452억원	147억원 (16개)
한반도 생태 평화벨트	인천, 경기 강원	13-22	2,466억원 (1,120억)	371억원	117억원 (10개)
서부내륙권 광역관광 개발	세종, 충남 전북	17-26	6,167억원 (2,626억)		86.5억원 (10개)

3. 관광 목적지 개발과 지역 발전

지역경제 활성화와 관광자원 개발은 낙후된 지역경제 재활성화 전략으로 추진할 수 있다. 지금까지의 관광산업이 보는 관광 중심이었다면 향후로는 다른 관점이 필요한 시점이다. 생산과 유통 및 서비스 산업을 합한 개념인 6차 산업을 지역 경제 활성화 전략으로 추진하는 것이 필요하다. 일본 미에현 이가시의 테마파크인 체험농장 모쿠모쿠 농장의 사례가 참고가 된다. 현재 추진 중인 국내의 관광두레 사업에 대한 내실화 방안이 모색되어야 한다.

신 관광 트렌드에 대한 선제적 대응전략 추진이 필요하다. 관광 신 비즈니스 지원전략으로 현재 국제적으로 관심이 제고 되고 있는 웰니스 관광(wellness tourism)에 대한 지원이다. 웰니스 관광 개발은 이것이 국민 건강 여건 향상, 지역 균형 개발, 관광 상품 다양화, 지역 경제 활성화 등에 기여하는 바가 크기에 정책적인 지원이 필요한 분야가 되고 있다. 이는 농어촌진흥공사에서 추진해온 농어촌 어메니티 관광과 정책적인 연계성이 큰 사업이라 할 수 있다.

관광 목적지 내지 자원 개발은 중앙의 관광 정책당국과 추진기관 및 지자체와 지역 산업계가 함께 추진하는 방식이 바람직하다. 아울러 지역의 자연/문화/사회/역사 요소 결합으로 특화된 개발 추진이 필수적이다. 수도권 편중의 관광 목적지에서 관광객 분산과 재방문 비율 제고방안으로 지역별 특성화가 대단히 중요하다.

4. 관광 상품 개발

관광 상품 개발은 관광 산업계에서 추진하고 있으나, 그 상품의 계절적, 지역적 특화는 물론, 성격별, 종류별 다양화가 부족하다. 특히, 관광 상품의 성격상 브랜드화가 어려우나 모방에 의한 질적인 하향

평준화 등 상품의 품질 유지 방안 마련도 중요한 과제가 된다. 이를 위해서는 정책당국과 지자체 및 산업계, 학계의 협력으로 추진 가능하다.

국제 관광객 선호 상품 개발하고, 국민 해외 관광수요의 국내화 전략 추진(골프 특소세 문제 등 여건 개선 필요)도 과제가 되고 있다. 다양한 목적별 관광 대표 상품 개발, 지역별·계절별 특화상품 개발, 지역의 다양한 축제/문화제 국제화 및 내실화 방안도 정책적인 과제이다.

5. 고부가 전략 관광산업 육성

관광산업이 중요한 산업으로 특히 부가가치가 큰 의료관광 및 웰니스 관광, MICE(Meeting, Incentive travel, Convention, Exhibition/Exposition)산업에 대한 육성이 중요하다.

첫째, 의료관광과 웰니스(wellness) 관광산업 활성화가 국제적인 추세 중의 하나이다. 우리나라의 경우 의료수준과 의료 인력의 질적 수준을 고려할 때 가장 유망한 산업이나 법적 제도적 문제점 등 환경 여건으로 연간 외국 환자 유치 30만 명 수준에 불과하다(2015년, 한국관광공사). 현재 지역별로 의료관광 클러스터 육성 사업(부산, 대구, 인천, 광주 등)을 추진하고 있으나, 서울 편중과 지역 여건 등 환경 상 초기단계 수준으로 평가할 수 있는 실정이다. 의료관광은 신체 치료 목적의 관광이나, 향후는 건강에 대한 인식 개선과 건강유지 및 향상을 위한 선제적 대응인 웰니스 관광으로 확대되고 있다. 웰니스는 신체 및 마음/영성 등 총체적 목적의 힐링 프로그램으로 주요 국가에서 스파(spa)와 함께 개발되고 있으나, 우리나라의 경우 한방 체험, 피부 미용, 스파와 찜질방 및 사찰 체험 등의 연계 방식을 추진할 수 있다.

둘째, MICE산업 육성이다. 이는 국제회의, 포상관광여행, 국제행사 및 전시박람회 산업(MICE: Meeting, Incentive travel, Convention,

Exhibition/Exposition)으로 파급효과가 큰 산업이다. MICE산업 현황을 살펴본다. MICE 참여자의 인당 매출액이 일반 관광객의 2배 수준이다(문화체육관광부 및 한국관광공사자료에 의하면, 2013년 우리나라 국제회의 참가자 인당 평균 소비액이 2,621달러, 당해 연도 일반 관광객 인당 지출액은 1,648달러). 세계 MICE산업시장 규모는 2013년 1조 1,200억 달러 규모이며, 2017년 1조 5,000억 달러 예상하고 있다(자료원: 세계상용여행협회 GBTA). 세계의 국제회의 연간 개최 건수는 12,200건(2014년)으로 2014년 국제회의 개최 회수 기준으로 우리나라의 국가별 순위는 세계4위(636 회)를 기록하고 있다. 국가별로 개최 회수 순위는 미국(858회), 벨기에(851회), 싱가폴(850회), 한국(636회), 일본(624회) 순서로 집계되고 있다. 개최회수에 대한 도시별 순위는 서울이 249회로 세계 5위를 기록 하였다. 도시별 순위는 싱가폴 850회, 브뤼셀 787회, 비엔나 396회, 파리 325회, 서울 249회) 순이다.

우리나라 현황과 문제점 및 정책방향을 살펴보면, 우리나라의 경우 국제회의 개최 횟수는 많으나 행사 당 규모 및 참여자의 국내 체재 및 소비 규모는 만족 수준이 아니라 할 수 있다. 대형 행사 및 파급 효과가 큰 행사의 유치와 국내 체류 환경을 개선하여 방한 참여자의 소비지출을 확대 할 수 있는 인프라 문제의 해결이 필요한 과제이다. 참여자가 돈을 쓸 수 있는 환경 조성이 미약하다. 국제행사를 경쟁적으로 유치하기 위한 중앙, 지방간의 대결구도도 문제가 된다. 상호 협력을 통한 공동 유치가 바람직하다.

인센티브 관광 유치의 경우는 중국의 비중이 크다. '15년 기준으로 49.4%를 중국이 점유하고 있어 일본 및 동남아 시장 등으로의 다변화가 필요하다. 국제 행사를 유치하기 위한 인프라 문제이다. 접근성 개선을 위한 교통여건(항공, 해운, 육로), 행사 시설(컨벤션 센터, 호텔, 리조트 등)의 규모 확충 등 여건 조성이 필요하다. 정부 및 지자체 및 산업계가 협력하여 전략적 투자를 할 수 있는 환경조성 필요하다. 아울러 전문 인력 양성 문제이다. 국제행사 유치를 위한 인력(PCO 등)

의 적극적 양성이 과제가 되고 있다.

셋째, 크루즈 관광 육성이다. 현재 국내의 크루즈 관광산업은 미약하다. 크루즈 관광은 국민소득 수준 향상과 여유 있는 노령 인구 증가 등 여건으로 향후 활성화가 필요한 분야이며, 주요 국제 크루즈 선사의 기항지 역할을 할 수 있도록 하는 환경개선이 필요하다.

〈 국민 복지 증진과 관광 수용 환경 개선〉

관광산업을 통한 국민 복지 증진과 관광 수용 환경 개선도 중요한 관광 정책의 과제가 된다. 세부 과제로는 국민 복지 관광 전략 확대, 국제관광 수용체제 개선, 관광객 친화적인 사회 시스템 형성을 들 수 있다. 세계경제포럼(WEF)에서 매년 140개국 관광산업과 연관성 있는 항목을 토대로 "관광경쟁력 지수(TTCI) 평가 결과를 발표한다. 2015년 발표는 그간의 분석 방법에서 평가지표의 확장으로 국가별 순위 변동폭이 크게 나타났다. 이 지표는 문화사회적 관점에서 볼 때 문제성이 있겠지만, 관광산업 경쟁력 강화를 위한 전략 수립에 참고할 만하다.

〈 직접 관광 지표〉

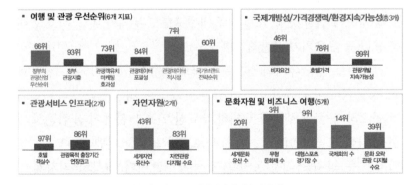

자료원: 정광민(2016). 2015년 세계경제포럼(WEF) 관광경쟁력 지수 분석 참고

6. 국민 복지 관광 전략 확대

연도별 국민의 국내여행 총량 주요지표 추이를 살펴보면 다음표와 같다. 2015년도의 경우 국민 87.9%가 국내여행을 경험하였고, 국내여행참가자는 3,831만 명을 기록하였고, 국내여행 지출액은 25조 4천억 원으로 추계되었다.

〈 국민 국내여행 총량 주요지표〉

구분	2011년	2012년	2013년	2014년	2015년
국내여행경험률	81.6%	85.2%	86.5%	86.3%	87.9%
국내여행경험	3,501만 명	3,691만 명	3,780만 명	3,803만 명	3,831만 명
국내여행참가 회수	1억 5,659만 회	2억 1,347만 회	2억 3,103만 회	2억 2,710만 회	2억 3,830만 회
이동총량	2억 8,695만 일	3억 6,528만 일	3억 8,922만 일	3억 9,785만 일	4억 682만 일
국내여행지출액	20조 2천억 원	23조 9천억 원	23조 2천억 원	24조 8천억 원	25조 4천억 원

자료원: 문화체육관광부 국민여행실태조사(2014a, 2016a)

단위 관광과 일상화 내지 생활화 된 관광을 축할 수 있게 한다. 또한 관광복지 프로그램을 다양화, 내실화 하여 사회 기저층의 관광 수요를 촉진할 수 있다.

7. 국제관광 수용체제 개선

국제관광의 수용체제 개선은 대단히 전략적인 과제이다. 관광객이 와서, 머무르고, 재방문 할 수 있는 인프라 문제이다. 이를 위해서는 첫째, 전략시장에 대한 마케팅의 체계적 추진이다. 개별 기업, 개별 지자체 차원이 아닌 국가적, 지방공공체적 차원의 마케팅 활동이 필요하다. 둘째, 관광편의 향상과 수용 환경 개선이 과제이다. 웹 및 IT앱을 활용한 다양한 언어별 관광 정보를 제공하는 서비스를 적극적으로 개발한다. 셋째, 국제관광객에 대한 만족도 향상 관리 시스템을 체계화 한다. 정보, 출입국, 교통(접근성), 숙박, 음식 등의 분야별 만족도 관리를 추진해야한다. 넷째, 강력하고 효율적인 관광서비스 품질관리 체계 운영이 필요하다. 관광인프라 및 소재인 교통/숙박/음식 등 품질관리 기준 설정과 엄격한 관리 시스템 운영을 공공/산업간 공조하에 실시한다. 다섯째, 외국 관광객 수용 역량 확충 문제이다. 국제 항공노선 개발과 지방 정부 역할 지원, LCC 및 전세 항공편 등을 활용한 지역 접근성 개선 지원, 주요 입국 국적별(중국, 일본, 동남아 등) 맞춤 전략 개발, 비자 발급 및 입국 절차 간소화 전략 지속적 개발 등이 구체적인 추진 과제가 된다.

8. 관광객 친화적인 사회 시스템 형성

관광객 친화적인 환경이 중요하다. 국제관광객을 위한 교통체계 연계성 강화 문제이다. 항공, 해운, 육로의 상호 연계성 및 목적지 접근성 개선이 과제가 된다. ICT를 활용한 관광정보 제공 확장, 특히, 내국인은 물론 국적별 맞춤형 관광정보 제공이 필수적인 시대이다. 특히, 모바일 앱을 통한 다양한 외국어 관광정보 서비스는 기본이다. 관광공유경제에 대한 선제적 대응 필요하다. 국제적으로 관심이 제고되고 있는 숙박, 이동 수단 등에 대한 다양한 선택대안 제공은 현대 관광에서 선택이 아닌 필수가 되고 있는 시대적 과제이다.

제21장
의료선진국 도약 위한 세계 일류 의료산업 육성[1]

I. 한국 의료산업 현황

1. 국민의료비 증가와 의료기관 경영난 심화

급속한 고령화로 만성·노인성질환 및 생활습관병 증가와 이에 따른 의료비 지출이 급증하는 추세이다.

> * 2008년 68.1조원 → 2012년 97.1조원 → 2025년 267.3조원
> (약 4배 증가 예상)

2016년 기준 건강보험 재정은 2000년 9조 8천억원에서 2015년 48조 2천억원으로 4.9배 증가했다(20조4억원 누적흑자). 원가이하의 수가통제 정책으로 의료기관의 정상적 운영 불가능하게 되었으며, 부대사업을 통한 보조적 지원도 한계에 봉착했다.

> * (차입금 의존도) 병원62.8%, 제조업 25.3%, 서비스업 39.1%
> * (매출액대비 이익율) 병원1.6%, 제조업 4.2%

---

1) 최준선, 성균관대 법학전문대학원 교수

2. 의료불균형 심화 및 공공의료 기능 미흡

(가) 의료인력 부족현상 확대로 지방 및 중소병원의 의료서비스 질이 저하될 우려가 매우 크다. 의료기관 간 경쟁심화, 포괄간호, 감염, 안전 등 의료인력이 수반되는 정책으로 수도권지역 및 대학병원까지 의료인력난이 확대되고 있다.

* 전공의 수련시간 제한 등('15년 전공의법 제정)에 따른 대체인력 확보문제 발생
· (의사) 지역별, 규모별(종별), 과목별 편중 심화(외과 · 흉부외과 등 필수의료 어려움)
· (약사) 병원약사 부족으로 인해 법정 인력기준 미준수 병원 다수
· (간호사) 우리나라 임상간호사 수 인구 천명당 5.2명으로 OECD 평균 (9.8명)에 비해 절반 수준. 또한 활동간호사의 46%가 수도권에서 근무

(나) 감염병 관리, 응급의료 등 공공의료기능이 약화되고 있다. 2015년 메르스 감염확산 이후, 음압격리병실 확보 등 감염병 관리 시설을 민간의료기관에게 의무로 전가하였다.

* 정부 필요 음압격리병실의 약 57%인 765개 민간에 확보 의무 부과 2015년 응급의료기관의 법정기준 충족율은 약81.9% 수준. 지역응급의료기관의 경우 지역간 격차 약 10%p 발생

II. 해외 사례

1. 미래 신성장동력으로 보건의료산업 지원 · 육성 필요

세계경기 둔화에도 보건산업은 지속적 성장하고 있다. 세계 의약품 · 의료기기 · 화장품 · 의료서비스 산업 연평균 성장률은 5.3%로 IT (0.9%)및 자동차산업(3.1%)보다 높은 수준이다.

> * 보건산업 성장 전망예상 : (2010)7.9조 → (2015)8.9조 → (2020)11.5조 달러
> - 선진국은 보건의료산업 육성을 위해 체계적 지원·육성정책 추진 및 혁신적인 규제 개혁 추진

2. 신성장동력으로 보건산업의 중요성 확대

보건산업은 성장 잠재력이 높으며 특히 산업의 서비스화가 진행되면서 보건의료산업이 新경제의 핵심으로 부상하고 있다.

> * 세계경제포럼(WEF) 선정 10대 유망기술 중 3개 이상이 보건관련 산업임
> - 매출액 대비 취업 유발효과가 높은 양질의 고용집약 산업으로, 보건산업 종사자는 지속적으로 증가추세
> * 의료서비스 · 의약품 · 의료기기 · 화장품 종사자 ('11)62만명 →('15)76만명

3. 급속도의 IT · BT 발전으로 보건산업 혁신 가속화

인공지능 · 센서 등 ICT 기술, 유전정보 분석기술 등을 활용한 맞춤의료 시대 가시화되고 있으며, 제품과 서비스의 융합이 활성화되고 수요자 중심 경제가 부상하면서 보건산업 공급주체가 다변화되고 있다.

III. 구체적 실행방안

1. 의료서비스 지역편차 해소와 공공의료 강화

(1) 의료인력 수급 불균형 해소

가. 간호인력 공급 확대
간호대 입학 정원 증원을 통하여 간호인력난을 근본적으로 해소하여야 한다.

임상간호 인력 확보 및 병원근무 기피현상 해소를 위해 관련 제도를 개선하여야 한다. "사회복무요원" 및 "공중보건의사" 제도를 고려, 동일한 의료인의 범주에 있는 간호사에 대해서도 동일한 군복무 제도 방안을 검토하여야 한다. 이 경우 군복무제도의 효율성이 제고되며, 공공기관 및 의료취약지 등 의료기관에서의 간호 인력난이 일정부분 해소

될 것으로 기대된다.

   *「병역법」 및 「농어촌 등 공중보건의료를 위한 특별조치법」에 관련
    조항 신설 및 개정
   - (경력단절 여성 재고용 중소기업 세액공제 특례 개선) 재취업 희망
    여성과 해당 기업의 인력 운영을 고려하여 세액 공제 세부요건을
    완화할 필요가 있다(종전 근무기업 요건 삭제 필요)
   ·(기대효과) 경력단절 여성의 재취업을 보다 용이하게 하고 안정적
    일자리 창출에 기여

나. 전공의 수련비용 정부 지원

양질의 전문 의료인 양성이 국민건강 향상과 사회적 비용 감소 효과
가 있으므로 전문인력 양성 비용을 국가가 지원을 검토하여야 한다. 전
공의 급여 일부(50%) 및 지도전문의 인건비 등 전공의 수련관련 비용을
지원을 검토하여야 한다.

(2) 공공보건의료 기능 강화

가. 감염병 관리 시설 보강에 따른 재정 지원

병실환경 개선에 따른 손실보전을 위해 입원료 수가를 개선하고, 민
간병원에 설치한 음압병실 설치비용의 일부를 지자체에서 지원하는
방안을 검토하여야 한다.

나. 지역거점의료기관 지정 육성

지역거점병원을 지정·육성할 필요가 있다. 지역별 취약한 의료기능
에 대하여 해당 지역 내 의료기관을 지역거점병원으로 지정하고, 의료
기관에 대한 재정적, 행정적 지원을 통해 지역 주민의 의료 접근성을 확
대할 필요가 있다.

○ **지역거점병원 지정·운영(안)**

• (지정 대상) 지역·인구수 및 연령대별 구성비·의료기관 접근성 등을 고려하여 종합병원 중에서 지정(종합병원이 없는 지역의 경우 병원급에서 지정하고 인프라 구축을 위한 비용 지원)

• (지정 기준) 일정 비율 이상의 의료급여환자 진료 유지, 지역응급의료센터 수준의 응급의료 제공(농어촌 취약지의 경우 지역응급의료 기관 수준), 해당 지역 내 의료종사자의 자질 향상을 위한 교육 수행 등

• 지역거점병원 지원 방안(안)
  - (의료인력) 해당 지역 대학병원 또는 수도권 대학병원과 MOU 체결, 파견 및 순환 근무 등을 통한 연계 및 의료자원의 효율적 활용을 위한 비전속진료 활성화 방안 마련
  - (서비스 질 관리) 하드웨어(시설, 장비 등) 및 소프트웨어(진료지침, 인적자원 개발, 의료기관평가인증 비용, QA 활동 등) 지원
  - (의료인 인건비 지원) 의료인(의사, 간호사) 인건비 일부 지원(시·군·읍·면 등 차등 지원) 및 벽·오지 병원 근무환경 개선
  - (응급의료) 기본적인 응급의료서비스 공급 유지를 위한 기본보조금 지원 및 응급실 및 중환자실의 운영 손실에 대한 일정비율 정부 보전 제도화
  - (인력기준개선) 지방중소도시의 인력난 등을 고려한 간호등급제, 약사인력 기준을 현실에 맞도록 개선
  - (재정) 정부 일반예산 또는 건강증진기금 등 해당 분야를 구분하여 지원
  * 응급의료기금처럼 지역거점병원 육성기금을 별도로 조성·운영

2. 효율적인 의료이용체계 구축

(1) 의료기관의 특성화 확대

가. 전문병원 활성화
전문병원 활성화를 위한 다양한 지원정책을 마련하여야 한다. 예컨대 다음과 같은 것을 검토한다.

- 건강보험 재정 지원 확대
  - 의료비 절감, 의료자원 활용도 제고에 대한 보상
  - 전문병원 지정, 운영 요건에 따른 비용 증가분에 대한 보상
  * 미국의 경우 평가 등을 통해 전문병원이 질병관리 및 치료가 우수한 민간보험회사로부터 가산수가(20% 가산)를 받을 수 있음

- 기타 전문병원 육성 방안
  - 해외 환자 유치 및 의료 수출을 위한 제도적 지원
  - 의료인력 운영의 안정과 교육의 활성화를 위한 수련기관 지정기준 완화

나. 상급종합병원 지정기준 개선 및 기관 수 확대
소요병상수 제도를 폐지한다. 현행 소요병상수는 단순하게 권역별로 종합병원과 상급종합병원의 이용 현황에 기반하고 있으나 의료이용의 권역별 제한이 없는 이용체계와 맞지 않고, 지정병상수로 활용되어 불필요한 경쟁을 유발하므로 폐지를 검토한다.

서열(상대평가)이 아닌 필요기준 충족여부에 따른 지정방식으로 전환하여야 한다. 상급종합병원의 역할을 수행할 수 있는 적절한 기준을 마련하고, 이의 충족여부에 따라 지정될 수 있도록 지정기준과 지정방식을 개선하여야 한다(절대평가만 적용).

제3부

(2) 합리적인 보장성 확대

가. 국민 부담능력, 건강증진 등을 고려한 보장성 확대

불합리한 급여기준을 개선하여야 한다. 필수진료 임에도 보험재정에 미치는 파급효과가 커 본인 부담으로 하고 있는 항목에 대한 우선적 보장을 강화해야 한다. 의학적 타당성이 인정되나 보험재정의 한계로 의료 현실을 반영하지 못하고 있는 불합리한 급여기준(인정 개수, 허용 횟수 등) 개선해야 한다(의학적 비급여의 우선 급여전환). 경제적 부담뿐만 아니라 의료 질에 대한 보장도 보장성에 포함하는 방안을 검토한다.

비급여의 급여 전환시 적정 수가를 보장해야 한다. 급여 전환시 적정 진료를 담보할 수 있는 수준에서 수가 부여(해당 행위가 병원 경영에 미치는 영향 같이 고려)해야 한다.

보장성 항목을 재평가해야 한다. 기존 보장성 확대 항목의 합리성, 실효성 확보를 위해 정책시행 결과의 평가 및 공개를 통해 건강보험제도의 지속적 발전방안 모색한다.

3. 일자리 창출 및 보건의료산업 육성

(1) 미래의료 발전을 위한 지원 및 육성

가. 연구중심병원 지원확대 및 인력양성

연구 특성상 결과에 대한 불확실성과 성과를 얻기까지 상당한 기간이 소요되므로 정부 재정 지원을 지속적으로 확대를 검토한다. 인력지정기준을 완화한다.

* 연구참여임상의사 진료제한기준 한시적 완화
  국가차원의 의사과학자 양성이 필요하다(교육체계 개편 등).

나. 의료기관 세제 개선

의료기관의 공공적 특성 및 사회적 역할을 고려하여 의료기관에 대한 세제 지원 유지 및 확대가 필요하다. 고유목적사업준비금 손금산입 특례 대상을 확대(조세특례제한법 제74조 개정사항)하여야 한다. 全 의료법인 병원에 대하여 손금산입범위 확대를 을 검토한다.

* 현행 특례의료기관 : 학교법인병원, 사회복지법인병원, 공공의료 기관, 지방소재 의료법인병원

모든 병원급 의료기관을 법정기부금 단체로 지정(법인세법 제24조 개정사항)하는 방안을 검토하여야 한다.

* 현행 법정기부금 의료기관 : 학교법인병원, 서울대 및 국립대병원
- 의료기관에 대한 지방세 감면 유지 (지방세특례제한법 제38조 개 정사항)

다. 중소병원육성 특별법 제정

보건의료산업 특성을 고려한 중소병원육성지원법 제정 추진을 검토한다.

(2) 불합리한 규제 개선

가. 수가 결정구조 개선

건보공단 재정운영위원회의 수가계약에 관한 권한 조정을 검토한다. 건보공단의 자율적인 협상권을 보장할 수 있도록 수가계약에 관한 재정운영위원회의 심의·의결권한 중 의결권을 제외한 심의권한만 존

치를 검토한다.

수가계약에 관한 독립적인 중재조정기구 설립을 검토한다. 수가계약협상 결렬시 건정심에서 의결하지 않고, 중재조정기구를 설치하여 조정금액을 제안하고, 당사자 불수용시 보건복지부장관이 합리적으로 결정

나. 부실 의료법인 합리적 퇴출절차 마련

부실 의료법인 퇴출 제도 마련(의료법인 간 인수·합병 허용)방안을 검토한다. 의료법인의 해산, 합병, 채무인수 등 관련 조항 신설(의료법 개정)을 검토한다.

〈 동일법인 간 합병의 유형(기존 의료법 개정안) 〉

1) 인수합병 : A + B = A 또는 B(합병으로 인하여 존속하는 의료법인)
2) 신설합병 : A + B = C(합병으로 인하여 설립된 의료법인)

다. 의료기관 신용카드 수수료 부담 완화

의료의 공공성 및 특수성을 감안한 최저 수수료율 적용(여신전문금융업법 제18조의3 개정사항)을 검토한다.

 * 현재 여신전문금융업법 개정안 국회 계류 (이학영 의원 대표발의)

라. 한양방 협진체제 강화로 국민의료 편의 제고

한의학을 한국고유 의료산업으로 육성(중국: 중의학 노벨의학상 수상 후 대대적 육성)한다. 첨단의료기기 한방 사용 확대를 추진한다.

제22장
글로벌 고부가가치 물류산업 육성[1]

I. 추진 배경

1. 미래사회의 전망

미래사회는 생산인구의 감소, 초 거대도시의 등장, 정부나 기업보다는 개인이 중심이 되는 사회구조로 극적인 변화가 일어날 전망이다. 경제구조도 전자상거래시장이 빠르게 확산 되고, 산업의 융·복합과 함께 신산업의 창출도 활발해질 전망이며, 아울러 글로벌네트워크의 확산도 예상된다. 최근 제4차산업혁명으로 통용되고 있는 기술의 발전은 더욱 극적일 것이고, 물류분야에서도 신개념의 운송수단의 등장 등으로 큰 변화를 맞을 전망이다.

2. 세계 물류환경의 최근 변화

앞으로 제4차 산업혁명시대의 물류산업은 「물류기업 + IT기업 + 유통기업」이 주도할 것으로 보이므로 글로벌 고부가가치 물류기업의 육성을 위해 미래 물류기술발전과 산업트렌드 변화에 대한 적절한 대응

---

[1] 김춘선, 인하대 물류대학원 초빙교수

은 필수적일 것이다.

초국적 기업에 의한 생산체계의 세계화 확대로 글로벌 가치사슬 (Global ValueChain)이 확장되고 세계 경제에서 중요성이 계속 증대될 것이다. 1990년대 이후 전세계 상품 생산량은 약 3배 증가했으나 수출과 해외직접투자(FDI)는 5배증가하는 등 글로벌가치사슬(GVC)은 빠른 속도로 확장되고 있고, 이에 따라 투자의 생산, 금융, 기술 등이 과거와는 달리 서로 결합된 통합된 활동으로 인식되고 있다 (세계경제포럼은 이 현상을 무역-투자-서비스-지적재산권 결합으로 지칭, 2013).

교통 · 통신발달에 따라 초연결 사회에서 기업들은 비용절감, 현지화 등의 목적을 위해 글로벌 가치사슬(GVC)을 구축하고 확장하기 위해 물류거점/네트워크 확보에도 치중할 것으로 보인다. 이것은 최근 중간재 교역의 증가와 함께 해외 부품 및 소재 조달이 활발하게 이루어지면서 항만 등을 중심으로 하여 부가가치 거점으로 성장하고 있기 때문이다.

또한 글로벌 유통 및 물류 산업의 발전동향을 살펴보면 글로벌 물류기업들은 M&A를 통해 활발히 시장지배적 위치를 확보하고, 서비스 영역 및 지리적 범위를 빠른 속도로 확장하고 있으며, M&A전략은 규모의 경제를 달성하기 위한 기업 인수합병과 해당 국가나 지역 진출 해외거점 확보 개념에서 추진되고 있다. 산업경계파괴라는 세계적 트렌드에 따른 비물류기업의 물류산업진출도 더욱 확대될 것으로 보인다. 온라인 전자상거래가 국경을 넘어 글로벌시장이 하나로 연결되는 전자상거래수입(해외직구)이나 전자상거래 수출(해외역직구) 등 Cross-border Trade가 급성장할 것으로 전망되고 있고, ICT를 활용한 물류 인프라 고도화는 이미 활발하게 진행중에 있다. 온라인 전자상거래 및 O2O/옴니채널 물류에 대한 수요는 물류인프라 고도화를 위한 ICT기술투자를 가속화하고 있으며, 아마존, DHL등 선진기업들 역시 대규모 투자를 지속하고 있다. 물류 스타트업은 기존 물류를 업그레이드하는 전통적 비즈니스모델에 기반을 둔 혁신뿐만 아니라 기술창출 및 타업종과의 융합형 비즈니스가 중심이 되는 ICT기반의 새로운 비즈니스 모델이 부상하고 있다.

3. 글로벌 물류산업의 동향과 중요성

글로벌 물류산업은 적극적 M&A, 해외 직접투자 등을 통해 글로벌화, 대형화, 종합화 된 방향으로 발전하고 있으며, 이 과정에서 주요 물류기업들은 고부가가치서비스 개발을 위해 전략적 제휴, 수직·수평통합, 비자산형 또는 4PL로 변신하는 등 끊임없이 구조적 변화를 거듭하고 있다.

1990년대 후반부터 2000년대 초반 다국적 물류기업들의 빠른 성장으로 전 세계 물류시장의 판도가 크게 변화하였고 2008년 시작된 금융위기가 회복세로 전환되는 과정에서 M&A, 제휴, Organic Growth 등 시장 내에서 지배적 위치를 구축하기 위한 글로벌 물류기업들의 움직임이 가속화되고 있다. 이로인해 글로벌 물류시장 전반에 대한 지각 변동이 일어나고 있어 국내 물류기업들이 고부가가치 글로벌 물류기업으로 성장하기 위해서는 중장기 발전전략을 조속히 수립·추진되어야 하는 시점이다.

글로벌 물류기업들은 정보력, 자금력, 협상력을 기반으로 한 빠른 의사결정으로 글로벌 물류 기업으로 성장하였음을 유의해야 하고, 초기 개별 기업들은 정부지원 정책과 함께 기업 스스로 성장을 위한 다양한 노력을 병행하여 성장해야 한다.

글로벌 물류기업들은 궁극적으로 개별 국가의 경제영토를 확장하고 고용창출, 연관산업의 효과적인 해외진출과 비즈니스 지원이 가능하여 국가전체의 산업경쟁력을 제고시켜 주는 동맥과 같은 역할을 해주고 있으므로 국내 물류기업들의 성장 한계 요인(기업체수 과다, 기업규모 영세, 거래구조 투명성 부족, 정부지원체계 미흡, 해외진출미약 등)

들을 극복하는 물류산업별 특성에 맞는 성장전략 및 지원정책이 제시될 필요가 있다. 기본적으로 서비스 능력 제고, 사업영역 확대, 네트워크 확대 등의 3가지 성장방향을 실현해야 할 것이다.

II. 우리나라 글로벌 물류정책의 현황과 문제점

1. 우리나라 물류산업 현황

우리나라 물류산업은 국내 GDP중 약 3.68%를 차지하며, 지난 5년간(2011-2015) 6.20% 성장하여 연평균 GDP성장율(3.18%) 대비 약 2배 수준의 고성장을 지속하고 있다. 또한 우리나라 물류산업은 2014년기준 약 36만개 기업이 108만여명을 고용하여 고용유발효과가 큰 산업이며, 육상운송업이 다수를 차지하고 있다. 그러나 세계은행에 따르면 2010~2016년간 우리나라 물류산업의글로벌 물류 경쟁력(Logistics Performance Index)은 세계 21~24위권으로 추정되며, 글로벌 물류 허브와 경쟁력 편차가 존재한다.

또한 우리나라 물류기업, 특히 화물자동차운송업 및 물류터미널운영업은 다수의 영세한 업체가 치열하게 경쟁하는 다단계시장인 반면 택배업 및 항만운영업은 규모의 경제가 중요한데, 전반적으로 글로벌 경쟁력이 취약한 상황이다.

2. 지금까지의 정부 물류정책

가. 정부의 물류정책 방향

물류기업 해외진출을 위한 글로벌 물류 네트워크 구축과 글로벌 물류기업 육성/선진화를 통한 글로벌 경쟁력강화와 고부가가치 창출이 지금까지 정부가 추진해온 기본적 정책방향이다. 아울러 물류거점 활성화와 물류시스템 운영개선을 도모하고, 물류종사자의 근로환경을 지속적으로 개선하는 것도 기본 방향으로 제시되어 추진되고 있다. 이와 관련 정부는 2016~2025년 국가물류기본계획을 수립하여 제4차 산업혁명의 전개, 거대 경제권의 출현, 이종산업간 융·복합 등 경제·기술·사회적 변화를 반영하여 그간 정부주도, 수출입 물류 위주로 추진해온 물류정책 패러다임을 민간주도의 생활물류, 신물류산업지원으로 전환하고, 7대 유망서비스산업인 물류산업의 경쟁력강화에 초점을 두었다. 이를 위해 "물류혁신과 신산업 창출을 통한 글로벌 물류강국의 실현"을 비전으로 산업경향(트렌드) 변화에 대응한 고부가가치 물류산업의 육성 등 4대 추진전략을 마련하여, 2025년까지 물류산업 일자리 70만개(16년 59만개), 국제 물류경쟁력 10위(16년 21위), 물류산업 매출액 150조원(16년 91조원), GDP대비 물류산업 매출비중 5%수준(16년 3.7%수준)을 목표로 제시한 바 있다.

4대 추진전략은 ① 산업경향(트렌드)변화에 대응한 고부가가치 물류산업 육성, ② 세계 물류지형의 변화에 따른 해외물류시장의 진출확대, ③ 미래지능형 스마트물류기술 개발 및 확산, ④ 지속가능한 물류산업환경 조성으로 발표하였다.

전반적으로 물류산업의 발전을 위한 좋은 전략과 방안이 제시되었지만 협소한 시장으로 대외지향적인 경제 발전이 필수적인 우리나라로서는 여전히 무한경쟁적인 국제 경제환경에 대처하기 위해서 글로벌 고부가가치 물류산업 육성과 관련된 전략과 방안들이 우리나라의 현 상황을 타개할 수 있는 적절한 미래지향적 방안으로 보다 강조되어 중점적으로 추진되어야 할 것으로 보여진다.

제3부

나. 2016~2025년 국가물류기본계획의 주요 내용

① 산업경향(트렌드)변화에 대응한 고부가가치 물류산업 육성

신선물류, 온라인 오프라인 연계서비스(O2O) 등 융·복합 고부가가치 물류산업 육성을 위해 제도개선과 함께 맞춤형 기반시설(인프라)을 공급하고 기업지원 등을 추진한다.

도로운송 분야에서는 화물 운송시장의 진입제도 등을 개선('16년~)하며, 전기화물차 등 새로운 수송수단 상용화를 위한 관련법령도 정비한다. 아울러 도심 물류인프라 확충을 위한 '도시첨단 물류단지'를 시범단지 선정(6개소)을 시작으로 본격 추진한다.

해운항만분야에서는 12억 달러 규모의 초대형 고효율 선박 도입을 위한 선박펀드를 지원하여 국적선사가 해운 얼라이언스 재편에 능동적으로 대응토록 하고, 운임 파생상품 거래가 가능한 '해운거래소' 설립 추진을 검토한다. 대중국 신선물류 수출 등을 지원하기 위해 '18년까지 액화천연가스(LNG) 냉열을 이용한 콜드체인 클러스터를 인천신항에 구축하고, 부산항은 항만기반시설(인프라) 적기 공급을 통해 세계 2대 환적거점항으로 육성하며 배후단지를 '20년까지 525만m2 추가 조성하여 가공·조립·제조 기업 등을 유치할 예정이다.

항공분야는 전자상거래 확산 등 최근 산업 트렌드를 반영하여 인천공항 자유무역지역에 3단계 배후단지를 조성하여 제조+물류+IT 등 융복합 기업이 입주할 수 있도록 하고, 2단계 배후단지의 조기 추가개발(9.3만m2), 전자상거래물류센터 건립 등으로 동북아 물류허브 공항 위상을 공고히 한다.

이밖에 물류 스타트업 육성을 위해 투자연계, 금융지원을 확대하고, 융·복합형 물류인력 양성 및 물류인력지도 작성 등도 추진한다.

② 우리 물류기업의 해외물류시장 진출을 확대 싱가폴의 PSA와 같은 세계적인 항만운영기업(GTO,Global Terminal Operator) 육성을 위해 한국형 글로벌 항만운영기업(GTO) 육성을 위한 단계별 로드맵*

을 수립하고 항만공사 등이 물류기업과 함께 해외물류거점 진출을 추진한다.

> * 한국형 GTO육성 로드맵 : (1단계) 해외물류시장 진출 경험 확보 → (2단계) 물류센터 등 간접 항만물류시장 접근 → (3단계) 항만 운영

민간기업에 대해서는 유망 해외 공항만 인프라 개발사업 발굴, 타당성 조사 등 해외 개발협력사업을 통해 해외진출을 지원한다. 동북아 · 유라시아 국제물류 네트워크 확대를 위해 중국과 단계적 · 점진적으로 항공 자유화를 추진하고, 한 · 중 · 일 복합운송 확대를 위해 민 · 관 협력도 강화한다.

중국 등 유망 수출국 공항만에 해외공동물류센터 건립하고, '해외진출지원센터' 설치, 선박금융에 집중된 해양금융지원을 일반 물류분야로 확대하는 등으로 물류기업의 해외진출을 지원한다.

③ 미래대응형 스마트 물류기술 개발

현재 시범사업이 진행중인 드론배송은 '17년까지 시범사업을 실시하여, 물류기업이 시범사업 결과와 안전성, 활용가능성을 종합적으로 검토하여 도서지역 등에 단계적으로 상용화를 추진할 수 있도록 지원한다. 스마트 물류센터 구축을 위한 자동피킹로봇, 셔틀로봇 등 첨단 물류기술은 테스트 베드 설치 등을 통해 조기 상용화를 지원하고, 스마트 컨테이너, 친환경 화물차, 인터모달 시스템 등 핵심 스마트 물류기술 개발을 추진하여 세계 시장 진출을 추진한다.

「물류 R&D 로드맵」 수립('16년)하여, 4대(VR, 자율물류, IoT, 웨어러블기기) 미래 물류기술을 포함한 차세대 물류기술 선점을 위한 중장기 전략도 마련한다.

무인물류센터를 위한 가상현실(VR)+웨어러블+IOT 융합형 관리 시스템, 초고속 물류 · 장거리 운송을 위한 하이퍼루프형 수송 시스템 (1,000km/h 이상), 자율주행트럭 · 군집주행기술, 고효율 중소형 화물

제3부

전용기 개발 등을 위한 기반기술 확보 등도 중장기적으로 추진한다.

또한 해운항만분야에서는 사물인터넷(IOT), 로봇기술을 활용한 무인자동화 기반 '고성능 신개념 하역시스템' 등 선도 기술 확보를 추진하고 현장에 필요한 연구개발(R&D)기술 발굴을 추진한다.

④ 환경, 안전, 보안 등 지속가능한 물류산업 환경 조성

신기후체제(Post-2020) 대비 중장기 추진계획 수립('16년말)하고, 물류거점의 에너지 저감대책 수립, 친환경항만, 전기기관차 등 육해공 물류 수단·인프라의 녹색화를 추진한다.

* 컨테이너 수송장비인 항만 야드 트랙터를 경유→액화천연가스
  (LNG)로 전환(부산항)

위험물 안전운송을 위해 운송 전과정을 모니터링하는 국가 위험물 안전관리 체계를 마련하고, 관리권역 지정, 보안관련 인프라 확충 등 화물운송시장 안전관리체계 강화한다.

해운항만분야에서는 e-Navigation 기술개발, 선사 등에 항만시설보안료 부과('17년~)하고, 항공은 차세대 항공관제시스템 구축 등을 추진하여 해운·항공의 안전·보안을 강화한다.

III. 중점추진 정책과제[2]

1. 글로벌 가치사슬(GVCs) 연계 글로벌 물류거점 운영권 확보

국내 항만배후단지를 중심으로 글로벌 가치사슬(GVCs) 연계 거점

---

2) 이하에서는 기수립된 2016~2025년 국가물류기본계획상의 수립된 전략과 방안들은 지속적으로 추진하되, 향후 중점적으로 추진되어야 할 정책과제를 제시한다.

을 마련할 필요가 있다. 이를 위해서는 국내 항만배후단지에 해운·항만 물류기업들의 입주를 유도하고 관련된 다양한 비즈니스(가공, 조립, 보관등) 활성화를 지원하며, 최근 물류·유통업의 통합 현상과 전자상거래 활성화 등에 맞추어 항만배후단지 내 전자상거래 전용물류센터, 쇼룸 등을 설립한다.

이 경우 GVCs 대상 산업군(전자, 기계, 자동차, 조선, 항공 등)은 항만 배후단지 입주를 유도하고 클러스터화를 추진한다.

커피, 수산물, 의약품 등 제조·유통기업유치, LNG벙커링, 유류기지 등 고부가가치 화물유치와 산업서비스를 처리하고 지원하기 위한 항만물류 허브를 구축한다.

항만이 공업항(제조지원 항만)에서 상업항(유통기업 지원항만)으로의 기능 확대를 고려하여 전자상거래 업체 등 유통기업의 주문처리센터(Fulfillment Center: 운송, 하역, 보관, 유통가공, 정보관리, A/S, 반품, 오더관리 기능까지 도입하여 고객 니즈 전체를 대응하는 개념의 물류센터) 기능을 확보한다. 쇼룸센터에 대해서는 소비재, 가구, 전자 및 기계 부품 등 우리나라 항만 이용 품목 위주로 선정하고, 주요 항만내 물류센터 및 항만 이용을 유도한다. 주요 품목은 상설형으로 운영하되 일부 품목은 이벤트형으로 운영하며 비즈니스 특성상 여객 집결이 가능한 교통중심지나 컨벤션 및 관광 기능이 밀집된 지역에 입지토록 한다. B2B, B2C, O2O 등 다양한 채널을 활용한다.

고부가가치 화물의 물동량을 움직이는 앵커기업(Anchor Tenant, Leading Company)을 발굴하고 요구사항을 조사하여 국내 항만에 유치하는 것도 물류거점 운영권확보에 크게 기여할수 있다.

또한 국외 항만배후단지를 중심으로 우리나라 물류기업 진출거점을 마련할 필요가 있다. 다수의 우리 기업들이 해외진출 및 매출액이 절반을 넘어서고 있는 상황에서 GVCs상 서비스 부가가치가 해외로 유출중에 있으므로 유출된 물류서비스 부가가치의 회수, 현지 진출기업 지원 등을 위해 우리나라 해운·항만 물류기업들의 해외진출을 지원해야 한다. 글로벌경쟁력이 약한 해당 물류기업들의 경쟁력 제고를 위해 우리나라 물류공기업의 선도 진출 및 동반진출을 적극 검토할 필요가 있다.

2. 세계 50개 항만 투자 및 운영권 확보

우선 해외사업을 ODA형(개도국대상 F/S를 수행하고 이를 해당국과 연계하여 우리 기업의 신규사업 참여), Developer형(운영사, 금융사, 화주나 선사 등을 동시에 연결할 수 있는 국내 Developer와 연계하여 국적 기업들이 참여), 동반진출형(국내 운영사, 항만공사 등과 신규 사업 발굴을 통해 동반진출), 입찰참여형(MDB, 신규 사업국의 제안사업에 참여) 등 그 성격을 해외사업별로 구분하여 성격에 맞는 정책을 추진토록 해야 한다.

일대일로(중국), 아세안 하이웨이(일본) 처럼 국정과제 형태로 정책을 수립하여 추진할 필요가 있고, 국내 운영사, 선사들의 진출 한계는 화물확보에 대한 불안감에 기인하므로 화주, 상사기업 등이 동참하는 동반진출 플랫폼 구축방안을 강구할 필요가 있다.

투자비가 크게 드는 항만개발사업 보다는 초기에는 항만정비, 항만 리모델링, 항만배후단지 개발 및 배후 물류시설 개발 등 소규모 개발사업 중심으로 접근 후 점진적으로 대형화를 추진해나가야 할 것이다.

선박대형화로 대형 항만간 경쟁이 예상되고 한진해운의 파산에 따른 글로벌 국적선사의 위축 등으로 부산항의 입지가 위축될 전망이므로 인접지역의 항만·물류 네트워크에 우선 집중하여 투자할 필요가 있다.

3. 항만 · 물류분야 고용창출 연계 해외진출 다변화추진

육해공 통합물류체계의 구축, 국제 물류 거점/네트워크 확대, 글로벌 성장 역량 제고및 협력 확대 등 글로벌 물류시장 해외진출을 위한 물류산업 경쟁력강화 방안들은 기본적인 전제가 되는 방향과 정책들이므로 지속적으로 추진되어야 한다.

그러나 WEF(World Economic Forum)발표에 따르면 최근 선진 항만을 중심으로 항만이 물류 노드 기능을 넘어 고부가가치를 창출하기 위한 혁신 스타트업 기능으로 변모중에 있으므로 항만창업 Valley 조성 등으로 해외진출을 도모할 필요가 있다.

항만배후단지를 항만물류 스타트업 기업 클러스터로 조성하여 RDM(Rotterdam Innovation District: 전시공간, 기업/교육/연구원을 위한 공간 제공 및 창업/신산업 발굴)과 같은 산업생태계를 마련하고, 항만배후단지내에 항만물류 스타트업 기업, 지식창고 역할의 교육 및 연구기관 유치 등을 통해 새로운 고용을 창출토록 한다. 이 경우 대기업과 항만물류 스타트업 간 전략적 제휴의 적극적 지원/활성화와 스타트업 인수합병(M&A)의 지원을 통해 건전한 스타트 업 창업생태계의 구축이 선행/병행되어야 한다. 항만물류 스타트업은 새로운 아이디어와 실행력으로 새로운 비즈니스 모델 정착이 가능하나 3년 이후 생존율이 매우 낮은 현실적인 한계가 있고, 기존 대기업의 새로운 융·복합 물류비즈니스 모델 진출은 기업 특성상 한계에 봉착해(라스트마일,Cross-border Trade 등) 있기 때문이다.

우리나라 선도 물류기업들을 주축으로 하여 글로벌 물류시장에 진출, 경쟁할 수 있도록 환경을 조성하는 것은 지속적으로 추진할 필요가 있다. 제조업 및 물류기업 간 동반진출을

통해 공동성장 모델을 구축하고 물량을 확보한 대기업 계열 물류회사의 글로벌 3PL 전문기업 형태로의 전환을 지원하는 것은 해외진출 역량강화에 여전히 유효한 방안이다. 글로벌 전문기업의 육성과

제
3
부

대형화를 통해 물류역량의 내재화 및 외국 글로벌 물류기업으로의 국부 유출 방지도 도모해야 한다.

기존의 물류기업의 해외진출은 3PL 중심의 B2B 모델(해외진출 기업이 물류를 대행)이었지만 B2B 비즈니스는 글로벌 물류 대기업들의 브랜드 인지도 및 네트워크 경쟁력, 현지업체들과의 치열한 경쟁과 현지화의 어려움 등으로 진출이 힘드므로 B2C 모델 기반의 새로운 물류 모델의 해외진출을 모색해야 한다. 라스트마일,CBT 등 신 융·복합 물류 비즈니스 모델은 해외에서도 초기 단계이므로 이에 대한 적극적 진출로 선점하는 노력이 필요하다.

구글, 아마존 등의 유통기업이 물류의 강자로 등극하고 있으므로 우리나라가 국제 물류분야를 주도하기 위해서는 관련 정보의 중심이 될 필요가 있고, 따라서 항만·해운·물류기술 관련 정보센터 구축 및 관련 글로벌 기업유치를 통해 글로벌 콘트롤 타워 역할을 수행하는 글로벌 물류정보센터의 유치를 추진하는 것도 적극적으로 추진할 필요가 있다.

10만명 수준의 청년 일자리 창출을 위한 글로벌 물류 네트워크 구축과 현지 정착지원을 위해 해외 항만운영, 물류사업 진출 등 지속적인 사업의 발굴과 확대, 해외 에이전트(포워딩 등)와 KOTRA무역관 등에서 일자리 마련을 지원하는 것도 역시 필요하다.

〈참고 : 물류 · 해운 · 항만분야 미래 정책과제 제시〉

〈 기존의 정책과제/공약 내용 〉

ㅁ 박근혜정부의 국정과제
• 4개분야(경제부흥,국민행복,문화융성,평화통일기반구축) 140개 중에서 물류항만분야 2개 :

· 해양수산업의 미래산업화 및 체계적 해양영토관리(11번, 경제부흥)
· 해양환경 보전과 개발의 조화(96번, 국민행복)
    # 정부에서는 물류산업 환경변화를 고려하여 "2016-2025 국가물류
    기본계획"을 2016년에 발표한 바 있으며, 기존 제조업중심 산업
    육성 정책과 함께 "서비스 산업 발전 전략"을 별도로 수립하여 물
    류산업 역시 7대 중점육성 신성장 서비스분야로 선정하여 지원
    계획 (2016.7 서비스산업 발전 전략 발표)

〈 전국 일반인의 물류해운항만분야 인식 〉

□ "미래 해양수산분야 주요이슈 및 트렌드에 대한 일반인의 인식"
   설문조사 결과 (2013.9, 전국 일반인 1633명 무작위) :
• 수산식품 안전, 해양영토 주권, 해양장비·인프라, 해양환경보전 등
    # 기본적으로 최근 물류 기술발전과 융복합 경향, 산업 트렌드 변
    화에 대응한 글로벌 고부가가치 물류산업 육성에 대한 목소리가
    높음
    # 신성장 산업으로서의 서비스산업의 부각과 궤를 같이하여 물류
    산업에 관심
    # 최근 한진해운 사태로 해운물류분야에 대한 관심이 고조되어 있
    고, 세월호 문제도 인양은 이루어졌으나 계속 진행중

〈 미래공약으로 제시 가능한 과제 : 예시 〉

□ 물류혁신과 신산업 창출을 통한 글로벌 물류강국 실현을 비전으로
   제시된 "2016~2025
   국가물류기본계획"상의 사업 중에서 현 상황에 적합한 내용을 우선
   적으로 선택하여 강조함이 옳은 방향임
□ 그동안 물류해운항만 관련 거론되었던 주요 과제
   • 글로벌 물류시장 해외진출을 위한 물류산업 경쟁력 강화 : 육해

공 통합물류체계 구축을 포함, 국제 물류거점/네트워크 확보 및 확대, 글로벌 성장 역량 제고 및 협력 확대
- 글로벌 물류거점 해외 항만 투자 및 운영권 확보 : 글로벌 가치사슬(Global Value Chain)과 연계, 국내외 항만배후단지를 중심으로 글로벌 물류거점 확보 추진
- 세계 50개 항만 투자 및 운영권확보
- 세계 10위권 글로벌 물류기업 육성
- 규제가 파괴된 신개념의 공항·항만 자유무역지대 확대
- 항만·물류 분야 고용창출 연계 해외진출 다변화 추진
- 동아시아 거점 제조·유통 항만 구축
- 한·중 해저터널 건설 구상
- 유라시아 연계 통일 한반도 신물류네트워크 구축
- 물류해운항만 통합정보망 구축 : 제4차 산업혁명시대를 맞아 ICT, 신기술 활용
- 4차 산업혁명 기술이 접목된 스마트 첨단 항만 구축
- 국민 만족 스마트 에코시티 실현
- 해운 관련분야 전략적 추진과제
- 한국 글로벌 해운 재건 프로그램 도입 및 추진
- 수출입 컨테이너 화물의 안정적 운송체계 개선
- 글로벌 해운물류인력 진출 지원
- 신해양산업으로서 크루즈산업 육성
- 연안 여객선의 대중교통화 및 준공영제 도입
- 기타 항만 및 해양 관련 과제
- 원도심 재생을 선도하는 항만재개발 추진
- 살고 싶은 쾌적하고 아름다운 해양공간 조성
- 요트· 마리너·크루즈 등 해양레저 진흥와 해양공간의 결합
- 해양안전의 실질적인 대안 제시(해경청 부활 포함)
- 체계적인 해양영토관리
- 해양환경 보전과 개발의 조화
- 해양산업 및 해양과학의 육성

제23장
글로벌 강소기업 육성[1]

I. 잠재성장률 하락과 고용시장 동향

최근 고용시장의 시계는 미세먼지로 덮혀 앞이 보이지 않고 있다. 전 세계적인 교역부진, 국내 저생산성 및 고령화 등으로 장기저성장기조 가 고착화되면서 국내경제의 잠재성장률이 2%대로 주저앉았다. 이와 함께 정년연장 파급효과 및 탄핵정국으로 인한 불확실성 상승으로 소 비와 투자가 정체됨에 따라 기업들의 채용시장도 얼어 붙었다. 동시에 구조조정 등의 영향으로 금년 1월 제조업 취업자수는 전년대비 16만명 감소했고, 실업자수는 101만명에, 실업률도 3.8%를 기록했다. 또, 상반 기 대졸 공채 규모는 지난해 같은 기간에 비해 8.8% 감소할 것으로 집계 됐다.

우리경제가 저성장에 돌입하게 된 것은 국내외 수요가 감소한 가운 데, 고령화로 생산가능인구가 감소하고 사회안전망 미비에 따른 노후 불안으로 베이붐 세대의 은퇴 후 소비절벽 현상이 나타났을 뿐만 아니 라 국내외 정치경제 정세 불확실성이 높아지면서 기업투자도 정체된 데에 기인하고 있다. 2%대로 주저앉은 잠재성장 하락의 부작용은 일회 성에 끝나지 않는다. 4~6%를 예상하고 기업들이 유지해온 고용와 설비 의 상당부분이 유휴자원으로 전락해 영업수익률이 악화되고 급기야

---

1) 문종진, 명지대 경영학부 교수

이들 기업에 지원해준 금융부분의 건전성이 악화되면서 은행여신의 부실화을 초래하고 궁극적으로 금융기관의 손실 확대, 자본잠식으로 연결된다.

따라서 이와 같은 악순환의 저성장 고리를 탈피하기 위한 고용확대 및 지속성장이 가능한 방안을 시급히 마련해야 할 필요가 있다. 최근, 대기업과 중소기업간 소득격차 비율이 50%를 상화함에 따라 '양질의 일자리를 찾는 청년들의 수는 더욱 증가하는 반면 고급관리 인력을 대체하는 Robot과 AI의 도입확대로 이들 일자의 숫자는 점차 줄고 비정규직의 일자리만 늘어날 뿐이다. 현재 취준생을 포함한 실질 실업자수가 454만명에 달하고 있다. 이들에 대해 적정한 일자리를 창출하지 못하는 한 세대간 화합, 계층간, 정치이념간 갈등의 간극은 더욱 확대되고 우리사회는 화합보다 분란이, 단결보다 분열이 더욱 심화될 것으로 보인다.

II. '낙수효과' 나타나지 않는 대기업위주 수출전략

취업시장이 어렵자 대선주자들의 일자리 창출공약이 잇달아 발표되고 있다. 먼저, 문재인 민주당 전 대표는 공공부문 일자리 늘리기와 노동시간 단축으로 좋은 일자리를 창출하고 4차 산업혁명 등 신산업육성으로 일자리 동력 확보 등의 정책제안을 선제적으로 하고 있다. 이를 두고 김종인, 송영길의원 등을 비롯한 정치권에선 동 공약이 포퓰리즘성격을 띄고 있고, 소요재원 마련을 위해 증세가 불가피 하다는 등 부정적 견해를 밝히고 있다. 과연 고용확대를 위해 우리나라가 시급히 추진해야 할 정책방향은 무엇일까?

　　그동안 우리경제는 낙수효과를 기대하고 대기업 위주의 편향적인 수출을 해왔으나 생산거점의 해외이전과 공장자동화로 국내경제에 대한 동 효과가 종전처럼 작동하지 않고 있다. 더욱이 대기업집단이 커질수록 해당계열사와의 거래비중만 높아지고 중소비계열사와의 비중은 떨어지고 있다. 그 결과 중소기업이 성장장애를 겪고 지속가능한 성장에 어려움을 겪는 등 기업생태계가 전반적으로 불안정화한 모습을 보이고 있다. 예를 들어 대기업 사업체수는 전체 사업체수의 0.1%(2013년말)에 불과하지만 수출비중은 무려 65.9%를, 중소·중견기업의 경우는 전체 사업체수의 99.9%를 차지하고 있지만 수출비중은 34.1%에 불과하다.

　　수출외형은 계속 확대됐지만 수출고용 유발계수는 1995년의 12.6명에서 2014년에는 8.1명으로 하락했고, 같은 기간중 수출부가가치 유발계수도 0.698에서 0.56로 떨어지는 등 수출의 국민경제 기여도도 점차 악화되고 있다. 이결과 대기업의 고용비중은 전체의 12.1%에 불과하다. 수출기업의 구조적인 개편이 없는 한 경제체질의 허약화로 지속 가능한 균형성장은 기대하기 어렵다.

Ⅲ. 강소기업육성 위주의 전략전환 필요성

　　최근 국제무역원 통계에 따르면, 2015년 세계 수출시장에서 점유율 1위를 차지한 한국 제품수는 총 68개(14위)이나, 중국(1위)은 1762개에 달하고 있다. 이어서 독일(638개), 미국(607개), 이탈리아(201

개), 일본(175개)이 2~5위 자리를 유지했다. 한국의 세계 1위 품목 (68개)중 절반 이상인 40개는 중국(17개), 미국(9개), 독일(8개), 일본(6개)이 2위로 쫓아오고 있어, 향후 1~2년 내 언제든 역전될 수 있다는 뜻이다. 참으로 걱정되는 통계수치이다.

독일 경영학자 헤르만 지몬은 수출 및 일자리 창출이 소수의 대기업에 의해 결정되는 것이 아니고 수출능력이 뛰어난 중간규모의 회사들이 많아야 늘어난다고 하고, 이를 "강소기업"이라 지칭했다. 독일이 수출강국의 지위를 차지한 비결은 1천개가 넘는 강소기업(히든챔피언)의 존재라고 하였다. 독일기준의 강소기업(히든챔피언)이란 세계시장 점유율 1~3위이면서도 대중에게 잘 알려지지 않은 매출액 40억불 이하의 기업을 지칭하나, 동 기준에 따른 국내 강소기업수(25개)와 수출비중(0.35%)은 독일(1000개, 26.1%)대비 매우취약한 수준이다. 동 기준을 국내에 맞게 다소 완화해 1억불 이상 수출 중소·중견기업으로 산정해도, 114개에 불과하고 평균 종업원수도 독일의 1/4에 불과한 수준이어서 향후 국내 고용확대 및 수출촉진을 위해 강소기업 위주로 중점 육성할 필요가 명확해진다. 적어도 국내에 강소기업이 200개정도가 되도록 육성해 중소기업 중견기업 대기업으로의 성장사다리가 연결되는 동시에 성장과 고용을 모두 잡을 수 있도록 해야 할 것이다.

한편, 수출입은행이 자체 선정하여 지원해온 강소기업 성과결과 분석을 보아도 평균매출액 증가율과 고용증가율(2009~2014년)이 일반 중소·중견기업보다 두 배 이상 높은 11.2%와 6.3%로 나타났다. 따라서, 중소·중견기업 전체를 대상으로 하는 여신 만기연장, 금리감면, 세액공제, 출자지원 등의 대책보다는 지원대상을 독일의 강소기업제도를 참조하여 보다 구체화해서 선택하고 육성하는 정책을 취해야 할 필요가 명확해 진다.

Ⅳ. 강소기업 육성을 위한 구체적 방안

그동안 우리나라 정부도 2011년부터 다양한 종류의 강소기업 유사 지원책을 실시해 왔다.그러나, 지원기관별로 산발적으로 혼재되어 중복 시행되어온 강소기업(히든 챔피온) 지원 대책을 일원화해 지원정책의 일관성 및 효율성을 높여 나가야 한다. 다음으로, 예비 강소기업들은 전문인력을 찾는데 목말라 하고 있다. 퇴직 고경력자들도 많으므로 동 인력이 필요기업으로 연결되도록 해야 한다. 인력수급상 미스매칭 현상을 해소하기 위해 (예비)강소기업들이 경영애로사항을 많이 겪고 있는 분야에 대한 정확한 현황 파악과 DB구축, 그리고 전문경력 취업희망자에 대한 집중적인 재교육 방안 마련이 시급하다.

새로운 지식기반형 기술인 IOT, AI, 3D프린터, 자율주행기술, Robot 등을 조기도입하여 자동제어 통제되는 smart factory를 만들어 나감으로써 생산효율성을 제고하고 첨단제품출시로 수출시장 점유 비중을 제고 시켜나가는 동시에 절약되는 노동력을 향후 인력수요 증가가 예상되는 건강, 의료 상태 인식 및 관리, 재난·안전 예측 모니터링, 자동센서관리 및 분석하는 분야로 직무전환이 수시로 이루지도록 직업훈련 및 고용의 유연성이 확보되도록 법적, 제도적 지원책을 마련해주도록 해야 한다.

한편, 정치권도 규제프리존, 서비스산업기본법, 다중대표소송 관련 상법개정, 인터넷전문은행 특별법 제정등에 반대 방침을 고집하고 있는 바, 국민과 청년들을 생각해 전향적인 자세전환이 필요하다.[2]

---

2) 한경/서경 :2017.02.21. 참조

(참고 1) 2017년도 한국형 히든챔피언 육성사업 시행계획 통합공고

☐ 산업통상자원부(장관 주형환)와 중소기업청(청장 주영섭)은 2017년 '한국형 히든챔피언 육성사업 시행계획'을 통합 공고(1. 5.)했다.

○ 이 사업은 우수한 기술력을 갖춘 중소·중견기업을 선정하여 세계시장에서 지배력을 행사(세계시장 점유율1~3위)하는 히든챔피언으로 육성하기 위한 사업으로, 글로벌 성장/도약의 2단계 사업*으로 구성되어있다.

* 글로벌 성장 단계(매출4백억~1조원) : 글로벌전문기업육성사업, 월드클래스300
* 글로벌 도약 단계(매출1백억~1천억원) : 글로벌강소기업 육성사업

*이번 공고를 통해 ① 글로벌 전문기업 육성사업 및 월드클래스300(글로벌성장단계) 후보기업 35개사, ② 글로벌 강소기업 육성사업(글로벌도약단계) 후보기업 120개사를 선발한다.

글로벌 도약단계 글로벌 강소기업 선정	
신청기간 1~2월	선정규모 120개사 내외
대상기업	공통조건 · 매출액 100억원~1,000억원의 중소기업 (단, SW, 엔지니어링업, 디자인 업종은 매출 25억원 이상) · 직, 간접 수출비중 10% 이상 · R&D투자비율 1% 이상 또는 5년 평균 매출액 증가율(GAGR) 8% 이상
선정혜택	전용 지원 프로그램 · R&D - 국비 2년간 최대 6억원 지원, IP전략수립 의무지원 기업당 3천만원 · 해외 마케팅 - 글로벌 성장전략 컨설팅, 글로벌 마케팅, 수출 프로그램 최대 2억원 지원 · 지역 자율 지원 프로그램 - 인력, 금융, 지식재산, 글로벌 진출 등 기업수요 맞춤 지원

글로벌 성장단계 월드클래스 300 및 글로벌 전문기업 선정		
신청기간 1차-1~2월 / 2차-5~6월	선정규모 1, 2차 총 70개사 내외	
대상기업	공통조건 · 매출액 400억원~1조원의 중소·중견기업 (단, SW, 엔지니어링업, 디자인 업종은 100억원 이상) 월드클래스 300 조건 · 일반 트랙 : 수출비중 20%이상, R&D 투자율 2% 이상 또는 매출액 증가율 15% 이상 · 혁신형 트랙 : 수출비중 10%이상, R&D투자율 4% 이상 글로벌 전문기업 조건 · 연 직수출액 2천만불~1억불 1회 이상 경험 · 평균 직수출 증가율(5천만불 미만 기업-증가율 5% 이상/ 5천만불 이상 기업-제한 없음)	

선정혜택	전용 지원 프로그램 (4개 기관, 5개 시책)
	· R&D - 기술개발지원기업 당 연간 최대 국비 15억원 지원
	  - 특허전략 지원 과제 당 8천만원 지원
	· 수출 [마케팅] - 해외마케팅 연간 최대 7.5천만원 지원
	  [시장진출전략] - IP, 해외수주, 국제조세, 물류 등 교육 전액 지원
	연계 지원 시책 (15개 기관, 15개 시책)
	· 무역투자, 금융, 컨설팅, 인력 관련 분야 사업 우대가점 및 지원	

(참고 2) 글로벌 강소기업 육성을 위한 각 기관별 지원현황

지원 사업 명칭	지원 자격	특징
월드 클래스 300 (중소기업청)	매출 400억 원~1조 원 미만	기본 요건 통과한 기업 대상의 전략성 심사 후 지원 업체 선정
글로벌 강소기업 육성사업 (중소기업청)	수출액 500만 달러 이상	일정 기준 통과기업에 대해 중기청 내 여타 사업과 연계하여 지원
월드 챔프(KOTRA)	월드 클래스 300 선정기업	해외시장 진출 로드맵 등 해외마케팅 지원
한국형 히든챔피언 육성 (수출입은행)	수출유망 중소·중견기업	일정 기준 통과기업에 대해 R&D, 시설, 운전 관련 자금지원 및 컨설팅
프론티어 챔프 (정책금융공사)	첨단, 신성장동력 분야 중소·중견기업	기본 요건 및 재무요건 충족 기업에 R&D, 시설, 운전 관련 우 대금리 융자 지원
수출강소기업 프로그램 (기업은행)	월드 클래스 300 또는 일정기준 통과 기업	저리 자금 지원, 여신한도 우대, 전환사채 우선 인수, 우수인 재 채용 지원 등
트레이드 챔프 클럽 (한국무역보험공사)	매출 500억 원 이상 등	무역보험/보증 한도 우대, 현지 마케팅, 현지 컨설팅 등
KDB 글로벌 스타 (KDB 산업은행)	월드 클래스 300 또는 일정기준 통과 기업	우대금리 자금지원, 주식인수

자료 : 이영주 외(2012), 「글로벌 강소기업의 성공요건 및 정책과제」, 산업연구원.
주 : 월드 클래스 300 기업의 경우 그동안 산업통상자원부가 주관해 왔으나, 2013년 들어 중소기업청이 주관함.

제24장
잘사는 6차 산업 농어촌 건설[1]

I. 머리말

우리 정부는 한미FTA 체결 이후 2004년부터 2013년 10년간 농업발전·농민 복지증진을 위해 직접적으로 119兆 투입하였으며, 간접지원까지 포함하면 약 200조원을 초과하여 예산을 투입한 바 있다.

그리고 그 근거법률로는 1999년 제정한 "농업·농촌 및 식품산업 기본법 (이하 '농업식품기본법'이라함)"을 들 수 있으며, 이 법률을 통해 정부주도의 농업진흥정책을 수행하였다.

그럼에도 여전히 농업후진성을 탈피하지 못하였고 이에 대하여 정부정책이 농어촌 지역개발사업의 중복 및 혼선만 초래하였다는 비판을 받은 바 있다. 특히, 영농분야의 고도화에 실패하면서 2010년부터 "식물신품종보호에 관한 국제조약 (International Convention for the Protection of New Varieties of Plants: UPOV)의 적용을 받아 외국산 종묘 및 종자 사용에 대한 로얄티를 매년 수조원씩 지불하는 등 농업분야의 선진화는 매우 어려운 상황에 직면하고 있다.

농산물 수출입 현황을 보면, 2015년 농식품(축산물 포함) 수출액은 61.0억 달러 (약 7조원, 농림축산식품부 발표) 에 불과하지만, 각종 FTA 체결 후 우리나라 농축산물 수입액은 2003년 83억 달러에서 2015년 236

---

1) 전삼현, 숭실대 법학과 교수

억 달러(26조 70000억)로 184%나 증가하는 등 대규모 무역수지 적자국으로 전락하였다. 한국농촌경제연구원의 분석에 따르면 2015년에는 농축수산물의 수입액이 국내 농업생산액(45조3000억)의 56.4%에 달하지만, 이 상태로 진행된다면 2035년에는 농축산물 수입액(39조)이 국내 농업생산액(45조)의 87%로 증가할 것이라고 예상한 바 있다.

그리고 농업의 영세성 역시 시급히 개선하여야 하는데, 통계자료에 따르면 농업에 종사하는 인구의80-90%가 1ha 미만을 경작하고 있으며, 기계화가 미발달하여 저생산성 구조를 탈피하지 못하고 있으며, 생산 인구 역시 노령화(평균 72세)되어 관행농법의 습관화로 양질의 농산물을 생산하지 못하고 있다.

따라서 농촌이 국제경제의 한 축을 차지하는 산업으로 성장하기 위하여는 고부가가치 농업으로 육성할 필요가 있으며, 이를 위한 기초작업으로 종자개발, ICT영농화, 청장년층의 농업분야 참여 등을 통한 일자리 창출, 농수산식품의 수출시장개척 등의 과제들이 남아 있다.

이하에서는 농어촌을 6차산업으로 고도화하여 농산물의 수출을 현재 7조에서 30조원으로 증가시켜 농업을 산업화 하는 방안을 제시하여 보고자 한다.

II. 6차 산업과 ICT 융복합

1. 6차산업의 의의

6차산업이란 "생산(1차)+제품화(2차)+3차(교육 ,유통)"을 융합하는 것을 의미한다. 그러나 6차산업의 성패여부는 1차 산업을 시스템적으로 기획하고 관리할 수 있는 플랫폼의 구축이 필요하다고 본다. 즉, ICT

와 결합한 영농의 고도화가 필요한 상황이다.

물론, 농업진흥청, 농림축산식품부 주도로 2014년부터 ICT 융복합 기술기반 스마트팜 활성화를 위해 시범 사업 및 시범 농장 운영을 진행하고 있지만, 이는 개별농장의 ICT화는 구현할 수 있지만 국가적으로 통괄적인 영농ICT화는 구현하기 어려운 상황이다.

최근 실시한 농업경영체 인식에 대한 설문조사 결과에 따르면 ICT미도입 농가의 70.6%가 향후 도입할 의향이 있는 것으로 답한 바 있다. 그리고 농가는 '생산성 향상'을 위해 ICT도입을 원하지만 '투자 및 관리비용부담'과 'ICT업체의 영세성' 때문에 ICT영농을 시도하는데 주저하고 있는 것으로 응답한 바 있다.

또한 농업인들은 농업경영체의 수용 능력 부족 및 투자·관리 비용 부담, 투자 성과의 불확실성, ICT업체의 영세성과 사후관리 미흡, 정부의 종합적·체계적 전략 미흡 등을 해결해야 할 과제로 지적한 바 있다. 정부 역할에 대해서는 ICT활용 교육 및 성공모델 구축과 같은 소프트웨어 정책 사업을 확대하고, 농식품부 내 농산업 ICT융합 정책사업의 체계적인 추진을 위해 컨트롤타워 정립과 정책 간 연계 강화가 필요하다는 응답들을 한 바 있다.

2. 영농ICT화의 콘트롤 타워인 가칭 "영농플랫폼사업자" 육성

앞에서 본 바와 같이 농업이 6차산업으로 "생산(1차)+제품화(2차)+3차(교육,유통)"을 담당하는 국가경제의 주축이 되기 위하여는 이를 총괄하는 프로그램을 기획하고 관리하는 영농플랫폼 사업자 (콘트롤 타워)의 탄생이 필요하다. 특히, 영농플랫폼사업자는 ICT 기반사업자로서 품종개발, 생산, 유통(수출 및 수입 포함)을 담당할 수 있어야 한다. 현재는 농림축산식품부의 지원으로 스마트팜 사업을 진행하고 있으나 이는 개별농가의 ICT화 구현에 큰 기여를 하고 있으나 6차산업을 선도

하는 ICT 콘트롤타워 시스템 구축에는 한계가 있다.

특히, 농업경영의 ICT화는 정부주도만으로는 한계점에 도달할 수 있다. 따라서 민간자본이 농업경영 ICT에 투자될 수 있도록 제도적 환경을 조성하는 것이 필요하며, 민간영농기업의 글로벌화를 추구하여 청장년층의 신규 일자리를 창출하는 효과를 기대할 수 있다고 본다.

물론, 민간기업의 농업산업 참여와 관련하여 LG CNS가 2016년 전북 군산시 새만금 산업단지에 3800억원을 유치해 한국형 스마트팜 설비 및 솔루션 연구개발(R&D)센터, 재배실증단지 등을 갖춘 복합단지를 조성하는 '스마트 바이오파크' 사업을 추진한 바 있으나 이에 대해 농민단체들은 '대기업의 농업 진출'이라며 반발하여 사업계획 자체를 철회한 바 있다.

이러한 문제를 해결하기 위하여는 농민들도 농업ICT 사업에 참여할 수 있도록 기회를 부여하는 방안이 모색되어야 한다.

또한 글로벌 마켓에서 국내농산물의 수입 및 수출시 국내사업자간 출혈경쟁을 예방하기 위하여는 이를 전담하는 사업자의 탄생이 필요하다.

이를 종합해 보면, 농업의 고도화를 위해 영농플랫폼사업자를 중심으로 종자개발사업자, 생산자, 유통사업자, 농산물 수출 및 수입 전문사업자 등이 서로 연계되어 시장을 창출할 수 있도록 시스템을 구축하는 것이 필요하다고 본다.

3. 농업생산공동체를 통한 신규 일자리 창출

청년실업률이 IMF 외환위기 이후 최고에 달하고 있으며, 100세 시대를 맞이하여 은퇴자 및 고령연령층의 일자리 창출 역시 절실한 상황이다. 특히, 연금고갈의 문제를 해결하기 위하여는 은퇴자 및 고령자에 대한 일자리 창출이 시급한 상황이다.

이러한 문제를 해결하기 위하여 영농플랫폼사업자와 연계한 영농공동체를 조직하고 이를 육성하는 정책수립이 필요하다고 할 수 있다.

현재, 전국에 산재되어 있는 협동조합이나 마을기업 등은 영세한 상황이며, 이 공동체가 생산한 농산물에 대한 유통이 어려워 수익구조가 열악한 상황이다.

은퇴자 및 고령자들이 집단적으로 생산자형 공동체를 설립하고자 하는 경우 중앙정부나 자치단체소유 토지나 시설을 무상으로 이용케 하고, 복지예산 중 일부를 생산자형 공동체에 지원하는 방안을 모색해 볼 필요가 있다. 그리고 그 운영은 이스라엘의 키부츠(Kibbutz)를 모델로 시행하는 것이 필요하다고 본다.

농업생산공동체에 고용된 청년들에게는 세금감면 및 군 면제 등의 특혜를 부여하는 방안도 모색해 볼 필요가 있다.

III. 융복합형 농축산업 진흥특별법 제정방안

영농플랫폼사업이나 농산물수출입전문사업은 ICT융합을 전제로 하기 때문에 기존 포지티브형 규제체제하에서는 이들 사업자의 탄생이 어렵다. 이러한 문제를 해결하기 위하여는 각 정부부처별 칸막이식 규제를 이들 사업자에게는 적용을 배제하는 일명 "규제프리존법"의 입법이 필요하다.

이 법의 적용받는 특례적용대상사업자의 요건은 법률로 정하고 이에 대한 심의 및 결정은 농업식품법 내의 중앙 농업·농촌및식품산업정책심의회가 수행하는 방안을 모색해 볼 필요가 있다. 특히, 농산물 수출업 지원 정책을 수립하고 거액의 투자를 필요로 하는 종자개발업에 대하여는 법인세감면이나 상속세 면제 등의 지원이 필요하다고 본다.

그리고 영농사업자들이 영세한 경우 상시 경영권 위협에 시달릴 수 있다는 점에서 창업자에게 황금주나 차등의결권 등을 부여하는 특례를 인정하여 경영권을 보장하는 경우 경영권 위협없이 품종개발이나 고품질 농산물을 생산하는데 주력할 수 있도록 제도적 장치를 마련하는 것 또한 필요하다고 할 수 있다. 이처럼 경영권을 보장하는 경우 굳이 대기업들의 영농사업진출을 차단할 필요가 없다.

또한 영농사업자의 경우 인사조직관리가 미흡하다는 점에서 현행 노동법 규정을 그대로 적용하는 경우 고용을 기피할 우려가 있다. 이러한 문제를 해결하기 위하여 현행 노동관련법의 적용에 관한 특례를 인정하는 것이 필요하다고 본다 (파견법, 기간제법, 60세 정년법에 대한 특례 인정).

그리고 농업식품기본법 내에 산학연 클러스트에 관한 특별지원 규정을 신설하여 고도화된 영농을 산업화하는 메카를 구축하는 것 또한 필요하다고 본다.

Ⅳ. 결어

이미 세계경제 강국은 4차산업과 6차산업이라는 신대륙을 발견하기 위한 피나는 전쟁을 치르고 있다고 할 수 있다. 어찌 보면, 2차 산업을 중심으로 어렵게 세계경제무대에 준강국으로 등장한 대한민국이 자칫하면 다시 세계경제무대에서 사라질 위기감이 감돌고 있다고 표현하는 것이 옳을 것이다.

그럼에도 대한민국은 지난 10여 년간 편가르기식 분배형 경제민주화 논쟁에 빠져 미래를 내다보지 못한 결과 국내투자와 경제활동이 위축되는 등 저성장구조의 고착화단계에 진입해 있다고 할 수 있다.

어찌 보면 19대 대통령을 중심으로 한 새 정부가 대한민국의 운명을 쥐게 되는 시대적 분기점에 서 있게 될 것으로 생각된다.

이미 제18대 대선에서 대한민국은 경제적 민주화 논쟁에서 우파가 좌파에 패배하였고, 그 결과 편가르기식의 분배형 경제민주화 정책이 입법화되는 비운을 맞이한 바 있다.

그러나 경제민주화란 대한민국 헌법의 가치를 고려해 볼 때 상호협력식의 성장형 경제민주화로 진화하지 않는 한 대한민국의 미래는 없을 수 있다. 특히, 4차산업과 6차산업의 글로벌 전쟁에서 대한민국 경제가 살아남기 위하여는 더더욱 그러하다고 할 수 있다.

이러한 문제를 해결하기 위하여는 무엇보다도 정부부처를 중심으로 칸막이식으로 규제하고 있는 포지티브형 규제체제(사전규제)를 네가티브형 규제로 전환할 필요가 있다.

시급성을 고려하여 제1차적으로는 4차산업과 6차산업이라는 융복합산업에 대한 규제시스템만이라도 서둘러 개혁할 필요가 있다. 그 이유는 이들 산업들에서 새로운 시장과 새로운 일자리가 창출될 수 있기 때문이라고 본다.

19대 대선 후보들은 지금부터라도 서둘러 이를 염두에 두고 대선공약을 준비할 필요가 있다고 본다.

제3부

제25장
국민에 봉사하는 작고 효율적인 정부 구축[1]

I. 역대 정권의 정부개편 역사

대부분 정권 출범 초기 단계에서 정권인수위원회 등 대통령 친위세력의 주도로 이해당사자와 전문가들의 의견취합이 미흡한 가운데 단기간 내에 작업을 완료함으로써 많은 문제점을 노정해 왔다. 역대 정부의 정부조직개편을 요약하면 다음과 같다.

가. **김영삼 정부** : 1993. 상공자원부와 문화체육부 신설. 1994. 경제기획원과 재무부를 통폐합해 재정경제원 신설. 1996. 해양수산부와 중소기업청, 보건복지부, 식품의약품안전본부 신설

나. **김대중 정부** : 1998. 정보통신부, 통일부, 행정자치부 신설, 1999. 국정홍보처를 부활, 기획예산처 신설. 2001. 교육인적자원부 장관을 부총리 격상 여성가족부, 중앙인사위원회, 국가인권위원회 신설.

다. **노무현 정부** : 12개의 장관급 위원회 신설, 과학기술부 장관을 부총리급으로, 법제처와 국가보훈처장을 차관급에서 장관급으로 승격.

라. **이명박 정부** : 2008. 교육과학기술부, 기획재정부, 행정안전부, 문화체육관광부, 농림수산식품부, 지식경제부, 보건복지가족부 신설, 정보통신부, 해양수산부 폐지.

---

[1] 강훈, 법무법인 바른 대표변호사. 문종진 명지대 경영학과 교수

마. 박근혜 정부 : 2013. 미래창조과학부 신설, 2014. 세월호 침몰사건 발생후 해양경찰청 폐지

II. 정부조직 개편에 있어서 준수해야 할 기준

정부 조직 개편은 국가경제의 발전이나 국제환경의 변화 등으로 과거에는 없었던 국가과제가 발생하여 이를 해결할 새로운 조직이 필요하거나, 기존의 조직체계가 당면한 국가과제를 해결함에 있어 효율성이 낮아 이를 제고하려는 목적으로 행하는 것이다. 불가피한 조직개편을 단행하더라도 단행과정에서 비용이 들뿐 아니라, 새로운 조직체계, 조직문화, 업무매뉴얼 등을 만들고 공무원들이 이를 숙지하기까지 시간이 필요하고, 이는 당연히 국민에게 일정한 기간동안 불편을 주게 된다.

따라서 정부조직 개편은 이를 시행하여야 할 사유가 있다고 대부분의 국민이 동의하는 상황에서 행하여져야 하고, 사전에 충분한 공론화 과정을 거쳐 조직개편으로 새로운 업무를 담당하게 되는 공무원들이 그 변화의 필요와 방향에 대해 공감하여야 할 뿐 아니라, 가장 중요한 것은 정치적 치적을 자랑하거나 반대세력을 폄하하기 위하는 등의 정치적 목적을 달성하기 위해 시행되서는 안된다.

학계나 시민단체등에서 주장하는 정부개편방향 중 주요한 것을 살펴 보면, 해양경찰청 복원, 금융감독기구의 독립, 규제개혁기구의 독립위원회화, 교육부 폐지, 미래창조과학부 폐지등을 들수 있다. 각 정당의 개편방향중 현재까지 알려 진 것은 민주당의 정부개편안 뿐인데, 그 주요내용을 보면, 교육부 폐지, 미래 창조과학부 폐지 및 과학기술부 신설, 국정원 국내수사권 박탈 등이다.

정부의 기능을 기본적인 정책 수립 추진과 규제혁파 및 대국민 봉사 기능을 확충하는 등 재조정하여 국민에 봉사하는 작고 효율적인 정부를 구축하고 민간 자율성을 획기적으로 확대해 경제 활력을 제고하기 위해 원칙적으로 기존 조직체계를 유지하되 다음과 같은 현안사안은 신속하게 조치하는 것이 바람직해 보인다.

- ▶ 관치금융청산을 위해 금융위원회를 폐지하고 독립된 금융감독원의 최고의사결정기관으로 흡수
- ▶ 규제개혁기구의 상설 독립위원회화
- ▶ 미국 트럼프시대 신보호무역주의 통상전쟁시대에 부응 장관급 대표「한국무역대표부」신설
- ▶ 견제와 균형을 위해 검경 수사권 재조정
- ▶ 해양경찰청 복원

한편 중장기적 조직개편을 위해 국무총리실 산하에 국회에서 추천한 인원 및 국무총리가 임명한 기업가, 소비자, 노조 등 주요 이해직능단체 대표와 전문가를 위원으로 하는「정부조직개편위원회」를 신설해 2년간의 기한을 두고 조직개편여부 및 개편안 성안해서 정부발의 법률로 국회에 이송한다. 개편안 작성 시 전체 공무원수 동결 내지 감축, 공기업 민영화를 포함해 민간에 이전 가능한 모든 기능은 민간에 이전한다는 원칙을 준수한다.

III. 새정부의 정부조직개편 방향

1. 금융감독기구 개편

최근 조선 해운업 위기에서 보듯이 계속되는 금융부실과 위기의 근본적인 원인에 관치금융이 자리하고 있다는 데는 이론의 여지가 없다. 금융감독기구의 행정부나 정치권으로부터의 독립조치도 별 이론의 여지가 없다. 금융위 금감원을 통합해 하나의 독립된 감독기구를 설립하되, 금융위의 기능을 금감원 내 최고의사결정기구로 흡수한다. 즉, 현재의 금융감독원에 한은과 같은 정도의 독립성을 부여하고, 기재부, 예보, 한은 등과의 협의 하에 금융정책, 금융감독 기능이 실시되도록 한다. 다만, 각 관련기관의 업무분담 조정, 협의기구의 구성 및 업무범위 등 세밀한 부분에 있어서 논의를 더해야 할 필요가 있는 것으로 생각된다.

2. 규제개혁기구의 상설 독립위원회화

규제개혁위원회를 사무국을 두는 상설기구화 하자는 주장도 규제개혁의 필요성과 긴급성등을 감안하면 타당한 것으로 생각된다. 다만, 이 역시 위원회의 결정에 어느 정도의 강제력을 인정할 것인지에 대한 부분은 더 심층 논의되어야 하는 사안이고, 규제가 대부분 입법의 형태로 이루어지는 점을 감안할 때 국회와의 협의가 불가피한 것으로 보이므로, 새정부 출범후 추가 논의 과정을 거쳐 상세 안을 만드는 것이 바람직해 보인다.

3. 장관급 대표 「한국무역대표부」 신설

세계 교역질서는 다자간 자유무역에서 쌍무간 보호무역주의로 커다란 변화를 맞고 있다. 한꾸은 특히 대외의존도가 90%에 달해 이러한 세계교역 질서에 대응하는 것이 한국경제에 중요함은 재론의 여지가 없다. 미국도 장관급 무역대표부를 두고 세계교역협상을 추진하고 있는 점을 고려할 때 대외협상력 강화와 전문인력 배양을 위해서도 장관급 무역대표부의 신설이 불가피하다.

4. 검경 수사권 재조정

일부 검찰 출신 고위직 인사의 부정행위에 대한 국민적 지탄과 일부 정치검찰에 대한 불신이 검찰의 신뢰를 무너뜨리고 공정한 법치사회를 위협하고 있다. 한국사회가 공정하게 작동되고 국민이 신뢰할 수 있는 법치사회를 확립하기 위해서는 검찰 개혁은 국민이 원하는 바이며 당장 추진되어야 할 개혁이다.

검찰이 독점적으로 행사하고 있는 수사권, 기소권, 형집행권 중 기소권은 시민의 통제와 감시 하에 있다는 전제하에 검찰 고유의 기능에 해당되는 것으로 보인다. 그러나 견제와 균형이라는 글로벌 스탠다드 기준에 비추어 볼 때 검찰의 수사권 행사는 경찰로 권한을 재조정하는 것이 바람직한 것으로 판단된다. 그 대신 검찰은 경찰수사에 수사지휘권을 행사함으로 보완할 수 있을 것이다.

아울러 분야별 금융, 감사 등을 전담하고 있는 금감원 및 감사원 등 전문기관에도 수사권 부여하여 불법자금거래 조기식별, 수사기관간 사건은폐, 축소수사, 과잉·편파수사 등을 방지하기 위한 상호견제 및 수사의 전문성 확보를 기하는 것이 바람직해 보인다.

5. 해양경찰청 복원

해경은 그 기능이 해상운송의 안전뿐 아니라, 중국어선의 불법어로, 해상을 통한 밀수 단속 등 무력동원이 필수적인 사항이 상당 부분 있고, 북한의 위협이 상존하는 상황에서는 유사시 해군과의 협업문제까지 염두에 두어야 하는 조직이다. 세월호 사건 후 해상안전을 이유로 해양경찰청을 폐지하고, 이를 국민안전처 산하 일개 본부로 격하하였으나, 이는 해경의 위와 같은 여러 기능이 충분히 고려되지 않은 결정으로 보인다.

따라서 해경을 독립청으로 다시 부활하고, 해양안정과 관련된 기능을 강화하는 쪽으로 가는 것이 대부분의 국민이 바라는 방향이고, 관계 공무원들도 공감하는 사안으로 판단된다. 그 소속은 해경의 업무관장이 대부분 해양에서 발생하고, 해상운송이나 어업등과도 긴밀한 관계가 있다는 점에서 해양수산부 산하로 함이 타당하다고 생각된다.

제3부

IV. 일부 정부조직개편 주장에 대한 의견

1. 교육부 폐지안

교육부 폐지 주장은 4차 산업혁명 시대를 맞아 종래의 지식주입식 교육을 창의성을 제고하는 교육으로 대체하여야 할 필요성이 제고되는 상황에서 교육행정을 민간과 지방정부에 맡기는 것이 효율적이라는 점을 주요 근거로 삼고 있다. 그러나, 위 주장이 정당하려면 우선 민간과 지방정부가 이를 맡을 정도의 능력을 보유하고 있다는 점이 전제되어야 하는데, 이를 선뜻 수긍하기 어렵다. 교육의 정치적 중립성 확보도 효율적인 교육시스템을 만드는 것 못지 않게 주요한 일인데, 교육감 직선제로 인해 정치가 교육에 깊이 개입되어 있고, 전교조로 대표되는 교육자단체의 정치적 편향도 문제되고 있는 현실에서, 민간이나 지방정부가 교육의 정치적 중립을 확보할 수 있을지 의심스럽다. 따라서 교육부 폐지보자는 4차 산업혁명을 선도할 창의적인 우수인대를 양성할 수 있도록 교육의 자율성을 제고하는 방향으로 교육규제 개혁에 역량을 집중해야 할 때로 판단된다.

2. 미래창조과학부 폐지안

미래창조과학부를 폐지할 것인지 여부도 시급한 필요성이 있는지 의문이 든다. 민주당의 주장도 미래부를 폐지하는 대신 과학기술부를 창설하는 것으로 되어 있는데, 미래의 지식산업의 주요성이 더욱 높아지는 상황에서 최소한 몇 달간의 혼란과 비용 등이 소모되고 그로 인해 달성할 수 있는 효과가 불확실하고 기존 부서와 신설하고자 하는 부서 간의 업무 차이도 불활실한 상황에서 조직개편의 타당성과 시급성이 크지 않아 보인다.

3. 국정원 개혁안

국정원의 국내문제에 대한 권한 박탈은 현재의 안보상황을 고려하면 전혀 타당치 않은 것으로 생각된다.

제26장
지속가능한 조세재정 기반 구축[1]

I. 서론

국가재정의 중요성은 어느 때보다 증가하고 있다. 저성장에 따라 저금리를 유지하기 위한 양력완화가 지속됨에 따라 사실상 성장률 회복을 위한 금융정책의 효과성은 거의 기대하기 힘들다. 이에 따라 재정지출을 늘여왔으나 사실상 성장률이 정체되면서 재정적자만 확대되고 있다. 게다가 의무적 사회보장지출이 포퓰리즘으로 인하여 늘어나면서 재정적자는 사실상 통제가 매우 어려운 상태다.

세계 경제의 글로벌화에 따라 일반적으로 국가부채는 국내에서만 소화되는 것이 아니라 글로벌 자본시장의 상품화간 되고 있다. 이에 따라 국가재정은 이러한 국채들의 상환능력을 평가하는 지표가 되었다. 그리고 외환시장에서는 환율변동의 주요변수의 하나다.

재정의 중요성이 더욱 강조되어야 하는 이유는 국가의 위상이 급변하고 있기 때문이다.

첫째, 공공서비스가 급증하고 있다는 것이다. 이에 따라 공무원 수의 증가나 맞춤형서비스 등 질적 서비스를 제공하기 위한 비용도 증대하고 있다. 예를 들면 과거에는 단순히 빈곤층의 끼니를 해결하는 수준의 빈곤문제만 해결하면 되었으나 이제는 각종 사회보험은 물론 노후, 주

---

[1] 김원식, 건국대 경제경영학부 교수

택, 교육, 육아, 학생들의 점심을 보장해야 하는 수준으로 증가하였다. 즉, 정부는 국민들에게 공공서비스를 공급하는 독점적 경제단위라고 보는 것이 바람직하다. 이러한 관점에서 세계에서 차지하는 우리나라의 경제규모는 GDP 기준 민간을 포함하여 2011년 현재 16위이다. 그러나 예산을 매출액 기준으로 평가한다면 40위권에 속한다. 우리 국가재정은 국민들에게 양질의 서비스를 제공하는데 더 효율적이어야 한다.

둘째, 무작정한 국가부채의 증가는 경제적 안정을 해칠 뿐 아니라 이제는 국가가 파산하는 것이 당연시 되는 환경이 조성되고 있다. 과거 국가파산은 과거 동유럽 국가나 중남미 국가 등에서나 발생되는 것으로 인식되었다. 그러나 최근에는 그리스, 스웨덴, 이탈리아 등 선진국에서도 국가파산의 위기에 처하고 있다.

우리나라는 1998년 외환위기를 겪으면서 매우 큰 경제적 혼란에 빠졌다. 그러나 이제는 2008년 남유럽국가들의 경제위기에서 보이듯이 선진국에도 일반화된 현상이다. 따라서 국가재정의 잘 못된 위기는 바로 국가파산으로 이어질 가능성이 높다. 이에 따라 국민들, 특히 저소득층들의 경제적 불안은 매우 심각해지고 사회적 불안이 이어지면서 원상 회복이 사실상 불가능해 질 가능성이 높다.

II. 재정 구조

우리나라 국가부채는 GDP의 약 40%수준이나 향후 복지지출의 증대, 고령화 등에 따른 부담을 고려하면 매우 심각한 수준이다.

재정수지는 사회보험기금 등을 포함한 통합재정수지와 정부재정만의 관리재정수지로 나뉜다. 통합재정수지는 흑자를 유지하고 있으나 관리재정수지는 2008년 이후 지속적으로 적자이다. 2040년대가 되면 사회보험에 대한 부담이 늘어나서 증세를 통하여 관리재정수지가 흑자로 전환된다고 해도 통합재정 수지는 적자가 될 것이다.

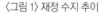

〈그림 1〉 재정 수지 추이

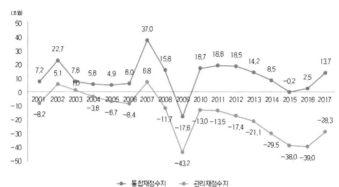

주: 2015년까지는 결산기준, 2016년 이후 예산(추경) 기준
자료: 기획재정부 자료를 바탕으로 국회예산정책처 재구성; 국회예산정책처, 『국가재정 2017』, 2017, p. 59.

국가채무는 국가경제 건전성의 핵심지표이며, 글로벌 사회에서 국제경쟁력의 지표이다.

우리나라 국가채무는 2015년 592조원으로 GDP대비 37.9%였다. 그리고 2017년에는 40.4%로 예상된다.[2] GDP 에 대한 비율은 OECD 국가들에 비하여 높지 않으나 2000년부터 2015년의 기간동안 연 평균 채무증가율은 11.5%로 최근 재정위기를 겪은 남유럽국가들보다 훨씬 높다. 그리고 앞으로도 복지지출 및 고령화로 더 높아질 가능성이 높다. 국회예산정책처는 우리나라 국가채무가 2030년에는 GDP의 58.5%, 2060년에는 151.8%로 증가할 것으로 추정하고 있다.[3]

우리나라의 높은 채무 증가율은 경제성장율의 둔화에 따른 총수입 감소, 인구고령화에 따른 복지의무지출의 증가, 국가채무의 증가에

---

2) 국회예산정책처, 『대한민국 재정 2017』, 2017.
3) 국회예산정책처, 『2016~2060년 NABO 장기재정전망』, 2015.

따른 이자비용의 증가 등을 들 수 있다.

우리나라는 선진국에 비하여 GDP대비 국가채무비율이 낮으나 연금관련 잠재부채, 공공기관부채, 지방정부부채, 가계부채의 상환가능성 등을 고려하면 심각한 수준이다.

<그림 2> OECD 32개국의 2015년 국가채무 및 국가채무 증가속도

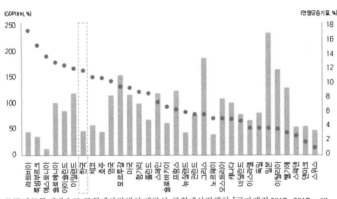

자료: IMF 자료를 바탕으로 국회예산정책처 재구성; 국회예산정책처, 『국가재정 2017』, 2017. p.69.

우리나라 국민연금은 2040년대에 연간 수지가 적자가 되고 2060년대에 기금이 고갈된다. 이는 현재의 세대가 적은 부담으로 낸 것보다 더 큰 연금을 받게 한 제도적 결함 때문이다. 현재 세대는 국가발전에 헌신한 결과로서 이러한 혜택이 당연한 것이라고 생각할 수 있으나 그럼에도 불구하고 다음 세대는 이러한 부담을 할 능력이 없다. 유사하게 공무원연금이나 사립학교교직원연금 등도 국민연금의 상황과 크게 다르지 않다.

공기업(공공기관) 부채는 2011년 460조원, 2015년 현재 505조원이다. 이는 사실상 국가가 담당해야 할 서비스를 공기업에게 이전함으로써 국가의 채무가 전가된 것이다. 우리나라는 선진국과 달리 정부의 역할이 공기업에 많이 이전되어 있는 편이다. 공기업의 경우 상품이나 서비스 차체가 국민생활과 많이 연관되어 비용 증가를 반영한 가격조정이 어렵고 정책적 사업으로 인하여 적자 규모가 크다. 이에 따라 공기업 구조조정이나 민영화가 없이는 공기업 부채의 국가채무화는 막기 어렵다.

가계부채는 2016년말 현재 1,300조원에 이른다. 국제결제은행(BIS)가 집계한 결과에 따르면 세계 주요국 가운데 3번째로 빠르게 늘어나고 있으며 GDP대비 가계부채비율은 세계에서 8번째로 높은 것으로 조사되었다. 가계부채 증가의 원인은 다음과 같이 요약된다.[4]

첫째, 2016년 기준 1.25%에 이른 저금리로 인한 여신금리의 하락으로 가계의 차입비용이 감소하였다. 둘째, 저금리와 함께 주택시장에 대한 기대심리로 인하여 주택담보대출 수요가 크게 증가하였다. 셋째, 가계소득의 증가율이 하락하면서 저소득층을 중심으로 생활비 및 부채상환용 대출 비중이 높아지는 등 가계의 소득부진에 따른 생활비 대출 수요가 증가하였다. 특히 자영업자들의 불경기로 인한 사업실패도 가계부채의 증가에 한 몫을 했다고 본다.

문제는 부채가 빈곤층에서 발생될 가능성이 높다는 것이다. 부자들은 생활 융자를 받을 이유가 없고 부실화될 가능성도 낮다. 따라서 가계부채의 증가는 빈곤층의 증가와 밀접한 관계가 있을 것으로 본다. 이들의 부채는 소비성 부채일 가능성이 높고 부도로 이어지게 되는 경우 정부차원의 탕감이 불가피할 수 있다. 최근 일부 대선주자들 간에도 가계부채의 탕감에 대한 공약이 들어있다. 이는 가계부채가 정부의 부채로 전환될 수 있는 개연성을 보인다. 즉, 가계부채는 정부부채의 일부라는 의지로 해결해야 한다. 이를 위하여 저소득층에 대한 안정적 소득이 보장될 수 있는 일자리 및 서민금융대책을 서둘러야 한다. 이를 통하여 가계부채가 감소하지는 않지만 성실한 노력으

---

4) 국회예산정책처,『대한민국 재정 2017』, 2017.

로 인한 더 이상의 가계부채의 급증을 막는 정책을 추진해야 한다.

　우리나라의 총지출에서 의무지출 비중은 2016년 48%에서 2060년 66%로 상승할 것이다. OECD 주요국의 재정지출 중 의무지출 비중(2009~2011년 평균)은 미국 71.2%, 영국 63.5%, 프랑스 67.3%, 이탈리아 69.7%이다. 우리나라는 앞으로 지속적으로 고령화가 심각하게 진행될 가능성이 높다. 즉, 우리나라 고령화 관련 복지지출 수준은 현재 수준에서 억제하면서 한편으로 스스로 노후준비를 할 수 있는 노후안정체계를 새로 구축해야 한다. 사적연금, 저축장려, 노인노동시장 등의 체계적 지원이 필요하다.

　무상복지(무상보육+기초연금+장애인연금+반값등록금+무상급식)예산의 변화는 2012년 15조원, 1015년에는 28조원으로 증가하였다. 이 가운데 기초연금의 비중은 지속적으로 증가하여 2012년의 4조원, 2015년 10조원, 2030년 50조원으로 2040년 100조원으로 급속히 증가한다. 이는 사실상 정부 재정이 감당할 수 없는 수준이다. 따라서 별도의 안정적 세수를 확보하던지 혹은 기초연금제도를 보완해야 한다.

　현재 국민들의 증세에 대한 거부감과 기업에 대한 법인세 인상의 한계 등으로 기초연금의 재정조달은 거의 불가능하다. 근본적으로 앞으로 기초연금이 필요한지에 대한 근본적 검토가 있어야 한다. 그리고, 장기적으로 국민연금, 고령자에 대한 기초생활보장급여 등과의 조정을 통하여 공적연금체계의 개편을 서둘러야 한다.

　우리나라의 조세부담율은 2015년 18.5%로 선진국에 비하여 상당히 낮다. 그리고 조세부담율과 사회보장부담율을 합한 국민부담율은 25.3%로 이 역시 OECD평균인 34.3%에 비하여 큰 차이가 있다. 이는 아직 우리나라가 낮은 부담률과 낮은 사회보장혜택에 기인한 것으로 볼 수 밖에 없다. 그러나 기초연금, 노인장기요양보험 등이 본격적으로 성숙하고 각종 연금 등 각종사회보험의 급여가 확대됨에 따라 국민부담율이 선진국 수준과 같이 되는 것은 시간 문제라고 본다. 따라서 우리의 국민부담율이 선진국 수준을 넘지 않도록 사전적인 복지

개혁이 이루어지지 않으면 안된다.

〈표 1〉 국민부담율 추이

단위: %

	2011	2012	2013	2014	2015
조세부담률(A)	18.4	18.7	17.9	18	18.5
사회보장부담율(B)	18.4	18.7	17.9	18	18.5
국민부담률(=A+B)	24	24.8	24.3	24.6	25.3

출처: 국회예산정책처, 『2017 대한민국 재정』, 2017.

우리나라의 세수 구성에 있어서 소득세의 비중은 선진국에 비하여 낮다. 따라서 고령화에 따른 재원의 조달을 위하여서라도 소득세율의 인상은 불가피하다. 그러나 사회보험의 비효율적 구조와 국민들의 지나친 사회보험의존으로 인한 도덕적 해이 등으로 사회보험료 인상도 앞으로 이어질 가능성이 높은 것이 사실이다. 따라서 소득세와 사회보험료 부담을 고려한 합리적인 조정이 필요하다.

중앙정부에만 의존하지방정부와 지방공기업의 재정적자 및 예산낭비가 심각하다. 지역통합부채는 2015년 2월 말 기준 113조원이었다.[5] 지난해 대비 2조8천억원 증가하였다. 세부적으로는 지자체 46조원, 공사공단 51조원, 출자출연기관 4조원, 교육재정 12조원이었다. 지역균형발전계획에 따라 정부기관이나 공기업들의 지방이전이 나누기식으로 이루어지고 이들의 정착을 위하여 추가적으로 기반시설을 조성하는데 많은 비용이 들고 있다. 인구집적화를 통한 효율적 관리가 필요하다. 인구감소의 현실에서 단순히 나누어주는 식의 지역균형발전 모델보다 지역주도적, 지역거점중심의 발전을 도모해야 한다.

지방정부의 복지비 의무 분담금 증가 등으로 지방정부 재정적자 심화 가능성이 크다. 현재 누리사업예산 배분으로 중앙과 지방간에

---

5) 행정자치부, '2014회계연도 지역통합재정통계 현황

갈등하는 것은 앞으로도 잦을 것이다. 지방정부의 제1차적 목표는 지역주민에 대한 복지이므로 지방정부의 복지비 부담은 불가피하다. 따라서 이를 자체적으로 충당할 수 있는 수입기반을 갖추도록 유도해야 한다.

일반적으로 사회보험의 소득재분배 효과는 거의 없다. 그 이유는 사회보험의 혜택을 받기 위해서는 다양한 가입 자격을 충족시켜야 하고 수혜를 받는데 저소득층 보다 고소득층이 더 유리한 환경에 있기 때문이다. 예를 들면, 거의 모든 사회보험에서 비정규직 근로자들의 적용율이 낮으며, 건강보험의 경우 저소득층이 의료시설을 이용할 기회가 고소득층보다 적다. 또한, 고용보험에 있어서도 비빈곤층은 실직을 해서 수혜를 받을 수 있으나 빈곤층은 잦은 이직으로 수혜 자격이 낮아서 고용보험의 적용을 받을 여력이 상대적으로 없다. 그럼에도 불구하고 우리나라의 사회보험제도는 빈곤층 해소를 위한 수단으로 인식되어 왔다. 이에 따라 빈곤층에 대한 근본적 복지대책이 미비한 것이 현실이다. 문제는 사회보험에 효과적이지 않은 소득재분배 수단을 접목함에 따라 사회보험 자체의 유인체계가 사회보험의 기능까지도 저하시키는 결과를 낳고 있다는 것이다. 즉, 도덕적 해이가 심각하다. 따라서 사회보험의 본질적 기능인 기회보장 수단을 강화하는 것이 필요하다.

2. 수입: 각론

2016년 국세 수입은 242조원이었다. 이중 소득세는 68조원으로 30.1%, 법인세는 52조원으로 25.6%, 부가가치세는 62조원으로 32.5%이었다. 최근의 변화로 보면 2011년 기준 2016년까지 전체 세수는 20.8%가 증가하였는데 소득세는 61.9%로 가장 크게 증가했고, 법인세는 18.2%, 부가가치세는 19.6%가 증가하였다. 즉, 국민들의 부담이 가장 크게 증가했다고 할 수 있다. 2011년부터 2016년의 기간 동안 사회보장기여금은 38.7%가 증가하였다. 국민들은 세금보다 사회보장부담금의 증가에 대한 부담이 더 큼을 알 수 있다.

〈표 2〉 국세수입 추이

단위: 조원

회계	소관	세목	2011	2012	2013	2014	2015	2016	
								추경	수납액
총국세			192.4	203.0	201.9	205.5	217.9	232.7	242.6
일반회계	기획재정부	소득세	42.3	45.8	47.8	53.3	60.7	63.3	68.5
		법인세	44.9	45.9	43.9	42.7	45.0	51.4	52.1
		상속세	1.3	1.7	1.6	1.7	1.9	2.0	2.0
		증여세	2.1	2.3	2.7	2.9	3.1	3.3	3.4
		부가가치세	51.9	55.7	56.0	57.1	54.2	59.8	61.8
		개별소비세	5.5	5.3	5.5	5.6	8.0	8.6	8.9
		증권거래세	4.3	3.7	3.1	3.1	4.7	3.8	4.5
		인지세	0.6	0.6	0.6	0.7	1.0	0.8	0.9
		과년도 수입	4.2	5.8	4.8	4.1	3.4	3.5	4.1
		관세	11.0	9.8	10.6	8.7	8.5	8.3	8.0
		교통·에너지·환경세	11.5	13.8	13.2	13.4	14.1	14.8	15.3
		교육세	4.2	4.6	4.5	4.6	4.9	5.0	4.9
		종합부동산세	1.1	1.1	1.2	1.3	1.4	1.3	1.3
지역발전 특별회계	기획재정부	주세	2.5	3.0	2.9	2.9	3.2	3.3	3.2
농어촌 구조개선 특별회계	농림축산식품부	농어촌특별세	4.9	3.9	3.6	3.3	3.8	3.6	3.6

주: 2011~2015년은 수납액 기준, 2016년 예산은 추경기준
자료: 디지털예산회계시스템(www.dbrain.go.kr) 및 기획재정부 발표「2016회계연도 세입·세출 마감 결과」; 국회예산정책처(2017)

가. 소득세

2015년도 근로소득세 실효세율은 전체 근로자는 4.4%이나 상위 10% 근로자는 11.4%이었다. 근로자 가운데 48%는 실효세율이 0%이었다. 납세액이 없는 근로자 비율이 2013년 32%에서 세제혜택이 소득공제에서 세액공제로 전환되면서 이 비율이 48%로 크게 상승하였다. 이는 납세인원이 근본적으로 크지 않아서 소득세를 중심으로 한 증세가 이루어

져도 세수증대효과는 크지 않을 수 있음을 보인다. 문제는 세액공제에 있어서 납세액이 없는 근로자의 경우는 세액공제의 혜택을 전혀 받을 수 없다는 것이다. 즉, 이들은 오히려 상위 소득계층보다 상대적으로 불이익을 받는 것이 된다.

한편으로 납세액이 없는 근로자들이 늘어남은 이들의 납세의식이 희박해질수있음을 의미한다. 즉, 정부지출에 대한 부담이 사실상 면제됨으로써 복지혜택의 증가에 따른 비용을 거의 부담하지 않게된다. 일반적으로 복지혜택의 요구는 본인들의 추가 세금 부담을 고려하여 조절되게 된다. 예를 들면, 사회보험은 개인들의 혜택과 부담간의 심리적 거리(remoteness) 적어서 사회보험의 지나친 수혜요구를 하게 된다.

납세액이 없는 근로자들에 대하여는 납세액이 없어서 세액공제 만큼 환급을 해 주지 않는 우리나라에서는 다양한 세제혜택이 제공되기 어렵다. 따라서 다양한 분배 정책의 효과를 달성하기가 힘들다. 이를 해결하기 위해서는 Negative income tax를 도입해서 세액공제액을 무조건 환급할 수 있도록 하고 저소득층에 대하여 이를 기준으로 복지지원금 보장해 주어야 한다.

2017년부터 1억5천만원에서 5억원의 이하의 소득에 대하여는 38%, 5억원 이상은 40%의 한계세율이 적용된다. 조세수입을 증대시키기 위하여 고소득층에 대한 최고한계세율의 신설은 이들의 근로의욕을 억제하고 결과적으로 세수증대효과를 얻는데 제한적일 수 밖에 없다. 그리고 이들은 다양한 높은 한계세율에 속하여 소득재분배 효과는 반감되는 결과를 낳는다. 따라서 최고한계세율의 추가는 바람직하지 않다고 본다.

나. 법인세
현행 법인세율은 2억원 이하 10%, 2억-200억원 이하 20%, 200억원 이상 22%임. MB정부 이전에는 1억원 이하 13%, 1억원 초과 25%였다. 최근 법인세 인상 논의는 법인세 최고세율을 25%로 환원하자는 것이다.

그러나 세율을 인상한다고 해도 법인들은 다양한 절세 수단을 활용하여 납세부담을 조절한다. 이 과정에서 기업들은 바람직하지 못한 결정을 할 가는성이 높다. 또한, 불경기에 따른 산업의 어려움을 핑계로 해서 새로운 세제혜택을 요구하기도 한다. 최근 법인세율이 인상되지 않았어도 세제혜택을 줄임에 따라 세수가 증가하였다. 즉, 법인세 논쟁은 명목세율이 아니라 실효세율이 상승할 수 있는지에 집중해야 한다.

일반적으로 세수는 법정 세율에 의하여 영향을 받는 것이 아니라 경기, 세제혜택, 그리고 최저한세율 등에 의하여 영향을 받는다. 법인세의 실효세율은 2014년기로 한국 14%, 일본 38%, 미국 26% 등이다. 이는 법인소득에 대한 최저한세율이 각국마다 다르기 때문이다(?). 따라서 세수부족을 메우기 위하여 법인세를 환원시키기 보다 최저한세율을 인상하는 것이 바람직하다.

법인세율은 기업들이 투자에 매우 민감하다. 법인세율 인상은 투자감소와 고용감소 등으로 경기가 하강할 가능성 크다. 따라서 기업들의 투자를 유인하기 위하여 법인세를 인상하기 보다 인하할 필요성이 더 크다. 기업들의 투자는 사실상 고용이 병행되므로 현재와 같은 청년실업 사태에서는 법인세율을 오히려 낮추는 것이 바람직하다.

다. 부가가치세

우리나라의 부가가치세는 1977년 도입 이후 계속 10%를 유지하고 있다. OECD 국가들의 평균 부가가치세율은 17-8%이다. 부가가치세는 국민들의 거의 모든 소비에 대하여 세금이 부과되므로 국민개세의 원칙에 충실하다고 할 수 있다. 그러나 저소득층을 포함한 모든 국민들이 부담하기 때문에 역진적이라는 비판도 있으나 소득에 비례하여 소비한 만큼 세금이 부과된다는 점에서 부가가치세를 세원의 하나로서 부정적일 필요는 없다. 그리고 거의 모든 국가들은 부가가치세를 재원으로 복지지출을 한다는 점에서 오히려 소득분배적 순기능을 수행하고 있다고 본다.

부가가치세는 소비에 부과되기 때문에 안정적인 세수확보가 가능하다는 점에서 우리나라에 있어서도 지속적 지출이 불가피한 복지부문의 지출을 충당하는데 바람직한 재원이다. 이에 따라 유럽국가들도 우리보다 훨씬 높은 17-8%의 부가가치세율을 적용하고 있다. 따라서 현재 보편적 복지제도들이 속속 도입되는 재정 상황에서 부가가치세율을 인상하는 것은 오히려 늦은 감이 있다.

일반적으로 부가세율의 인상이 소비를 위축시켜서 경기를 침체시킬 것으로 보고 있으나 개방경제의 가격경쟁이 활성화되어 있는 상태여서 세율인상이 가격에 크게 반영되지 않을 것으로 본다. 또한 세수도 사실상 복지지출의 형태로 환류되는 것이어서 세수만큼 소비를 위축시키지는 않을 것이다.

우리나라는 서비스부문에 대하여 부가가치세를 부과하지 않고 있다. 따라서 부가가치세율의 인상이 정치적으로 부담이 크다면 서비스부문에 대하여 부가세를 적용하는 것이 바람직하다. 특히, 최근 우리나라의 산업구조가 급변하면서 서비스부문의 매출이 증가하고 있다는 점을 고려해야 한다. 아울러 서비스 부분에 대한 규제도 완화하여 서비스부문의 부가가치를 높이는 선제적 조치도 필요하다.

라. 재산세

<표 3> 연도별 지방세 징수액

단위: 조원

	2009	2010	2011	2012	2013	2014	2015
조세부담률(A)	45.2	49.2	52.3	53.9	53.8	61.7	71
사회보장부담율(B)	21.5	21.7	21.4	21	21	23.1	24.6
(GDP대비 %)	4.2	4.2	4.2	4.2	3.8	4.2	4.5

자료: 행정자치부, 『지방세 통계연감』 각년도.

재산세는 지방재정의 주요 세원이다. 그리고 공시지가의 인상으로 지속적으로 증가한다. 그러나 부동산시장의 부침에 따라 세수 변동이 심하다. 일반적으로 부동산 보유에 대한 과세부담은 주택공급을 억제하는 결과가 된다. 주택공급의 활성화를 위해서 다양한 임대주택의 공급에 대하여 세금부담을 경감시켜 주는 것이 필요하다.

또한 부동산에 대한 누진과세인 종합부동산세는 오히려 임대주택에 대한 과세가 되어 폐지하는 것이 바람직하다. 정부는 소형주택에 대하여 임대사업을 활성화시키는데 반하여 중형주택에 대하여는 임대주택 공급을 억제하는 것이다. 이는 최근 중대형 임대주택의 부족을 야기하여 전월세 가격을 높이고 주택가격까지 끌어올리는 역할을 했다.

현재 우리나라 주택정책은 주택을 소유하도록 유도하고 노후에 주택연금을 받도록 하는 정책을 추진하고 있다. 이는 결과적으로 노후자금의 마련에 거래비용만 유발하는 결과를 낳는다. 또한, 주택금융공사는 보유 부동산을 매각하는데 있어서 원금을 상환하는데도 매우 어려울 수 있다. 이에 따른 부실은 정부가 매꾸어야 할지도 모른다.

주택이 주된 자산증식의 수단이 되지 않도록 하기 위해서는 주택 규모에 관계없이 장기 임대주택시장을 활성화시켜야 한다. 즉, 부동산 보유에 대한 중과제도를 폐지하고 이들이 자유롭게 임대사업을 할 수 있도록 하면서 이들의 소득에 대하여는 정상적 과세를 하는 것이 바람직하다. 이를 통하여 소형과 중형간 임대시장의 단절을 억제하는 것이 주택시장의 안정화 효율화를 위하여 필요하다.

인구가 감소하는 고령화사회에서 주택의 개념은 소유의 개념에서 서비스의 개념으로 전환해야 한다. 그래야 주택보유 자금을 금융시장에서 일찍이 연금화시켜서 수익률을 제고함으로써 노후안정이 가능해진다.

5. 사회보험료

우리나라에서 도입하고 있는 사회보험에는 산재보험(1963), 국민건강보험(1977), 국민연금(1988), 고용보험(1994), 장기노인요양보험(2008) 등이 있다.

우리나라는 대부분의 OECD국가들과 달리 국민부담 가운데 사회보험료 비중이 크다. 거의 모든 국민들은 세금보다 더 많은 사회보험료를 부담하고 있다. 따라서 사회보험료에 대한 징수와 효율적 관리가 중요하고 가입자간 형평성 문제에 매우 민감하다.

사회보험의 가장 큰 문제는 도입시 고용이 많은 대기업부터, 또 정규직을 중심으로 도입됨에 따라 사실상 아직도 비정규직에 대한 문턱이 높다는 것이다. 그리고 대기업과 중소기업간, 근로자와 자영자간, 형평성 문제가 계층간 갈등으로 전이되어 있다는 것이다.

사회보험의 특성은 일하는 근로자를 보호하는 것이다. 그런데 실질적으로 일하면서 비정규직이라는 신분상 문제로 혜택이 제한되어 있다. 4차산업혁명의 확산에 따라 비정규직의 비중이 늘어날 가능성이 높아지고 있다. 따라서 비정규직 근로자들에 대한 사회보험적용을 확대하면서 보호를 강화해야 한다. 제도 개선을 통하여 비정규직들이 자신들의 사회보험 계정을 보유할 수 있도록 하고, 고용주의 기피여부에 관계없이 스스로 참여할 수 있는 여건을 만들어야 한다.

일반적으로 세금은 부담자와 수익자간의 연계가 없으나, 사회보험료는 납부여부에 따라 얻을 수 있는 수익 관계가 밀접하다. 따라서 사회보험 재정의 안정적이고 효율적으로 운영되는 한 국민들이 세수 증대보다 사회보험료의 인상에 대한 저항이 크지 않게 할 수 있다.

문제는 각 사회보험에 대하여 가입자들은 본인의 부담보다 더 높은 혜택을 도덕적 해이 등을 통하여 다양하게 추구하기 때문에 적자 가능성이 상존한다는 것이다. 따라서 사회보험의 재정계획은 장단기적으로 매우 치밀하게 세워야 하고 보험원리에 충실하도록 운영되어야 한다. 그렇지 않으면 사회보험 재정적자는 조세에서 충당할 수 밖에 없다. 사회보험이 근로자들간의 소득재분배 기능을 활성화시켜야 하므로 정규직근로자들로부터 저소득비정규직근로자들로의 이전이 가능하도록 해야 한다.

　사회보험료의 부담은 모든 가입자들이 같은 요율의 적용을 받기 때문에 역진적이라고 할 수 있다. 이에 따라 저소득층의 부담이 클 수밖에 없다. 그래서 저소득층은 가입을 꺼리게 되고 이는 결과적으로 그들에게 손해가 된다. 따라서 저소득층에 대한 보험료 감면을 도입해야 한다. 이에 따라 두루누리사업으로 국민연금과 고용보험을 지원하고 있으나 효과가 미미한 것으로 나타나고 있다. 두루누리사업은 2016년 현재 10인미만 사업장에 대하여 신규가입근로자에게는 60%, 기존가입근로자에게는 40%를 지원하고 있다. 그러나 실질적으로 두루누리사업의 혜택을 받으려면 신고를 해야 하고 이에 따라 영세사업자의 부담이 실질적으로 늘어나는 결과가 되어 가입율이 저조하다. 따라서 저소득 근로자들의 보험료지원사업을 보다 확대하기 위해서는 이들 근로자들의 가입의무를 강화해야 한다. 한편 아르바이트를 하는 대학생들에 대하여도 국민연금에 가입하도록 요구해야 한다. 이러한 제도 접근도를 높이는 것은 한편으로 이들의 사회 적응도를 높이는 효과도 있다.

제 3 부

IV. 지출: 각론

1. 고령화

　우리사회의 고령화로 보험수리적 적자구조인 국민연금의 부채 규모는 지속적으로 늘어나고, 건강보험에서도 노인의료비의 비중도 지속적으로 상승할 것이다. 게다가 2008년 도입된 노인장기요양보험은 요양기능만 담당함으로써 만성질환을 앓고 있는 노인들이 요양시설과 요양병원을 전전하는 비용낭비와 불편만을 낳고 있다.

노인들의 장기요양과 진료를 병행할 수 있는 시스템을 갖추기 위하여 고령자의료보험을 도입하고 노인의료와 노인의 장기요양을 함께 관리할 필요가 있다. 따라서 현재의 국민의료보험에서 75세 이상의 고령자를 분리하여 고령자의료보험을 도입해야 한다. 그리고 이에 대한 부담에 있어서 현재 장기노인요양보험료, 건강보험에 대한 국고지원, 자치단체 재원 등을 활용한다. 이에 관련된 외국의 제도로는 미국의 노인의료보험(Medicare), 일본의 후기고령자의료제도 등을 들 수 있다.

고령화에 따라 예상되는 국가채무의 가장 큰 부담 중의 하나는 기초연금이다. 65세 이상이 노인 70%에게 월 약 20만원(2017년 3월까지 204,010원) 씩 지급되는 기초연금 지출은 평균수명의 증가와 노인수의 증가에 따라 매우 빨리 증가할 것이다. 2030년 50조원, 2040년 100조원이 예상된다. 문제는 이와 같이 막대한 비용이 소요되는 재원을 사실상 절대적인 수가 감소하는 근로자층이 부담하는 것은 불가능하다. 문제는 기초연금의 성격이 기초생활보장급여의 생계급여, 국민연금 가운데의 소득재분배 기능의 급여와 유사하다는 것이다. 따라서 기초연금은 국민연금과 통합하여 기초보장을 강화하고, 이를 통하여도 생계가 어려운 노인들에 대하여는 기초생활보장급여로 보완하는 것이 바람직하다.

2. 지출구조의 조정

정부의 지출은 의무지출과 재량지출로 구분된다. 의무지출은 법률에 따라 지출의무가 발생하고, 법령에 따라 지출근거와 요건 및 지출규모가 결정되는 법정지출 및 이자지출을 말한다. 반면 재량지출은 정부가 정책적 의지나 재량행위 내용에 따라 대상과 규모를 어느 정도 조정

가능한 예산을 의미한다. 이는 투자사업비, 경상적 경비 등 의무지출을 제외한 나머지 지출로, 매년 입법조치가 필요한 유동적인 지출이 포함된다. 최근의 추세는 재량지출은 지속적으로 감소하고 의무지츨은 증가하고 있다. 의무지출의 가장 큰 증가요인은 복지비이다. 따라서 복지비를 통제하지 못하면 정부의 정책기능이 사실상 제한되면서 사회경제적 환경에 능동적으로 대처할 수 없다. 국민들을 대상으로 하는 사회보험제도에서의 적자로 인한 정부보전은 사전적인 사회보험제도의 개혁으로 억제해야 한다. 예를 들면, 기금고갈시 발생할 수 있는 국민연금이나 사학연금의 정부보전은 정치적으로도 정부재정이 피할 수 없는 매우 큰 압박이 될 것이다.

정부가 고용주로서 근로자인 공무원을 대상으로 하는 공무원연금에 대한 적자보전금은 앞으로 지속적으로 증가하게 된다. 특히 앞으로 공무원 정원이 복지부문의 확대에 따라 크게 증가하게 되면 수급비가 '1'보다 큰 공무원연금의 구조상 정부 보전금은 더 크게 증가하게 된다. 그리고 공무원 임금 인상은 공무원연금 급여의 인상을 낳게 되어 연금부채가 더 증가한다. 따라서 공무원연금의 구조개혁도 필요하겠으나 단기적으로는 연금지출을 포함한 전체 인건비 부담을 고려해서 공무원 임금이 결정되어야 한다.

재량지출의 비중 감소는 정부의 성장정책을 위축시킴에 따른 성장잠재력 하락으로 이어질 수 있다. 따라서 각 부처로 산재되어 있는 유사정책들을 평가하고 통폐합해야 한다. social impact investment와 같이 사회적 유인 촉진형 재량지출 방식을 도입해야 한다. 우선적으로 효과가 큰 정책을 중심으로 권한을 강화하는 것이 필요하다. 이 과정에서 부처 간 권한 조정을 허용해야 한다.

또한 4차산업혁명의 기술을 활용해서 사회 간접자본이나 복지 인프라를 업그레이드하고 개혁해야 한다. 우리의 경제성장 과정에서 조성된 노후 산업인프라의 보수에 대한 투자를 늘리고 4차산업혁명 기술을 활용하여 업그레이드를 꾀해야 한다.

제3부

3. 복지제도의 public—private—social mix

지금까지 사회복지제도는 거의 모두 정부중심으로 이루어져 왔다. 정부가 제도를 만들고 정부가 서비스를 주도적으로 공급하고 운영해 왔다. 그러나 이러한 형태의 사회복지시스템은 경제가 호황이고 안정적일 때 가능하다. 불경기가 되면 국민들로부터 사회보장 요구가 크게 증대하는데 정부도 세수가 부족하게 되어 이러한 요구를 충족시킬 수 없게 된다. 따라서 사전적으로 사회안전망은 정부와 민간 그리고 사회 비영단체가 함께 협력할 수 있는 public-private social mix를 도모해야 한다.

특히, 정부는 국민연금을 통하여 모든 국민들의 안정적 노후를 보장한다고 하고 있으나 이는 전혀 현실성이 없다. 국민연금은 오직 최소한의 노후를 개인의 노력 다음으로 최후로 보장할 뿐이다. 즉, 정치권에서는 국민연금의 소득대체율을 보장함으로써 안정적 노후를 강화한다고 하고 있으나 국민연금의 소득대체율 인상은 오히려 더 큰 연금부채를 낳으면서 다음세대들에게 부채폭탄을 안기는 것이 된다. 따라서 근로기준법상 퇴직연금의 연금화를 강화하고 개인연금에 대한 세제지원을 통한 연금 포트폴리오를 구축해야 한다. 그리고 가능한 한 이러한 노력들은 젊어서 시작하도록 유인을 제공해야 한다.

한편, 민간 부문의 퇴직연금의 운영에 있어서 퇴직연금 사업자들의 도덕적 해이도 극복해야 한다. 퇴직연금은 본래 사내에서 적립되어 기업의 유동성 자금을 활용되던 것이었다. 그러나 2005년 퇴직금제도를 대체하는 퇴직연금제도가 도입되면서 사내 자금이 법적으로 사회에 적립되지 않으면 안 되게 되었다. 이에 따라 금융기관들이 퇴직연금 사업자로 등록하게 되고 업권간 심각한 과잉경쟁이 발생되게 되었다. 그러나 어차피 법으로 강제적으로 도입된 제도라는 인식으로 각 사업자들은 퇴직연금의 기금 운용에 대한 관심이 낮고, 오직 수수료 수입을 극대화시키려고 하는 것이 현실이다. 따라서 퇴직연금 상품에 대한 수수료 체계를 경쟁적으로 바꾸어서 사업자들간 수익율 경쟁을 할 수 있게 해야 한다. 가입자들에게 돌아가는 수익을 극대화하기 위하여 수수료를 수익률에 연동시켜 결정되도록 해야 한다.

국민건강보험의 보장율은 약 60%를 상회하는 것으로 조사되고 있다. 그리고 국민건강보험 급여의 본인부담액과 비급여진료비는 본인의 호주머니나 민간의료보험에서 부담하게 된다. 따라서 의료의 불확실성이라는 특성상 국민건강보험에서 보장이 되지 않는 금액은 민영보험에서 부보하도록 지원하지 않으면 안된다.

국민건강보험을 통한 의료보장은 급여에 따른 보험료의 조정기능이 없어서 사실상 도덕적 해이를 낳을 가능이 높다. 이에 따라 국민건강보험의 보장성 강화가 지속적으로 요구될 뿐 국민건강보험의 경비절감을 위한 체질 개선은 거의 이루어지지 않고 있다. 개인의 의료경험에 따라 보험료의 조정이 가능하게 하는 보험은 민간의 실손보험이다. 따라서 실손보험의 보험료 조정기능을 활성화시키면 따라서 국민건강보험의 낭비도 줄이면서 국민들의 건강관리가 개선될 수 있다.

국민건강보험의 보장율이 하락하는 것은 실손형 민영건강보험에 따른 요인을 부인하지 못한다. 민영건강보험이 가입자들의 보험 청구에 대하여 거의 제약없이 지급되다 보니 국민건강보험의 비급여 진료가 급증하는 결과를 낳았다. 이를 억제하기 위해서는 민영보험도 심사평가 기능을 강화해야 한다. 이 경우 가입자들은 민영보험의 보험료 인상을 우려하여 진료에 신중을 기하고 이는 결과적으로 국민건강보험의 진료비 부담을 줄일 것이다.

우리나라의 모든 의료기관은 국민건강보험의 강제지정 대상이면서 의료법상 비영리이어야 한다. 이에 따라 병의원이 아닌 모든 병원은 비영리로 운영되어야 한다. 이는 병원의 수익을 투자자가 환수할 수 없게 하여 비영리부문의 자본이 투자되지 못하게 하고 있다. 이에 따라 민간부문의 투자가 이루어지지 않으면서 의료부문의 성장과 고용창출을 억제하고 있다. 게다가 비영리 중심의 병원 경영은 이윤추구의 동기가 적어서 서비스 개선이나 진료혁신을 이루는데 한계가 있다.

의료 부분의 공공성을 해치지 않는 범위 내에서 영리병원을 도입하여 비의료부분의 자본을 유치하고 영리에 기초한 새로운 의료서비스의 창출 등을 유인해야 한다. 영리병원은 건강보험 수가의 적용을 받지 않으며 국민건강보험의 적용을 배제한다. 따라서 사실상 고액환자들의 이용이 많을 것이며, 특히 경쟁력 있고 특화된 영리병원에 대하여 보다 낮은 서비스를 받으려는 환자들이 찾게 될 것이다. 이러한 환자들은 건강보험료를 지속적으로 내게 되므로 국민건강보험의 재정은 오히려 개선될 수 있다. 이는 보험료의 인하나 보장성 강화에 활용될 수 있다. 아울러 비영리와 달리 영리법인은 세제혜택이 없기 때문에 세수 증대의 요인이 될 수도 있다. 진료에 있어서 영리적 요소는 새로운 서비스를 창출할 것이므로 보다 낮은 서비스를 받기 위하여 해외진료를 찾는 내국인 환자를 국내로 환류시키고, 외국의 고액진료 환자들을 더 많이 유치하는 결과를 낳을 것이다. 또한, 의료부문에 대한 규제완화로서 4차 산업혁명의 기술들이 의료산업의 발전에 기여할 수 있을 것이다.

지금까지는 복지공급이 공공과 민간으로 나뉘어져 왔다. 그러나 최근에는 사회적 양극화를 해소하기 위한 종교 및 비영리단체들의 활동이 활발해 지고 있다. 그러나 우리나라는 비영리기구에 참여하는 인구의 비율이 매우 낮고 경제에 기여하는 수준도 미미하다. 세계 각국의 부자들은 스스로 취약계층의 보호나 기회보장에 적극 참여하고 있다. 따라서 이제는 비영리단체들을 정치적 목적으로만 이용할 것이 아니라 복지제도의 효율성을 높이고 취약계층들의 사회적 복귀를 도움으로써 경제성장에도 기여할 수 있는 환경을 만들어 가야 한다.

복지 지출 부문의 가장 큰 구조 개혁은 사회보장서비스를 현금 중심에서 서비스 중심으로 전환시켜야 한다는 것이다. 그러나 서비스 공급이 충분하지 않아서 현금 지원이 취약계층의 니즈를 전혀 해소시킬 수 없다. 그리고 설령 제공되는 서비스의 질에 있어서도 만족도가 매우 낮다. 따라서 정부는 다양한 규제 완화를 통하여 영리민간부문이 복지서비스 산업에 진출할 수 있도록 하고 정부는 철저한 정보제공과 감독을 강화하는데 지출을 집중하고, 직접 제공하는 서비스 예산은 절감해야 한다.

Ⅳ. 결어

우리나라는 세계 7번째 5030 (5천만 인구, 3만달러 1인당 국민소득) 국가에 포함될 것으로 예상되는 경제대국이다. 그러나 앞으로 고령화와 국민들의 복지 수요로 재정은 매우 불안정할 것으로 예상된다. 따라서 이제는 과거의 확장형 재정운용에서 기업형 손익분석 재정운용이 필요하다. 지금까지 우리나라의 복지정책이 성공할 수 있었던 것은 10% 이상의 높은 경제성장율로 인한 충분한 징세 능력으로 경제적 부담이 상대적으로 적었기 때문이다. 그러나 이제는 2%대의 저성장이 당분간 상시화될 것으로 예상되고 국가의 성장잠재력도 하락하고 있다.

남미에만 발생했을 것이라는 국가파산이 남유럽의 선진국들에게도 일반화되는 글로벌 경제환경이다. 보다 현실적으로는 우리나라 국가예산은 월마트나 GE의 매출보다도 적다는 점에서 우리나라의 재정파탄이 절대 실현되지 않으리라고 볼 수 없다. 따라서 우리 경제도 항상 재정안정에 최선을 다하지 않으면 안 된다.

따라서 재정의 가장 큰 몫을 차지하는 복지지출을 만족도 중심으로 개편하고, 4차산업혁명의 기술들을 복지부문에 접목하여 비용을 절감하는데 보다 과감해야 한다. 이를 위해서는 공공부문의 책임을 보다 강화하면서 민간이 복지부분에 적극 참여하고 수익도 얻을 수 있도록 해야 한다. 이는 결과적으로 민간 복지산업이 우리 경제의 성장동력이 되는 계기도 될 수 있을 것이다.

제27장
가계부채 연착륙으로 소비기반 회복[1]

I. 가계부채 현황

연이은 가계부채 대책에도 불구하고 글로벌 금융위기 전 2007년 말 665조 원에서 2016년 말 1344조 원으로 두 배 증가했다. 사실상 가계부채인 개인사업자대출 252조원(7월말)을 합한 전체 가계부채는 1596조 원, 지난 해 국내총생산(GDP)의 97%로 OECD 평균 75%를 크게 상회하고 있다.

가계부채의 가장 큰 문제는 소득 대비 가계부채 비율이 지속적으로 증가해 소비를 제약하고 성장을 둔화시켜 일자리를 위축시키는 문제다. 미국에서는 가계부채/가처분소득 비율이 2008년 135%에서 2016년

---

1) 오정근, 건국대 금융IT학과 특임교수, 오정근, 가계부채 해결 못하면 장기 대불황 간다_이코노미 조선 2017년 2월호를 일부 수정보완한 것임

105%로 하락해 경기회복을 견인하고 있다. 반면 한국은 가계부채/가처분소득 비율이 2008년 143%에서 2016년 174%로 상승해 장기불황 우려를 크게 하고 있다.

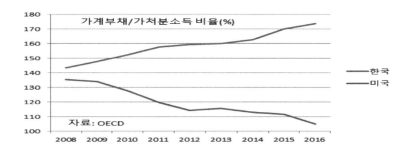

정부는 '여신심사가이드라인'에 이어 주택담보대출의 원인인 부동산공급을 줄이는 8·25대책, 11·3 대책을 연이어 내 놓아 은행권 주택담보대출 전기비 증가액은 2016년 3분기 17조원에서 4분기 13조원으로 크게 줄어들었다. 그러나 2금융권 주택담보대출이 새마을금고와 상호금융을 중심으로 3.6조원에서 7.9조원으로 증가하고 보험기관과 여신전문기관 대출도 큰 폭 증가해 분기별 증가액은 3분기 39조원에서 4분기 48조원으로 사상 최대 증가폭을 기록했다.

이에 대해 정부는 2금융권 주택담보대출에 대해서도 차주의 소득조건을 엄격히 적용할 것이라고 밝히고 있다. 그러나 장기불황으로 생활이 어려운 가계는 평균금리 30%가 넘는 대부업으로 가고 대부업에서도 빌리기 힘든 저신용자들은 평균금리 111%인 불법사금융으로 가고 있다. 대부업대출잔액은 13조원, 불법사금융사용액도 24조 원에 이르고 있어 정부의 주택담보대출 중심 대책이 저신용 저소득가계를 빈곤층으로 추락시킬 우려가 높아지고 있다.

은행 주택담보대출 경우에도 종전 60% 내외를 유지해 오던 주택구입목적 대출비중이 40% 수준까지 하락했다. 반면 생계형대출, 사업자금대출, 전월세 대출, 대출금 상환목적 대출 비중이 크게 높아졌다. 이처럼 은행 주택담보대출 60%가 비주택구입목적 대출이고 2금융권 주택담보대출에도 같은 비율을 적용하면 은행과 2금융권을 합한 주택담보대출 561조원의 60%, 337조원이 비주택구입목적 대출이다. 여기에 예금취급기관 무담보대출 347조원과 기타금융기관의 대출 363조원, 판매신용 72조원, 개인사업자대출 252조원을 합하면 전체 가계부채의 86%가 주택구입과 관련이 적은 생계형대출, 사업자금대출, 전월세자금대출, 대출금 상환목적 대출로 추정된다. 이처럼 가계부채 상당부분이 경제가 어려워져서 초래된 것이다.

그런대도 주택담보대출 억제 중심의 대책만 지속해 2008년 이후 8년간 장기침체를 지속한 끝에 정부의 주택경기 정상화 노력으로 2015년 중반 이후 소폭 회복기미를 보이던 주택시장이 다시 침체하고 있다. 건설부문에 대부분 일용 임시직인 180여 만 명이 취업하고 있어 주택경기 침체로 일자리를 잃게 되면서 다시 생계형대출과 사업자금대출이 증가하고 중소형 주택공급 부진으로 전월세가 다시 올라가는 부작용이 우려된다.

가계대출이 증가해도 자산증가가 수반되는 경우에는 자산가격이 대출액 이하로 폭락하지 않는 한 대출부실화 우려가 적다. 반면 주로 무담보대출인 2금융권이나 대부업 대출 증가는 경기가 부진해 가계소득이 뒷받침 되지 못하면 부실화될 우려가 크다. 결국 정부의 계속되는 대책은 우량대출은 줄이고 불량대출을 늘리는 역효과를 내면서 빈곤층을 양산할 수 있는 가능성을 내포하고 있어 우려가 적지 않다.

설상가상 미국금리인상으로 국내금리가 올라갈 경우 부실화 위험이 높아질 전망이다. 투자활성화를 통해 일자리와 소득을 증가시켜 생계형 대출과 사업자금 대출을 줄이고 임대주택활성화로 전월세자금대출을 줄이도록 하는 것이 가장 근본적이고 최선의 대책이다.

II. 가계부채 연착륙 방안

미국은 어떻게 가계부채 연착륙에 성공해 경기를 회복시키고 있나. 성공한 정책은 벤치마킹할 필요가 있다. 2008년 미국발 금융위기가 발생하자 많은 경제학자들은 1929년 대공황을 떠올리며 가계부채 문제를 제기했다. 가계부채와 그에 따른 부채디플레이션이 대공황의 원인이었다는 것이 어빙 피셔 등 원로경제학자들의 분석이었고 그 후 일본 20년 장기불황의 근본적인 원인도 같은 문제였다는 진단이 있다랐기 때문이었다. 주택 주식 등 자산구입을 위해 빚을 많이 졌는데 자산가격이 정점에 도달해 하락으로 반전되면 부채는 고스란히 남아 있어 원리금은 상환해야 하는데 자산가치는 하락하고 경기추락으로 일자리마저 줄어들어 부채해소, 즉 디레버리징에 장기간이 소요되고 그 기간 중 국민소득 중 가장 큰 비중을 차지하는 소비가 위축되고 수요감소를 예상한 기업도 투자를 줄이면서 장기불황을 초래한다는 분석이다. 프린스턴대의 폴 크루그만 교수 등의 주장으로 일찍이 하이만 민스키가 "디레버리징의 역설"이라고 지적했던 문제다.

자산가격이 정점에 도달해 붕괴할 정도로 가계부채가 늘지 않도록 건전성 규제를 잘 하는 것이 가장 바람직하지만 이미 그렇게 된 상황에서 대공황 교훈을 바탕으로 제시한 대책들은 다음과 같다. 첫째, 인플레이션 정책이다. 정책적으로 인플레이션을 만들어 실질부채 부담을 줄여 소비위축을 완화시키는 정책이다. 이를 위해 통화공급과 금리인하도 주장한다. 하버드대 케네스 로고프, 카르멘 라인하르트 교수 등의 주장이다. 벤 버냉키의 양적 완화정책이 여기에 기반하고 있다.

둘째, 규제혁파와 혁신이다. 규제혁파와 혁신으로 기업투자를 증대시켜 일자리를 만들어 부채상환부담을 들어주고 신규부채를 줄여 소비위축을 완화시키는 정책이다. 하버드대 마틴 펠드스타인 교수 등의 주장이다. 그는 영국 유로존 일본도 2008년 위기 이후 미국과 같

제3부

이 양적 완화를 추진했지만 미국만 성장이 회복된 것은 규제혁파와 혁신 덕분이라는 분석이다.

셋째, 정부지출 정책이다. 재정 지속가능성이 허용하는 범위 내에서 정부지출을 늘려 일자리를 만들어 부채상환 부담을 줄여주어야 한다는 프린스턴대 폴 크루그만 교수 등의 주장이다. 넷째, 주택경기 부양이다. 추락한 주택경기를 부양해 가계의 자산가치를 증대시키고 일자리를 만들어 생계형이나 사업자금 대출수요를 줄이는 정책이다. 연준의 주택저당채권 매입을 통한 양적 완화대책이 예다.

다섯째, 부채-주식 스왑이다. 금융회사가 주택의 지분을 소유하는 대신 부채를 줄여주는 대책으로 시카고대의 루이지 곤잘레스 교수 등의 주장이다. 여섯째, 도저히 상환이 불가능한 저소득저신용 계층에 대해서는 부채 일정 부분을 금융회사 주도로 재조정하거나 신용회복절차에 따라 탕감해 주는 대책이다. 시카고대 아미르 수피 교수, 콜롬비아대 조셉 스테글리츠 교수 등의 주장으로 미국은 가계부채 중 약 3% 정도를 탕감해 주었다.

2008년 위기가 발생하자마자 대불황 위기감을 느낀 미국은 이 여섯 가지 대책을 전방위적으로 시행했다. 그 결과 미국은 2007년 143%, 2008년 135%였던 가계부채/가처분소득 비율이 2015년 112%, 2016년 105%까지 하락해 민간소비가 살아나면서 경기가 잠재성장 수준으로 회복돼 금리를 올리는 상황까지 도달했다.

반면 한국은 인플레이션대책, 규제혁파, 주택경기부양, 부채-주식 스왑 대책은 추진되지도 않고 정부지출은 늘렸지만 민생안정 명분으로 성장동력 확충 위한 정부투자지출 보다는 재정승수가 낮은 정부소비지출 이전지출에만 치중해 효과는 단기간에 그치고 정부부채만 증가시켰다. 저소득저신용 계층 부채탕감도 흉내만 내는 수준에 그쳐 효과가 없었다. 그 결과 2008년 143%였던 가계부채/가처분소득 비율이 2016년 오히려 174%까지 증가해 소비가 위축되면서 경기를 짓누르고 있다. 장기 대불황으로 가지 않기 위해서는 미국 같은 특단의 대책이 필요하다.

결국 가계부채의 연착륙은 가계의 가처분소득을 증가시키면서 부채 증가폭을 둔화시키는 방안이 최선이다. 가처분소득 증가는 일자리 창출로 소득을 증가시켜야 하고 부채 증가폭 둔화는 가계부채 증가 원인의 60%를 차지하고 있는 생계형대출 사업자금대출 전월세자금대출의 증가폭을 둔화시켜야 한다. 생계형대출 사업자금대출은 일자리, 특히 퇴직 중장년의 일자리 창출을 통해 증가폭 둔화시키고 전월세자금대출은 신혼청년층을 위한 임대주택 공급 활성화로 증가폭을 둔화시키는 정책이 바람직하다. 도저히 갚을 능력이 안되는 저소득 취약계층에 대해서는 도덕해이가 발생하지 않도록 유의하면서 일정 부분을 채무재조정해 주는 방안도 검토될 필요가 있다.

이런 다각적인 대책으로 현재 174%인 가계부채/가처분소득 비율(OECD 기준)을 5년 내 소비회복 가능한 110%까지 하락시켜야 한다. 이를 위해 △ 경기회복과 부동산경기 정상화로 일자리를 창출, 가계의 가처분소득 증가, △ 일자리창출로 생계형대출, 사업자금대출 수요 둔화, △ 전월세 임대주택공급 활성화로 전월세자금대출 수요 둔화, △ 부채-부동산지분 스왑 정책 도입, △ 저소득 취약계층 가계부채 일정부분 채무조정이 가계부채 연착륙대책으로 추진되어야 한다.

제28장
급변하는 대외환경에 능동적인 대처로 위기 극복[1][2]

I. 금융위기 10년 주기설

'금융위기 10년 주기설'이 예사롭지 않다. 1984년 남미외환위기 1997년 동아시아금융위기 2008년 미국발 글로벌 금융위기가 10여년 시차를 두고 일어났고 다시 2017년 미국 추가금리인상을 계기로 신흥시장국의 위기가능성이 제기되고 있다. 신흥국의 작년말 현재 단기외채 규모는 1조9천888억 달러로, GDP 대비 단기외채 비율은 8.2%에 달해 1980년대 중남미 외채위기 당시 918억 달러, GDP 대비 7.2%나 1990년대 아시아 외환위기 당시 3천439억 달러, GDP 대비 7.5% 수준을 뛰어넘고 있어 미국이 추가로 금리를 인상할 경우 신흥시장국으로부터 자금유출과 그에 따른 금융위기 가능성 경고가 이어지고 있다.

10여년을 주기로 반복되는 글로벌 경기 호황 불황과 거품(boom) 거품붕괴(bust)와 관련이 크다. 불황에서 경기부양을 위해 많이 공급된 글로벌 유동성이 수익성이 높은 신흥시장국으로 흘러들어 각종 거시건전성 규제와 경기안정화정책에도 불구하고 호황과 거품을 만들어 내고 이를 우려한 통화금융당국의 긴축과 과도한 투자로 수익성 하락이 시작되면 다시 글로벌 유동성이 수축되면서 불황과 거품붕괴가 초래

---

1) 위기관리연구원 세미나 (12월 1일 18:00~19:00, 위기관리연구원 세미나실) 발표 논문 "1997년 2008년 금융위기와 2016~7년을 위한 교훈" 요약편을 수정보완한 것임
2) 오정근, 건국대 금융-IT학과 특임교수, 한국경제연구원 초빙연구위원, 한국금융-ICT융합학회 회장

되어 자금이 빠져 나가는 신흥시장국은 외화유동성 위기에 직면하게 된다. 일반적으로 자본유입 → 과잉투자 → 통화가치절상 → 수출둔화 → 기업부실 →금융부실 →외자유출 → 위기발생이라는 과정을 거친다. 문제는 이러한 과정이 반복되는 데도 사전에 위기를 예방하지 못하고 10여년 주기로 위기가 반복되고 있다는 점이다.

한국의 경우에도 1997년 외환위기, 2008년 외화유동성위기에 이어 다시 위기국면으로 진입하고 있다. 한국의 경우에는 자본유입 → 과잉투자 → 통화가치절상 → 수출둔화→ 기업부실 →금융부실 → 정쟁격화(주로 정권교체기) → 정치위기 → 국정공백 → 구조개혁실패 → 구조조정 지연 →기업부실 증가 → 금융부실 증가 →외자유출 → 위기발생이라는 과정을 거치며 정치적 요인이 추가적으로 위기를 증폭시키고 있는 문제점이 있다.

제 3 부

II. 1997년 금융위기

1997년 11월 들어 외환보유고는 고갈되는 반면 신용위험의 증대로 단기채무의 회수가 확산되는 가운데 주가도 급락하는 등 금융시장이 불안해 지자 외국인 투자자금마저 급속히 이탈함으로써 외환지급결제 불능 사태가 우려되는 외환위기가 발생하여 마침내 한국정부는 1997년 11월 21일에 IMF에 긴급구제금융 지원을 공식적으로 요청하기에 이르렀다.

IMF는 1997년 11월 21일에 곧바로 협의단을 파견하여 협상을 시작하여 1997년 12월 3일에 한국정부는 IMF와 의향서(Letter of Intent)에 최종 합의함으로써 이른바 IMF시대라고도 불리우는 치욕스러운 금융위기시대에 접어들었다.

　금융위기로 신용경색이 심화되어 투자와 소비가 큰 폭으로 감소하면서 실질GDP는 부의 성장을 지속하는 등 경기침체가 본격화하였다.

〈외환보유액 변동추이[1]〉 (10억 달러)

	1996	97.1	2	3	4	5	6	7	8	9	10	11
외환보유액	33.2	31.0	30.0	29.2	29.8	31.9	33.3	33.7	31.1	30.4	30.5	24.4
국내은행 해외지점 예치액	3.8	3.8	8.0	8.0	8.0	8.0	8.0	8.0	8.0	8.0	8.0	16.9
가용외환보유액	29.4	27.2	21.8	21.1	21.8	23.9	25.3	25.7	23.1	22.4	22.3	7.3

주 : 1) 기말기준. 자료: 한국은행

〈GDP성장률 추이〉 (%)

	96.1/4	2/4	3/4	4/4	97.1/4	2/4	3/4	4/4	98.1/4	2/4
원계열 (전년동기대비)	7.6	6.7	6.6	7.4	5.7	6.6	6.1	3.9	-3.9	-6.6

자료: 한국은행

　외환위기의 원인으로 우선 금융산업개방, 자본자유화, 외환거래자유화 등 급격한 금융시장 개방에 따른 자본유입을 들 수 있다. 1995년부터 세계화추진위원회가 결성되어 활동을 시작하는 등 본격화되고 이어 1996년 OECD에도 가입하면서 한국의 추가적인 금융산업 자본시장 개방은 급속도로 추진되었다.

　자본자유화는 저리의 외자유입에 따른 국내금리하락 및 투자증대, 국내외금융시장에서의 기업자금조달 및 투자기회확대, 경쟁촉진을 통한 국내금융산업발전 등의 긍정적 효과를 발생시키는 반면, 자본자유화로 과도한 자본유입은 환율하락으로 인한 경상수지 악화, 해외부문 통화증발에 따른 물가불안과 주가, 지가 등 자산가격상승, 외국자본에 의한 국내금융 및 산업의 잠식 등을 유발하기도 한다. 반대로 급격한 자본유출은 주가폭락, 환율상승에 따른 물가불안, 금융기관의 유동성부족에 따른 금리상승 등 국내 금융·외환·자본시장의 혼란을 초래하기도 한다.

특히 1980년대말 이후 신흥시장(emerging markets)으로의 자본유입은 종래의 부족자본 보전이라는 차원을 넘어 자본이 과도하게 유입(excessive inflow)되는 가운데 직접투자와 같이 생산활동과의 연계성이 큰 자본보다는 증권투자 및 단기성 자본의 유입이 크게 증가하는 등 문제점을 노정하기도 하였다.

그러나 대외적으로는 금융산업의 금융시장의 개방 등 자유화가 급속도로 진전된 반면, 대내적으로는 금융기관 경영의 자율성 확보, 소유 지배구조의 개선, 금융산업의 경쟁력 향상, 금융시장의 효율성 제고 등 금융자유화가 미흡한 불균형금융자유화(unbalaced financial liberalization)가 지속되어 금융위기의 원인으로 작용하였다. 대외적인 금융자유화 개방화에도 불구하고 대내적으로는 개발연대에 지속되어 왔던 금융기관과 금융시장에 대한 정부의 규제와 개입의 관성이 쉽사리 사라지지 않고 있는 점이 불균형 금융자유화의 근본적인 원인이다.

이러한 불균형 금융자유화는 대내적으로 금융기관의 사전심사와 사후감시로 요약되는 금융중개기능을 약화시키고 금융시장이 발전되지 못해 금융시장 개방으로 들어오는 글로벌 유동성의 고위험투자를 제어하지 못하게 해 기업부실과 금융부실을 양산하게 해 마침내 금융위기를 초래하게 한다. 한국의 종합금융회사가 대내외 금리차를 이용한 무분별한 해외차입으로 국내 고위험 투자를 일삼다 기업부실과 금융부실을 초래한 것이 좋은 예 중의 하나다.

국제통화기금은 이 원인으로 정부가 금융에 과도하게 개입한 결과 부실여신과 기업부실이 누적되었다고 지적하고 그 배경으로 당시 금융정책을 총괄하던 재정경제원 금융정책국과 산하 은행감독원 증권감독원 보험감독원 등으로 연결되는 금융감독체계를 적시하고 운영상

제3부

재정상 독립적인 금융감독원 설립을 권고했다.[3] 한 마디로 관치금융이 문제라는 지적이다. 이 밖에도 한국금융산업의 금융중개기능이 제대로 작동되지 않았던 주요 원인으로 △ 주인 없는 은행 경영진의 심각한 대리인 문제 △ 낙하산 인사와 취약한 지배구조 △ 금융혁신을 저해하는 과도한 규제 △ 리스크관리 미비에 따른 사고빈발과 부실증가 등이 지적되었다.

고위험투자는 언제나 부실을 초래한다. 특히 기업은 고위험 고수익을 추구하려는 속성이 있다. 이러한 고위험 고수익 투자유혹을 걸러주는 곳이 금융기관이다. 금융기관은 대출에 대한 미래지향적인 사전심사와 사후감시라는 기능을 통해 기업의 무리한 투자수요를 제어하는 역할을 한다. 그것이 금융중개기능이다.

따라서 금융기관의 금융중개기능이 제대로 작동되지 않을 때는 언제나 과잉투자로 인한 기업부실이 발생한다. 심할 경우에는 금융위기가 발생한다. 특히 독립성이 약한 금융감독당국이 정부나 정치권의 영향에서 자유롭지 못하거나 금융기관의 소유지배구조가 정부나 정치권에 의해 영향을 받는 경우에는 사실상 금융중개기능 자체가 무력화되기 일쑤다. 이 경우에는 금융기관의 사전심사나 사후감시 또는 리스크관리 기능보다는 정부나 정치권의 영향에 의해 대출이 이루어지는 경우가 많기 때문이다.

이 밖에도 과잉투자의 중요한 원인이 금융시장 개방으로 인한 외국인 자금의 유입이다. 금리가 싼 외국인 자금의 유입은 내외금리차 만으로도 투자자에게는 매력적이다. 금융기관들도 해외에서 싸게 빌려다

---

3) 1997년 금융위기로 한국정부와 IMF가 체결한 대기성차관협약에 의거 합의한 "의향서(Letter of Intent)"(1997. 12. 3)에서는 "운영 및 재정상의 자율성(operational and financial autonomy)을 보유한" 통합감독기구 설립을 규정하고 특히 IMF가 발간한 "한국경제 프로그램에 대한 메모랜덤"(1997. 12. 3)에서는 "정부의 개입이 비효율적인 금융부문과 부채비율이 높은 기업부문을 초래(the legacy of government intervention has left an inefficient financial sector and highly leveraged cooperate sector)"했으므로 "강력하고 독립적인 감독기구(a strong and independent supervisory agency)"를 설립하여 건전성 감독을 강화 통합하고 투명성을 제고해야 한다고 주장했다. 그럼에도 불구하고 재정경제원이 발표한 보도자료(1997. 12, 5)에는 단순히 "은행 증권 보험 및 제2금융권 금융기관에 대한 감독기능을 통합하는 법률안"의 연말까지 국회통과를 주장하며 본래 의향서에 규정한 "운영상 재정상의 자율성"과 메모랜덤에서 주장한 "강력하고 독립적인 감독기구"에 대해서는 언급이 없었다.

국내에서 고금리로 대출하는 데 치중하게 된다. 특히 1997년 금융위기 이전 금융자유화로 우후죽순 33개나 설립되었지만 별다른 사업모델이 없던 종합금융회사들은 주로 이런 사업에 치중해 단기외채 급증의 원인이 되기도 했다. 금융기관으로서 사전심사나 사후감시 리스크관리 등 금융기관으로서 가장 중요한 본연의 기능과 책임은 안중에 없이 손쉬운 돈벌이에 흥청망청대는 경우도 다반사였다.

때마침 김영삼 정부는 신경제 100일 계획, 신경제 5개년 계획을 수립 추진하는 등 이미 1987년 체제로 임금이 1988년부터 6년 연속 연평균 20% 씩 상승하고 미국의 슈퍼 301조 동원 등 원화가치 절상압력이 계속되면서 원화가치도 절상되어 견디다 못한 기업들의 해외탈출 러시로 낮아지고 있던 국내경기를 반등하기 위해 안간 힘을 쓰고 있었다.

그 결과 1994년 1995년에 민간부문을 중심으로 총고정자본형성 증가율이 각각 14.0% 13.0%에 이르는 등 투자가 활성화되었다. 특히 설비투자는 1994년 1995년에 27.5% 16.2%나 각각 증가해 투자활성화를 주도

〈투자증가율 추이〉

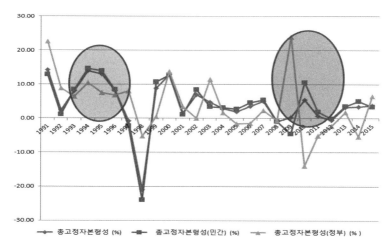

자료: 한국은행

했다. 그 결과 1994년 1995년 성장률은 각각 9.2% 9.6%를 기록했다. 그러나 이러한 과잉투자에도 불구하고 1995년부터 원·엔 환율이 하락하기 시작하는 등 수출환경은 악화되어 수출이 큰 폭으로 둔화되면서 기업부실이 증가하기 시작해 은행위기와 외환위기라는 금융위기의 씨앗이 되고 말았다.

1985년 플라자합의로 엔고가 되자 한국의 수출은 87년 36.2% 88년 28.4% 증가하는 소위 삼저호황을 누렸다. 그러나 1989년 미국의 슈퍼 301조가 발동되고 자본도 순유입되면서 원화가 절상되기 시작했다. 1994년부터 금융위기 전 1996년까지 원/달러 환율은 하락세를 지속하였다. 연평균으로 1994년에 달러당 803.6원이었던 원/달러 환율은 1995년에는 771.0원 까지 하락하였다.

이에 따라 경상수지적자폭이 크게 확대되었다. 경상수지 적자가 1996에는 238억 달러, 1997년에는 103억 달러를 기록하였다. 이와 같이 경상수지 적자가 확대되는 가운데서도 외국인 단기투자자금의 유입으로 환율은 하락하는 문제점을 노정하였다.

한국의 주력 수출품은 글로벌 시장에서 일본제품과 대부분 경합관

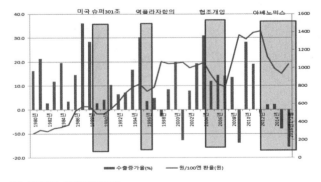

〈주요 국제금융이벤트와 원 · 엔 환율 및 수출증가율 추이〉

자료: 한국은행, 국제무역연구원

계를 이루고 있었다. 따라서 한국수출은 환율 가운데서도 원·엔 환율에 더욱 민감한 반응을 보였다. 1989년 미국의 슈퍼 301조가 발동되면서 한국원화도 절상되기 시작했는데 심지어 엔화보다 가파르게 절상됐다. 100엔당 원화 환율은 1995년 820원에서 1996년 786원으로 하락했다.

그 결과 한국의 수출증가율도 1990년 4.2%, 1996년 3.7% 1997년 5.0%로 급락해 마침내 1997년 외환위기의 도화선이 되었다. 그 후에도 원·엔 환율이 하락은 언제나 한국수출의 둔화를 초래했고 심할 경우에는 2008년 외화유동성 위기처럼 위기를 초래했다.

1997년 외환위기 이전 1997년 연말 대선을 앞둔 그 해 1월부터 제기된 김영삼대통령 차남 김현철의 한보그룹 대출 관련 의혹제기에서 비롯된 정쟁이 국정공백을 초래해 당시 추진 중이던 노동개혁 금융개혁이 실패해 기업부실 금융부실이 크게 증가하였다. 마침내 외국인 자금이 유출되면서 그 해 말에 외환위기가 발생했다.

〈정치위기와 금융위기〉

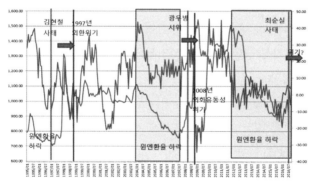

자료: 한국은행

III. 2008년 금융위기

1. 고금리 저환율과 수출둔화

세계경제는 2007년 발생한 미국의 서브프라임 모기지 사태로 휘청거리기 시작했다. 특히 2001년 미국의 911테러와 닷컴버블 붕괴로 추락한 미국경제 회복을 위해 2002년부터 주요국의 협조개입으로 추진되었던 달러약세정책으로 원화가 절상되기 시작하였다. 2004년 부터는 원화가 엔화보다 더 큰 폭으로 절상되면서 2004년 1058원이었던 100엔당 원화환율은 2007년 789원 까지 하락했다.

그 결과 2004년 31.0%였던 한국수출증가율은 2005년 12.0% 2006년 14.4% 2007년 13.6%로 주저 앉았다. 2007년 2~4분기 중 5~6% 수준을 유지하던 성장률은 이미 2008년 1~2분기에는 4~5%로 둔화되었다. 경상수지 흑자도 크게 축소되어 마침내 2008년 1~3분기 중에는 적자로 추락한 가운데 2008년 글로벌 금융위기로 외국인 투자자금이 빠져나가자 한국은 외화유동성 위기를 겪었다. 그러다 리만 브라더스 파산으로 글로벌 금융위기가 발생한 2008년 4분기부터 원/달러 환율이 급등하여 원화는 다시 저평가로 돌아섰다.

미국 서버프라임 모기지사태와 미국발 금융위기로 세계경제의 불확실성이 커지고 있는 상황에서 한국은 적정수준에 비해 높은 금리와 낮은 원·달러 환율, 즉 고금리 저환율의 통화 환율 정책조합이 운용되고 있었다. 심지어 미국에서 2008년 9월 15일 리먼 브라더스가 파산하기 한 달 전 2008년 8월 8일에도 한국은행은 기준금리를 5%에서 5.25%로 인상하기도 했다.

〈한국은행 기준금리 추이〉

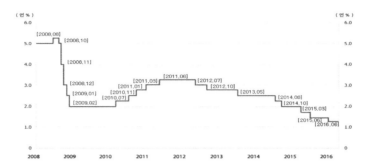

자료: 한국은행

2. 광우병 사태와 국정공백

　2008년 외화유동성위기 이전에도 이미 2007년부터 터진 미국의 서브프라임모기지 사태로 세계경제가 둔화되고 있는 가운데서도 2008년 4월 18일 한미 쇠고기 수입 협상 타결 발표와 4월 29일 MBC의 시사 보도 프로그램인 <PD수첩>은 '미국산 쇠고기, 과연 광우병에서 안전한가?' 방영을 계기로 연인원 100만 명이 참여하는 촛불집회가 3개월여 지속되면서 당시 이명박 새정부의 국정동력은 급격히 약화되어 9월 15일 미국 투자은행 리먼브라더스가 파산하자 외국인자금이 급격히 유출되어 외화유동성 위기에 직면했으나 다행히 300억 달러 한미통화스왑으로 외환위기는 모면했다.

Ⅳ. 다가오는 금융위기

다시 2017년 대선을 앞두고 1998~2007년 좌파정권 10년, 2008~2017년 우파정권 10년을 지내고 다시 권토중래하려는 좌파와 수성하려는 우파 간에 치열한 일전이 예고 되고 있는 시기다. 불행히도 근년의 경제동향을 보면 자본유입 → 과잉투자 → 통화가치절상 → 수출둔화→ 기업부실 →금융부실 → 정권교체기 정쟁격화 → 정치위기 → 국정공백 → 구조개혁실패 → 구조조정 지연 →기업부실 증가 → 금융부실 증가 →외자유출 → 위기발생의 과거 1997년 외환위기와 2008년 외화유동성 위기 시에 적용되었던 시나리오가 거의 그대로 재현되고 있는 것으로 보여 안타까운 심정이다.

가. 자본유입과 과잉투자

2008년 미국발 글로벌 금융위기이후 추진된 미국의 양적 완화 통화정책결과 풀린 3조 달러에 가까운 글로벌 유동성의 상당한 부분이 금리가 높은 신흥시장국으로 흘러들어 갔다. 초저금리로 조달된 자금으로 중국 등 신흥시장국에서는 활발한 투자가 일어났다. 특히 2008년 미국발 글로벌 금융위기이후 2009년 침체했던 글로벌경제가 2010년에 일부 회복되는 징후를 보이자 많은 신흥시장국 기업들은 과감한 투자를 감행했다. 1997년 동아시아 외환위기 시에도 1998년 침체후 1999년부터 경기가 회복되었던 경험도 영향이 컸다.

그러나 이번에는 신흥시장국발 위기가 아니고 미국발 위기다. 많은 전문가들이 세계경제가 회복되더라고 위기이전의 수준으로 돌아갈 수 없다는 뉴노멀(new normal) 또는 세계경제 장기정체론(secular stagnation)을 주장했지만 기업가들은 아랑곳 하지 않고 초저금리의 글로벌 유동성을 즐기며 과잉투자를 감행했다. 그러나 불행하게도 2011년 유로존 위기가 다시 발생하면서 그나마 회복되던 세계경제를 강타했다. 글로벌 금융위기 이후 9년 째 아직도 세계경제는 회복되지 않고 있고 장기저성장기를 인식하게 된 많은 국가들은 자국의 일자리 보호를 위해 신보호무역주의 반세계화 정책들을 속속 주장하기에 이르렀다. 영국의 브랙싯 국민투표 통과와 미국의 트럼프 당선이 극명한 예다.

문제는 2010년에 과잉투자한 기업들이 부실화되기 시작했다는 것이다. 중국 한국 등 신흥시장국은 과잉투자 기업부실 금융부실 증가로 구조조정에 몸살을 앓고 있지만 고용문제로 여의치 않은 채 부실만 깊어지고 있는 모습이다. 한국도 2010년 민간투자증가율이 10%를 기록했다. 지금 한국경제를 괴롭히고 있는 부실기업들 대부분이 이때 과잉투자한 기업들이다.

나. 여전히 낙후된 금융시스템

기업의 무분별 고위험 과잉투자를 걸러주고 거시건전성 규제를 해야 할 금융당국과 금융기관들은 여전히 관치금융체제하에서 규제의 지대와 낙하산을 즐기며 1997년 위기가 발생해 168조원의 국민혈세가 투입된지도 20년이 지났지만 아무것도 달라진 것이 없이 제 기능을 못하고 방조했다. 관치금융의 시발점이라고 할 수도 있는 정부의 금융감독원 지배는 오히려 강화돼 금융감독의 중립성 독립성은 사라지고 완벽하게 금융을 지배하고 있는 실정이다. 오히려 국책은행 관리기업에 조차 낙하산으로 내려가는 등 도덕해이가 만연하고 국책은행은 국책은행대로 계속되는 정부와 한국은행의 자본확충 지원 속에서도 방만경영이 개선되지 않고 있는 실정이다.

금융 본연의 기능인 금융중개기능이 제대로 작동되지 않음으로써 금융산업의 발전이 낙후됨은 물론 금융자원의 비효율적인 배분과 부실여신 누적으로 경제전반의 발전에 저해요인이 되고 있다. 최근 산업은행의 조선 해양에 대한 과도한 부실여신 공여를 두고 책임규명 문제가 제기되자 산업은행으로서도 정부 고위층이 결정하는 것을 어쩔 수 없었다고 하고 산업은행을 제대로 감독하지 않은 금융감독원은 기획

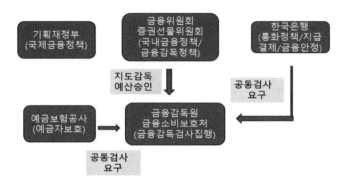

〈현행 금융감독 체계〉

재정부 금융위원회 차원에서 결정되는 것을 어쩔 수 없었다는 발언들이 해당 기관 고위층에서 나오고 있는 실정을 보면서 천문학적인 대가를 치른 금융위기가 발생한지도 20년이 지났건만 그 동안 아무것도 달라진 것이 없이 다시 수십조 원의 국민혈세를 쏟아 부어야 한다는 현실에 국민들은 참담할 뿐이다.

그 결과 2015년 이후 특수은행을 중심으로 부실여신 비율이 급등하고 있다. 주로 가계대출이 중심인 일반은행은 아직은 부실여신비율이 안정적인 편이다. 문제는 가계신용규모나 가계신용/가처분소득 비율이 지속적으로 증가해 위험수위를 넘어서고 있는 상황에서 미국 금리인상 등 금리가 인상될 경우 일반은행의 부실여신 비율도 상승할 수 밖에 없을 것이라는 점이다.

2015년 말 기준 원리금 상환부담이 소득에서 차지하는 비중(Debt Service Ratio: DSR))이 40% 이상이고 순금융자산이 마이너스인 한계가구가 보유하고 있는 가계부채가 418조 원에 이르고 가구수로는 158만 가구인 것으로 조사되고 있다. 여기서 금리가 오르고 부동산가격이 하락하면 고위험가구가 증가하게 되는데 채무자들이 어려워진 상황을 견디지 못하고 부동산을 급하게 내놓는 파이어세일 현상이 나타나면 부실위험가구가 급등할 것으로 분석되고 있다.

기업에서도 금리가 1% 포인트 상승하면 부실이 증가해 금융권의 대손충당금 적립필요액이 4조 6800억 원 늘어날 것으로 분석되고 있다 (금융연구원 이지언 2015). 이는 금리가 오르고 부동산가격은 하락하고 경기도 침체하면 가계부실과 기업부실이 증가해 은행위기(banking crisis) 가능성도 대두될 수 있다는 점을 시사하고 있다고 할 수 있다.

다. 원화가치 절상과 수출 둔화

2013년부터 본격적으로 시작된 일본의 아베노믹스로 2012년 1121 원이었던 100엔당 원화 환율은 2015년 935원까지 가파르게 하락했다. 한국도 금리를 낮추었다고 하지만 미국 영국 일본의 양적 완화 통화정책과는 차원이 다르다. 본원통화/GDP 비율이 일본은 50% 미국 영국은 22% 수준인데 비해 한국은 7% 수준에 불과하다. 원화가치가 상대적으로 절상될 수 밖에 없는 구조다.

금년 들어서는 원화가 다소 절하돼 1110원 대로 소폭 상승하고 있으나 여전히 글로벌 시장에서 일본제품에 대해 가격경쟁력을 유지하기에는 역부족이다. 그 결과 수출은 2년째 마이너스 증가율을 지속해 수 조원대 적자 기업들도 속출해 신규투자는커녕 기업구조조정이 화급한 이슈다.

〈원/엔 환율과 수출증가율〉

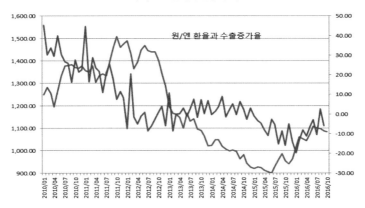

라. 대내외 경제환경 악화와 자본유출

2012년부터 2%대의 저성장기에 진입한 한국경제는 작년부터는 수출이 아예 마이너스 증가율을 지속하는 등 소비 투자 수출 등 경기가 전방위적으로 추락하고 있고 제조업 가동율이 70%까지 하락하면서 기업부실이 증가해 신규투자는커녕 구조조정이 초미의 과제로 대두되고 있다.

특히 GDP의 50%를 차지하는 소비는 막대한 가계부채로 평균소비성향이 갈수록 하락하고 있다. 2008년 143%였던 가처분소득 대비 가계부채 비율은 174%까지 급증해 소비는 갈수록 둔화되고 있다. 이 비율이 100~110%내로 하락해야 소비가 회복되는 것으로 분석되고 있다. 미국은 동 비율이 2008년 135%였으나 최근 105%까지 하락해 GDP의 70%를 차지하고 있는 민간소비가 회복되면서 경제가 완연한 회복국면에 접어들었다. 미국에서 연준이 하우스푸어 문제 해소 등 가계자산을 회복시키기 위해 주택저당채권을 매입하는 등 초강수를 두었는데도 가처분소득 대비 가계부채 비율을 소비회복이 가능한 수준까지 낮추는데 8년이 소요된 점을 고려하면 주택경기가 조금만 회복되어도 과잉반응을 보이고 있는 한국에서는 동 비율을 소비회복 가능수준까지 낮추는데 최소 20년 이상이 걸리거나 사실상 불가능할 것으로 전망되고 있다. 최근 평균소비성향이 지속적으로 하락하고 있는 중요한 요인이다.

대외적으로도 미국금리 인상이 예고되고 있어 외국자본 유출에 대비해 외화유동성 확보에 만전을 기해야 할 실정이고 철저히 자국이익 중심의 트럼프가 미국 새 대통령에 당선되면서 글로벌 통상전쟁과 환율전쟁도 예고되고 있다. 미국 신행정부의 중국 환율조작국 지정과 중국제품에 대한 45% 고율관세 부과 공약이 어느 정도 실현될 경우 제조업 가동률이 50%까지 추락해 있는 중국경제의 경착륙 가능성이 다시 대두되면서 중국의존도가 높은 한국경제에 중대한 위협요인이 될 전망이다.

외국인 투자자금은 이미 2014년 하반기부터 주식 채권 은행대출이 모두 유출되고 있어 미국금리인상에 따른 외자유출이 본격화되면 외화유동성 경색현상이 오고 심할 경우에는 외화유동성 위기마저 배제할 수 없는 상황이다.

만약 한국경제가 위기에 직면할 경우 외환위기를 당하기 않기 위해 필요한 외환보유액을 추정해 보면 국제통화기금이 경상거래를 지속하기 위해 필요하다고 권장하고 있는 소요외환보유액, 만기 1년 미만 단기외채와 장기외채 중 1년 내 만기가 돌아오는 외채분을 합한 유동외채, 외국인주식투자자금 유출 예상액을 합하면 위기시 소요외환보유액은 4473억 달러에 달한다. 11월말 외환보유액이 3720억 달러이므로 753억 달러가 부족하다. 여기에 위기 시에는 내국인의 자본유출(capital flight)도 늘어나고, 한국기업들의 글로벌 경영으로 늘어난 해외현지법인들의 현지금융도 평상시에는 비거주자이므로 외채에 포함되지 않고 있지만 위기 시에는 이 부분도 한국본사가 부담하지 않을 수 없다. 이 부분들까지 고려하면 1천억~1500억 달러는 부족할 것으로 추정된다.

현재 한중통화스왑이 있지만 이는 원화와 위안화 간의 스왑이라서 아직은 위안화의 국제금융시장에서의 약한 교환성을 고려할 때 부족한 외환소요액 타개에는 대중수입액 결제 등 제한적일 가능성이 크다. 이외에 2400억 달 규모의 창마이이니셔티브다자화(CMIM) 기금의 한국 사용가능액이 384억 달러가 있지만 이는 한국이 분담한 금액 100% 한도 내에서만 사용할 수 있고 20% 이상 사용시 국제통화기금이 제시하는 이행조건을 준수해야 한다. 설상가상 2016년 2월 종료된 한일통화스왑은 미묘한 한일관계 등으로 재협상이 불투명한 상황이다.

만약 외환보유액이 부족해서 위기에 직면할 경우 한국은 미국과 중국 사이에서 어려운 선택에 직면하게 될 가능성도 있다. 중국이 1000억 달러 규모의 긴급외환보유조정기금(Contingent Reserve Arrangement: CRA)을 제안해 놓고 있기 때문이다. 이는 다분히 전후 미국 주도의 국제통화기금에 대항해 적어도 아시아지역을 지배하는 신국제통화금융질서를 노리는 중국의 포석이다. 이미 1997년 IMF 구제금융시 가혹했

제3부

〈위기시 소요 외환보유액〉

항목	금액 (백만달러)	소요비율 (%)	소요액 (백만달러)	외환보유고
수입(2017년) (KDI전망)	415,500	30	124,650	IMF 경상거래 필요외환소요 액기준
유동외채 (2016.3분기말, 추정)	186,290	100	186,290	Guidotti 준칙. 위기시 차환비율 제로 가정
외국인주식투자 (2016.12.9)(금감원 일일금융 시장동향)	413,265	33	136,377	2007.7~2009.3 중 외국인주식보 유물량감소폭
위기시 소요외환보유액			447,317	
외환보유액 (2016.11월말)			371,990	
부족분			-75,327	
2선 외화유동성	한중통화스왑		56,000	IMF 경상거래 필요외환소요 액기준
확보 규모	CMIM		38,400	IMF 경상거래 필요외환소요 액기준
	계		94,400	
2선 외화유동성 고려시 부족분			19,073	

주: 위기시 자본유출, 해외한국법인 현지금융 제외

던 이행조건을 잘 알고 있는 한국으로서는 IMF보다 CRA로 가야한다
는 여론이 대두될 수도 있다. 미국과 일본이 가입하지 않고 있는 AIIB에
가입하고 있는데 이어서 위기시 중국 주도의 CRA 구제금융을 사용할
경우 한미관계는 새로운 국면에 접어들 가능성이 있다. 미국 세행정부
의 신고립주의와 맞물려 한미동맹마저 재검토될 가능성 마저 배제할
수 없는 상황이 올지도 모른다.

마. 반복되는 정치위기, 국정공백과 노동개혁 실종 및 구조조정 지연

이처럼 대내외 악재가 동시다발적으로 발생하고 있는 가운데 2016년 10월부터 불거진 최순실의 국정농단 사태로 정치는 시계제로의 극도의 불확실성 속으로 빠져들면서 국정공백이 심화되고 있다. 부실기업 구조조정, 노동개혁 등 구조개혁은 거들떠 볼 겨를도 없어지고 미국 새 행정부 등장에 대한 대비책을 마련할 기회도 잡지 못하고 있어 한국경제는 사면초가다. 다시 1997년과 2008년 같은 위기가 엄습해 오고 있다.

대내적으로도 국정공백의 한숨이 터져나오고 있다. 언제 바뀔지 모르는 장관들은 일손이 잡힐 리가 없어 한달 앞으로 다가온 내년도 경제정책계획 수립은 그림도 그리지 못하고 있다. 정쟁의 중심인 국회는 더하다. 12월 2일 까지 심의를 마쳐야 할 사상최대의 400조원 슈퍼예산은 졸속심의가 우려되고 있다. 조선 해양 철강 등 기업구조조정은 발등의 불이지만 구조조정의 전제가 되고 있는 노동개혁법이 실종돼 대우조선해양의 구조조정은 뒤로 미뤄지고 있다.

실질적인 청년실업자가 150여 만명에 이르고 있어도 서비스발전기본법 규제개혁기본법 규제프리존법 등은 아예 거론도 되지 않고 있다. 내년 초부터 영업을 하기로 되어 있는 인터넷전문은행은 은행법의 표류로 불투명해 지고 3차 면세점 선정과 관련법 개정도 오리무중이다. 비상사태이기는 기업들도 마찬가지다. 유례없이 7대 대기업 총수들이 소환된데 이어 최장 수사기간 120일의 특별검사법안과 국정조사에 여야가 합의하면서 대기업들은 완전 공황상태다. 내년도 신규사업과 투자계획보다는 수사대비에 총력을 기울이는 등 정상적인 기업활동은 엄두도 내지 못하고 있다. 이처럼 대내외 경제환경이 급속히 악화되고 있는 가운데 정치위기와 국정공백사태가 계속되면 위기를 맞는다는 것은 삼척동자도 예상할 수 있는 일이다.

위기가 절대로 다시 오면 안된다. 한 번 위기가 오면 성장률이 반토막나고 재정이 악화된다는 것이 하바드대의 로고프교수의 세계금융위기

800년사 연구결과다(Carmen M. Reinhart & Kenneth S. Rogoff, This Time Is Different: Eight Centuries of Financial Folly, 2009). 한국이 바로 단적인 예다. 1997년 위기 전 8~9% 였던 한국의 성장률이 위기 이후 5%대로 하락하고 다시 2008년 위기를 겪으면서 2~3%대로 추락했다. 이제 만약 다시 한번 위기를 겪으면 이제 1%대 성장이다. 일자리가 생길 수 없다. 더욱이 1997년 위기는 고성장하던 끝에 위기였고 중국도 한구을 추격해 오지 못했던 때라서 비록 성장률은 만토막 났지만 1년여 만에 반등이 가능했었다. 지금은 장기간 저성장이 지속되고 있어 한국경제의 체력이 소진된 상태고 중국이 바짝 추격해 와 있는 상태다. 여기 다시 위기가 오면 한국경제는 이제 소생이 어려울 가능성이 크다.

5. 대응방향

여야는 경제문제에 대해서는 정쟁을 중지하고 위기예방에 초당적으로 최선을 다하겠다는 합의를 하고 대국민 선언을 할 필요가 있다. 이어서 현재 한국경제가 처하고 있는 문제를 정확히 인식하고 올바른 처방을 할 수 있는 전문성과 비전을 갖추고 정치위기는 아랑곳하지 않고 오직 국가와 국민, 경제만 생각하고 뚝심 있게 정책을 밀어붙이는 추진력을 겸비한 경제부총리를 선임해서 경제정책 전권을 부여해야 한다. 경제부총리를 선임하는데 정파적 이해관계를 고려하면 절대 안된다. 아울러 한시적으로 경제정책에 대해 면책권도 부여해야 한다. 선배 공직자들이 줄줄이 구속되는 모습을 보면서 구조조정 등 논란이 많을 수 밖에 없는 경제정책에 나설 공무원은 없을 것이기 때문이다. 계속 곪아가면서 나중에 국민의 혈세가 더 많이 투입되어야 할 것을 알면서도 뒤로 미루고 있는 대우조선해양이 단적인 예다. 엄청난 실업이 수반되는 구조조정을 이 살벌한 정치위기, 정권교체기에 누가 나서서 하겠는가. 그 대가는 엄청만 국민의 혈세 뿐이다.

보다 구체적으로는 우선 당면하고 있는 기업구조조정은 골든타임을 놓치지 않고 내년 대선정국이 본격적으로 시작되기 전에 마무리해야 한다. 이미 실기하고 있지만 서둘러야 한다. 실종되고 있는 구조개혁 규제혁파도 강력히 추진하고 미국금리인상에 따른 외자유출에 대비해 충분한 외화유동성 확보에도 진력해야 한다. 미국 새행정부 등장으로 초미의 과제가 된 통상압력 환율전쟁에도 능동적으로 대처해야 한다. 중국경제의 경착륙 가능성에도 대비해야 한다.

단기적으로도 경기가 과도하게 침체하면 회복력 자체가 상실될 우려가 있으므로 미국 금리 본격 인상 전에 금리 인하 등 확대통화정책으로 금리인상이 가져올 가계와 기업의 금융비용 부담에 미리 대비하고 재정도 승수 효과가 큰 재정투자지출 중심으로 지출해 성장동력 제고와 경기회복도모를 동시에 추구해야 한다. 원·엔 환율이 추가 하락해 수출에 타격을 주지 않도록 환율을 운용하는 등 단기안정화 혼합정책에도 최선을 다해야 한다.

여야 국회의원들은 물론 노동조합 시민단체 국민 등 모든 경제주체도 다시 위기를 초래해 후손들에게 죄를 짓지 않도록 자중자애해야 함은 두말할 필요도 없다. 지금은 한국경제는 백척간두에 서 있다.

〈정책대응 요약도〉

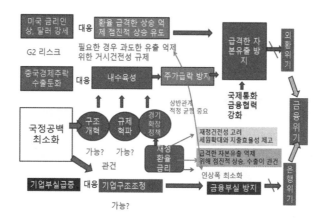

제4부

포용경제

제29장
출산 · 육아여성 근로 환경 조성으로 저출산 문제 완화[1]

　사회문화적 성평등 환경 구축을 통한 저출산 문제 극복이 중요한 과제다.

1. 저출산은 여성이 자아 실현과 결혼, 임신, 출산, 육아의 양립이 가능하다는 사실을 인식함으로써 해결이 가능하다.
2. 따라서 일 가정 양립과 노동시장에서의 성평등정책이 곧 저출산 해결 정책이라고 할 수 있다.
3. 임신 출산 육아는 부부의 공동책임이라는 인식의 전환이 사회 전체로 확산되어야 한다.
   가. 부부 출산 휴가를 여성은 현행 90일에서 120일로, 남성은 10일에서 30일로 연장한다.
   나. 취업 여성이 출산 휴가를 사용한 후 출산 전 업무와 직위로 복귀하는 것을 보장하여 경력 단절 여성의 발생을 원천 차단한다.
   다. 취업 여성의 육아 기간(최대 출산 후 3년) 동안 스마트워크, 근무시간 선택제, 재택 근무 등 다양한 근무형태를 선택할 수 있도록 선택권을 인정한다.
   라. 실효성 있는 남성 육아휴직제를 적극 추진한다.

---

1) 김세원, 가톨릭대 융복합전공 교수

I. 2017년 여성 가족 정책의 주요 이슈

여성 이슈는 크게 보아 국가 경제 활성화와 성 평등화(여성 인권) 라는 두 가지 관점에서 접근이 가능하다. 2017년 여성 가족 정책의 주요 이슈로 저출산, 남녀 임금격차, 여성취업의 비정규직화, 경력단절 여성, 여성만의 '독박' 육아, 여성 결혼 이민자 및 북한 이탈 여성의 포용 등을 꼽을 수 있다. 이 가운데 한국 경제의 지속가능한 성장을 위협하고 있는 저출산 문제는 출산장려금 지급 등 여성을 목표 집단으로 설정한 소극적 여성정책에서 전환, 사회전반에 걸친 적극적 성평등정책이 추진, 시행되어야 해결이 가능하다. 또한 여성 정책의 양적 증가 및 성평등을 위한 다양한 법제 개정 노력에도 불구하고 양성 평등의 완전한 실현, 나아가 성소수자를 포함한 성 평등사회의 건설은 아직은 요원한 실정이다. 여성 가족 정책은 지속가능한 경제성장과 국가 발전이라는 차원에서 모든 영역에서 고려돼야 하는 포괄적 이슈(cross-cuttting issue)임에도 불구하고 지금까지의 여성가족 정책은 여성을 목표집단으로 설정하고 여성을 수혜자로 간주하는 소극적 차원에서 추진, 시행되어옴으로써 실효를 거두지 못했다.

여성문제는 법률적 제도적 정비만으로는 한계가 있으며 법률과 제도를 추진하고 시행하는 사회구성원 모두의 인식이 바뀌어야 근본적으로 해결될 수 있다. 여성만을 위해서가 아니라 지속가능한 경제성장과 국가경쟁력 강화를 위해, 여성문제의 해결이 절박한 과제이며 저출산, 남녀임금 격차 등의 문제는 근본적으로 사회문화적 성평등 환경 구축을 통해서만이 해결될 수 있다는 인식의 전환이 절실한 실정이다.

II. 진단과 대책

1. 저출산의 위기

가. 진단

2017년 2월 통계청이 발표한 '2016년 출생 사망통계 결과'에 따르면 지난해 출생아수는 40만6300 명으로 2015년보다 7.3% 포인트(3만2100명)감소했다. 이는 출생아 통계중 역대 최저치다. 또한 2016년 합계출산율(여자 1명이 평생 낳을 것으로 예상하는 평균 출생아수)은 1.17명으로 2015년보다 5.6%포인트나 (0.07명) 감소했다. 이는 경제개발협력기구(OECD)의 초저출산 기준인 합계출산율 1.30명에 훨씬 미치지 못하는 수치이기도 하다. 이로 인해 2016년 자연증가 인구는 12만5300명으로 1년사이 22.8%(3만7200명)가 감소했다.

정부가 2005년 '저출산 · 고령화 사회 기본법'을 제정한 이래 11년간 3차례의 기본 계획 수정을 통해 100조원 이상의 예산을 투입했음에도 합계출산율이 OECD 최하위 수준을 벗어나지 못하고 있는 것은 출산

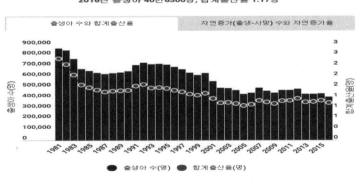

2016년 출생아 40만6300명, 합계출산율 1.17명

합계출산율 : 여자 1명이 평생 낳을 것으로 예상하는 평균 출생아 수
자연증가율 : 인구 1000명당 자연 증가 수

장려금 지급, 다둥이 가족에 대한 지원 등 출산 여성을 목표집단 및 수혜자로 설정한 그간 정부의 정책이 실패였음을 입증한다고 할 수 있다.

저출산 현상의 원인은 가임기간 단축과 연결되는 여성들의 결혼기피 및 만혼(晚婚)현상 및 출산 육아로 인한 경력 단절을 우려하는 기혼 취업 여성들의 출산 기피 현상과 맞물려 있다. 실제로 통계청이 발표한 '2016년 일·가정양립지표'에 따르면 15~54세 기혼 취업여성 558만4,000명 중 직장을 그만둔 적이 있는 경험자는 259만2,000명(46.4%)에 달했다. 일을 그만두게 된 사유는 결혼이 34.2%로 가장 많았고 임신·출산이 29.7%로 뒤를 이었다. 이어 가족 돌봄 16.8%, 육아 11.9%, 자녀교육 7.4%로 집계됐다. 아직 결혼으로 인한 경력단절이 가장 큰 비중을 차지하고 있으나 임신·출산이나 육아로 경력이 단절되는 여성 비율은 증가세인 반면 결혼으로 인한 경력단절 비율은 줄어들고 있다.

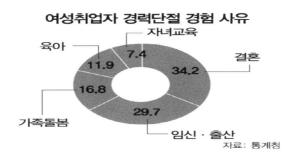

여성취업자 경력단절 경험 사유

자료: 통계청

유독 여성들의 경력단절 현상이 이처럼 두드러지게 나타나는 데는 여성에게 과도하게 집중된 육아와 가사노동이 일조한 것으로 풀이된다. 실제 2015년 아이를 돌보기 위해 육아휴직을 신청한 남성은 4,874명으로 10년 전인 지난 2005년(208명)과 비교해 23배로 증가하기는 했지만 여성(8만2,498명)의 17분의1에 그치는 실정이다. 이 기간 여성 육아휴직자는 1만492명에서 8만2,498명으로 늘어났다. 약 8배로 증가한 셈이다.

2014년 기준 맞벌이 남편의 가사노동시간은 40분으로 아내(194분)의 5분의1 수준이었다. 직장에서의 근로시간이 남성이 여성에 비해 상대적으로 길다는 점을 감안하더라도 가사노동이 지나치게 여성에게 집중되고 있다는 지적이 제기된다. 2015년 기준 남성의 주당 평균 근로시간은 46.0시간, 여성은 40.4시간이었다. 상황이 이렇다 보니 일을 하고 싶은 여성들은 결혼을 미루는 추세다. 1990년 24.8세이던 여성의 평균 초혼연령은 매년 올라가 지난해 30.0세로 높아졌다. 결혼시기가 늦춰지면서 지난해 30~34세의 1,000명당 출산율은 116.7명까지 올라갔지만 25~29세는 역대 최저치인 63.1명으로 내려갔다. 한편 경제협력개발기구(OECD)가 지난 2015년 발표한 '더 나은 삶의 질 지수(Better Life Index)'에 따르면 한국은 '일과 삶의 균형' 지표에서 조사 대상 36개국 중 33위를 기록하여 일과 삶의 불균형이 심각한 나라로 평가 됐다. 한국 여성은 남성보다 약 5배가량 가사 노동에 더 많은 시간을 할애 하고 남성의 육아휴직 이용율은 여전히 여성의 17분의1 수준으로 스웨덴의 9분의 1, 독일의 5분의 1에 불과해 일 · 가정 양립 부문에 있어 성별격차가 다른 나라들에 비해 월등히 높은 것으로 나타났다.

이같은 저출산 고령화로 인하여 우리나라의 생산가능인구가 2015년을 정점 (3763만명)으로 감소하기 시작해 2065년에는 생산가능인구가 전체인구의 절반에 미치지 못할 것으로 예측되고 있다. 생산가능인구

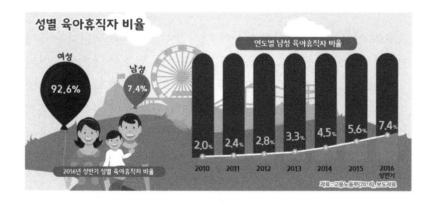

비율이 줄어들면 국가 경제활동이 전반적으로 위축되고 정부 세수가 줄어 경제 활력이 떨어지는 결과를 초래한다.

나. 대책

출산 육아 휴가를 사용하여 일시적으로 경력이 단절된 여성의 직장 내 업무와 직위 복귀를 보장해주는 기관 및 기업에 대해 각종 인센티브를 제공한다. 민간기업의 경우, 경력단절여성 지원에 관한 지표가 포함된 ISO26000, GRI리포트, GLOBAL100 등 기업의 CSR 및 지속가능성 관련 인증제도에 참여하도록 유도한다.

스스로 회사를 사직한 경력단절 여성의 경우, 재취업 희망 직종에 대한 직업훈련 기회를 제공하고 해당 직종에 취업 알선하는 각종 지원을 확대한다. 출산 전후 1년간 연 급여의 80% 수준을 지급하는 육아휴직 급여제도를 도입한다. 육아는 부부 공동의 책임이라는 인식을 확산시키는 대국민 홍보활동을 전개한다. 남성 육아 휴직자에 대한 인센티브 제공 등 지원을 확대한다.

2. 성별 임금격차의 확대 및 여성의 저임금화

가. 진단

한국 남녀 근로자의 성별 임금격차는 100대 64로 OECD국가 중 1위를 차지하고 있다. 회원국 평균(100:85)의 2배에 달한다. 남자가 100만원을 벌 때 여자는 고작 64만원을 번다는 뜻이다. 노동시간(1일 8시간)으로 환산하면 여성은 오후 3시부터 무급으로 일하는 셈이다. 이를 연간 근로일 기준으로 환산하면 95일을 더 일해야 남성과 동일 임금을 받을 수 있다는 계산이 나온다. 남녀 임금 격차는 OECD의 관련 통계 수집이 시작된 2000년 이후 15년 연속 해당 부문에서 1위를 지키고 있다. 세계 경제포럼의 발표에도 우리나라의 성 격차 지수는 144개국 중 116위로 최하위권 수준이다.

　전체 임금근로자 중 저임금 근로자는 2014년을 기준으로 23.7%에 이르고 있으나 여성 임금근로자중 저임금 근로자는 37.8%로 OECD 22개 국가 중 가장 높은 수준을 유지하고 있다.

　비정규직의 경우 성별 임금 격차는 더욱 벌어진다. 남성 정규직의 임금이 100일 때 여성 비정규직 임금은 36이다. 그런데 여성노동자의 41%가 비정규직이다. 남성 임금근로자의 비정규직(26.4%)보다 훨씬 높다. 상당수가 비정규직이라 조직화도 힘들고, 대표성도 낮다. 한국노동연구원의 '2016년 비정규직 노동통계'를 보면, 지난해 8월 기준 비정규직 노동자는 644만4000명으로 전체 임금노동자 1962만7000명 중 32.8%를 차지했다. 남성 임금노동자 중 비정규직이 차지하는 비중은 2003년 27.6%에서 지난해 26.4%로 소폭 줄었지만 여성 비정규직 비중은 2003년 39.6%에서 지난해 41.0%로 소폭 늘어 13년 전보다 격차가 더 커졌다. 현재 여성 비정규직 근로자는 월평균 121만원의 임금을 받고 있으며 최저임금 미달자 264만명중 63.6%가 여성이다.

나. 대책

　중소기업이나 영세기업의 경우, 비정규직 채용이 많아 성별 임금격차가 갈수록 벌어지고 있다. 출산 육아로 인한 경력단절이 주요 요인중 하나다. 경력단절 여성의 직장 복귀 및 직종 전환을 위한 직업훈련 교육

직업별 남녀 평균임금과 성별 임금격차

여성 평균 임금 [2,362,213원]	평균임금격차 62.5%		남성 평균 임금 [3,780,040원]
₩ 5,960,682	72.9%	관리자	8,172,406 ₩
₩ 2,650,875	58.4%	전문가 및 관련 종사자	4,538,997 ₩
₩ 2,722,688	63.4%	사무 종사자	4,296,724 ₩
₩ 1,513,997	62.3%	서비스 종사자	2,431,514 ₩
₩ 1,987,318	59.4%	판매 종사자	3,344,254 ₩
₩ 1,623,171	68.7%	농림어업 숙련 종사자	2,363,154 ₩
₩ 1,854,692	58.7%	기능원 및 관련 기능 종사자	3,160,177 ₩
₩ 2,354,505	77.9%	장치,기계조작 및 조립종사자	3,023,864 ₩
₩ 1,485,062	75.2%	단순노무 종사자	1,974,054 ₩

자료 : 고용노동부(2015), 고용형태별근로실태조사

및 재취업 지원 확대정책이 필요하다. 또한 동일가치 노동 동일임금 원칙을 시행하는 중소기업에게는 정부가 여러 가지 혜택을 주고 근본적으로 최저 임금을 인상하는 것이 필요하다.

[OECD국가의 여성 저임금 근로자 비중]

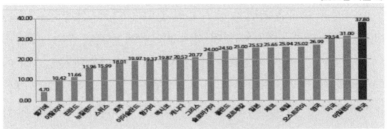

(2014년 기준, %)

출처: OECD Statistics(http://stats.oecd.org/Index.aspx?QueryId=64193), Labour)Earnings)Decile ratios of gross earnings : Incidence of low pay)Women 조회하여 작성. 최종접속일: 2016.12.01.

3. 결혼 여성 이민자

가. 진단

통계청이 발표한 2015 인구주택 총조사에 따르면 국내 다문화 가정의 수는 29만9000가구로 전체 가구 중 1.6%를 차지하고 있다. 한국 가정 100곳 중 2곳이 다문화 가정인 셈이다. 가구원(인구)수로는 88만 8000명으로 전체 인구의 1.7%에 해당한다. 다문화 가구는 외국 국적을 가졌거나 귀화로 한국 국적을 갖게 된 외국인이 한국인(귀화자 포함) 배우자와 결혼해 이룬 가정을 말한다. 다문화 가정 성립 배경을 보면 '결혼 이민'이 10만7000가구로 전체의 35.8%를 차지하고 다음은 귀화한 외국인과 한국인이 결합한 경우가 7만8000가구로 26%, 한국인과 다문화 자녀가 함께 사는 3만8000가구로 12.7%을 차지하고 있다.

결혼 이민으로 다문화 가정을 이룬 외국인(귀화자 포함)의 출신 국적을 보면 베트남 국적의 외국인이 3만9000명(26.9%)으로 가장 많고 다음으로 중국인이 3만 명으로 20.9%, 한국계 중국인이 2만8000명으로 19.8%를 각각 차지하고 있다. 귀화를 통해 다문화 가정을 이룬 경우는 한국계 중국인이 7만4000명으로 가장 많다.

2012년 한국보건사회 연구원이 다문화가정 1만5341가구 대상으로 실시한 설문조사 결과를 보면 전체 조사대상자의 41.2%가 사회적 차별을 경험한 것으로 나타났다. 또한 2015 통계청이 발표한 국제결혼 추이에 따르면 2005년의 경우 혼인 건수는 42,356건, 이혼 건수는 4,171건으로 이혼율이 9.8%였던 것이 2014년에는 혼인 건수가 23,316건, 이혼 건수는 9,754건으로 혼인 건수는 절반에 가깝게 줄었으나 이혼율은 41.8%로 4배나 상승한 것으로 나타났다. 결혼 이민으로 다문화 가정을 이룬 외국인의 대부분이 여성임을 고려할 때 여성 결혼 이민자는 물론이고 이혼 후 한국에 남겨진 여성들에 대한 사회적 배려와 대책이 필요하다.

한국인과 외국인의 혼인 · 이혼 추이

MM 뉴스몰

(단위: 건, %)

년도	1993 ...	2003	2004	2005	2006 ...	2010	2011	2012	2013	2014
혼인건수	6,545	24,775	34,640	42,356	38,759	34,235	29,762	28,325	25,963	23,316
이혼건수		2,012	3,300	4,171	6,136	11,088	11,495	10,887	10,480	9,754
혼인/이혼 비율*		8.1	9.5	9.8	15.8	32.9	38.6	38.4	40.4	41.8

* 혼인/이혼 비율 : 혼인과 이혼의 건수를 비율로 표시한 것 (임의 구성)

자료 : 통계청, 2014 서울이주여성상담센터

나. 대책
1) 여성결혼 이민자의 직업훈련 및 취업지원 강화
2) 여성결혼 이민자의 사회참여 기회 확대

4. 북한 이탈 여성

　2016년 11월 북한이탈 주민이 3만명을 돌파했다. 1962년 6월 처음으로 탈북민이 국내에 들어온 이후 2006년2월에는 1만명, 2010년11월에는 2만명을 각각 돌파한 바 있다. 그런데 국내에 입국한 북한 이탈 주민의 70%가 여성이다. 이는 북한 내에서 남성은 직장생활에 얽매여 있지만 여성은 장마당 활동 등으로 이동이 자유롭기 때문으로 분석된다. 연령별로는 입국 당시를 기준으로 20~30대 젊은 층이 전체의 58%로 절반 이상 차지하고 있으며 전체 탈북 청소년 중 중국 등 제3국 출생 자녀 비율이 50% 이상을 차지하고 있다.

　이에 대한 대책으로는 북한이탈 여성의 경제적 자립 지원, 북한 이탈여성의 한국사회 적응 강화, 북한 이탈여성의 안정적 주거확보 지원 등을 꼽을 수 있다.

제4부

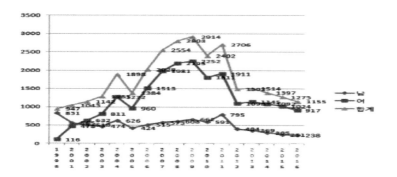

5. 고위직에서의 여성의 대표성 확대

　여성의 정치적 대표성 확대 및 경제적 의사결정에서의 여성 대표성 확대를 요구하는 여성계의 목소리도 높아가고 있다. 이에 대한 대책으로는 행정부에 여성 총리/부총리제 및 여성 장/차관 할당제를 도입한다. 고위공무원 양성 균형인사제도를 도입하고 정부위원회 여성 참여를 확대한다. 여성임원 비율 확대, 여성 비상임 이사 임용목표 설정 등이 포함된 기업의 사회적 책임(CSR) 및 지속가능성 보고서(GRI)를 제출하는 민간/공공기업에 인센티브를 제공한다. 지역구 여성후보 공천의무할당제 등 정치부문의 여성대표성을 확대하는 정책이 필요하다.

III. 정책방향

1. 저출산 대책

가. 맞벌이 부모의 공동 육아를 지원하는 보육정책 강화

나. 부부출산 휴가 의무제. 부부 육아 휴직 의무할당제.

다. 부부 출산 휴가 연장 (여성 90일→120일, 남성 10일→30일)

라. 취업 여성의 출산 후 일터 복귀 보장.(경력 단절 여성의 발생을 차단)

마. 육아 기간 동안 근무시간 선택제, 재택 근무 등 다양한 근무형태 선택 기회 제공

바. 실효성 있는 남성 육아휴직제 적극 추진

사. 육아휴직 시 1년간 연 급여의 80%까지 지급.

2. 노동시장에서의 성평등 환경 조성

가. 여성 비정규 근로자의 근로조건 개선과 정규직 전환 촉진
나. 동일가치 노동에 동일 임금 적용 원칙을 준수하는 중소기업에 대한 지원 확대.
다. 30~40대 기혼여성의 일자리 유지 및 경력단절 여성의 직장복귀 및 재취업 지원 확대
라. 최저임금제 실효성 강화

3. 일과 가정의 양립

가. 가족친화적 기업문화 조성 및 확산
나. 일 가정 양립형 자유 근무시간제 확산.
다. 재택근무, 스마트워크 등 다양한 근무형태의 확산을 지원.

4. 의사결정직위(고위직) 에서의 여성대표성 확대하기

가. 행정부 여성 총리/부총리제 및 여성 장/차관 할당제 도입.
나. 고위공무원 균형인사 도입 및 정부위원회 여성참여 확대
다. 여성임원 비율 확대, 여성 비상임 이사 임용목표 설정 등이 포함된 CSR 및 지속가능성 보고서(GRI)를 제출하는 민간/공공기업에 인센티브 제공.
라. 지역구 여성후보 공천의무할당제 등 정치부문의 여성대표성 확대

제4부

4. 의사결정직위(고위직) 에서의 여성대표성 확대하기

가. 행정부 여성 총리/부총리제 및 여성 장/차관 할당제 도입.
나. 고위공무원 균형인사 도입 및 정부위원회 여성참여 확대
다. 여성임원 비율 확대, 여성 비상임 이사 임용목표 설정 등이 포
　함된 CSR 및 지속가능성 보고서(GRI)를 제출하는 민간/공공기
　업에 인센티브 제공.
라. 지역구 여성후보 공천의무할당제 등 정치부문의 여성대표성
　확대

5. 여성과 아동이 폭력으로부터 안전한 사회 만들기

가. 공영방송을 통한 여성혐오 범죄 예방홍보 및 정부 추진점검단
　권한강화
나. 언론 및 형사사법기관에서의 성폭력 2차 피해 방지
다. 가정 폭력 사건에 대한 경찰의 초기 대응강화
라. 등하교길 및 방과후 아동안전 강화

6. 생활 속에서 공감하는 성평등문화 만들기

가. 초중등학생 양성평등 체험활동 프로그램 보급/운영
나. 성평등한 대학문화 확산 지원
다. 성평등한 직장문화 만들기
라. 대중매체를 통한 성평등문화 조성

7. 여성 결혼 이민자와 북한이탈여성의 자립 지원

가. 여성결혼 이민자의 직업훈련 및 취업지원 강화
나. 여성결혼 이민자의 사회참여 기회 확대
다. 북한이탈 여성의 경제적 자립 지원
라. 북한 이탈여성의 한국사회 적응 강화
마. 북한 이탈여성의 안정적 주거확보 지원

제
4
부

제30장
임대주택 공급확대로 주거난 완화[1]

　주택정책은 크게 두 종류의 정책으로 구분해 볼 수 있다. 하나는 주택시장에 거품이 발생하지 않으면서 동시에 과도하게 침체하지도 않도록 안정을 유지하는 정책이며 둘째는 청년과 저소득층을 위해 전월세 시장을 안정화시키는 정책이다.

I. 주택시장 안정화 정책

　가구 수 대비 주택 수를 의미하는 주택보급률을 보면 한국은 꾸준히 증가해 2015년에는 102.3%에 도달하고 있다. 그러나 선진국들의 120%에 비하면 아직 부족한 상태다. 그나마 서울은 96.0%에 불과하다. 인구 천명 당 주택 수의 경우에도 한국은 2015년 기준으로 383으로 미국(419.4채·2015년)과 영국(434.6채·2014년), 일본(476.3채·2013년)보다 낮다. 주택보급률이 100%를 넘었다고 해서 주택 보급이 충분하다는 의미는 아니다. 기존 주택의 노후화, 단독가구의 증가, 새집에 대한 수요 등을 감안해야 하기 때문이다. 2050년에는 사람이 살지 않는 빈집이 302만가구에 달해 전체 가구 수의 10%가 넘을 것으로 전망된다는 조사분석결과도 나오고 있지만 한국은 아직은 주택공급이 더 필요한 국가다.

---

1) 오정근, 건국대 금융IT학과 특임교수

주택보급률 추이 단위: %

100.5 (2010) 100.9 (2011) 101.1 (2012) 101.3 (2013) 101.9 (2014) 102.3 (2015년)

주택보급률＝주택 수÷가구 수.
인구주택총조사 방식 변경에 따라 재산정한 것.
자료: 국토교통부, 통계청

　따라서 한국은 주택경기가 안정적으로 유지되는 것이 매우 중요하다. 특히 2016년 기준으로 건설부문에 180만 명이 고용되어 있다. 건설경기가 부진할 경우에는 대부분 임시 일용직인 건설부문 고용자들이 일자리를 잃게 되어 큰 경제사회 문제를 야기하면서 생계를 유지하기 위한 생계형 대출과 영세자영업을 하기 위한 사업자금 대출을 증가시키는 요인이 되고 있다.

　뿐만 아니라 2006~2008 부동산 경기가 호황일 때 대출을 안고 집을 산 많은 가구가 2009~2015년 간 장기간 부동산 경기가 침체하면서 대출금이 집값을 상회하는 깡통가구가 발생하고 퇴직자들의 경우에는 소득은 없는데 원리금을 상환하느라고 소비여력이 없는 소위 하우스푸어 문제가 심각하게 대두되기도 했다. 이는 다시 소비부진의 원인이 되고 있다. 지금도 금리 2%p 상승과 부동산가격 하락 30% 하락이 동시에 발생할 경우 부도위험이 높은 고위험부채가구가 50만 가구 늘어날 것으로 전망된다는 분석이 나오고 있는 실정이다 (한국은행 금융안정보고서 2016.6).

　또한 2015년 가계금융복지조사에 따르면 60세 이상 가구주의 자산 대부분은 주택 같은 실물자산(82%)으로 보유하고 있고 현금과 예금 등 금융자산(18%)은 미미한 수준인데 부동산 각격이 하락하면 노인빈곤문제가 더욱 악화된다.

　부동산경기가 장기간 침체하면서 많은 건설회사가 부도가 나는 등 부작용이 심각해 지자 정부는 2014년 6월 총부채상환비율(DTI) 주택담보

제4부

인정비율(LTV)을 완화하는 등 부동산경기 정상화대책을 추진했다. 그러한 정부의 부동산경기 정상화대책에 힘입어 2015년부터 부동산경기가 일시 회복되었다. 주택가격지수를 보면 2013~4년의 극심한 부진에서 전고점 수준으로 회복된 것으로 보인다.

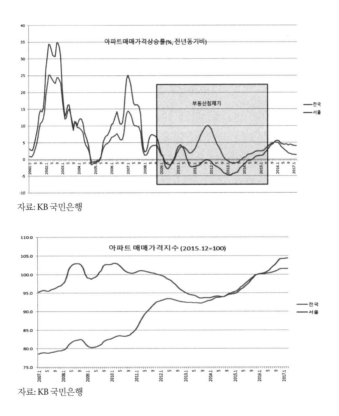

자료: KB 국민은행

자료: KB 국민은행

그러나 가계부채가 증가하면서 2016년 8월 25일 부동산공급 억제대책을 중심으로 한 가계부채 대책을 발표했다. 그 후 부동산 가격 상승세가 주춤하고 있는 모습을 보이고 있다. 이처럼 부동산 시장의 등락이 심한 것은 부동산시장에 규제가 많기 때문이다. 부동산 시장은 기본적으로 재건축초과이익 환수제, 전매제한 등 규제와 양도세 중과, 종합부동산세,

재산세 등 세제, 그리고 총부채상환비율(DTI) 주택담보인정비율(LTV) 등 금융에 의해 영향을 받고 있다. 기본적으로 부동산도 시장에 의해 결정되도록 시장기능을 정상화하는 데서부터 출발해야 부동산 시장이 등락이 줄어들면서 안정된다. 이런 의미에서 최근 논의되고 있는 재건축초과이익 환수제 유예 종료, 분양권전매제한 강화, 보유세 강화, 후분양제 등 규제를 강화하는 조치는 바람직하지 않다.

II. 전월세 시장 안정화 정책

한국에서 2010년부터 2016까지 장기간 전세가격이 높은 상승을 지속하는 전세대란이 발생했다. 이는 두 가지 중요한 원인이 작용한 것으로 보인다. 하나는 2007년 1월부터 전면 시행된 분양가상한제[1]로 인해 소형아파트 건설이 수지가 맞지 않게 되면서 건설사들이 소형아파트 건설을 줄이면서 대체로 아파트 건설공기가 대략 2~3년 정도 걸리므로 2009년 말 경부터 전세가격이 오르기 시작했다. 둘째는 때마침 2009년 부터는 주택시장이 침체기에 들어갔으므로 주택구입 여력이 있는 가구도 집을 사지 않고 전세를 사는 경우가 많았다. 심지어 지역에 따라서는 전세가격이 집값의 80~90%까지 되는 이상현상도 발생했다. 이런 전세대란은 결혼시기를 늦추어 저출산의 원인이 되는 등 큰 경제사회적 문제를 야기하고 있는 실정이다.

따라서 중요한 것은 전월세 시장을 어떻게 안정화시키느냐 하는 문

제4부

---

2) 1989년 주택법 개정에 따라 공공택지를 공급받아 건설하여 공급하는 공동주택에 한하여 분양원가연동제가 실시되었다. 1990년대 후반의 외환위기로 주택시장 경기가 침체되자 1999년 국민주택기금을 지원받는 공공주택 외에는 분양가격의 전면 자율화가 실시되었다. 2000년대 이후 부동산경기가 과열되자 집값 안정을 위하여 다시 공동주택의 분양가격을 규제하게 되었고, 2007년 주택법을 개정하여 분양가상한제를 전면 적용하였다. 이 제도는 공공택지에 건설하여 공급하는 공동주택뿐 아니라 민간택지에도 적용되며 주상복합도 포함되었으나 2015년 4월 1일 부터는 부동산 경기 정상화 차원에서 민간택지에 건설하는 주택은 제외되었다.

제다. 최근 주택 시장에서는 임대 시장의 구조적 변화가 일어 나고 있다. 2014년 기준 임대 가구 중 월세 비중 55%로 급속히 확대되면서 다른 나라들처럼 월세가 임대 시장의 주요 점유 형태로 자리 잡아 가고 있다. 월세 비중 확대는 '저출산·고령화'라는 인구사회적 요소와 '저성장·저금리'라는 거시경제적 요소와 함께 나타나고 있는 현상이다. 임대인 입장에선 1~2%대에 불과한 은행 수신 금리로는 전세 보증금으로 만족할 만한 이자 수익을 올리기가 힘들므로 전세를 월세로 전환해 매달 일정액의 월세 수익을 올리는 것이 훨씬 유리하다.

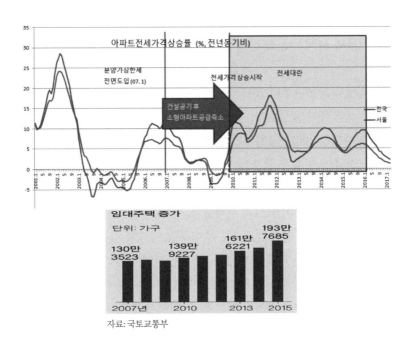

자료: 국토교통부

　세입자 입장에선 월세 임대료 부담이 전세에 비해 훨씬 높게 나타나고 있다. 2014년 기준으로 대학·청년 연령층의 월세 부담(총소비에서 월세 주거비가 차지하는 비중)은 28.5%인 데 반해 전세 부담(총소비에서 전세 주거비가 차지하는 비중)은 14.9%에 불과한 것으로 나타나고 있다.

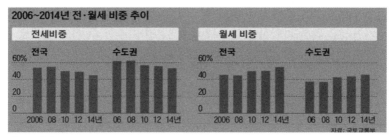

자료; 조선일보 3. 22

젊은 층 월세 부담 줄여주는 것이 주택정책의 핵심이다. 젊은 층이 자신의 소득 수준에 맞춰 집을 선택할 수 있도록 다양한 월세 공급 물량을 확보해야 한다. 저소득계층을 대상으로 한 공공임대아파트를 늘리고 중저소득 계층을 대상으로는 민간의 시장기반 민영임대아파트 공급을 활성화하는 것이 바람직하다. 청년들의 직장과 도심생활을 고려해 도심 노후주택을 리모델링해서 임대주택으로 공급할 수 있도록 금융 세제면의 인센티브를 부여할 필요가 있다. 이와 함께 일반적으로 월세 주거 환경이 전세보다 열악한 만큼 월세 주거 서비스의 전반적인 질적 수준을 높이려는 노력도 병행하는 것이 바람직하다.

공공임대주택의 유형을 살펴보면 영구임대주택, 50년 임대주택, 30년 국민임대주택, 30년 행복주택, 10년 공공임대주택, 5년 공공임대주택 등이 있다. 2015년 말 기준으로 우리나라의 공공임대주택은 총 1,257,461호인데, 총 주택 수에서 차지하는 비중은 6.43%이다. 유럽 선진국 대부분이 16%를 넘고 OECD 평균 11.5%에 비해서도 낮은 수준이다.

뉴스테이와 공공임대주택 비교

구분	뉴스테이	공공임대(10년)	행복주택	국민임대	영구임대
공급목적	중산층의 주거 혁신	내집마련 계층 자가 마련 지원	젊은 세대의 주거안정 및 주거복지 향상	저소득층 주거안정	최저소득계층 주거안정
자격	제한 없음	청약저축 가입자	소득 6분위 이하 대학생·신혼부부·사회초년생 등	소득 4분위 이하 가구의 저소득 계층	기초생활 수급자 등 최저소득계층
주택규모 (㎡, 전용면적)	제한 없음	85 이하	45 이하	60 이하	40 이하
임대거주 기간	8년	5~10년	젊은 계층 6년, 산단근로자 및 사회취약계층 20년	30년	50년

자료: 중앙일보, 2017.3.31

중산층용 임대주택인 뉴스테이의 인기가 높다. 뉴스테이는 중산층의 주거안정을 위한 기업형 임대주택이다. 8년간 거주할 수 있고 임대료 상승률이 연 5% 내로 제한된다. 정부가 혼자 할 수 없는 '임대주택 공급 확대'를 민간 기업과 함께하는 것이다. 양호한 입지여건과 입주자가 희망할 경우 8년까지 살 수 있는 거주 안정성을 갖추고 분양 아파트 수준의 좋은 질을 가진 주택으로 특화된 주거서비스를 받을 수 있다는 점도 주목을 받고 있다.

독거노인 가구를 위한 다양한 형태의 공유주택을 확산시키는 것도 바람직하다. 같은 노인 끼리는 물론 집 있는 노인과 전월세를 구하는 청년이 함께 사용하는 공유주택도 바람직하다. 정부가 이런 공유주택 정보를 공유할 수 있는 플랫폼을 만들어 제공하고 공유주택의 공급을 직접 추진할 필요도 있다.

전월세와 관련해 최근 논의되고 있는 전월세상한제는 초기 전월세가격 급등, 공급물량 부족, 전월세 주택의 질저하 등의 부작용이 우려되고 개인의 재산권을 침해할 소지도 있다.

제31장
지속가능한 근로촉진형 맞춤형 복지제도 구축[1]

I. 한국의 복지제도

한국의 경우 복지제도는 빠른 기간 내에 상당히 발전되어 선진국 못지 않은 제도를 갖추고 있다. 복지의 종류별로 보나 생애주기별로 보나 거의 대부분 망라되어 있다.

이 밖에도 세제면에서도 저소득계층에 대해서 부의 소득세로 소득을 보전해 주는 근로장려금(EITC) 제도도 있다. 단독가구는 1300만원 이하 이면 최대 70만원, 홑벌이가구는 2100만원 이하이면 최대 170만 원, 맞벌 이가구는 2500만 원 이하이면 최대 210만 원이 지급된다. 2016년 138만 가구에 1조 280억 원이 지급되었다.

흔히 한국의 국민부담율과 복지지출 수준의 적정성을 볼 때 OECD가 발표하고 있는 국민부담율 (GDP에 대한 조세부담율+사회보장기여금 율)과 공공사회적지출의 GDP에 대한 비율을 보기도 한다. 그러나 OECD 국가의 통계를 가지고 한국의 수준이 어느 정도인가를 상대적으로 비교 하는 방식에는 두 가지 큰 오류가 있다.

하나는 복지역사가 길게는 100여 년 가까이 되는 선진국에 비해 한국 은 복지제도 도입역사가 짧아서 아직 국민연금 등 일부 연금의 경우에는 본격적인 수급자가 나오지 않고 있다는 점이다. 흔히 복지성숙도가 낮다 고 한다. 그러기 때문에 당연히 복지지출 비율이 상대적으로 낮을 수 밖

---

[1] 오정근, 건국대 금융IT학과 특임교수

<한국의 복지제도>

복지제도	종류		생애주기별 복지제도	
			복지제도	종류
(1차 안전망) 공적연금	국민연금		임신육아	산전후휴가급여
	공무원연금			육아휴직제도
	군인연금			보육료지원
	사학연금			양육수당
사회보험	건강보험		아동	무상급식
	고용보험		중고등	의무교육
	노인장기요양보험		대학생	반값등록금
	산재보험		청장년 사회보험	건강보험
(2차안전망) 공공부조	국민기초생활 보장제도 생계급여			고용보험
				산재보험
	의료급여		저소득층 공공부조	국민기초생활보 장제도 생계급여
	주거급여			의료급여
	교육급여			주거급여
	자활사업지원			교육급여
사회복지서비스 (노인복지)	기초노령연금			자활사업지원
	기초연금		장애인복지	장애인수당
	노인장기요양보험			장애연금
(장애인 복지)	장애인수당			장애인 장기요양 보험
	장애연금			장애아동수당
	장애인 장기요양 보험			장애아동수당
	장애아동수당			장애인 생활보조 서비스
	장애인 생활보조 서비스		긴급복지지원	금전 및 현물지원 (의료,생계,주거,기 타지원)
아동청소년 복지	아동급식		은퇴후 연금	국민연금
가족 및 여성복지	산전후휴가급여			공무원연금
여성복지	육아휴직제도			군인연금
	보육료지원			사학연금
	양육수당		노인복지	기초노령연금
(3차 안전망) 긴급복지지원	금전 및 현물지원 (의료,생계, 주거, 기 타지원)			기초연금
				노인장기요양보험

에 없다. 이런 역사적 특성을 도외시 한 채 복지지출비율이 상대적으로 낮다고 해서 복지지출을 늘리면 나중에 연금수급자가 본격적으로 나오기 시작하면 한국 재정은 파탄이 날 수 밖에 없을 것이다. 아래 그림을 보면 OECD 국가평균 공공사회적지출/GDP 비율은 안정적으로 증가하고 있는데 비해 한국은 급격히 증가하고 있는 점이 이러한 현상을 반영하고 있다.

〈OECD와 한국의 공공사회적지출/GDP 비율의 증가 추이〉

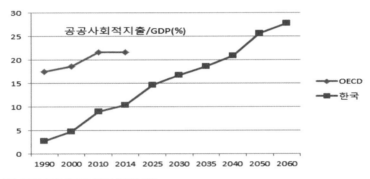

자료: OECD 2015, 한국보건사회연구원 2015

다른 하나는 소득수준의 차이다. OECD 34개 회원국의 통계가 가능한 2013년 1인당 국민소득은 OECD 평균이 40,863 달러인데 비해 한국은 25,975 달러로 34개 회원국 중 23위 중하위권에 속하는 수준이다. 이 경우 세금을 부담하는 계층은 적은 부담으로도 부담이 되고 복지혜택을 받는 계층은 생활수준에 미흡하다고 더 달라는 주장을 하게 되는데 이것이 복지포퓰리즘 정치와 결탁되면 재정이 악화되어 재정위기가 오게 된다. 이것이 중진국에서 선진국으로 넘어가는 과정에서 겪게 되는 선진국 고비다. 이 고비를 슬기롭게 극복하지 못하면 재정위기로 다시 후진국으로 추락하게 된다. 소득주준의 차이를 간과한 단순한 비율의 상대적 비교가 이런 큰 함정이 있다는 점을 염두에 두어야 한다.

이런 소득수준의 차이가 내포하고 있는 상대비교의 한계점을 보정하기 위해 2013년 한국의 1인당 국민소득에 대한 OECD 회권국들의 1인당 국민소득 배율을 구한 다음 이를 이용해 2013년 OECD 회권국의 국민부담율과 공공사회적지출 비율을 조정하는 표준화 작업을 한 후 그 결과 나온 OECD 회권국의 국민부담율과 공공사회적지출 비율을 한국의 비율과 상대적으로 비교해 보았다.

이 경우 2014년은 중부담 중복지, 2050년은 중부담 고복지가 될 것으로 나타났다. 결국 소득수준과 복지성숙도를 교정한 경우에 한국은 현재이미 중부담 중복지국가이고 국민연금수급자가 본격적으로 나오기 시작하는 2050년에는 중부담 고복지국가로 이행할 것으로 전망된다. 2050년에는 고복지 국가로 재정부담이 만만치 않을 것이라는 전망이다.

흥미로운 점은 이 방법의 경우에 현재 재정위기를 겪고 있는 남유럽국가들이 한국과 함께 고부담 고복지국가 군에 포함되어 있다는 점이다. 즉자국의 소득수준을 고려하지 않은 채 포퓰리즘에 편승해 고복지를 시행해 국가들은 모두 재정위기를 겪고 있다는 점과 한국도 국민연금 수급자가 본격적으로 등장하는 시기에는 재정위기가 예상된다는 점을 시사해주고 있다고 하겠다. 한편 독일 영국 등 재정안정국을 보면 중부담 중복지로 개혁하는 방향이 바람직함을 시사해 주고 있다.

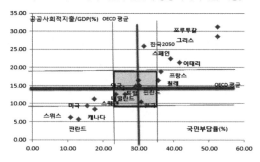

〈OECD 주요국의 국민부담율과 공공사회적지출 비중〉

(한국 2013년 소득=1 기준 각국의 소득배율로 2013년 부담률과 지출비중 조정)
주: 2013년 기준, 공적사회적지출은 2014년
자료: OECD, 공적사회적지출통계, 2014, IMF, IFS, 국민소득통계, 2014

이러한 복지구조에도 불구하고 한국은 현재 잠재성장률이 하락하고 세수증가는 둔화될 것으로 전망되고 있다. 그에 따라 복지지출규모/GDP 비율(%)은 2030년: 11%, 2040: 17%, 2050: 30%로 증가하고 현재 31% 인 복지지출의 예산 대비 비중은 2030: 44%, 2040: 68%, 2050: 120%로 증가할 것으로 전망되고 있다. 복지지출이 예산에서 차지하는 비중이 50%를 넘는 경우 다른 부문의 예산운용이 어려워지면서 재정위기가 올 수 밖에 없을 것으로 전망된다. 국회예산정책처도 "장기재정전망"(2014)에서 2033년 이후에는 국채발행으로 국가채무를 갚을 수 없는 재정파탄이 올 수도 있다고 경고하고 있다. 이런 가운데 기존의 복지제도에 대한 개혁은 없이 최근 일각에서 예산의 10%에 해당하는 막대한 기본소득을 도입하겠다는 주장은 재정파탄을 그만큼 앞당기겠다는 주장이나 다름 없다.

한국의 복지지출의 대GDP와 예산 대비 비율 전망

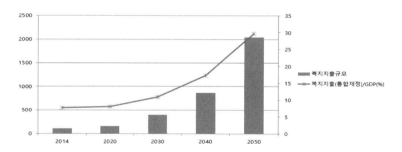

자료: 복지지출규모, 안종범(2011)

II. 한국의 복지제도 개혁방향

첫째, 공적연금 사회보험과 같이 보험료를 받고 연금이나 보험금을 지급하는 부문은 총연금이나 총보험금의 총보험료에 대한 비율인 수익비율이 1+장기투자수익률 범위 내에서 이루어지도록 해야 한다. 수익비율이 1+장기투자수익률을 초과하는 연금보험 지급은 결국 동세대의 다른 사람들이나 후세대의 부담이 될 수 밖에 없는데 이것은 지속이 불가능하기 때문에 재정위기를 겪을 수 밖에 없다.

주요국의 공적연금을 비교해 보면 재정위기를 겪고 있는 국가들은 모두 수익비율이 1.7배를 초과하거나 소득대체율이 50%를 넘고 있는 공통점을 갖고 있다. 한국의 공무원·군인연금은 수익비율이 그리스보다도 높고 소득대체율이 62.7이나 되니 국민의 세금이 투입되어야 하고 세수증가율이 둔화되고 있어 재정위기의 싹이 될 수 밖에 없는 구조다.

국민연금도 수익비율이 1.7배로 만만치 않은데 정작 소득대체율은 40%로 월평균 연금액은 84만 원(2013년 기준)에 불과해 노후생활이 안되어 개인연금 등 각자 다른 노후대책을 준비해야 하는 실정이다. 수익비율이 1.7배나 되는데 왜 이런 현상이 발생하고 있나. 근본적으로 과도한 소득재분배 기능을 도입해 너무도 많은 계층이 적은 보험료로 많은 연금을 받는 무임승차자가 많다는 증거다. 근래에는 저소득층의 경우에는 적은 연금보험료도 국가가 대납해 주어 국민연금을 무상화하고 일시적으로 한꺼번에 보험료를 내면 2~30년 보험료를 내어 온 가입자와 차별 없는 연금을 지급한다는 등 임기응변적인 인기영합대책도 연이어 발표되고 있는 실정이다. 연금의 재정건전성에는 아랑곳 하지 않는 모습이다.

연금은 기본적으로 국민 모두 자신들의 노후를 위해 보험료를 내고 거기에 국가와 회사가 일정부분 보험료를 보조하는 제도다. 소득재분배라는 이름 하에 무임승차자가 편승하는 구조는 바람직하지 않다. 이런 현상이 심해져 연금재정의 건전성이 우려되면 국민들 노후의 마지막 보루인 국민연금 마저 국민들로부터 외면당하는 사태가 올 수도 있다. 소득재분배는 국가가 수행해야 할 재정의 기능이다. 이는 국민연금 이름 하에 숨겨져 있는 또 다른 세금이다. 시정되는 것이 바람직하다. 이런 전제하에서 보험료를 연금액이 노후 생활이 보장되는 수준으로 올릴 것인지 여부를 결정해야 국민들의 지지를 이끌어 낼 수 있을 것이다.

둘째, 무상복지라서 순전히 국민의 세금이 투입되는 공공부조, 사회복지서비스, 아동청소년복지, 가족·여성복지는 재정건전성과 지속성이 유지될 수 있도록 선별적 복지로 가면서 현재 61%에 달하는 무상비율을 낮추는 것이 바람직하다. 무상은 모두 세금에서 투입되어야 하므로 기초연금, 노인장기요양보험, 공무원·군인연금 국고보전, 건강보험 국고보전 등 고령화로 급격히 증가할 전망인 복지비용의 61%를 무상으로 지급하는 제도로는 재정건전성과 재정지속성이 담보될 수 없다.

보편적 복지항목 모두를 처음부터 다시 점검해 과도한 보편적 복지는 선별적으로 개혁해야 한다. 기초생활보장제도는 생계급여 의료급여 주거급여 등 전체급여 수준이 중소기업 임금수준을 고려해서 책정되어 구인난을 겪고 있는 중소기업의 취업이 기초생활보장수급보다 낮도록 하고, 무작정 10년이 넘어도 계속 지급하기 보다는 일정 기간이 지난 뒤에는 일부분이라도 근로소득이 있는 경우에 지급하는 근로연계방식을 도입해 비용부담을 줄이고 탈수급율을 제고할 필요가 있다.

무상보육은 소득수준과 취업여부에 따라 차등지급하고 무상급식도 하위 50% 정도에게 지급하는 선별적 보육제도로 바꾸는 것이 바람직하다. 기초연금은 지급대상을 하위 70%에서 50% 수준으로 낮추는 방향이 바람직하다. 건강보험은 부과체계를 개선하고 무임승차를 축소할 필요가 있다. 공무원 군인연금은 기본적으로 보험료 범위내에서 지급하도록 해 국민세금 부담이 안되는 방향으로 개혁하되 급진적으로 개혁하기 어려운 현실적 여건을 고려해 점진적으로 개혁하는 것이 바람직해 보인다.

셋째, 국민기초생활보장급여, 실업급여 등은 장기간 급여를 지양하고 복지(welfare)는 그저 주는 공짜라는 인식에서 벗어나 근로촉진형 근로복지(workfare)제도로 개편해야 한다. 일과 복지를 연계하기 위해, 국민기초생활보장급여는 일정기간이 지난 후에는 일부라도 근로소득이 있는 경우에 급여를 지급하는 등 근로연계성을 강화하고, 실업급여는 직업훈련과 연계한 적극적 노동정책을 강화하고, 독일이 하르츠개혁(2003)에서 도입한 것처럼 인력난을 겪고 있는 중소기업 취업권고 거부시 급여를 중단하는 등 근로촉진형으로 바꾸어 일과 복지가 조화를 이루는 방향으로 개선해야 한다. 근로소득과 연계해 근로소득이 늘지 않으면 복지급여가 줄어들도록 설계해서 복지의존성을 줄여 나가야 한다. 독일에서 정립된 복지는 "자조에 대한 원조"라는 인식의 확산이 필요하다.

넷째, 현재 21개 부처 360개 복지사업의 전달체계를 전체적으로 점검해서 중복지급 및 복지누수를 막아야 한다. 이를 위해 필수조건인 복지통합전산관리망 구축이 아직 미흡한 실정이다. 전체 복지 예산의 10% 정도만 관리되고 있어 90% 복지예산이 부실하게 관리되고 있다는 지적도 있다. 2011년 보건복지부가 16개 부처 280개 복지사업 중 7개 부처 108개 사업을 조사한 결과 14만 명 3300억 원이 부정수급된 것으로 조사되었다, 기초생활보장, 영유아보육원 등 사회복지시설의 부정수급이 가장 심각한 것으로 조사되었다. 지방자치단체에서 2010~12년 3년 동안 6600억 원의 복지지급이 잘 못 지급된 것으로 조사된 바도 있다. 2010년 조사 결과 의료급여 대상자 중 연 100회 이상 진료자가 52만 명으로 건강보험재정 1조 5500억원이 지출됐다는 조사도 나오고 있다. 전국 영유아시설 42000여 개, 노인시설 71000여 개, 장애인 시설 2900 여개 등 12만여 개의 사회복지시설이 관리가 안되고 있어 국고지원금이 새고 있어 안전행정부가 2011년 130여 개를 점검한 결과 20억 원이 부당지출된 것으로 드러나기도 했다. 이러한 복지전달체계의 방만한 누수현상은 21개 부처가 360개 복지사업을 시행하는 복잡한 제도에도 원인이 있다. 2011년 영국의 개혁에서처럼 개별급여를 하나의 제도로 통합해 단순화해 투명성을 제고하고 가구별 상한선을 도입할 필요가 있다.

다섯째, 페이고 원칙을 도입해서 새로운 복지제도 입법시 재원조달방안을 의무화해야 한다. 인구의 고령화로 지금 도입된 복지제도 만으로도 중장기적인 재정건전성을 담보하기 어려운 실정이므로 선거 때 마다 우후죽순 경쟁적으로 등장하는 인기영합주의적 복지제도 도입을 사전에 방지해 재정건전성을 높이고 갈등요인을 사전에 차단하는 효과가 큰 제도다.

여섯째, 재정준칙을 수립해서 정치에 휘둘리지 않도록 독립적으로 운용해야 한다. 중장기적인 복지지출 총량을 관리해 복지수요를 재정건전성 간의 조화를 도모하도록 한다. OECD는 이를 위해 인력과 예산의 독립성과 임무수행의 재량권이 부여된 재정위원회 설립을 권고하고 있다.

결국 재정지속 가능한 근로촉진형 맞춤형 복지 강화하는 등 先성장률 제고와 복지개혁 後세원확대 만이 재정위기를 방지하고 복지제도를 지속시켜 다음 세대에 부담을 지우지 않는 길이다.

제32장
기본소득제도의 논의배경과 문제점[1]

I. 기본소득의 개념

기본소득제도란 일을 하든 안 하든, 소득이 높든 적든 상관없이 정부가 모든 국민에게 동일한 현금을 지급하는 제도다. 이런 의미에서 일정 복지에 대해, 예를 들어 무상보육 무상급식처럼, 소득의 고하를 불문하고 혜택을 주는 다양한 여러 무상 보편적 복지를 단순화해 전면 확대 시행하는 것과 같은 개념이라고 할 수 있다.

II. 기본소득의 논의 배경

원래 기본소득제도 도입의 논의 배경은 첫째로 저성장으로 일자리가 줄어들면서 임시직 일용직이 늘어나는 등 저소득계층이 확대[2] 되고 있는 가운데 이들에 대한 다양한 복지제도에도 불구하고 복지사각지대가 존재해 여전히 기본적인 생계를 위협 받는 계층이 존재한다는 점 때문이다.

---

1) 오정근, 건국대 금융IT학과 특임교수
2) 성장률 1%에 6~7만 명의 일자리가 창출되는 것으로 실증적으로 분석되고 있는데 1962~1991년 30년간 연평균 9.7%를 고성장을 지속하던 성장률이 1992년부터 2011년 까지 연평균 5.4%,의 중성장기를 거쳐 2012년부터 연평균 2.7%의 저성장기에 진입하면서 2016년 말 임시직 일용직 650만 명, 영세자영업자 400만 명 등 저소득층이 증가하고 있다.

한국의 경우 복지제도는 빠른 기간 내에 상당히 발전되어 선진국 못지 않은 제도를 갖추고 있다. 복지의 종류별로 보나 생애주기별로 보나 거의 대부분 망라되어 있다. 이 밖에도 세제면에서도 저소득계층에 대해서 부의 소득세로 소득을 보전해 주는 근로장려금(EITC) 제도도 있다. 단독가구는 1300만원 이하이면 최대 70만원, 홑벌이가구는 2100만원 이하이면 최대 170만 원, 맞벌이가구는 2500만 원 이하이면 최대 210만 원이 지급된다. 2016년 138만 가구에 1조 280억 원이 지급되었다. 이와 같은 선진국 못지 않은 복지제도와 조세제도를 갖추고 있음에도 복지혜택을 받아야 할 계층을 발굴하지 못하거나 법률상으로는 부양의무가 있는 자녀가 있지만 부자간 연락두절 등 가정사정으로 인해 복지사각지대가 여전히 존재하는 문제점을 보이고 있다.

둘째는 기존의 복잡다기한 공적 사회보장제도와 전달체계에 따른 과도한 행정력과 복지 누수현상 때문이다. 한국의 경우 아직 완전히 가구별 소득이 전산화되지 못해 다른 수입이 있는데도 장기간 기초생계비 지원을 받는다든지 각종 복잡다기한 복지제도로 중복수혜 과다수혜 등 누수현상이 심각한 문제로 지적되고 있다. 이와 같은 기존의 복잡다기한 공적 사회보장제도가 대부분 정리하고 기본소득으로 통일해서 지급하면 복잡다기한 복지 전달체계에 따른 행정력을 절약할 수 있고 복지 누수현상을 줄이는 장점이 주장되고 있다.

그러나 최근 한국에서 대선주자들에 의해 제안되고 있는 기본소득은 공적 사회보장제도는 그대로 둔 채 추가적으로 기본소득을 지급한다는 주장으로 재정의 지속가능성은 고려하지 않은 다분히 선거를 앞 둔 인기영합적인 복지포퓰리즘으로 문제가 적지 않다.[3] 또한 한국에서는 노동시장의 경직성이 심해서 상용근로자와 임시·일용직 간의 임금격차가

---

3) 이재명 성남시장은 △일정 계층에게만 지급하는 생애주기별 배당·특수배당, △전 국민에게 지급하는 토지배당으로 구성된 기본소득 공약을 제시했다. 먼저 생애주기별 배당과 특수배당은 유아(0~5세), 아동(6~11세), 청소년(12~17세), 청년(18~29세), 노인(65세 이상) 등 특정 연령대 및 농어민과 장애인에게 각각 연 100만원을 지급하겠다는 계획이며 토지배당은 모든 국민에게 연 30만원씩 지급한다는 계획이다. 소요액은 43조 6천억 원으로 생애주기별 배당·특수배당 재원은 기존 정부 예산 구조조정과 재벌·대기업에 대한 법인세 강화, 조세 감면제도 개선, 초고액소득자 소득세 강화 등 증세로 충당하고 토지배당은 '국토보유세'를 신설해 땅에 세금을 매겨 15조5000억원을 거둬들인 뒤 이를 전 국민에게 똑같이 나눠주겠다는 구상이다.

두 배 이상 나고 (2015년 월평균 상용근로자 338만원, 임시 · 일용직 근로자 150만 원; 고용노동부 사업체노동력조사결과) 있는 가운데 상용근로자의 해고가 거의 불가능한 실정에서 이러한 문제는 외면한 채 기본소득이 양극화문제를 해결할 수 있는 대안인 것처럼 논의되고 있는 문제점이 있다.

셋째는 4차 산업혁명의 진전에 따른 실업증가 우려다. 4차 산업혁명의 진전으로 인공지능(AI)이 보편화될 경우 지치지 않는 로봇이 단순반복업무는 물론, 경우에 따라서는 정확한 분석을 토대로 현재를 진단하고 미래를 전망하는 전문서비스 직종까지 로봇이 인간의 노동을 대체할 가능성이 높아질 전망이라는 것이다. 이 경우 급격한 일자리 감소에 대비해 기본소득을 도입해야 한다는 것이다. 그러나 이에 대해 50여 년 전 컴퓨터의 등장이 인간의 일자리를 감소시킬 것으로 전망했었으나 오히려 컴퓨터를 활용한 새로운 일들이 더 많이 창출되면서 그러한 우려는 기우에 그치고 만 것처럼 앞으로도 새로운 차원의 일자리들이 더 많이 창출되어 그러한 우려는 기우에 그칠 가능성도 있다. 다만 새로운 4차 산업혁명 시대를 따라가지 못하는 계층의 디지털디바이드 문제에 대해서는 경제사회적인 대책이 필요하다.

아울러 인공지능이 인간의 일자리를 대체하는 경우에도 무차별적인 기본소득 보다는 여전히 소득세나 법인세를 기반으로 공적 사회복지 제도로 대처가 가능할 수도 있다. 최근 이와 관련해 인공지능시대를 대비한 기본소득이나 사회복지 강화의 재원마련을 위해 로봇세를 도입하자는 주장도 대두되고 있으나 이제 인공지능의 개발을 시작하려고 하는 한국에서는 잘 못하면 인공지능의 개발에 부담을 주어 4차 산업혁명에 낙후되는 결과를 초래할 수도 있으므로 신중을 기해야 할 것으로 보인다.

III. 기본소득 도입 사례

기본소득은 논의는 무성하지만 실제로 도입된 사례는 많지 않다. 기본소득과 가장 유사한 사례로 언급되는 미국 알래스카주의 영구기금배당(Permanent Fund Dividend)은 석유 등 천연자원을 매각한 수익으로 1976년 영구기금(Alaska Permanent Fund)를 조성, 1982년부터 연령대와 상관없이, 1년에 한 번 아무 조건 없는 일정액의 배당금을 받고 있다. 동 배당금은 넓은 영토와 적은 인구(약 74만 명)로 인해 거주민들에게 SOC 등 적정한 사회인프라를 제공하는 것이 어려운 지리적 특성을 고려한 반대급부에 해당한다. 이러한 배당제도를 경제, 사회, 지리적 측면이 상이한 우리나라와 비교하는 것은 적절치 않다.

최근 핀란드의 중도우파 정부는 실업률을 낮추기 위해 기본소득제도의 본격적 시행에 앞서 올 2017년 1월 1일부터 2018년 12월 31일까지 2년간 기본소득제도의 실험을 진행하고 있다. 실업 수당을 받는 사람 중 무작위로 2천 명을 선발해 매달 560유로(약 70만원)의 조건 없는 기본소득을 지급하고 이들의 행동 변화를 관찰해 보고자 하는 것이다. 핀란드 정부가 이 실험을 통해 주로 확인하고자 하는 것은 기본소득제도가 복잡하고 비대해진 기존 사회보장제도를 대체할 수 있는지, 실업자들의 노동시장 참여 활성화를 유도할 수 있는지 여부다. 기본소득 파일럿 프로젝트가 실시된 지 약 두 달이 된 핀란드에서도 최대 노총인 중앙노총(SAK)이 "기본소득은 무용한 프로젝트"라며 "작동 가능하지도 효과적이지도 않다"는 입장을 밝혔다. 일카 카우코란타 중앙노총(SAK) 경제부장은 지난 10일 <블룸버그>에 "기본소득 프로젝트는 잘못된 방향으로 난 사회정책"이라며 "높은 수준의 고용 없이, 포괄적인 사회 보장을 위한 재원 마련은 가능하지 않으며 오히려 일할 동기를 떨어트려 노동력을 약화할 것"이라고 지적했다.

기본소득제 실험이 좌절된 나라는 스위스다. 스위스는 18세 이상 모든

제4부

성인에게 매달 2500스위스프랑 (약 300만 원)을 지급하고 어린이·청소년
에게도 650스위스프랑 (약 78만 원)을 주겠다는 안이었다. 2016년 6월 국
민투표에 부쳤으나 투표자의 76.7%가 반대해 부결됐다. 현지 언론들은
반대표가 많았던 이유로 높게 책정된 기본소득 금액과 이에 따른 재원 마
련의 불확실성을 꼽았다. 여기에다 기존 사회보장제도를 기본소득제로
대체할 수 있는지에 대한 의문 등이 복합적으로 작용하면서 스위스 국민
은 '현상유지'를 선택한 것이다.

한국에서 2014년부터 전체 노인 중 70%에게 매월 일정액을 지급하고
있는 기초연금이 비록 전체 노인에게 지급되지는 않고 있지만 다른 부대
조건 없이 지급된다는 점에서 기본소득에 가까운 개념이다.

Ⅳ. 기본소득제도의 문제점

기본소득제도의 가장 큰 문제점은 재정지속가능성이다. 특히 한국의
경우 기존의 복잡다기한 복지제도를 대체하는 것이 아니라 기존의 복지
제도에 추가해 기본소득을 도입하자는 일각의 주장은 재정파탄을 조기
에 초래해 미래세대에 엄청난 재앙을 가져올 것으로 전망된다. 흔히 한
국의 국민부담율과 복지지출 수준의 적정성을 볼 때 OECD가 발표하고
있는 국민부담율 (GDP에 대한 조세부담율+사회보장기여금율)과 공공
사회적지출의 GDP에 대한 비율을 보기도 한다. 그러나 OECD 국가의 통
계를 가지고 한국의 수준이 어느 정도인가를 상대적으로 비교하는 방식
에는 두 가지 큰 오류가 있다.

하나는 복지역사가 길게는 100여 년 가까이 되는 선진국에 비해 한국
은 복지제도 도입역사가 짧아서 아직 국민연금 등 일부 연금의 경우에는

본격적인 수급자가 나오지 않고 있다는 점이다. 흔히 복지성숙도가 낮다고 한다. 그러기 때문에 당연히 복지지출 비율이 상대적으로 낮을 수 밖에 없다. 이런 역사적 특성을 도외시 한 채 복지지출비율이 상대적으로 낮다고 해서 복지지출을 늘리면 나중에 연금수급자가 본격적으로 나오기 시작하면 한국 재정은 파탄이 날 수 밖에 없을 것이다.

다른 하나는 소득수준의 차이다. OECD 34개 회원국의 통계가 가능한 2013년 1인당 국민소득은 OECD 평균이 40,863 달러인데 비해 한국은 25,975 달러로 34개 회원국 중 23위 중하위권에 속하는 수준이다. 이처럼 낮은 소득수준이 국민부담과 복지수준에 어떤 영향을 가져오는지 쉽게 이해하기 위해 간단한 예를 하나 들어 보자.

인구 100명의 작은 국가가 두 개 있다. 한 국가는 1인당 소득이 1억 원으로 전체 국민소득이 100억 원인 선진국이다. 다른 국가는 1인당 소득이 3000만 원으로 전체 국민소득이 30억 원인 중진국이다. 선진국에서는 국민부담율이 20%만 돼도 20억 원의 재원이 마련되어 20명의 은퇴 노인들이 1인당 1억 원씩의 노령연금으로 일을 할 때와 다름 없는 풍족한 노후를 즐길 수 있다. 반면 중진국에서는 국민부담율이 똑 같이 20%인 경우 재원은 6억 원 밖에 되지 않아 똑 같이 20명의 은퇴 노인들의 1인당 노령연금은 3천만 원 밖에 되지 않아서 상대적으로 노후가 풍족하지 않게 된다.

더 큰 문제는 선진국에서는 1인당 1억 원 소득 중 20%를 세금으로 내고도 8000만원의 소득이 있어 재직자들의 생활도 문제가 없어 세금을 더 내고 은퇴 후에 더 받는 고부담 고복지도 가능한 반면, 중진국에서는 1인당 소득 3000만 원 중 20%를 세금으로 내면 남는 소득이 2400만원 밖에 되지 않아서 재직자들의 생활도 넉넉지 않아서 부담률을 낮추어 달라고 주장하게 되고 특히 저소득층은 한 푼도 낼 돈이 없다고 아우성치면서 부담률이 낮아지게 된다. 은퇴노인들은 은퇴노인들대로 생활이 안된다고 연금을 올려달라고 아우성 치게 되게 되어 포퓰리즘 정치와 결탁되면 재정이 악화되어 재정위기가 오게 된다. 이것이 중진국에서 선진국으로 넘어가는 과정에서 겪게 되는 선진국 고비다. 이 고비를 슬기롭게 극복하지

제4부

못하면 재정위기로 다시 후진국으로 추락하게 된다. 소득주준의 차이를 간과한 단순한 비율의 상대적 비교가 이런 큰 함정이 있다는 점을 염두에 두어야 한다.

이런 소득수준의 차이가 내포하고 있는 상대비교의 한계점을 보정하기 위해 2013년 한국의 1인당 국민소득에 대한 OECD 회권국들의 1인당 국민소득 배율을 구한 다음 이를 이용해 2013년 OECD 회권국의 국민부담율과 공공사회적지출 비율을 조정하는 표준화 작업을 한 후 그 결과 나온 OECD 회권국의 국민부담율과 공공사회적지출 비율을 한국의 비율과 상대적으로 비교해 보았다.

이 경우 2014년은 중부담 중복지, 2050년은 중부담 고복지가 될 것으로 나타났다. 결국 소득수준과 복지성숙도를 교정한 경우에 한국은 현재 이미 중부담 중복지국가이고 국민연금수급자가 본격적으로 나오기 시작하는 2050년에는 중부담 고복지국가로 이행할 것으로 전망된다. 2050년에는 고복지 국가로 재정부담이 만만치 않을 것이라는 전망이다. 흥미로운 점은 이 방법의 경우에 현재 재정위기를 겪고 있는 남유럽국가들이 한국과 함께 고부담 고복지국가 군에 포함되어 있다는 점이다. 즉 자국의 소득수준을 고려하지 않은 채 포퓰리즘에 편승해 고복지를 시행해 국가들은 모두 재정위기를 겪고 있다는 점과 한국도 국민연금 수급자가 본격적으로 등장하는 시기에는 재정위기가 예상된다는 점을 시사해 주고 있다고 하겠다. 한편 독일 영국 등 재정안정국을 보면 중부담 중복지로 개혁하는 방향이 바람직함을 시사해 주고 있다.

이러한 복지구조에도 불구하고 한국은 현재 잠재성장률이 하락하고 세수증가는 둔화될 것으로 전망되고 있다. 그에 따라 복지지출규모/GDP 비율(%)은 2030년: 11%, 2040: 17%, 2050: 30%로 증가하고 현재 31% 인 복지지출의 예산 대비 비중은 2030: 44%, 2040: 68%, 2050: 120%로 증가할 것으로 전망되고 있다. 복지지출이 예산에서 차지하는 비중이 50%를 넘는 경우 다른 부문의 예산운용이 어려워지면서 재정위기가 올 수 밖에 없을 것으로 전망된다. 국회예산정책처도 "장기재정전망"(2014)에서 2033

년 이후에는 국채발행으로 국가채무를 갚을 수 없는 재정파탄이 올 수도 있다고 경고하고 있다. 이런 가운데 기존의 복지제도에 대한 개혁은 없이 예산의 10%에 해당하는 막대한 기본소득을 도입하겠다는 주장은 재정 파탄을 그만큼 앞당기겠다는 주장이나 다름 없다.

둘째, 재원조달이 뒷받침되지 않고 있다. 최근 기본소득을 제기한 한 대선후보는 소요예산 43조 6천억 원 중 28조 1천억 원은 기존 정부 예산 구조조정과 재벌·대기업에 대한 법인세 강화, 조세 감면제도 개선, 초고 액소득자 소득세 강화 등 증세로 충당하고 토지배당 15조5000억원은 '국 토보유세'를 신설해 땅에 세금을 매겨 거둬들인 뒤 이를 전 국민에게 똑 같이 나눠주겠다는 구상을 밝히고 있다.

기존 정부예산 구조조정이 얼마나 힘든 것인지는 박근혜정부가 이미 보여주고 있다. 박근혜정부는 '증세 없는 복지'를 주장하며 기존 예산의 구조조정을 주장했으나 사실상 어려운 가운데 복지지출은 확실한 것이 어서 결국 2013~15년 간 연평균 49조 원에 달하는 막대한 국채부채만 증 가시키고 있는 실정이다. 물론 이 중에는 경기부양을 위한 재정지출, 국 민주택채권발행 등에 의한 부채증가분도 포함되어 있어 이러한 부분을 제외하더라도 30조 원 내외는 복지지출에 따른 부채증가분일 것으로 추 정된다. 국토보유세는 토지소유에 대해 이미 재산세를 내고 있어 이중과 세이고 사유재산권 침해소지와 이미 위헌판결이 난 종합부동산세와 같 이 위헌소지가 크다[4]. 이와 같은 증세는 종국적으로는 생산비용을 증가 시켜 국가경제의 대외경쟁력 하락으로 연결된다.

이런 문제로 인해 새로운 복지제도 입법시 페이고 원칙을 도입해서 재

---

4) 2003년 10월 29일 정부가 '부동산 보유세 개편방안'에 따라 종합부동산세 법안을 마련하면서 2005년부터 시행된 종합부동산세는 토지 및 건물 소유자들을 대상으로 주소지가 속한 지방자치단체가 관할구역의 토지 및 건물을 대상으로 세금을 부과하는 현행 재산세와 별도로, 국세청이 일정 기준을 초과하는 토지와 주택 소 유자들의 전국 소유 현황을 분석해 누진세율을 적용해 부과하는 국세로 원래는 토지에만 부과하기로 하였다 가 나중에 주택까지 대상에 포함시켜 2005년 시행당시의 과세대상자는 주택의 경우에는 국세청 기준시가로 9억 원 초과, 나대지의 경우에는 공시지가로 6억 원 초과, 빌딩 · 상가 · 사무실 등의 부속토지의 경우에는 공 시지가로 40억 원을 초과하는 경우 해당되었다. 2009년 현재, 개인별 합산시 6억원(1세대1주택자의 경우엔 9 억)이상의 주택을 소유한 자니 토지의 경우 종합합산토지는 5억, 별도합산토지는 80억 을 초과한 자의 경우에 종합부동산세의 과세대상에 해당한다. 2005년 시행시 개인별로 합산해 부과하던 것이 2006년 세대별 합산 으로 변경되었지만, 2008년 말 세대별 합산 부분이 위헌판결을 받았고, 1주택자에 대해 종합부동산세 부과는 헌법 불합치 판정이 내려졌다. 이에 다시 개인별 합산으로 재변경되었다.

원조달방안을 의무화해야 한다는 주장이 설득력 있게 제기되고 있다. 한 번 약속한 복지지출은 확실한데 재원조달 방안은 불분명할 경우 결국 국가부채를 증가시키는 결과를 초래한다. 인구의 고령화로 지금 도입된 복지제도 만으로도 중장기적인 재정건전성을 담보하기 어려운 실정인데 선거 때 마다 우후죽순 경쟁적으로 등장하는 인기영합주의적 복지제도 도입은 페이고원칙을 도입해 사전에 차단해 재정건전성을 높이고 세대 간 갈등요인을 사전에 차단해야 한다.

셋째, 복지에 대한 인식의 문제이다. 경제가 활력 있게 성장하면서 양질의 일자리를 많이 창출해서 고용문제와 같은 경제사회문제를 줄이고 선진국으로 도약하기 위해서는 경제주체 모두가 열심히 공부하고 일하고 기업하는 사회적 기풍이 중요하다. 열심히 공부하지 않고 일하지 않고 기업하지 않아도 열심히 하는 누군가가 부담하는 세금으로 충당되는 국가의 재정에 의존해 적당히 잘 살 수 있을 것이라는 기대가 만연하거나 심지어 반기업정서 등 앞서 가는 계층에 대한 적대감이 존재하는 국가가 발전할 수는 없다. 더욱이 국가와 미래세대를 생각하는 진정한 정치인보다 이러한 현상을 선거 때마다 부추기는 인기영합적인 정상배들이 등장하고 지지를 받을수록 그 국가와 미래세대의 장래는 암울할 수 밖에 없다. 갈수록 세금을 부담하는 계층은 줄어들고 해외로 이탈하면서 경제는 갈수록 위축되는 반면 그 결과 일자리는 줄어들어 국가재정에 의존하는 계층은 확대되는 모순적인 악순환이 반복되어 경제사회문제는 더욱 악화되는 경로를 따라가는 국가들이 오늘날 남미나 남유럽국가들이다. 한국도 이미 변곡점을 넘어선 것이 아닌가 우려된다.

복지의 기본원칙은 첫째, 보충의 원칙이 적용되어야 한다. 보충의 원칙이란 일차적으로 개인이 열심히 일하고 그래도 기본적인 생계유지가 어려운 저소득계층에 대해 사회안전망으로 보호해 주어야 한다는 원칙이다. '자조(自助)적인 복지'라고도 한다. 둘째, 중장기적 재정지속가능성을 언제나 기본으로 해야 한다. 그렇지 않으면 다음 세대에 엄청난 재앙을 가져다 준다는 것을 가까운 남유럽재정위기에서 배우고 있다. 셋째,

현금퍼주기 복지(welfare)보다는 일하는 동기를 유발하는 "일하는 복지", "근로촉진형 복지"(workfare)여야 한다는 것이다.

한 때 복지선진국으로 부러움의 대상이 되었던 서유럽의 많은 국가들이 90년대 복지개혁을 거치면서 직업훈련이나 심지어 일을 조금이라도 한 증거를 가져올 때 실업급여를 지급하는 제도로 이행하고 있다. 국민기초생활보장급여, 실업급여 등은 장기간 급여를 지양하고 복지(welfare)는 그저 주는 공짜라는 인식에서 벗어나 근로촉진형 근로복지(workfare)제도로 개편해야 한다. 일과 복지를 연계하기 위해, 국민기초생활보장급여는 일정기간이 지난 후에는 일부라도 근로소득이 있는 경우에 급여를 지급하는 등 근로연계성을 강화하고, 실업급여는 직업훈련과 연계한 적극적 노동정책을 강화하고, 독일이 하르츠개혁(2003)에서 도입한 것처럼 인력난을 겪고 있는 중소기업 취업권고와 거부시 급여를 중단하는 등 보다 적극적인 근로촉진형으로 바꾸어 일과 복지가 조화를 이루는 방향으로 개선해야 한다. 근로소득과 연계해 근로소득이 늘지 않으면 복지급여가 줄어들도록 설계해서 복지의존성을 줄여 나가야 한다. 독일처럼 복지는 '자조에 대한 원조'라는 인식의 확산이 필요하다.

한국에서는 현재도 복지지출 중 무상복지의 비율이 61%에 달해 재정건전성과 재정지속성이 담보될 수 없으므로 이를 낮추는 방향으로 복지제도를 구조조정해야 할 입장이다. 보편적 복지항목 모두를 처음부터 다시 점검해 과도한 보편적 복지는 선별적으로 개혁해야 한다. 기초생활보장제도는 생계급여 의료급여 주거급여 등 전체급여 수준이 중소기업 임금수준을 고려해서 책정되어 구인난을 겪고 있는 중소기업의 취업이 기초생활보장수급보다 낫도록 하고, 무작정 10년이 넘어도 계속 지급하기보다는 일정 기간이 지난 뒤에는 일부분이라도 근로소득이 있는 경우에 지급하는 근로연계방식을 도입해 비용부담을 줄이고 탈수급율을 제고할 필요가 있다. 이처럼 지금도 무상 보편적 복지의 비율이 과도해서 불과 20~30년 후 미래세대의 재정위기를 우려해야 되는 상황에서 아직 복지선진국에서도 도입하지 않고 있는 무상 보편적 복지의 완결판이라고

제4부

할 수 있는 기본소득제도를 논한다는 것은 미래세대에 재앙이 될 인기영합정책이라고 할 수 밖에 없다.

넷째, 무엇보다 기본소득은 근로의 가치를 훼손한다는 점에서 윤리적으로도 심각한 비판에 직면할 가능성이 높다. 특히 소득 자체를 정부가 책임지겠다는 발상은 근로를 통한 소득의 가치를 전면 부정하고 자유로운 경제활동을 저해하는 반시장주의적인 접근이다. 또한 기본소득에 대한 의존도가 높아질수록 실업이 장기화되는 한편, 개인의 근로능력도 퇴화될 가능성이 높다. 정부가 일하는 사람과 일하지 않는 사람을 동일하게 대우하는 것만으로도 심각한 갈등과 혼란이 불가피하다. 최고의 복지국가로 손꼽히는 나라 핀란드는 실업률이 최근 15년 사이 최고 수준인 9.5%로 치솟은 상태다. 하지만 실업자들이 복지수당으로 충분한 생활이 가능해 실업률이 떨어지기 힘들다는 주장이 나오고 있다.

다섯째, 선진국에서는 오히려 노동조합이 기본소득 도입에 반대하고 있는 실정이다. 독일에서도 독일노총(DGB) 등 주요 노동계가 오래전부터 반대 의사를 밝혀 왔다. 소규모 노조들도 기본소득에 반대한다. 독일 금속노조 IG메탈은 지난 1월에만 해도 독일 일간지 <벨트>에 기본소득이 "사회적이지도 경제적으로 합리적이지도 않다"고 밝혔고 프랑크 브시르스케 독일서비스부문노동조합연맹(Ver.di) 위원장은 "재정 충당이 어떻게 가능하겠는가. 낮은 수준의 기본소득은 이미 기본소득이 아니다"라고 지적했다. 독일경제조사연구소(DIW)의 2014년 연구에 따르면, 독일 노동조합들이 기본소득에 반대하는 주요 이유는 첫째, 기본소득이 노동조합의 협상력을 상실하도록 위협할 것이며, 둘째 고용보장을 약화시키는 보다 유연한 노동시장을 만드는 도구로서 사용될 수 있다고 본다. 독일 기본소득네트워크의 공동대표 카트야 키핑의 좌파까지 입장을 정하지 못하고 있다는 실정이다.

스위스의 주요 노동조합들도 오랫동안 기본소득 반대 입장을 밝혀 왔다. 지난해 6월 5일 기본소득 도입에 관한 주민투표를 앞두고도 스위스에서 가장 큰 스위스노총(SGB) 대표단은 조합원들에게 반대를 추천했다.

스위스노총이 기본소득에 반대하는 이유는 "좋은 의도지만 잘못된 시도"이며 "무조건성은 유감스럽게도 허상일 뿐"이라고 한다. SGB 홈페이지에 게시된 다니엘 람페르트 경제부장의 칼럼에 따르면, 기본소득이 사회복지를 대체할 경우 복지혜택이 더 열악해질 수밖에 없다고 경고한다. 스위스 사회복지 모델은 연령, 질병, 사고, 실업 등을 겪는 당사자에 대한 연대적 지원을 기초로 운영되고 있는데 만약 일반 개인에 대한 무조건적인 기본소득으로 사회복지가 대체되는 경우 이들 위험으로부터 당사자 개인을 보호할 수 없다는 것이다. 결국 스위스 국민투표는 찬성 23%, 반대 76.9%로 기본소득제도 도입을 부결시켰다. 결국 기본소득이 장밋빛 청사진과는 다르게 근로조건과 사회복지를 후퇴시켜 근로자에 대한 '트로이 목마'가 될 것이라는 우려와 논란은 계속될 것으로 보인다.

제4부

V. 맺음말

정치권에서 표심을 의식해 재정지속가능성과 재원조달방안도 담보되지 않은 가운데 '자조적인 복지' '일하는 복지'의 근간을 무너뜨리고 실업률 개선도 확실치 않아서 아직 선진국에서도 도입되지 않고 있는 기본소득을 내세우는 것은 바람직하지 않다. 이는 국민들의 합리적 판단력을 흐리게 하고 사회적 혼란을 야기하면서 미래세대에 엄청난 재앙을 남겨줄 뿐이다.

제4차 산업혁명과 같은 기술충격의 대안으로서 기본소득을 도입하자는 것은 결국 노동력을 상실시키고 기본소득이라는 약물에 의존해 살아가자는 주장과 다를 바 없다. 한번 노동력을 상실하면 다시 노동시장으로 돌아가기가 힘들어 생산가능인구 감소와 더불어 잠재성장 하락요인으로 작용한다는 것이 노동력 이력현상 (hysterisis)이라고 해서 이미 학계에서는 이론적으로나 실증적으로 정립된 견해다.

여론조사결과도 기본소득에 우호적이 아닌 것으로 나타나고 있다. 현대경제연구원이 2016년 7월 21일 발표한 여론조사 결과를 보면, 기본소득에 '반대한다'는 의견이 75.3%에 달했다. '찬성한다'는 20.6%에 그쳤다. 2017년 2월 21일 매일경제신문이 여론조사기관 메트릭스(대표 조일상)에 의뢰해 전국 만 19세 이상 성인 남녀 1000명을 대상으로 지난 17~18일 '대선주자 주요 공약 여론조사(95% 신뢰수준에 표본오차 ±3.1%포인트)'를 한 결과 기본소득 부분에서 여야 대선주자들의 기본소득제 도입에 반대하는 것으로 나타났다.

무책임한 기본소득 주장은 극단적 포퓰리즘이자 유토피아적 정책구상에 불과하다. 우파가 사회복지를 줄이기 위해 만들어낸 기본소득 개념을 이제 좌파에서 이용하려 하고 있다. 세상에 공짜 점심은 없다.

제33장
튼튼한 국방안보로 북핵위협 대처[1]

I. 내우외환(內憂外患)의 안보위기

닭은 새벽이 되면 천계(天鷄)의 울음소리로 인간세상의 새벽을 열어주는 고마운 동물이다. 정유(丁酉)해를 알리는 붉은 장닭의 울음소리는 들렸지만, 한국의 새벽은 좀처럼 밝아오지 않는다. 선창에 난 구멍으로 바닷물이 쏟아져 들어오고 있어도 방향타를 잃은 대한민국호는 어둠 속에서 갈 지(之)자 표류를 계속한다. 새 조타수가 되겠다고 자청하는 사람들은 많지만, 이들 중에서 나라를 구할 한국판 잔다르크가 나올 수 있을까? 이들은 과연 내우외환(內憂外患)의 안보위기를 제대로 인지하고 있는 것일까? 이대로 가다가는 국정농단 사건이 안보 파탄으로 이어질 수 있음을 걱정하고 있을까? 진실로, 2017년은 나라의 명운을 결정짓는 분수령적인 해가 될 가능성이 높다.

박근혜 대통령이 겪고 있는 사태의 시종(始終)을 되돌아보면 안타까운 대목들이 많다. 옛 성현들의 가르침 중에는 "유능한 지도자도 현능(賢能)을 멀리하면 실정을 하고 평범한 지도자도 용인(用人)을 잘 하면 선정을 펼칠 수 있다"는 말이 있다. 논어(論語)는 "유능한 지도자는 마음 속에 숨겨 둔 자신만의 생각(有意), 자신만은 예외라는 고정관점(固化), 자신의 존재만을 과신하는(有我) 등과 결별해야 한다"고 가르치고 있다. 어떤 노래의 가사는 "내 속에 내가 너무나 많아 당신의 쉴 곳 없네..."라고 읊

---

1) 김태우, 건양대 교수 전 통일연구원 원장

조리고 있다. 박 대통령이 성현들이나 논어의 가르침을 실천했더라면 또는 노래 '가시나무'의 가사 한 대목만을 제대로 음미해봤더라면, 오늘의 탄핵사태를 초래하지 않았을 것이다. 공천을 둘러싼 집권당의 패거리 싸움, 그로 인한 유권자의 외면과 여소야대(與小野大) 국회, 최순실 게이트의 부상, 촛불 시위, 집권당의 분열, 국회의 탄핵소추안 의결 등 작년 후반부터 이어진 일련의 과정들은 발생하지 않았을 것이다. 청와대 수석들이 대통령을 거의 만나지 못하고 비서실장이 일주일에 한 번도 독대하지 못하는 불통 속에서 최순실이라는 괴물이 무럭무럭 자라는 일은 없었을 것이다. 그래서 박 대통령을 사랑했던 국민은 실망했고, 특히 고(故) 박정희를 존경했던 사람들은 박근혜 대통령의 얼굴에 오버랩되는 박정희와 육영수 여사의 얼굴을 떠올리며 더욱 안타까움을 금하지 못한다. 필자 역시 그런 사람들 중의 하나이다.

그럼에도 박 대통령의 권한정지 이후 벌어지는 대선게임을 보고 있노라면 이대로는 안 된다는 독백을 금할 수 없다. 새로운 조타수가 되겠다는 사람들이 너도 나도 박 대통령의 모든 것을 반대하고 나서는 것에는 너무나 많은 문제점이 있기 때문이다. 여야(與野)의 잠룡들이 원칙있는 대북정책, 북핵 제재, 개성공단 폐쇄, 통진당 해산, 역사교과서 개정, 사드(THAAD) 배치 결정, 한일 위안부 합의, 한일 군사정보보호협정 등 박근혜 대통령이 추구했던 모든 것을 부정하는 기세이고 때 아닌 전작권 환수나 모병제까지 거론하고 있으니 하는 말이다. 촛불시위에 나온 국민 모두가 박 대통령이 펼친 모든 정책을 반대하는 것은 아닐진대, 다시 말해 촛불 시위는 기본적으로 최순실 게이트를 규탄하고 대통령의 탄핵을 원하는 사람들의 분노의 표현일 뿐인데, 촛불민심을 빙자하여 박근혜 정부가 펼친 외교안보 정책과 국제합의까지 모조리 폐기하겠다고 나서는 것은 논리적으로도 맞지 않다. 특정한 유권자들에게 다가가는데 유리한 인기영합주의에는 부합할지 모르나, 대한민국이 안정과 번영을 위해 가야할 정도(正道)와는 거리가 멀다.

박 대통령이 추구한 원칙있는 대북정책, 북핵 제재, 인권압박, 확고한 안보 정책 등은 엄중한 안보상황과 북한정권의 호전성을 감안할 때 불가피하게 유지·계승되어야 할 대북 기조들이다. 역사교과서 개정, 통진당 해산, 전교조 법외노조화 등 국가정체성 확립을 위해 펼친 일련의 정책들은 과거 남성 대통령들이 엄두내지 못했던 것으로서 대통령의 결단이 없었다면 시도될 수 없는 것들이었다. 최순실 사태를 빌미로 이런 정책기조들이 일순간 무너진다면, 그렇지 않아도 악재(惡材)들에 둘러싸인 대한민국은 외교적 고립과 안보 파탄 속에 왜소화와 주변부화가 심화되어 외교안보 위상을 상실한 동북아의 소국으로 전락할 수 있다.

II. 북핵 위기와 중국의 이중 플레이

한국을 포위하고 있는 악재들 중에서 가장 시급한 것은 역시 북핵 문제이다. 북한의 핵 및 미사일 고도화는 금년에도 쉼 없이 강행될 것이 분명하고, 조만간 핵무기 실전배치라는 새로운 국면이 전개될 예정이다. 김정은 위원장이 2017년도 신년사에서 가장 강한 의지를 담은 부분도 핵·미사일 고도화를 지속하겠다는 부분과 국제 제재에 굴복하지 않겠다는 부분이었다. 김 위원장은 신년사를 통해 "대륙간탄도탄(ICBM) 시험발사 준비사업이 마감단계"라고 공개하고 '국방력 강화의 획기적 전환'을 강조했으며, "70일 전투와 '200일 전투를 통해 반공화국압살책동을 격퇴했다"고 자평하면서 "2017년에도 전민총돌격전으로 맞서 자력자강의 위대한 동력으로 사회주의의 승리적 전진을 다그치자"고 주문했다. 조만간 북한이 수십 개의 원자탄, 증폭분열탄, 수소탄 등을 실전 배치한 중견 핵보유국으로 부상하는 상황임에도, 한국의 대선주자들은 이 문제에 눈길조차 주지 않고 있다.

중국이 영향력을 발휘하여 북핵을 해결해 줄 가능성 역시 난망(難望)

이다. 중국은 유엔 안보리가 결의 1695호에서 2321호에 이르는 일곱 개의 대북제제 결의를 채택하는 동안 공식적으로는 유엔의 북핵 제재에 동참하면서도 뒤로는 북한정권의 생존을 지원하는 이중플레이를 지속해 왔으며, 신냉전 구도 하에서 중국이 이러한 이중적 자세를 포기할 가능성은 희박하다. 다시 말해, 중국이 미국과 패권경쟁을 벌이고 중러 전략적 제휴를 통해 미일동맹을 견제하는 동북아의 대결구도 하에서 북한은 중국에게 있어 전략적 가치를 가진 유일한 동맹국이어서 중국이 북한정권과 체제의 생존을 지원하는 이유는 매우 구조적이다. 이렇듯 중북 간에 이루어지고 있는 '핵공모(核共謀)' 하에서 북한은 중국이 깜박거려주는 청신호를 쳐다보면서 핵개발을 지속하고 있다.

Ⅲ. 중국의 사드 몽니와 외교적 고립

중국의 '사드 몽니'도 절정으로 치닫고 있다. 대국 심리에 도취된 중국에게 "북핵을 방조하면서 왜 한국이 방어무기를 배치하는 것을 시비하는가"라는 합리적 항변은 이미 통하지 않는다. 종주국 노스탈자에 젖어버린 중국에게 "일본에 배치된 미군의 레이더에는 침묵하면서 왜 유독 한국의 기본적인 생 존 조치에 반대하는가"라고 반문해봤자 달라질 것이 없다. 지난 30여 년 동안의 폭풍성장에 힘입어 경제적 · 정치적 · 군사적 대국굴기(大國崛起)에 성공한 중국에게 있어 최대 관심은 최대 경쟁국인 미국의 대중(對中) 포위망을 무력화시키는 것이며, 대륙에 연결된 반도국가로서 과거 조공국이었던 한국은 가장 만만하게 보이는 '약한 고리'일 수밖에 없다. 이런 이유로, 즉 한국을 미국의 대중 포위망으로부터 이탈시키기 위해, 중국은 이명박 정부와 박근혜 정부 초기에 걸쳐 한국을 극진하게(?) 대접했고, 같은 이유로 미군의 한국내 사드 배치를 막기 위해 한국에게 무차별적 압력을 가하고 있는 중이다. 중국은 외교대화 단절, 학술교류 차단, 한류 스타의 중국 텔레비전 출연 금지, 한국기업에 대한 느닷없는 규제 등 치졸한 압박조치들을 가하는데 이어, 지난 1월 9일에는 폭격기까지 동원하여 한국과 일본의 방공식별구역(ADIZ)에서 노골적인 무력시위까지 펼쳤다.

이런 가운데 한일관계마저 개선의 전기를 찾지 못하고 있다. 한일 간에는 역사문제와 영토문제를 포함한 미해결 사안들이 산적해 있지만, 북핵 문제의 악화나 중국의 팽창주의적 대외정책을 견제하기 위해 상호 협력해야 할 사안들도 적지 않다. 때문에 지금은 양국 모두가 사태의 악화를 초래할 조치들을 자제하면서 다투어야 할 일과 협력해야 할 일을 구분하는 '인내와 냉정'이 필요한 시기이며, 특히 역사적 가해자였던 일본은 더욱 그러해야 한다. 그럼에도 이 방향으로의 노력은 양국 모두에서 미흡한 상태이며, '북핵 위협 대처를 위한 한일공조'는 허공을 떠도는 메아리로 남아 있다. 한국에서 한일관계 개선을 위한 제안을 언급하는 것은 여전히 '친일 매국'으로 매도당할 수 있는 위험한 일이며, 그 과정에서 냉정한 국익계산은 실종되고 있다.

한러관계도 냉각된 상태다. 푸틴의 집권이후 러시아는 군사적 초강대국 복귀를 위해 절치부심하면서 핵군사력 현대화, 크리미아반도 합병, 시리아 내전 개입 등으로 미국과 새로운 냉전을 벌이고 있으며, 나토(NATO)의 동진(東進)에 반발하여 2016년말 폴란드에 인접한 국외영토인 칼리닌그라드(Kaliningrad)에 사거리 400km의 미사일을 배치했다. 이런 러시아가 중국과의 전략적 제휴(strategic collaboration)를 통해 미일동맹에 대항함은 당연한 일이며, 동시에 러시아가 한국 중시 대한반도 정책을 청산하고 남북한 등거리 정책으로 전환한 것도 예상할 수 있는 일이었다. 현재 러시아와 중국은 '사드 반대'에 한 목소리를 내고 있다. 이런 상황에서 한러 정상회담(2008년 이명박-메드메데프, 20012년 이명박-푸틴, 2013년 박근혜-푸틴)을 통해 협의해온 협력사업들은 대부분 답보상태에 머물고 있다. 이렇듯 한국 외교가 시시각각 고립 속으로 빠져들고 있지만, 현재 가열되고 있는 대선 게임에서 이런 문제는 주요 의제로 부상되지 않고 있다.

IV. 트럼프 시대의 한미동맹과 사드(THAAD) 문제

한미동맹을 미국이 주도하는 일방적인 동맹에서 보다 대등하고 한국이 더 많은 주도적 역할을 하는 동맹으로 전환하는 것은 온 국민의 염원이었고, 지난 수십년 간의 경제성장으로 이 방향으로의 진전이 이루어지고 있었다. 하지만, 북핵 문제의 부상과 함께 한국안보의 동맹 의존도는 오히려 심화되기 시작했다. 이는 한스 모겐소(Hans Mogenthau)가 지적하듯 핵국의 위협을 받는 비핵국권에게는 '패배 또는 굴복' 이외의 선택이 없기 때문이다. 한국이 이러한 상황에 처하지 않는 주된 이유는 미국이 방위공약과 핵우산(nuclear umbrella) 또는 확대억제(extended deterrence)를 통해 북한의 전쟁도발과 핵공격을 억제하는데 도움을 주고 있기 때문이며, 다라서 한미동맹이 무력화되는 경우 한국은 북핵 위협 앞에 일방적으로 취약한 상태에 놓이게 된다. 한국이 일방적 취약성(unilateral vulnerability) 상태를 모면하기 위해서는 대응적 핵무장을 통해 스스로 상호 취약성(mutual vulnerability)를 확보해야 하지만, 핵무장을 위해서는 넘어야 하는 장벽이 높고 적시에 핵무장에 성공하여 시간적 공백을 메운다는 보장도 없다.

이런 상황에서 '힘을 통한 평화,' '미국으로의 회귀(Pivot to America),' '경제민족주의(Economic Nationalism),' '개입축소 및 실용주의 동맹' 등을 앞세우고 당선된 트럼프의 동맹정책과 대북기조에는 많은 불확실성과 여백이 남아 있다. 유세기간 동안 및 당선 후 트럼프 당선자의 언행과 인선(人選)을 종합해보면 향후 미국의 안보기조는 러시아와의 관계개선을 통해 중러 전략적 제휴를 약화시키고 중국을 더욱 강하게 견제하는 연러타중(蓮露打中) 또는 통러봉중(通露封中)에 초점이 맞추어질 것으로 예상되며, 한국 및 일본과의 동맹협력도 중시할 것으로 보인다. 트럼프 당선자가 차이잉원(蔡英文) 대만총통과 통화한 것은 중국이 신성시해온 '하나의 중국' 원칙을 부정하는, 즉 중국의 역린(逆鱗)을 건드린 것으로서 트럼프 행정부동안 미중 관계가 험난해질 것임을 예고하기에 충분하다.

북핵과 관련해서는 트럼프의 상충되는 발언들로 인하여 혼선이 남아있는 상태이나 오바마 행정부의 '전략적 인내(strategic patience)'는 폐기할 것이 분명하다. 이러한 상황에서 북핵에 대한 트럼프 행정부의 정책기조는 대중 압력 강화를 통한 북핵 해결, 북한과의 빅딜, 대북 제재 강화, 선제공격, 레짐 체인지 등 대개 다섯 가지로 예상해 볼 수 있지만, 어느 것 하나도 당장 북핵 해결을 가져올 것으로 기대하기 어렵다. 우선, 현재의 신냉전 대결구도에서 중국이 순순히 미국에 굴복하여 북핵 해결에 적극적으로 나설 가능성은 희박하며, 트럼프 행정부가 본격적으로 통러봉중(通露封中)에 나서게 되면 명목적으로나마 유지되었던 미중 간 북핵공조마저 붕괴될 수 있다. 핵보유국 지위를 인정받으면서 미국과의 평화협정을 협상하기를 원하는 북한의 입장은 한국은 물론 미국도 수용하기 어려운 내용이어서, 미국이 미북 빅딜을 시도할 수는 있어도 원하는 핵해결을 끌어내기는 어렵다. 또한 미국이 대북 제재를 강화할 수는 있어도 중북 간 핵공모(核共謀) 하에서 대북 제재가 북한의 핵포기를 끌어낼 가능성도 거의 없다. 마찬가지로, 대북 선제공격은 주변 동맹국들에게 막대한 부수적 피해나 확전의 위험성을 내포하기 있어서 결행하기가 쉽지 않으며, 미국이 적극적으로 레짐 체인지를 시도하더라도 효과는 장기적으로 나타날 것이어서 당장 북핵 문제를 해결하는 처방이 되지는 않을 전망이다. 이는 적어도 상당기간 동안 한국이 북핵과 더불어 살아갈 수밖에 없음을 의미하며, 핵해결까지 국가와 국민을 안전하게 지켜내기 위한 군사적 억제가 중요해지고 있음을 의미한다.

트럼프 행정부의 동맹정책에도 많은 여백이 남아 있다. 당선 이후 트럼프 당선자 및 주요 안보부서 내정자들의 발언을 종합하면 한미동맹의 중요성을 인식하고 있음은 분명하나, 트럼프는 유세기간 동안 나토(NATO), 한국, 일본, 사우디아라비아 등에 대해 '합당한 비용 부담'을 반복적으로 강조했고 "한국이 합당한 방위비 분담금을 내지 않으면 주한미군을 철수할 수 있다"는 발언도 서슴지 않았다. 물론, 이러한 불평은 타당하지 않다. 한국은 주한미군 주둔비의 40%가 상회하는 9,400억 원의 방위비분담금(2016년)을 내고 있는데 이는 GDP 대비 0.068%로서 일본의 0.064%나 독일의 0.016%보다 높다. 또한, 한국은 베트남전쟁, 걸프전쟁, 아프가니스탄 등에 파병하여 혈맹의 역할을 다했으며 유엔의 평화유지군 활동에도 적극 참여하고 있다. 때문에 트럼프 당선자의 불만은 향후 국방외교를 통해 해소해야 할 과제이기도 하다. 그럼에도, 트럼프 당선자의 발언들과 개인적 성향을 감안할 때, 향후 한국정부가 취하는 자세에 따라 미국 정부의 동맹정책은 한국의 안보기반을 약화시키는 방향으로 급변할 수 있다. 대선에 임하고 있는 한국의 정치인들은 이런 가능성을 결코 경시해서는 안될 것이다.

이런 상황에서 사드(THAAD)는 특별한 의미를 가진다. 사드는 북한의 핵미사일을 요격하는 방어무기이며 주한미군 보호와 한국방어를 명분으로 배치될 예정이다. 이론적으로나 실질적으로 완벽한 방어무기가 존재할 수 없다는 사실이 사드 배치를 포기해야 하는 이유가 될 수는 없다. 방어무기란 많을수록 안전이 향상되는 다다익선(多多益善)의 원칙이 적용되는 무기이며, 사드가 배치되더라도 한국의 방어수준은 북핵의 위협 정도에 비해 턱없이 미흡한 수준일 것이다. 때문에 사드는 방어라는 기능적 측면보다는 동맹의 유지발전을 위한 상징성 측면에서 훨씬 더 큰 의미를 가진다. 사드 배치로 인한 한중 갈등은 한국경제에 간과할 수 없는 피해를 가져올 수 있지만, 사드 배치의 번복으로 동맹이 약화되거나 무력화된다면 엄중한 안보위기와 외교적 고립에 미중유의 경제위기까지 겹친 상황에서 안보 · 경제 · 외교 · 통일의 기본 토대가 붕괴할 수 있다. 동맹의 소멸은 한국이 지난 수십년 동안 경제기적을 이루는데 필요한 기본토

양인 평화와 안정(peace and stability)의 소멸을 의미할 수 있으며, 1990년 독일통일도 미국의 전폭적인 지원 하에서 성사된 것임을 감안한다면 국민이 염원하는 '자유민주주의 평화통일'의 꿈도 더욱 멀어질 것이다. 동맹 소멸시 외국자본의 이탈현상이 시작되고 한국의 증시가 붕괴하는 데에는 수 시간 밖에 걸리지 않을 수도 있다. 진실로, 대선 주자들은 사드 문제에 관한 언행에 신중해야 한다.

V. 외교 · 안보의 정도(正道) 벗어나지 않아야

자고로, 국가생존 문제는 여야(與野)의 문제도 아니고 이념갈등의 대상도 아니다. 소속정당이나 이념적 차이에도 불구하고 국가생존을 위한 정석(定石)을 논함에 있어서는 모든 대선 주자들이 한 목소리를 낼 수 있어야 한다. 그렇다면, 지금은 박근혜 정부의 정치적 성패(成敗)와 무관하게 북핵 위협으로부터 국가와 국민을 지키는 일을 최우선시해야 하며, 북한의 변화를 선도하고 항구적인 남북상생 구도를 구축하기 위해서라도 '원칙있는 대북정책과 튼튼한 안보'를 이어가야 한다. 북핵을 용인하고 대북지원을 재개하는 것은 당장의 남북경색을 풀기 위해 누구나 생각할 수 있는 손쉬운 방법이지만, 그러한 상생은 당당하지도 않고 항구적이지도 않기에 인기영합적이라는 평가가 수반된다.

사드 문제에 있어서는 경중(輕重)과 완급(緩急)을 가려서 발언해야 한다. 사활적인 중요성을 가진 이웃국가인 중국과의 비적대적 우호관계를 유지 발전시키기 위해 열성을 다해야 함은 당연하지만, 이는 어디까지나 '안보주권'을 침해받지 않는 범위 내에서의 일이다. 중국의 사드 몽니는 분명히 그 선을 넘어선 것이다. 한중관계만을 의식하여 한국이 이 선을 양보한다면, 한미동맹과 대일관계에서 더 많은 것을 상실하게 될 것이며

제4부

향후 더 큰 국치(國恥)를 예약하는 것이다. 이와 관련해서는 중국의 안보주권 침범에 대해 초강력 대응을 보여준 일본, 베트남, 인도네시아 등의 사례를 교훈삼을 필요가 있다. 요컨대, 한국이 동맹을 훼손하면서까지 중국의 요구에 부응하는 것은 중국이 미국을 대신하여 한반도의 평화를 보장하는 동맹의 역할을 할 수 있을 때에만 생각할 수 있는 것이며, 한국과 대치하는 북한을 동맹국으로 삼고 있는 중국이 그런 역할을 할 가능성은 전무하다.

일본과의 관계에 있어서는 다투어야 할 것과 협력해야 할 것을 구분하는 인내와 냉정을 발휘해야 하며, 인기영합을 위해 국제합의를 폐기하자는 식의 선동적인 발언을 남발해서는 안될 것이다. 북핵 위협에 공동대처하기 위한 한일공조는 엄연한 현실적 과제이며, 특히 중국이 북한과의 핵 공모를 고수하는 상황에서는 더욱 그렇다. 현 시점에서 동맹의 약화나 무력화는 상상하기 어려운 일이지만, 향후 한국정부가 친북(親北)·공중(恐中)·혐일(嫌日) 기조로 나간다면, 동맹은 예상하지 못했던 방향으로 급변할 수 있으며, 그것이 한국의 평화와 안정을 훼손하고 외교적 고립을 심화시키는 결과를 가져올 수 있음을 유의해야 한다. 안보 비용과 관련한 트럼프 당선자의 불만과 관련해서는 한국이 이미 충분한 비용을 부담하고 있음을 알리는 국방외교에 동참하는 것이 대선주자들이 견지해야 할 올바른 자세일 것이다.

침몰하는 대한민국호를 구하는 잔다르크가 되겠다고 나선 사람들이라면 함께 정도(正道)를 걸어야 한다. 그것이 국제사회가 존경하는 대한민국, 주변국들이 함부로 넘보지 못하는 대한민국을 건설하는 길이다. 그러기 위해서는 대선 주자들이 대한민국이 주변부화(marginalization)·고립화(isolation)·왜소화(trivialization)되고 있는 현실부터 인식해야 한다. 즉, 내우외환의 안보위기, 외교적 고립, 경제불황, 내부적 갈등과 국론분열 등으로 시시각각 동북아의 별 볼일 없는 소국으로 전락하고 있음을 직시하고, 이 흐름을 반전시키는 것이 이 시대 한국의 정치지도자들에게 주어진 사명임을 명심해야 한다.

제34장
한 · 일 군사정보 협력시대 열리나[1][2]

I. 국민정서가 우선인가, 안보가 우선인가

말도 많고 탈도 많았던 한일 군사정보보호협정(GSOMIA: General Security of Military Information Agreement)가 체결되었다. 2016년 11월 23일 국방부 청사에서 한민구 국방장관과 나가미네 야스마사(長嶺安政) 주한 일본대사가 양국을 대표하여 서명한 것이다. 물론, 이것으로 한일 간 군사정보협력 시대가 활짝 열렸다고 말할 수는 없다. 한일 간에는 여전히 많은 미결사안들이 실타래처럼 얽혀있고 서로에 대한 국민감정도 나쁘다. 그럼에도 분명한 것은 북핵 문제의 엄중성이 가중되면서 한국과 일본이 정보협력을 통해 공동의 안보이익을 추구할 수 있는 공간이 커지고 있다는 점과 그렇다면 정보협력을 포함한 안보협력 문제만큼은 냉정한 안보논리 하에 다른 문제들과 분리하여 다룰 필요가 있다는 사실이다.

한일 양국은 1965년 '기본조약'과 '청구권협정'을 통해 '가해자와 피해자'의 관계를 청산하고 국교를 정상화했다. 기본조약은 합방조약을 무효화했지만 식민통치의 불법성과 일본의 사과를 명시하지 않았으며, 무상 3억 달러 및 유상 2억 달러의 청구권 자금을 제공하기로 합의한 청구권협정도 '전쟁에 대한 배상이나 식민지배에 대한 보상'을 명시하지 못하고 '재정적 · 민사적 채권채무 청산'이라는 표현에 그쳤다. 대신 일본은 기본조약을 가서명하면서 양국 외무장관 공동성명을 통해 '유감과 반성'을 표

---

1) 민주평통사무처 발행 「통일시대」 2017년 신년호
2) 김태우, 건양대 교수/전 통일연구원장

명했지만, 이후 일본 지도자들의 반복된 망언, 야스쿠니 신사 참배, 우경화 역사교과서 출판 등으로 일본의 사죄는 퇴색되었다. 이런 상황에서 그동안 한일 양국이 경제교류를 확대하고 서방세계의 일원으로 비적대적인 관계를 유지해온 데에는 냉전이라는 시대적 배경과 미국의 권유가 결정적인 역할을 했었다. 그럼에도 이후 한일관계는 결코 순탄하지 않았다. 특히, 아베 정부이후 일본의 우경화, 재무장, 과거사 부인, 전후(戰後)체제 청산 시도, 독도 영유권 시비 등은 끊임없이 한국민의 반일정서를 자극했다.

이렇듯 한일관계가 순탄치 않은 중에도 군사정보보호협정이 논의되기 시작한 것은 역시 안보정세 때문이었으며, 특히 2006년 북한의 핵실험 이후 북핵이 '공통의 위협'으로 인식되면서 군사정보 협력의 필요성이 재부상했다. 2009년 북한의 제2차 핵실험과 2010년 천안함 폭침 사태를 거치면서 한일 국방장관은 2010년 6월 샹그릴라 대화에서 군사정보보호협정의 필요성에 공감했고, 2011년 1월 국방장관회담에서 실무 협의를 진행하기로 합의했다. 이렇게 하여 만들어진 문안은 2012년 4월 23일에 가서명되었고, 6월 26일에는 국무회의에서 가결되었다. 하지만, 정치권은 '국민의 반일(反日)감정을 무시한 밀실 추진'이라는 이유로 정부를 질타했고, 이명박 정부는 서명을 무기한 연기했다. 이후 한일 관계는 급속히 냉각되었고, 이명박 대통령의 독도 방문과 일왕에 대한 충고발언에 대해 일본 국민의 반한(反韓)정서도 크게 확산되었다.

이 과정에서 희생자도 발생했다. 2012년 7월 김태효 청와대 대외전략기획관과 조세영 외교부 동북아국장이 '밀실 추진'의 책임을 지고 사임했으며, 필자 역시 유탄(?) 맞아 통일연구원장직에서 사임해야 했다. 필자는 2012년 8월 23일 통일연구원 홈페이지에 올린 "한일 외교전쟁 조속히 매듭지어야"라는 제하의 글을 통해 일본의 역사 왜곡을 비판하고 국군주의 부활을 경계하면서, 그래도 한일관계의 파탄은 막아야 한다는 논리 하에 일본이 독도 및 주변 영해에 대한 한국의 영유권을 인정하는 대신 한국도 인근 해역의 해상자원을 공유하는 방식으로 독도 문제를 해결하여 한일

관계에 걸림돌이 되지 않도록 하자고 제안했다. 제안 내용은 일본이 한국의 독도 영유권을 인정하지 않는 상태에서 주변 해역을 공동어로수역으로 정하고 있는 현 상황보다 한국에게 더욱 유리한 것이었지만, 일부 언론은 "일본의 한국 영유권 인정"이라는 전제조건을 거론하지 않은 채 "통일연구원장이 독도자원 공유를 제안했다"는 부분만을 부각시켰고, 당시 통진당의 김선동 의원은 김황식 총리에게 필자에 대한 중징계를 요구했다. 이후 정치권의 시비에 직면하면서 필자는 2012년 10월 원장직을 사임했다. 이렇듯 국민의 반일정서는 일본과의 안보협력을 추진하는 공직자들에게 언제나 넘기 힘든 장애물이었다.

II. 2016 한일 군사정보보호협정의 안보적 의미

이후에도 북한은 핵무력 고도화를 줄기차게 지속하여 2013년에는 제 3차 핵실험을 실시하고 두 차례에 걸쳐 '우주개발용 광명성3호'라는 미명 하에 장거리 미사일 발사를 강행했다. 이에 한·미·일 삼국은 2014년에 '3국간 북 핵 및 미사일 위협에 관한 정보공유약정(TISA; Trilateral Information-Sharing Agreement)를 발효시켰다. 이후에도 북핵의 고도화는 지속되었다. 북한은 2016년에만 두 차례의 핵실험을 강행하고 수차례에 걸쳐 잠수함발사탄도미사일(SLBM)을 시험했으며 도합 24차례에 걸쳐 탄도 미사일을 발사했는데, 대부분의 미사일들은 일본쪽 해역을 향해 발사되었다. 6월 22일에는 무수단을 고각(高角)으로 발사하여 500km만을 비행하도록 함으로써 중거리 미사일로도 한국의 수도권을 강타할 수 있음을 과시했다. 이렇듯 북핵의 위협이 시시각각 엄중해지는 상황에서 한일 양국은 군사정보보호협정을 재추진하게 되었고, 2016년 11월 23일 마침내 서명에 이르게 되었다.

서명 직후인 중국의 2016년 11월 24일자 영자신문 Global Times는 한일 군사정보보호협정을 "군사동맹(military alliance)를 위한 조약(treaty)"으로 과장 보도하고 비난을 쏟아냈지만, 군사정보보호협정은 기본적으로 국회의 동의를 필요로 하는 '조약'과는 격이 다르며 동맹조약은 더욱 아니다. 한일 군사정보보호협정은 상대국으로부터 받는 군사정보를 제3자에게 누설하지 않고 전달·보관·관리·폐기하는 절차를 합의한 것으로서 I급 비밀을 제외한 II급 비밀 이하의 군사비밀만을 교환 대상으로 하고 있다. 말하자면, 교환할 정보들을 특정한 것이 아니라 정보교환을 위한 토대를 마련한 것이다. 한국은 이미 32개 국과 정부 간 또는 국방부 간 군사정보보호협정을 체결한 상태이며, 당연히 중국과의 협정도 모색중이다.

어쨌든 한일 양국은 군사정보보호협정에 서명함으로써 북핵 대처에 있어 유의미한 상호이익을 기대할 수 있게 되었다. 첫째, 미국을 거쳐야만 한일 간의 정보공유가 가능한 '한미일 3국간 정보공유협정'의 한계를 넘어 일본과 직접 정보를 교환할 수 있게 되었다. 둘째, 한국이 가진 인간정보(Humint) 또는 한국이 먼저 탐지하는 북한의 핵·미사일 활동을 제공하는 대신 일본으로부터 우수한 기계정보들을 받을 수 있게 되었다. 일본은 5기의 정보수집위성을 운용하고 있으며, 6척의 이지스함, 1,00km이상의 탐지거리를 가진 지상 레이더 4기, 조기경보기17대, 해상초계기 77대 등을 보유하고 있으며, 특히 잠수함 정보와 감청능력(SIGINT)에 있어서는 최강국이다. 북한의 SLBM이 향후 한국에게 최대 위협이 될 수 있다는 점을 감안하면, 북한의 잠수함 활동에 대한 정보를 최대한 많이 확보하는 것은 한국의 지대한 안보과제이다. 셋째, 중복 정보를 통해 정보의 질을 높일 수 있다. 즉, 위성감시 횟수가 많을수록 영상정보의 질은 개선되며, 정보교환을 통해 정보 사각지대를 줄일 수도 있다. 요컨대, 한일 군사정보보호협정은 북한의 핵·미사일 정보들을 보다 신속하고 정확하게 파악하게 함으로써 한국 안보에 기여하고, 아울러 한국군이 북핵 억제를 위해 구축 중인 선제(Kill-Chain), 방어(KAMD 및 THAAD) 그리고 응징

체계(KMPR)의 효율성을 제고하는 데에도 도움이 될 수 있다.

III. 한일 정보협력, 냉정한 안보논리로 바라봐야

한일 간에는 과거사 문제, 독도 영유권 문제, 일본의 집단 자위권에 대한 한국인의 시각, 국내의 반일정서, 일본 내의 혐한(嫌韓)정서 등 여전히 많은 문제들이 산적해 있다. 이들은 결코 하루 아침에 해결될 수 있는 문제들이 아니다. 한국으로서는 당연히 다툴 것은 다투고 주장할 것은 주장해야 한다. 그럼에도, 서로의 안보이익에 도움이 되는 사안이 있다면 안보협력을 모색하는 것이 바람직하며, 이를 위해서는 안보협력 사안들을 다투어야 하는 사안들과는 분리해서 다루는 냉정함이 필요하다. 이는 인내(忍耐)를 필요로 하는 과정이며, 당연히 가해자였던 일본이 더 많은 인내를 발휘해야 마땅하다.

물론, 국민 다수가 느끼는 반일정서는 대단히 중요한 변수이며, 이를 무시하고 일본과의 안보협력을 추구하는 것은 옳지 않다. 때문에 정부로서는 한일 간의 안보협력을 추구할 때에는 국민에게 성실하게 설명해야 한다. 그 과정에서 충분한 찬반 논의를 거치는 것도 필요하며, 찬반 논의가 악의적으로 왜곡·과장되는 것을 막는 역할을 수행함은 지식인들의 책무일 것이다. 이번 협정을 서명하는 과정에서도 "한일 군사정보협력협정에 서명하면 일본의 자위대가 한반도에 마음대로 진출할 수 있다"고 주장하는 사람들이 있었다. 동맹국인 미국도 한국에 군대를 전개할 때에 한국의 허가를 얻어야 하는데 얻어야 하는 현실에서 이런 주장은 황당한 자기비하(自己卑下)일 뿐이다. 지금까지 중국과 러시아가 북핵을 다룸에 있어 공식적으로는 제재에 동참하면서도 비공식적으로는 북한정권의 생존을 지원해왔다는 사실에 비추어 보면 "한일 군사정보협력협정이

북·중·러 대 한·미·일이라는 냉전적 대결을 부추긴다"는 것도 원인과 대응을 뒤바꾼 주장이다. 일본과의 협력을 가론하면 일단 '친일(親日)'로 몰고 보는 식의 저급한 논쟁도 이제는 사라져야 한다. 이런 의미에서 한일 군사정보보호협정의 서명과 이후의 운용이 양국이 공히 냉정한 안보논리로 안보협력을 다루어나가는 시금석이 되기를 기대해본다.

제35장
트럼프 행정부의 북핵 기조와 한국의 핵선택[1]

I. 대선주자들의 핵무장 주장

필자는 젊은 시절 이런 저런 계기로 "한국이 강대국이 되기 위해서는 핵무장이 필요하다"는 생각을 가지게 되었고, 이에 다시 유학길에 올라 핵문제를 전공하여 정치학 박사를 취득했다. 하지만, 1989년 학위를 마치고 귀국할 즈음 필자의 생각은 한국의 핵무장이 무모한 선택일 수 있다는 것으로 바뀌어 있었다. 수학 과정에서 힘이 지배하는 약육강식(弱肉强食)의 핵정글에서 핵무장이 엄청난 손실을 초래할 수 있음을 확인했기 때문이었다. 해서 필자는 북한의 핵개발이 가시화되기 시작한 1990년대 초반부터 핵무장이 아닌 "국제규범상 허용되는 범위 내의 핵잠재력"만을 주장했고, 그것이 '평화적 핵주권론'이었다. 즉, 핵무기비확산조약(NPT)이 금지하지 않는 농축과 재처리까지만 확보하여 한국 원자력 산업의 선진화도 기하면서 원자탄의 원료인 고농축우라늄(HEU)과 플루토늄(Pu239)을 생산할 기반을 갖추어야 한다고 주장했었다.[2] 그럼에도 1991년 노태우 정부는 농축 · 재처리 포기정책을 발표했고 한국의 학계와 사회도 필자의 평화적 핵주권론을 과격한 주장으로 평가했었다. 북한이 아홉 번 째의 핵보유국이 된 현재에는 한국의 대선 주자들과 전문가들이 핵무장론을 제기하고 있다. 격세지감을 느끼지 않을 수 없다.

---

1) 김태우, 건양대 교수/ 전 통일연구원장
2) 필자가 최초로 한국의 핵무장 잠재력을 주장한 글은 "핵확산 이론과 한국 핵무장의 이론적 당위성," 한국국방연구원,『국방논집』제11호 (1990년 가을) 이었으며, 이후 수십 편의 연구보고서, 발표문, 칼럼 등을 통해 평화적 핵주권론의 확산을 시도했음.

현재 우파 성향의 네티즌들이 무조건적·즉각적 핵무장을 주장하는 가운데, 일부 좌성향 네티즌들은 "통일되면 북핵도 우리 것"이라는 통일에 의한 핵무장론'을 주장하는데 여기에는 북핵과 무관하게 남북교류를 해야 한다는 진보적 대북관이 반영되어 있는 것으로 보인다. 핵무장을 주장하는 정치인으로는 원유철, 정몽준, 김문수, 송영선, 노철래 등 정치인들이 있는데, 이 중에서 원유철 김문수는 대선 출마를 선언했거나 곧 선언할 것으로 추정되는 정치지도자들이다.[3] 야권의 대선주자들은 대체로 핵무장에 반대하면서 북핵에도 불구하고 남북교류를 재개해야 한다는 입장을 가지고 있는 편이다. 정치인 및 전문가들의 핵무장론은 대체로 조건부·단계적 핵무장론이고 외교적이다. 즉, 이들은 북핵 문제가 소멸하면 한국도 핵무장을 포기한다는 조건을 달고 있고, 핵무장 과정도 북핵 상황의 악화에 연계하여 단계적으로 진척되어야 한다고 믿고 있으며, 아울러 실제 핵무장을 원하기보다는 중국과 북한에 경고를 주어 북핵의 포기를 끌어내고자 하는 외교적 의도를 담고 있다.

하지만, 무조건적·즉각적 핵무장론은 국제핵정치의 현실을 도외시한 맹목적인 주장이고, '통일에 의한 핵무장론'은 주변국들이 핵보유 통일한국의 등장을 허용할 것이라는 허황된 가정에 근거한 이상론이며, 엄중해지는 북핵 위협을 별개로 두고 남북교류에 힘쓰자는 것은 무책임한 주장이다. 여권의 대선주자들이 주장하는 조건부·단계적 핵무장론은 한국이 나아가야 할 방향과 일치하는 측면을 가지지만, 국제핵정치의 현실을 고려하여 더욱 정교하게 다듬어야 할 대목들이 많다. 요컨대, 지금 한국은 섣불리 핵무장을 결행해도 안 되고 북핵 위협을 방치해서도 안 되는 상황에 처해 있다. 북한이 핵무력 고도화를 지속하는 중에 유엔제재나 트럼프 행정부의 새로운 북핵 접근이 북핵 해결을 끌어낼 것으로 기대할 수도 없기 때문이다. 이러한 시기에 한국에게 필요한 것은 '새로운 버전의 평화적 핵주권'일 것이다.

---

3) 학계에서는 송대성 전 세종연구소장, 세종연구소의 정성장 박사 등이 있으며, 언론계에서는 조갑제 조갑제닷컴 대표가 목소리를 내왔다. 정성장, "대통령 결심하면 18개월 내 핵무장 가능," 신동아, 2016년 3월호; 「송대성 우리도 핵을 갖자」 서울: 기파랑, 2016 등 참조.

II. 북핵사태의 안보적 함의

현 북핵 사태는 한국안보와 관련하여 크게 세 가지의 함의를 가진다. 첫째, 핵탄두 및 투발수단의 고도화, 다섯 번에 걸친 핵실험, 핵군사력 운용체계의 구축, 가중되는 대남 핵위협 등 북핵 사태를 종합할 때 이는 분명히 한국의 안보위기이며, 대부분의 국민과 정치인들이 위기를 위기로 알지 못하고 있음은 더욱 더 큰 위기이다. 둘째, 군사적 억제가 더욱 중요해지고 있다. 북한정권의 핵보유 의지가 강력하고 중국이 이중플레이를 지속하는 상황에서 국제사회의 대북제재가 북핵 해결을 가져올 것으로 전망하기는 어렵기 때문이다. 특히, 강력한 현상타파 세력으로 부상한 중국이 현상유지 세력인 미국의 패권에 도전하는 신냉전 구도가 심화됨에 따라 중국이 대북압박을 강화해 줄 것으로 기대하는 것은 무리이며, 이보다는 중국이 공식적으로는 대북제재에 나서지만 비공식적으로는 북한정권의 생존을 지원하는 중북 간 핵공모(核共謀)가 더욱 강화될 가능성이 높다.

셋째, 한국안보의 동맹 의존도가 더욱 심화되고 있다. 미국이 주도해온 군사동맹으로서의 한미동맹을 보다 한국이 보다 많은 주도적 역할을 담당하는 동등한 동맹으로 그리고 민주주의와 시장경제 원칙 인류보편적 가치들을 공유하는 포괄적 동맹으로 발전시켜나가는 것은 한국 국민의 오랜 염원이자 양국 간의 합의였다. 자고로, 대치하는 핵보유국과 비핵국 사이에서 비핵국이 택할 수 있는 선택은 '패배' 아니면 '굴복' 뿐이다. 한국이 이러한 선택을 강요당하지 않음은 최강 핵보유 동맹국인 미국이 방위공약과 핵우산을 통해 공백을 메우고 있기 때문이다. 이러한 상황에서 동맹의 와해나 핵우산의 약화는 한국안보에 치명적일 수밖에 없으며, 이는 실망스럽게도 한국안보의 동맹 의존도가 심화되고 있음을 의미한다.

이렇듯 작금의 북핵 사태는 한국에게 새로운 선택을 강요하고 있다. 최악의 경우 한국은 북핵이라는 비대칭 위협 앞에 일방적으로 취약한 상태(unilateral vulnerability)로 노출되어 북한정권의 의도적 핵사용 위

제4부

협에 시달려야 하며, 동시에 돌발사태(Black Swan), 핵무기 분실(Broken Arrow) 비인가 발사(Unauthorized Launch), 핵안전사고 등 예기치 않은 핵위협에도 노출될 수 있다.

III. 트럼프 행정부의 북핵 접근 예상

트럼프 행정부의 출범과 함께 미국의 새로운 북핵 접근법이 예상되고 있지만, 이것이 신속한 북핵 해결을 가져올 가능성은 희박하다. 유세중 트럼프 후보는 북핵 관련 상반된 발언으로 혼란 초래했었다. 그런가하면 한국, 일본, 나토(NATO) 등 동맹에 대해서는 "안보무임승차론" 제기했고, 중국에 대해서는 북핵 해결을 도와주지 않는다는 이유로 강한 불만을 표출했었으며, 오바마 대통령의 '핵없는 세계(NWFW)' 기조, 대북 '전략적 인내(strategic patience),' 2015년 이란핵합의(JCPOA: Joint Comprehensive Plan op Action) 등에 대해서도 부정적인 견해를 표출했다.

취임 이후 트럼프 대통령의 한반도 정책은 '북핵 우선'과 '한미동맹 중시'를 선명하게 내보이는 양상을 띠고 있다. 취임직후 대통령의 첫 일성은 "북핵 위협 대처 새로운 방어체계 개발"이었으며, 상원의 첫 청문회 의제도 북핵 이었다. 취임 후 2주일만인 2017년 2월 2~3일에는 매티스(James Mattis) 국방장관이 방한하여 황교안 대통령 권한대행, 김관진 안보실장, 유병세 외교장관, 한민구 국방장관 등과 회담을 기지고 동맹 건재 및 북핵 중시를 표방했으며, 사드(THAAD)의 금년 중 배치를 재확인하고 2017 키리졸 브-독수리 훈련을 강화한다는 데에도 합의했다. 마이크 폼페오 CIA 국장의 취임 후 첫 일성도 "테러, 중국, 러시아, 북한이 미국의 4대 위협세력"이라는 것이었다.

트럼프 대통령과 그의 행정부가 보여준 지금까지의 행보를 종합하면 트럼프 행정부의 북핵기조는 미북 빅딜, 북핵 해결을 위한 대중(對中)압박 강화, 대북 직접제재 강화, 선제공격, 레짐 체인지 등 5가지 정책 대안으로 압축된다. 문제는 아래 도표에서 보듯 5가지 모두 '신속한 북핵 타결'을 끌어내기에는 무리라는 사실이다.

정책대안	전망	비고
1. 대중압박 강화	**효과기대 난망.** 세커더리 보이콧 등은 중국에게 강력한 수단이 될 것이나 신냉전 미중 대결구도 하에서 중국이 굴복할 가능성 희박	※ 유엔안보리 대북제재 결의 관련 중국 이중플레이 지속 (공식 제재 동참, 비공식 북정권 생존 지원)
2. 대북제재 강화	**효과기대 난망.** 북정권에 대한 추가적 타격 가능하나 북한 핵보유 의지 강력. 중국 이중플레이 지속 북한 굴복 가능성 희박	※ 중국의 북핵 인식의 이중성: 주변지역 불안정 요인 〈 미 아시아 전략 견제 전략자산
3. 선제공격	**타당성 부족.** 대북 외교카드 활용은 가능하나, 실행 가능성은 희박	※ 동맹국 피해 우려, 한반도 전면전쟁 발발 가능성
4. 전술핵 재반입	**타당성 부족.** 대북 외교카드 활용은 가능하나, 실행 가능성은 낮음	※ 중국의 극심한 반발. 국내 찬반논쟁 가열
5. 레짐 체인지	**신속한 핵포기 난망.** 장기적으로 필요한 선택이나 시간이 걸리며, 성공 여부 불투명	※ 선택을 결정하더라도 중국협력 필수. 한국과의 조율 필요. 상당기간 준비 필요
6. 빅딜	**가능성 희박하나 대응책 강구 필요.** 북한은 "핵보유국 지위 인정" 및 "조미(조미) 평화협정 희망. 미국은 CVID 고수. 조미평화협정은 한국 수용 불가	※ 그럼에도 미국의 피로도 축적시 '핵동결(Nuclear Freeze)' 전제 빅딜 시도 가능성 불배제

이상의 분석은 대단히 비관적인 결론들을 불가피하게 한다. 첫째, 한국에게 있어 상당기간 동안 '북핵과 더불어 살기(Living with the Bomb)'는 불가피한 운명이며, 이에 군사적 억제의 중요성은 앞으로도 커질 것이다. 둘째, 트럼프 행정부 초기의 한미동맹 중시 행보에도 불구하고 미국사회의 탈세계화 및 경제민족주의 추세를 감안한다면, 한국은 동맹의 유지발전을 위한 노력과 함께 방위공약의 약화에도 대비해야 한다. 셋째, 신냉전 구도가 지속되는 한 중국이 안보보장자로서의 역할을 수행할 가능성은 없다. 중국과의 비적대 우호관계를 위해 노력하는 것은 한국의 당연한 외교 과제이지만, 북핵을 사실상 방조하면서도 사드와 관련해서는 주권

침해적 대한(對韓) 압박을 서슴지 않는 중국에 대한 지나친 기대는 오히려 국민을 분열시키고 국가를 더욱 취약하게 만들 것이다. 이렇듯 나라가 내우외환의 악재들로 둘러싸인 상황에서 대선 주자를 포함한 지도자들이 국가생존을 위한 핵선택권을 고심해야 함은 당연한 일이다.

IV. 핵무장이 경제와 동맹에 주는 충격

그럼에도 한국은 핵선택권을 고심하기에 앞서 무조건적 · 즉각적 핵무장 강행이 왜 무모한 대안인지를 유념해야 한다. 즉, 한국의 핵무장이 초래할 국제제재, 한미동맹에 미치는 충격, 중국 및 러시아의 대응 등을 예상해보아야 한다. 이란은 세계 4위의 석유 매장량에 세계 1위의 천연가스 매장량을 가진 자원부국이지만, 중동 및 북아프리카 지역 제1위의 제조업 생산국으로 석유 및 천연가스 산업이 GDP에서 차지하는 비중은 30% 미만이다. 그런 이란도 국제제재로 심각한 타격을 입었다. 대이란 제재가 절정에 달했던 2012~2014년 사이에만 이란은 석유수출 급감으로 1,600억 달러의 외화 손실을 입었다. 2011~2012년 동안 석유 및 천연가스 수출은 1,180억 달러에서 2013~2014년동안 560억 달러로 급감했는데, 하루 400만 배럴의 생산능력을 가진 석유 생산은 120만 배럴로 감소했다. 동 기간동안 GDP 규모가 20% 감소하고 리알화의 가치는 56% 하락했으며, 물가는 40% 인상되고 실업율은 20%를 넘어 국민의 원성이 높았다. 그것이 2013년 온건중도 실용주의 성향의 하산 로하니 대통령이 당선된 배경이었고, 2015년 7월 14일 마침내 JCPOA에 합의했다. [4]

---

4) 이란 핵합의의 주요 내용은 이란의 1만9천개 원심분리기를 6014개로 감축할 것, 보유중인 농축우라늄을 농축도 3.67%이하의 저농축 우라늄으로의 전환할 것, 아라크 중수로를 무기급 플루토늄(WGPU) 생산이 불가능하도록 재설계할 것, 향후 10년간 모든 농축활동을 포기하고 핵분열 물질을 반입하지 않을 것, 과거 및 현재의 모든 핵활동을 국제원자력기구(IAEA)의 전면사찰에 공개할 것 등임. 그러나, 트럼프 대통령이 유세기간 동안 및 당선 이후 '가장 잘못된 합의'로 비판함으로써 합의의 장래가 다시 불투명해진 상태임. 이런 상황에서 이란은 트럼프 대통령이 이란을 포함한 7개국 국민의 미국 입국을 금지하자 이란은 즉시 미국인의 이란 입국을 금지시켰으며, 이어서 2017년 1월 29일 탄도미사일을 시험 발사하여 미-이란 관계는 더욱 악화됨.

국제재제에 대한 한국경제의 내구성은 이란의 그것보다 훨씬 더 취약하다.

한국은 경제기적을 통해 세계 15위권의 경제대국이 되었으나 한국경제는 수출주도형으로서 지나치게 높은 대외의존도를 가지고 있다. 예를 들어, 2014년 한국경제의 무역의존도는 약 88% (수출 40.6%, 수입 37.2%)로서 이란(수출 20.9%, 수입 12.6%)보다 훨씬 더 높다. 최근의 불황과 함께 수출 증가율이 둔화되면서 2015년도 무역의존도는 다소 줄었으나(수출 38.2% 수입 31.7%) 한국경제의 대외의존도는 여전히 세계 최고 수준이며, G20에서 단연 최고이다. 또한 한국의 수출은 수출품목과 수출시장의 분포에 있어서도 매우 편중된 구조를 가지고 있다. 반도체, 일반기계, 자동차, 선박, 석유화학, 철강제품 등 10대 주요 수출품이 전체 수출에서 차지하는 비중은 약 60%(2014년)이며, 중국(약 25%), 미국, 일본, 베트남, 홍콩, 베트남 등 10대 수출국이 차지하는 비중이 60% 이상이다.

여기에 더하여 한국의 발달된 복합적 민주주의 제제와 사회 분열상은 국제재제에 대한 한국의 내구성을 더욱 취약하게 만든다. 신정체제(theocracy)와 민주체제(democracy)가 혼합된 상태에서 이슬람의 가치와 제도가 강력하게 작동하는 이란과 달리 한국은 이견의 표출과 시위가 용이하고 이념갈등이라는 고질병을 앓는 나라이다. 이런 한국이 국제제재로 인한 수출 감소, 실업율 제고, 외화 고갈, 복지자금 고갈, 인프레이션, 해외유학 및 취업 제한, 해외여행 제한 등의 후유증들을 쉽게 극복할 수 있다고 보는 것은 무리이며, 핵무장이 통제불능의 이념대결을 불러올 가능성도 배제할 수 없다.

또한, 한국의 일방적 핵무장은 동맹의 약화를 초래할 가능성이 높고 중러로부터 예상하지 못한 강도의 안보압박을 초래할 수 있다. 현 동아시아 신냉전 하에서 중국이 북핵을 사실상 방조하면서 해양세력에 대항하는 전략적 자산으로 간주하는 것과는 달리 미국은 여전히 동맹국의 핵무장에 반대하는 기존의 반확산 기조를 유지하면서 이를 보완하는 차원에서 핵우산(nuclear umbrella)·확대억제(extended deterrence)를 제공하고 있다.[5] 트럼프 행정부 이후에도 이 기조가 달라질 가능성은 희박하다. 이러한 상황에서 한국안보의 핵심축의 하나인 동맹의 약화는 치명적일 수 있다. 동맹의 약화는 방위공약 신뢰성의 저하, 핵우산의 약화 또는 철수, 미군의 부분적 또는 전면 철수, 동맹의 와해 등 여러 형태로 나타날 수 있는데, 이 중에서 당장 예상될 수 있는 것은 핵우산의 약화일 것이다.

미 핵우산이 주 메시지는 '북한이 한국에게 핵공격을 가하면 미국이 대량 보복한다"는 것으로서 북핵을 억제하기 위해 한국군이 역량을 갖추어야 할 선제와 방어 그리고 응징 중에서 응징 부분을 담당한다. 한국군은 지금까지 북핵 억제를 위해 주로 선제(Kill-Chain)와 방어(KAMD 및 THAAD)에 치중해 왔고, 현재 방어역량의 강화를 위해 사드를 배치하는 문제는 국내외의 심각한 찬반 논란에 휩싸여 있다. 국방부가 응징에 해당하는 '대량응징보복체계(KMPR)'의 구축을 발표한 것은 북한이 제5차 핵실험을 강행했던 2017년 9월 9일이었다. 자고로 응징 역량이란 대치하는 두 국가 간의 충돌을 막는 핵심적인 억제요소이다. 어느 한쪽만이 다른 쪽을 공격할 수 있는 일방적 취약성(unilateral vulnerability) 상태에서 억제란 근본적으로 가능하지 않기 때문이다. 바꾸어 말하면, 대치하는 두 국가 간에 억제가 이루어지기 위해서는 서로가 서로에게 취약한 '상호 취약성(Mutual Vulnerability)가 확보되는 것이 기본이며, 이는 상호간 응징 보복 역량에 의해서만 가능하다. 때문에 한국군이 재래전력을 통해서라도 대량응징보복 체계의 구축에 나선 것은 다행스러운 일이다.[6] 그럼에

---

5) '핵우산 (Nuclear Umbrella)'라는 표현은 1978년 한미 국방장관회담(SCM)에서 처음으로 공식적으로 사용되었으며 이후 매년 공동발표문을 통해 반복적으로 확인되어 왔으며, 북한의 핵실험 이후에는 '확대억제(Extended Deterrence)'라는 용어가 빈번히 사용되면Extended Deterrence(ED)는 NATO 출범과 함께 미국이 유럽을 소련의 핵공격으로부터 보호하기 위한 개념으로 출발했음. 이는 "미국에 대한 핵공격시 반드시 보복한라"라는 억제 개념을 유럽 동맹국들에게 확대 적용한 것으로 사실상 핵우산과 동의로 사용될 수 있음. 한편, 필자는 한국 국방부가 Extended Deterrence 를 '확장억제'로 표기하는데 대해 이의를 제기하여 '확대 억제'라는 표현을 고수하고 있음. 이는 미국이 자국을 위한 억제개념을 동맹국인 한국에 확대 적용하는 것이기 때문에 공간의 넓힌다는 뜻으로 사용되는 '확장'이라는 표현은 적합하지 않은 것으로 판단하기 때문임.

6) 이러한 이유에서 필자는 2010년 국방선진화추진위원회 군구조개선소위 위원장으로서 응징보복 위주의 '능동적 억제전략(또는 적극적 억제 전략)'과 이를 뒷받침하는 '한국형 3축체제 구축'을 건의한 이래 북핵 억제를 위한 응징역량의 중요성을 지속적으로 개진했음. 김태우, "능동적 억제전략하 3축체제 구축," 「국방선진화추진위원회 보고」2010. 12. 6.; "능동적 억제전략과 해군의 역할," 2010년 11월 18일 제65주년 해군창설 기념세미나 발표문; "북한 핵미사일과 적극적 억제," 2013년 9월 26일 안보전략연구소 세미나 발표문; "북핵대응, 한국형미사일방어와 킬체인만으론 안된다," 한국경제신문 2015년 1월 30일 시론; "응징, 방어 그리고 선제 (Deterring the North Korean Bomb: Retaliation, Defense & Preemption),"; "선제-방어-방호-응징' 전단계 군사적 억제가 핵심," 중앙선데이 2016.1.10. 등 참조.

도, 미 핵우산이 여전히 주요 응징수단인 현 시점에서 핵우산의 약화나 철수는 한국에게 치명적인 일방적 취약성을 남기게 된다.

한국의 핵무장이 중러의 과격한 대응을 초래할 가능성도 배제할 수 없다. 중국은 더 이상 1990년대의 중국이 아니다. 중국은 화평굴기(和平崛起)의 시대를 지나 본격적으로 대국굴기(大國崛起)와 중화패권(中華霸權)를 추구하는 강력한 현상타파 세력으로 부상했으며, 이런 중국이 한반도의 핵확산에 침묵할 것으로 기대하는 것은 무리이다. 현재에도 중국은 한국의 사드(THAAD) 배치 결정을 빌미로 경제압박을 가하고 있지만, 이 말고도 방공식별구역(ADIZ)의 중첩, 중국어선의 불법 어업, 황해의 해양경계선의 미획정[7], 이어도 관할권 등 미결 현안들이 많아 다양한 외교적 압력을 가해올 수 있으며, 한반도를 겨냥하는 핵미사일의 증강 배치, 북해함대의 증강, 군사훈련을 위시한 노골적인 무력시위 등 직접적인 군사적 압박을 가해올 수도 있다. 중러가 전략적 제휴를 통해 해양세력에 대결하는 신냉전 하에서 러시아가 중국의 기조에 동조할 개연성도 충분하다.

제4부

V. 결언: 새로운 버전의 평화적 핵주권

작금의 북핵 상황을 종합할 때, 한국이 대응적 · 자위적 핵무장 가능성을 열어 두어야 함은 당연하고 필요한 일이며, 한국사회에서 핵무장론이 표출되는 것 또한 외교 차원에서 필요한 일이다. 핵무장 이외에는 국가생

---

7) 한국이 국제관례에 따른 중간선을 기준으로 배타적경제수역(EEZ)를 확정하기를 원하는 반면, 중국은 해안선 길이, 영토의 크기, 역사적 권리, 대륙에서 황해로 흘러들어간 퇴적물의 경계선을 기준으로 해야 한다는 '비례성 원칙'을 주장하고 있음.

존을 담보할 다른 방도가 없는 상황이 도래한다면 한국은 실제로 NPT에서 탈퇴하고 핵무장을 결행하여 '상호 취약성'을 확보해야 한다. 그럼에도 이는 준비해야 할 대상이지 당장 실행해야 할 정책은 아니다. 즉, 지금으로서는 '최후의 선'을 넘지 않는 상태에서 핵무장이 수반할 경제와 안보상의 불이익에 유의하면서 그것들을 회피하거나 최소화할 수 있는 방안들을 검토하는 것이 중요하다.

이러한 상황에서 세 가지의 결론이 가능하다. 첫째, 대외의존적 경제구조, 동맹 의존도가 높은 안보체제, 핵보유국들에 둘러싸인 지전략적 불리점, 한국사회의 분열상 등을 종합할 때 핵무장이 초래할 외교·경제·안보 상의 국익손실이 핵무장을 통해 얻는 안보이익을 초과한다면 결코 핵무장을 결행해서는 안 된다. 둘째, 그렇다면, 동맹의 와해, 국제제재, 중러의 압박 등 세 가지 모두를 초래하는 핵무장은 한국이 택할 수 있는 선택이 되지 못한다. 핵무장이 불가피한 상황에서도 동맹의 유지는 전제조건이며, 때문에 한국의 핵무장 준비에는 고난도 동맹외교가 필수적이다. 셋째, 모든 것을 종합할 때 한국의 차기정부가 고려해야 할 핵선택권은 '새로운 버전의 평화적 핵주권'일 수밖에 없다.

1990년대 초반의 '평화적 핵주권'의 핵심은 미국은 반대하지만 NPT상에서는 금지대상이 아닌 농축과 재처리를 확보하여 제1세대 원자탄을 생산할 잠재력을 양성하자는 것이었지만, '새로운 버전의 평화적 핵주권'은 상향된 목표들을 좀 더 정교한 시나리오에 따라 추구하되 NPT탈퇴와 실제 핵무장은 최후의 선택으로 남겨 두는 것이라 할 수 있다. 이를 위해 한국은 미 전술핵의 재반입을 반복적으로 요구하면서 동맹외교를 통해 한반도 비핵화공동선언, 한미원자력협력협정, 미사일가이드라인 등 핵잠재력의 장애요소들을 개정 또는 폐기해야 한다. 내부적으로는 투발수단들을 확보하면서 제1세대 원자탄 생산 뿐 아니라 제2세대 수소탄을 생산하는 잠재력을 겨냥해야 하고, 갑자기 최악 상황이 도래하는 경우 '취약성의 창'을 허용하지 않을 만큼 즉각적인 핵무장이 가능한 기술적 역량을 확보해야 한다. 당연히, 핵실험을 하지 않고서도 핵무기를 유지·관리할 수 있는 시뮬레이션 기술을 평시에 확보하고 있어야 하며, 이 업무들을 관장하고 마스트플랜을 수립하는 컨트롤 타워 조직도 필요하다.

최후의 순간에 어떤 방식으로 핵을 보유할 것인가 하는 것은 한국의 핵무장에 있어 핵심적인 부분인데, 이와 관련해서는 이스라엘식 불확실 전략(ambiguity strategy)를 벤치마킹할 태세를 갖출 필요가 있다. 이스라엘은 NPT를 거부하고 핵무장을 상태이지만 핵실험 등 가시적으로 핵보유를 공개한 적이 없으며 공식적으로 인정한 적도 없으며, 미국과의 동맹관계도 여전히 굳건하다. 이 방식을 통해 한국은 동맹와해의 명분을 주지 않으면서 국제사회에 대해서는 제재를 위한 증거를 제공하지 않을 수 있다. '새로운 버전의 평화적 핵주권'은 여기까지를 준비하는 것이다.

북핵 문제가 해결되어 핵무장이 필요하지 않는 안보환경이 조성되는 것은 모두가 바라는 일이지만, 현실은 녹록치 않다. 한국은 불가피하게 NPT 탈퇴와 핵무장을 결행해야 하는 상황을 상정하고 그리기 위해서는 지금 무엇을 하고 있어야 하는지를 고심해야 마땅하다. 이런 문제에 대한 대선 주자들의 무신경은 결국 국가와 국민의 불행으로 귀결될 것이다. (끝)

저자소개

강 훈
김병헌
김세원
김승욱
김원식
김현종
김춘선
김태우
문종진
오정근
이영세
이병태
전삼현
조영임
최경규
최준선

저자소개

강훈

서울대 법대를 졸업하고 대학원 법학과를 수료했다. 제24회 사법시험에 합격해 지방법원 판사를 거쳐 서울고등법원판사를 역임했다. 시민과 함께하는 변호사들 공동대표, 청와대법무비서관, 서울중앙지방법원 조정위원, 대한변호사협회 부협회장 등을 역임했다.
현재 법무법인바른 대표변호사로 있으며 서울대 법학전문대학원 겸임교수로도 활동 중이다.

김병헌

서울대학교 사범대학을 졸업하고, 인하대학교 경영대학원 경영학 석사, 한국항공대학교 경영학 박사학위를 취득하였다. 육군제3사관학교 교관, 대한항공 교육원, 영업본부, 국내외 지점장, 토파스여행정보상무를 역임하였다. 학계로 진출하여 한국관광대학교 관광경영과 교수 및 학과장, 교학처장을 역임하였다. 현재, 한국관광진흥학회 회장, 한국관광·서비스연구원 원장, 한국항공전략연구원 연구위원 및 한림국제대학원대학교 컨벤션이벤트경영학과 겸임교수로 활동 중이다. 문화체육관광부 및 한국관광공사 의료관광 클러스터 사업 평가 등 문화관광분야 자문활동에 참여하였고, 국토교통부의 지방공항 활성화 전략개발 자문교수, 고용노동부 한국산업인력공단의 국가직무능력표준(NCS)개발사업에 참여하였다. 국토교통부, 한국관광공사, 조달청, 한국여행업협회 평가 및 자문위원 등으로 활동 중이다. 주요 저서로는 관광학세미나(백산), 서비스론(지식인), 국외여행인솔자Tour Conductor업무론(백산), 항공여객예약실무론(기문사) 등이 있다.

김세원

고려대 문과대를 졸업하고 국제그룹 종합조정실을 거쳐 동아일보 기자와 파리특파원으로근무하면서 88서울올림픽, 다보스세계경제포럼 연차총회, 제네바 4자회담, 니스EU정상회담등을 취재했다. 동아일보 재직중 로이터펠로우로 선발돼 프랑스 보르도에서 유럽공동체법을 연구했으며 고려대에서 정치삭석사, 미국 뉴욕주립대에서 기술경영학 석사학위를 취득하였다.

저자
소개

 이후 고려대에서 국제통상학박사 학위를 취득한 뒤 고려대 국제대학원 초빙교수를 거쳐 현재는 가톨릭대 융복합전공 교수로 재직중이다. 외교부 통일부 법무부 공정거래위원회 대검찰청 코레일등 정부부처의 평가, 자문을 수행했다. 현재는 민주평통 외교안보분과 상임위원, 한국유럽학회, 한국문화산업학회, 취업진로학회 부회장으로 일하고있다. 글로벌인문경영 분야에 다수의 연구논문이 있다.

김승욱

중앙대학교 경제학과를 졸업하고 미국 University of Georgia에서 경제학 Ph. D. 학위를 받았다. 1989년 이후 현재까지 중앙대학교 경제학과 교수를 역임하고 있다. UNIDO 국제전문가로 말레이시아의 공업화 계획 수립에 참여했으며, 경제사학회 회장을 역임했다. 현재는 국민대통합위원회 통합가치포럼 회장과 고용노동부 장애인고용촉진전문위원회 위원을 맡고 있다. 월간지 <월드뷰> 발행인을 맡고 있다. 2016년 출판대상을 받은『제도의 힘 : 신제도주의 경제사 시각에서 본 국가의 흥망』외 다수의 저서와 논문이 있다.

김원식

서강대학교 경제학과와 동 대학원 경제학과를 졸업하고, Texas A&M 대에서 경제학 박사학위를 취득하였다. 우리나라 고용보험제도와 퇴직연금제도의 도입에 참여하였고, 재정과 조세, 국민연금과 건강보험 등의 사회보장제도, 그리고 퇴직연금과 민영건강보험 등의 사적 보험에 관련된 연구를 진행하고 있다. 한국사회보장학회 회장, 초대 한국연금학회 회장, 한국재정학회회장 등을 역임하였다. 저서로서는 "재정학과 시장경제(역)", "지속가능한 평생복지사회의 구축", "지속가능한 국민건강보장시스템의 구축" 등이 있으며, 다수의 연구논문과 컬럼이 있다.

김현종

서강대학교에서 경제학 학사 석사를 거쳐 미국 University of Texas at Austin에서 경제학 박사학위를 취득했다. 한국개발연구원(KDI) 규제연구센터 제도연구실장을 역임했으며, 현재 한국경제연구원의 연구위원으로 재직중이다. 주요 연구분야는 기업지배구조, 규제정책, 공정거래, 산업조직, 기업재무로서, 해당 분야에서 다수의 저서와 논문이 있다. 규제개혁위원회, 공정거래위원회, 기획재정부, 산업자원부 등 다수의 행정부처에 정책적으로 자문해 왔다. 현재 한국규제학회의 학술지 규제연구의 편집위원장을 맡고 있으며, 산업조직학회에서는 감사를 맡고 있다.

김춘선

서울대 사회과학대 지리학과를 졸업하고 영국 맨체스터대에서 경제학 석사, 가천대에서 도시계획학박사 학위를 받았다. 79년에 공직에 입문하여 경제기획원 예산실, 재경부 경제정책국을 거쳐, 국무조정실 재경금융심의관, 기획예산처 공공관리단장, 해양수산부 해양정책국장, 인천지방해양수산청장, 어업자원국장, 국토해양부 항만물류실장, 인천항만공사 사장 등을 역임하였으며 현재 인하대 물류대학원 초빙교수로 재직중이다. 「항만과 도시」(2013년), 「해운항만물류분야 남북협력추진방안」(2015, 공동집필) 등 다수의 저서와 연구물을 발간하였다.

김태우

1989년 뉴욕주립대(State Univ. of New York at Buffalo)에서 핵문제를 전공하여 정치학 박사를 취득하고 2011년 한국국방연구원(KIDA)에서 책임연구위원으로 정년퇴임했다. 국회 정책연구위원, 총리실 정부업무평가위원, 대통령직속 국방선진화추진위 군구조개선소위 위원장, 이명박 대통령 외교안보자문교수, 제11대 통일연구원장, 동국대 석좌교수 등을 역임하고 현재 건양대 군사학과 교수로 재직 중이며, 해군발전자문위원장,

해병대/공군 정책자문위원, 한미안보연구회 이사 등으로 활약하고 있다. 저서로는 「북핵을 넘어 통일로」(2012) 외 6권이 있다. 주요 역서로는 「핵테러리즘(원서: Graham Allison, Nuclear Terrorism)」(2007), 그리고 편서로서는 Taewoo Kim and Selig Harrison ed., Dealing With the North Korean Nuclear Problem (1995)이 있다. 핵문제, 안보, 국방, 통일 등과 관련하여 연구논문, 발표문, 신문칼럼 등 1,000편 이상의 집필을 기록 중이다.

문종진

연세대 상경대와 서울대에서 학사와 석사를 마친후 텍사스공대에서 재무경제학 박사를 취득했다. 1979년 한국은행에 입행하였고, 금융감독원으로 옮겨 금융정책, 은행제도, 은행감독, 경영분석 등 금융분야에 근무했다. 금감원 재직 중 IMF 외환위기 후 금융기관에 대한 CAMELS(경영실태평가제도)와 적기시정조치를 제도화해 감독제도의 선진화에 기여하였고, 기업구조정(287개사), 시기업구조조정제도 도입 등을 성공적으로 수행했다. 신BIS실장으로 근무하며 신BIS협약의 도입을 성공적으로 수행하여 국내은행의 리스크관리업무를 한단계 엎그레이드시켰다. 금감원 퇴직 후 명지대 경영대학 교수로 자리를 옮겨 연구와 강의를 병행하고 있다. 주택도시보증공사 감사위원장을 역임하고 현재는 강소기업학회 회장, 대법원 행정처 전문심의위원, 금융ICT융합학회 부회장, 한국핀테크포럼 이사로도 활발한 활동을 지속하고 있다. 리스크관리 등 3권의 저서와 다수의 논문이 있다.

오정근

고려대학교에서 경제학학사 석사, 영국 맨체스터대학교에서 경제학석사 박사학위를 취득했다. 한국은행 외환연구팀장, 통화연구실장, 금융경제연구원 부원장, 독일 IFO경제연구소 객원연구원, 동남아중앙은행 선임연구위원, 동 조사국장을 역임했다. 정부 공공기관평가위원, 국민연금 의결권전문위원, 새누리당 혁신비상대책위원을 역임하고, 고려대학교 경제학과를 거쳐 현재는 건국대 정보통신대학원 금융IT학과 특임교수로 있다. 한국국제금융학회 회장, 아시아금융학회 회장을 역임하고 현재는 한국경제연구원 초빙연구위원, 한국금융ICT융합학회(FICA) 회장, 국민희망포럼 공동대표로 있으며 언론기고 방송출연 등 활발한 활동을 하고 있다. 주요 저서로『창조경제 기반구축을 위한 정책과제』(공저)『주요국의 가계부채조정과정과 정책대응 분석』(공저), The Korean Economy: Post-Crisis Policies, Issues and Prospects, 공저, 『구조전환기의 한국 통화금융정책』(편저),『경제정책의 유효성』(공저), 『금융위기와 금융통화정책』, (제12회 자유경제출판문화상 수상) (문화관광부 선정 우수학술도서) 등 외 다수의 논문이 있다.

이영세

서울대 경제학과를 졸업하고 서강대학교 경제학석사, 펜실바니아 대학교 경제학 박사를 취득했다. 산업연구원 부원장, 동 미국지원장, 동 산업정책센터 소장, 산업기술정보원 원장, 대구사이버대학교 총장, 한국원격대학협의회 회장, 교육과학기술부 평생교육정책자문위원, 국가평생교육진흥원 이사장을 역임했다. 한국의 세계화과정에서 신산업무역정책(영문) 등 다수의 저서와 논문이 있다.

이병태

서울대 산업공학과를 졸업하고 한국과학기술원(KAIST)에서 경영과학으로 석사학위를 취득한 후 미국 The University of Texas at Austin에서 경영학박사 (전공 MIS,부전공 경제학) 학위를 취득했다. The University of Illinois at Chicago, 경영대학 부교수, KAIST 경영대학 부학장, 테크노경영대학원장, 경영대학 학장, 테크노경영연구소장과 사단법인 한국경영대학 대학원 협의회 회장, 국공립대학 경영대학 학장 대학원장 협의회 회장, 국제경영대학협의회(AACSB,The Association to Advance Collegiate Schoolsof Business) 공동의장을 역임했다. Electronic Commerce Research and Application, Information Systems Research, Journal of e-service 등 국제학술지 편집위원도 역임했다.

현재 KAIST 청년창업투자지주 주식회사 대표이사, 경영대학 교수, SK 사회적기업 연구센타 센터장으로 있다. 미래전략학회 학회장, 사회적기업학회 부회장으로도 활동하고 있다.

전삼현

독일 프랑크푸르트대에서 법학박사를 취득하고 현재 숭실대 법학과 교수로 재직 중이며 기업소송연구회 회장과 기업법률포럼 대표, 바른사회 시민회의 사무총장으로 활약하고 있는 등 활발한 학회활동과 언론기고를 하고 있다.

조영임

고려대학교 컴퓨터학 전공으로 박사학위를 취득하고, Univ. of Massachusetts에서 post-doc, Purdue대학교에서 교환교수로 근무하고, 현재 가천대학교 컴퓨터공학과 교수로 재직중이다. 삼성전자 연구원, 대통령소속 국가정보화전략위원회 위원, 대학산업기술지원단장을 역임하고 현재 가천대학교에서 AI & SC Lab(인공지능과 스마트시티 연구소) 소장과 한-카자흐 ICT융합연구센터 센터장을 맡고 있으며, 정보화진흥원과 한국지역정보개발원의 비상임 이사, 행자치부 전자정부추진위원회 위원, 행정자치부 3.0위원, 정책자문위원, 미래창조과학부의 지능정보사회추진위원회 위원, 정보통신활성화추진위원회 위원, 경기도 정보화추진위원회 위원, 빅데이터위원회 부위원장을 역임하고 있다. 한국지능시스템학회 부회장, 인공지능학회 이사로 활동하고 있으며, 주요 관심분야는 인공지능, 플랫폼, IoT, 스마트 시티, 전자정부 등 인공지능의 기본연구와 융복합 연구 등이다. 현재 지능형 융복합 스마트시티 플랫폼과 차세대 전자정부 시스템, 클라우드 서비스 로봇관련 연구, ICT 융합 서비스 연구를 수행하고 있다.

최경규

서울대를 졸업하고, 미국 하바드 대 케네디스쿨(행정대학원)에서 정책학 석사, 스탠포드대에서 경영학 박사를 받았다. 스탠포드대의 후버연구소에서 연구위원으로 국제정치경제에 대하여 연구하였고, 산업연구원에서 산업정책을 연구하였다. 그 후 국회 예산정책처에서 산업사업평가팀장으로서 국토부, 산자부, 정통부 농수산부 등 산업부처의 사업을 평가하였다. 또한 국무총리실, 국토부, 미래부, 외교부, 중기청, 행안부, 감사원, 서울시 등 다양한 정부부처의 정책에 대해 자문 및 평가를 하였다. 현재는 동국대학교 경영대학에서 경영전략을 가르치고 있다. 경영학자이며, 미국변호사로서 경영전략, 공정거래법, 법경제학 및 중소기업 등 다학제적인 연구를 활발히 하여 국내외 저널에 다수의 논문을 출판하였다.

최준선

성균관대학교 법과대학을 졸업하고 독일Philipps-Universität zu Marburg 대에서 법학박사를 받았다. 전북대학교 법과대학 부교수를 거쳐 성균관대학교 법학전문대학원 교수를 역임했다. 한국상사법학회 회장, 한국기업법학회 회장, 한국해법학회 회장, 한국국제거래법학회 회장, 법무부 회사법개정특별위원회 위원장을 역임했다. 현재는 성균관대학교 법학전문대학원 명예교수, 한국항공우주정책법학회 회장로 있다. 회사법 등 다수의 저서와 논문이 있다.